辍耕草堂笔记

chuogengcaotangbiji

走笔中山国

北方雕塑文化
田野调查行记 ●

陈培一　高英坡　编著

上　卷

中国文联出版社

图书在版编目（CIP）数据

走笔中山国：北方雕塑文化田野调查行记：上下卷/
陈培一，高英坡编著. -- 北京：中国文联出版社，
2021.12

ISBN 978-7-5190-4721-4

Ⅰ.①走… Ⅱ.①陈… ②高… Ⅲ.①雕塑史－研究
－河北－战国时代②雕塑史－研究－河北－汉代 Ⅳ.
①K309.22

中国版本图书馆CIP数据核字(2021)第230765号

编　　著　陈培一　高英坡
责任编辑　胡　笋
责任校对　刘　丽
装帧设计　水行时代

出版发行　中国文联出版社有限公司
地　　址　北京市朝阳区农展馆南里10号　　邮编　100125
电　　话　010-85923025（发行部）　　　　010-85923091（总编室）
经　　销　全国新华书店等
印　　刷：北京地大彩印有限公司

开　　本：710毫米×1000毫米　　　1/16
印　　张：37.25
字　　数：300千字
版　　次：2021年12月第1版第1次印刷
定　　价：168.00元

前　言

　　这部《走笔中山国——北方雕塑文化田野调查行记》分为上卷和下卷两部分。上卷是我的笔记《辍耕草堂笔记》的择编，下卷是我在曲阳与各方人士的对话录音整理。这两部分，都按时间的先后编排，是我多年以来研究曲阳雕刻历史文化的重要记录与见证。

　　所谓"中山国"，这里指的是一个文化概念，既包括战国时期的白狄中山，也包括两汉时期的中山。这两个时代不同的中山国，其范围都在今河北省的北部地区，中心在今天的定州一带。白狄中山陆续在唐县、定州、平山建都，而两汉中山的国都都在定州，曲阳就在定州的西邻，一直都是王畿之地。

　　所谓"走笔中山国"，就是我多年游走这块中山国故地时所见、所闻、所思的日常记录，主要是关于曲阳石刻遗存的田野调查，也涉及少量的定瓷调查，还有在曲阳工作、教学、参加活动的一些内容。当然，书中所涉及的有些地方虽然远远超出了这中山故国的势力范围，但是所记载的内容都和中山故地、与曲阳的文化艺术有关。可以说，曲阳的雕塑文化是本书的主体。而以曲阳雕塑为代表的北派雕塑文化，则是本书的主题。

关于辍耕草堂笔记

　　几十年来，我养成了一个习惯，就是平常做些笔记，第二天一早把昨天的事情择要记录一下。但不是写日记，不是每天都记，不是凡事都记。所谓"笔记"，就是把工作

中、生活中所遭遇到的事情，所碰到的问题记下来，把相关的思考记下来，更多地是把与诸师友的交游记下来，把走访过的地方的所见所闻记录下来。而且外出考察时，有时每天的文字量高达三四千字之多。总而言之，是把这几十年的行踪和情感记下来。久而久之，这些笔记竟然积累了不少，我自己返回头去看有时也吓一跳。

关于这些笔记，前些年雕塑界诸同仁曾给予了不同的评价。朱成兄说："这是一部中国当代艺术片断史。"景育民兄说："这是中国当代艺术流水账。"许正龙兄说："这是中国当代艺术的综合文献"，并且建议整理出版，还给取了个名字叫作"旁敲侧记"。诸兄谬赞。这些笔记其实就是我的一个学习笔记而已，是我自己不断学习、不断进步的一个见证而已。在当代雕塑界，做笔记者大有人在。前辈的师长钱绍武、潘绍棠、张淑瀛诸先生，同辈的兄长项金国、陈云岗、隋建国、许正龙、王中等先生，都是笔记高手。我是受他们的影响，跟他们学习而已。

这两年，因为要编写《曲阳雕塑文化艺术史》，就翻箱倒柜地把之前的这些"陈年旧账"都找出来，摊在案头，一页页翻过去，把关于曲阳雕塑的考察、调研活动笔记找出来，从中选取有价值的信息。《曲阳雕塑文化艺术史》的编写工作结束了，可是面对这些笔记，我思索良久。也不禁想起了在2019年9月一同考察红山文化期间，陈云岗先生说的话："你每天记这么多，已经积累了这么大的一个量。想过没有，写完就完了？最后怎么处理？怎么一个安排？"再结合之前许正龙先生的建议，于是就产生了一个新的想法，就是要分期、分批、分专题地把这些笔记公之于众。经过认真筛选之后，再逐一录入，攒在一起，首先辑成以北派（曲阳为代表）雕塑文化为主体的一卷，可以与大家分享其中的欢乐与苦涩。

在选编时，颇费了一番脑筋。因为其中有些地方我反复去过多次，比如说曲阳北岳庙、定窑遗址和定兴石柱，而且每次去都有记录，所记录的内容也有所不同，难以取舍。就选编了其中较有感触或者所见角度不同、有了新发现的那一次，或者两次。还有，在录编的过程中，把文中与曲阳、与艺术无关的内容也节略了。本书所发表、公开的这部分笔记，大概有此类总量的十之二三。

在录入时，基本上都是按照笔记的原貌，没有做任何的修饰。原卷别，原日期，原风貌，展示的就是原汁原味。只是增加了地名，把有些错字改了一下，有些读者看不懂、看不明白的地方做了一些简短的链接与铺垫。因为笔记中记载了许多鲜为人知的古地名、古遗址，牵扯到了许多历史事件和一些重要人物，这些都做了简短的注释。还有一点，文中有些不成熟的观点，而非错字，并没有改过来，原封不动地摆在那里。是我当时的局限而造成的，没有必要文过饰非。否则，就显得这个笔记太假了。

本书的文字，可以说是我一步一步走来的，是我用身体丈量的。其中的每一个字，都是我真情实感、脚踏实地的记录。然而看起来我貌似走了很多地方，到过许多别人没有走过的地方，发现了许多别人没有发现的东西。其实，是远远不够的。毕竟我的精力有限，时间有限，各方面的

条件也有限。还有许多地方，据说有古代曲阳雕刻的重要遗存，由于种种原因，我都始终未能成行。但这些地方，我都在梦中去过多次。也希望早日成行，梦想成真。

所谓的"考察"，所谓的"调研"，其实就是浮光掠影，就是蜻蜓点水，就是走马观花，就是匆匆地走了一遍而已。我并没有在曲阳以外的任何一个地方扎下去，住上几天，认真地详细走访、深入了解，我的调研活动和普通人的旅游观光差不多。和前辈梁思成、林徽因、刘敦桢、王子云、何正璜等先生们的真正考察均不能比。但是，条件却比他们好多了。不管怎样，毕竟走了一遍，有了身临其境的真实感触，总比书本上得来的东西要好些吧。

在本书中，有许多雕刻作品及其资料是鲜为人知的，在业界属于本人首次发现并认识到了其不可估量的价值，属于首次披露、发表的。这些内容，是曲阳雕刻历史的一个个精彩的亮点，可以填补中国现当代艺术史的空白，甚至改写中国现当代艺术史或者中国雕塑史。关于这一点，我还是比较欣慰的，总算有点收获，没有白跑这么多路。

关于对话访谈

在长期的调研活动中，我借助各方面的条件，与曲阳各方面、各阶层的人士进行深入交流，安排了多场次的对话与座谈。所谈及的内容，主要是曲阳雕刻产业包括定瓷产业的发展历史、发展状况，以及艺术的传承、创新和人才的培养等诸多问题，也涉及了从业人员的生活、工作层面，体会到了他们丰富而细腻的情感，感受到了他们的恩恩怨怨与酸甜苦辣。

必须要说明的是，我在曲阳所约谈交流的朋友，也都是我所熟知的，是凭我的能力所能找到的人。由于我的交游圈子较窄，识人有限，还有更多的知情人、更多的业界高人，目前我还无缘相见。所以，这个"对话座谈"所展现的内容，不免会存在这样或那样的遗憾，这样或那样的错误，这样或那样的漏洞。如果其中有些话、有些文字伤害了某些人，则与当事人无关。可能是我听错了，或者记错了，或者整理错了，责任在我。但是，绝对属于无意之失，不是有心为之，敬请曲阳的各位父老兄弟海涵，原谅。

陈培一

初稿 2018 年 4 月 24 日

再稿 2019 年 11 月 11 日

目 录

上卷

辍耕草堂笔记

1　几十年来作者积累了几十卷笔记，每年一卷或两卷，此为笔记序号。

目　录

目　录

第四卷

2005 年 9 月 7 日、河北曲阳

引子：2005 年 9 月 9 日至 11 日，由河北省人民政府支持，保定市人民政府、中国工艺美术学会主办，曲阳县人民政府、中国工艺美术学会雕塑专业委员会承办的"曲阳杯·中国国际雕刻艺术邀请赛"暨"第 11 届中国雕塑论坛"在曲阳举办。来自全国二十多个省、自治区、直辖市的艺术家，和澳大利亚、日本、韩国、比利时、俄罗斯等国的艺术家参加了比赛和论坛活动。这一届的雕刻艺术邀请赛是分布在十几个企业同时举行的。

设在曲阳雕刻学校的比赛现场

中国雕塑家钱步辉（右）和国外雕塑家亲切合影

陪论坛代表去参观了几家企业和北岳庙[1]。

北岳庙内古建筑保护得相当完好。元代大殿，明清亭阁，浑然一体，古木参天。

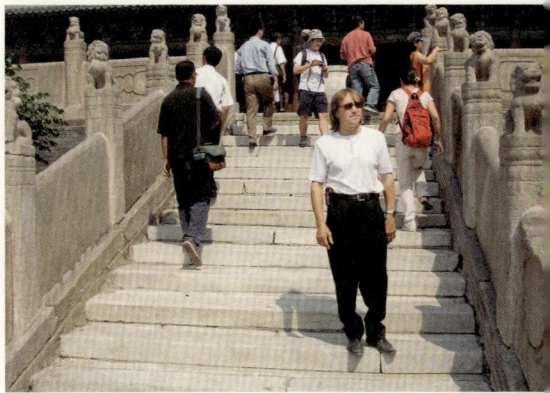

中外艺术家参观北岳庙

值得一提的是，北岳庙内有很好的碑刻，有许多名人碑刻在别的地方没有见过。

三苏残碑三通之一——苏东坡《中山松醪赋》和诗二首（明清摹刻）。

赵孟頫书丹的《杨琼神道碑》。

王禹偁碑，宋宣碑，韩琦碑，还有一通朱元璋碑。尤为令人惊奇的是，还有一通北魏碑，保存得十分完好，在别处根本没有见过如此品相的东西。

元代大殿里有两堵壁画，传为唐吴道子所作。细观之，当为宋元之后补画。因其人物造像、画风不似唐人雄伟，有些纤弱。然，还有些"吴带当风"之余韵。

很多人买了拓片。价格很高，几近千元。因价格偏高，只得作罢。购得几本书而归。一通唐碑字帖，被吉信[2]以观摩的名义借走。

几通唐碑隶书，颇有汉《史晨碑》《礼器碑》之雄壮之风。看后让人怦然心动。

几通宋碑，则延唐风，多由颜鲁公大字《麻姑仙坛记》

而来，大气磅礴。

下午的研讨会，分为两组。

对"中国当代雕塑家价格评定体系"的讨论，由刘炳南、潘绍棠主持。

对"曲阳石雕现状与未来"的讨论，由范伟民[3]主持。讨论至很晚，我相机将闭幕式和论文的颁奖仪式安排在了会后，一并结束。

晚上十二时左右，我在院中散步，等候钱先生[4]。项金国[5]、李秀勤[6]、潘绍棠[7]等自外归。项金国开玩笑说："你这个保安怎么没穿制服？"大家哄然大笑。事后，才知道他们去了南故张，都买了些仿古雕刻，很便宜。

曲阳宾馆举办的"曲阳杯——中国国际雕刻艺术邀请赛招待会"现场，由范伟民主持

晚上十二时，钱先生、曹先生[8]、曾成钢[9]等到了。吃完饭，睡觉时大约半夜两点。

注释

1. 北岳恒山又名"大茂山"。北岳庙位于今曲阳县城西侧。魏晋始建，数易其址。汉宣帝神爵元年（前61年）下诏，确定祭祀五岳四渎各有常礼。在清顺治十七年（1660年）之前，是历代帝王遥祭北岳之所。顺治十七年之后，改祀至山西浑源。

2. 吉信，1930年生于天津。著名雕塑家。曾任清华大学建筑系教师、北京市玩具研究所所长、全国城市雕塑规划组办公室主任。

3. 范伟民，1956年生于上海。历任中国工艺美术学会副理事长兼副秘书长、中国工艺美术学会雕塑专业委员会常务副会长、《雕塑》杂志社社长、《雕塑》杂志主编、《中国雕塑年鉴》主编。

4. 钱先生即钱绍武，1928年生于江苏无锡。著名雕塑家、书法家、画家。中央美术学院雕塑系主任、教授、博士生导师，清华大学教授、博士生导师。曾任中国工艺美术学会雕塑专业委员会会长，中国国家画院院士、雕塑院院长。

5. 项金国，1950年生于湖北黄陂。著名雕塑家，曾任湖北美术学院雕塑系主任、教授，中国工艺美术学会雕塑专业委员会副会长、中国国家画院雕塑院研究员。

6. 李秀勤，1953年生于山东青岛。著名雕塑家，曾任中国美术学院雕塑系副主任、教授，中国国家画院雕塑院研究员。

7. 潘绍棠，1929年生于河北唐山。著名雕塑家，曾任广州美术学院教授、学报副主编，广州岭南美术专修学院副院长，中国工艺美术学会雕塑专业委员会副会长。

8. 曹先生即曹春生，1937 年生于辽宁沈阳。著名雕塑家。曾任中央美术学院雕塑系主任、教授，全国城市雕塑建设指导委员会艺术委员会主任、中国雕塑学会名誉会长、中国美术家协会雕塑艺术委员会副主任。

9. 曾成钢，1960 年生于浙江平阳。著名雕塑家，曾任浙江美术学院雕塑系主任、清华大学美术学院雕塑系主任、中国雕塑学会会长、中国美术家协会副主席。

9月8日、河北曲阳

送走了论坛代表。

9时左右，带评委入了场，进行评选。曲阳县公证处的二位公证员到了。我宣布了《评审规则》,（评委们）在规则上签了字，以作备案。

除5名外国人的作品不参评外，余下的35件统统参评。评选结果，出乎意料，又在情理之中。

特等奖空缺。

2005年9月6日，中国雕刻艺术节暨"北岳风"雕刻大赛（河北曲阳）评审现场。左起：陈培一、曾成钢、李秀勤、钱绍武、曹春生、项金国

一等奖二名。

二等奖三名。

三等奖四名。

其余为优秀奖。

（评委讨论意见从略）

下午，去定窑博物馆和定窑遗址[1]。

定窑遗址在曲阳县西北三十公里处。一路上到处是煤车，煤泥、煤灰四溢。运煤大车，占据了整条路。所以，路况很差，坑坑洼洼。又堵车，塞车。我和曾成钢同车，车上没空调，又不敢开窗户，算是热了一个透。

过党城。来到一个小山坡上。有一个不大的小院，是个陈列馆。在馆里的保管室里，（马会昌）打开沉重的保险柜，我们看到了千年以上的官窑瓷器残片，和大致完整的国宝——定瓷真（珍）品。

定窑始于初唐，盛于宋，衰于元。

定瓷"薄如纸，白如玉，声如磬"，概成熟期之特色也。

经历了由"初（粗）—简—精—粗"的发展衰变过程。

定窑瓷器以白瓷、青白瓷为上品。白中透出青润，不是纯白。另外，还有黑釉、红釉、朱釉、鱼籽釉等釉色。其中，以黑釉和鱼籽釉为世所罕见。

器形很美。多为饮食之具，唇形盘为多。

有印花，有刻花。无论图案疏密，皆构图饱满，挥洒自如，线条活泼，无有任何涩滞之感。

定窑器的款，均为刻划款，无有印款。举世闻名的

2005 年的定窑遗址

《孩儿枕》是墨笔书款。在定瓷博物馆的珍藏室内，看到了"官""新官""尚药局"的划款，还有姓名款，"李某"（记不清了）和"李小某"。

又下行，去了遗址处。看到了千年窑口，和一些瓷器碎片堆积层，以及一些未成形的胎型。

其间，曾成钢说："老陈。没见过真品，不知道假的有多差。大饱眼福。"我深以为是。

五时许，驱车回县城。因避塞车，绕行另一条路。此路旁多为石灰场。一路上，到处白茫茫。我对曾成钢说："咱们此行，经历了黑白两道。"曾成钢大笑，以为是。

再进北岳庙。重购唐碑帖。在北岳庙的定窑博物馆，又看到了一些瓷器，并大致了解了划款的发展。

"官""新官"款始于晚唐，而终于宋。

参观北岳庙。左起：陈培一、曾成钢、曹春生、何玲、赵泽琼

　　北宋后期，多"官""尚食局""尚药局"款。

　　另有"定州公用""龙""花""朝真""乔位""东宫"等款。还有"刘万立""孟"等名姓款。

　　与别的古建筑不同的是，北岳庙的大殿前的柱子呈弧形，上头内倾的较多。

　　晚间，钱先生又大讲书法。听之者甚众。然，钱先生并未操笔写一字也。

注释

1. 定窑遗址位于曲阳县城北灵山镇涧磁村、野北村和东、西燕川村一带。历史上，曲阳县曾属定州管辖，故称此窑系为"定窑"。定窑是北宋时期五大名窑（官窑、哥窑、汝窑、钧窑、定窑）之一，以生产优质白瓷而著称。定瓷窑址规模最大、最集中的窑场在涧磁村北一带。

9 月 10 日、河北满城

早饭后，驱车去保定。

过定州，遥看古城、古塔（新修缮或修复，已非旧观）。

下高速，河北大学艺术学院院长杨文会[1]在路口等候。

参观了河大的新址和旧址。取消了订餐，直接去满城看汉墓。

满城汉墓就在保定的边上，大概二十公里，很快就到了。

关于满城汉墓，我早有耳闻，而且在电视里看到了它的发掘过程。

此汉墓为中山靖王刘胜和其王妃窦绾之墓。刘胜乃景帝之子，

靖王墓

武帝之异母弟也，第一代中山王。

墓建在山顶上，为太师椅形山，墓居其背上端，前有河水流过。山色秀丽，树木葱郁。山顶有铁矿石，呈褐色。

此墓的发掘也很是有机缘，为解放军工程兵深挖洞时偶然发现，打通了南耳室的顶端，既没有破坏文物，又没有破坏墓的结构。幸甚！幸甚！从此揭开了此千古之谜。

窦绾墓的发掘要多亏郭沫若[2]先生。郭先生来刘胜墓现场时，根据汉代墓葬制度，断定刘胜王妃之墓应该在左右不远处。他北行一百五十步左右，看到有些异样的碎石，结果又找到了一些敲打过的痕迹。于是，让工人来挖掘。结果，就又打开了另一座宝库。

当初二墓的开挖，不是凿进去的，而是火烧之后以冷水相激使之炸裂而层层推进去的。

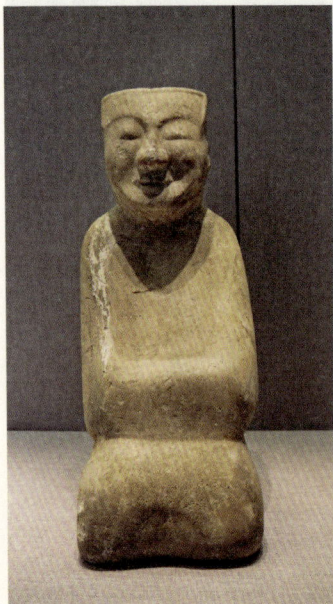

刘胜墓中出土的汉白玉石俑

因为窦绾去世较晚，所以她的墓室较之刘胜墓要高、大，陪葬之物也丰富些。刘胜夫妇墓中出土的金缕玉衣为中国考古发掘的第一次。金缕玉衣乃帝王专用，其费工费料之奢难以想象。当时，中山国国力强盛，所以才做得起。后来，可能国力衰微，就做不出了。金缕玉衣之制，也仅见于汉代。

刘胜夫妇的墓为对称式格局。刘胜墓南耳室为车马坑，北耳室为粮仓。窦绾墓则北耳室为车马坑，南耳室为粮仓。

墓中有大量的青铜器和陶器。有"中山内府"等大量铭文。和前面在定窑博物馆看到的刻划款一样，为研究中国广告史提供了有力的证据。

墓室内原有木建筑，现已毁。刘胜墓复原，窦绾墓为研究石室修造而没有恢复。

刘胜墓室顶部有水泥加固，依旧制刷了朱红之色。

墓室内阴凉无比，比室外要低上十几度。而且水汽很大，十分潮湿。墓室内凿有渗井，修有排水道，使滴水进井中。设计得相当科学。刘胜墓有渗井一口，窦绾墓可能有两口。

乘索道上下。上时无事，下山时倒有几分紧张。

刘胜墓中的陪葬品，多为原物。金缕玉衣、博山铜炉、长信宫灯等国宝均为仿制之件。棺木、木建筑、车马也为复原件。

出了满城汉墓，回保定。找了几家驴肉馆，没有火烧了。最后找到了一家叫"好滋味"的饭店吃的饭。驴肉火烧，味道甚美，其他地方的无法与之相提并论。

饭后，杨文会去开会。我们自去直隶总督府参观。

直隶总督府（署）为清代省府第一衙，是保护最完好的省级政府。曾是清代中后期和民国初年中国政局的权力中心，许多叱咤风云的人物在此呼风唤雨。

……

直隶总督府留个影

注释

1. 杨文会（1954～2017年），河北涞水人。著名雕塑家。曾任河北大学艺术学院院长、美术馆馆长、教授，中国工艺美术学会雕塑专业委员会副会长。

2. 郭沫若（1892～1978年），乳名文豹，原名开贞，字鼎堂，号尚武。四川乐山人。中国新诗的奠基人之一、中国历史剧的开创者之一、古文字学家、考古学家、社会活动家，"甲骨四堂"之一。

第二十卷

2011 年 11 月 29 日、河北曲阳

上午，讲完了《创作三论》。因为不是职业教师，长时间讲课嗓子坚持不了，所以下午休息。

中午大雪。下午，约了县雕刻办的王士雄同志，与杨跃武、宋亚勋等同往灵山镇，踏雪去访王处直[1]墓。到了灵山镇政府，士雄又找了一个乡干部张增寿带队，往阜平方向进发。因为这个乡干部对路线也不熟，只好把车停到路边的农家，乡干部自去探道问路。主人姓张，有两个

讲座现场

二十多岁的农家妹子愿意给我们当向导。我们十分高兴，求之不得。

王处直是五代时人，曾为北平王、太原王，为当时北方的一镇诸侯。死后葬于曲阳灵山。该墓多见史载。在1993年左右，发现了该墓。但是，不幸的是消息走漏，该墓被盗。墓中珍贵的石刻被盗运至美国，在拍卖时被中国方面发现，力主追索。爱国华侨以高价购买回归祖国。当然，农家妹子并不知道这些。但是，她们知道那个举世闻名的被盗大墓，她们去看过热闹，所以知道路线。沿着水库的大坝，有大约二百米的水泥路，我们踩着大约十几厘米厚的积雪，冒着还在下的鹅毛大雪，沿着不是路的山路，向深山走去。

顺着大致向南的山沟，过了无数干涸的瀑布，过了陡峭的山崖，一步一步往上走。雪天爬山，爬这样的野山，还是第一次。所以，感觉很好。

乱石遍地，荆棘丛生，杂草满目的山沟、山岭，此时一派银装素裹，山势结构分明，山脉走向明晰，其势若掌上观纹般。荆棘杂草上挂满了白绒绒的树挂，令人心动。

途中，偶然可以在山沟的斜坡上看到石头之中有球状之物。据带路的两个妹子说，当地的百姓称之为"龙蛋"，说是"恐龙蛋"。这种地质构造，在其他的地区也见曾过，不是什么"恐龙蛋"，而是一种特殊的地质构造。

我们一行边走边聊，偶然想起了"草枯鹰眼疾，雪尽马蹄轻"的诗句。争论了半天，两个妹子便边走边争论路线。因为天下大雪，这样的路况，也使她们失去了方向，只得凭着记忆核对路线。

行至水穷处，坐看云起时。走到了山沟的尽头，往左爬上了一个较平缓的山梁，两个人发生了动摇，不再往前走，告诉我们往南再爬上那个高坡，就可看到那个被盗的墓地了。她们家中有孩子，说要早点回去。我不肯。因为这样的山路，她们二人回去，着实放心不下，出了问题不得了。便让她们等，我们上去就回。已经到了目的地，我们哪肯放弃？便一鼓作气，用了不到十分钟的时间便爬上了那个高坡。其中的一个妹子又跟上来，给我们指方向。

风雪中立于王处直墓前

上了那个高坡，心中豁然开朗。不仅有"一览众山小"之感，而且可以看到此地的风水大势。

这个山脉呈西南—东北走向。山的最高峰呈西北—东南走向，像一座巨大的屏障。左右有起伏的低山矮岭拱卫。

我们上来的那个山梁对面，是一座低山，可为案山朝揖。在这个巨大的山环处，又有两条矮岭，之间有十三四亩平地，是这个山坡的二层平台，就是王处直墓的地宫所在。这块地势，绝对是风水上最佳的位置。就是作为皇（王）陵，其脉势也足够了。而且，此地极为隐秘，要爬足足一个小时的山坡，在根本无路的情况下到达这里。不仅感叹当年堪舆家的辛苦，更叹墓中那些巨大的、精美的石雕是如何抬上这个高坡的，想必更是艰难。这个坟墓的走向，为西南—东北走向。王处直的头枕灵山，足蹬他统治的华北平原，踏向他的治所正定。

天色已晚，雪越下越大。我们不敢久留，便匆匆地往山下返回。大家一路上都在尽可能地照顾那两个妹子，恐怕有些什么闪失。其中的一个，不肯丢下手中的花伞而跌了不少跤。在下山时，我也遭遇些险象，还行，反应够快，腿脚够灵便，还不老。

下得山来，天色已深。与那两个妹子辞别。因为感到她们的质朴，过意不去，委托那个乡干部给了每人一些钱，她们坚持不肯收，最后还是把钱退了回来。两个姑娘，领着一帮素不相识的人，冒着大雪，去干和她们毫不相干的事。我的内心十分感动，这些质朴的人。那点钱只不过是一点心意的代表而已。我心中默默地祝福这些在太行山中的村民们。

回到曲阳县城，刘同保、安秀英夫妻已经订好了盛宴款待，就在我住的房间对门。新朋故交相聚，大家十分高兴。推杯换盏，喝了不少酒。

......

据说，那条山沟的水向北流，过日、月形的山之间，或在日、月形山之间形成风水口，形成水库。我们路过的大坝，就是风水大坝。大坝脚下的村子名叫"燕川"。村民称山为"坟山"。

注释

1. 王处直（862 ~ 923 年），字允明，生于长安。五代十国初期的割据军阀，北平国的统治者，王处存之弟。公元 900 年，王处直继任义武军节度使，从而割据北方。909 年，后梁朱温封王处直为北平王，建立北平国。921 年，其养子王都发动兵变，囚禁王处直。923 年，王处直被王都杀死。

第三十三卷

2016 年 4 月 23 日、河北曲阳

　　早饭之后九点多钟的样子，我和黄兴国[1]夫妇、潘毅群[2]，在一个司机的陪同下去附近的黄山[3]，去探访曲阳最早的雕刻遗存，八会寺的一座摩崖石刻。

八会寺山门前。左起：陈培一、潘毅群、黄兴国

　　这么多年，来曲阳无数次，却没有去过黄山，知道有遗存，也听说有，就是不知道什么情况。车开到半山腰，停在一个小山坡上，便开始往上爬。沿途都是现在曲阳的企业家捐建的各种庙宇，什么形制都有，甚至还有天坛祈

八会寺石室现状　　　　　　　方形石室

年殿的摹本。乱七八糟，没有什么章法，佛教、道教并存。山虽然不高，但还有几分陡峭，爬起来还有几分吃力。我们几个毕竟都不年轻了，都往六十奔了。上了山顶，远远地看见黄山山巅西侧的那座碎石砌成的石室。穿过一片铁矿石沟坡，便下了半坡岗。一座铁皮屋造的道教小庙后面是一个古旧庙宇遗址，残砖断瓦很多，散落在地上。我们都心动了。各自去挑心仪的东西，带回来做个纪念。

到了这座石室之内，大失所望。拉开了几根钢筋焊成的小门，进了石室。石室的中心是一个周回二十米左右的巨石，四面开龛，造有佛像，但以经文居多。石室的上面垒砌起来成为一个中心柱，上与四面墙体相连，以巨石片铺盖屋顶。甚为可惜的是，四周的佛像俱被盗凿，而且有新的凿痕。所幸者，石经保存得还不错。看了之后，让我等十分伤心。

从石室北行几十米，又是一座小型石室。前者为长方形，此为正方形，为丈室。石块垒砌，外观与印度佛塔形制相类，内为穹隆顶。正壁有佛坛，原石像不存，现为一画像。

走到山坡的尽头，在折返之时，陪同的司机带我们去看了一座宋代的造像碑，保存得还不错，为熙宁九年（1076 年）之物。书丹者，制文者，官衔俱在。但下半截不存，或埋在地下，不得而知。虽然对石室石刻的现状有些遗憾，但这块宋碑也算一个安慰了。

下山之后，又到了附近的千年采石矿场看了两眼。这个采石场，也是第一次来。

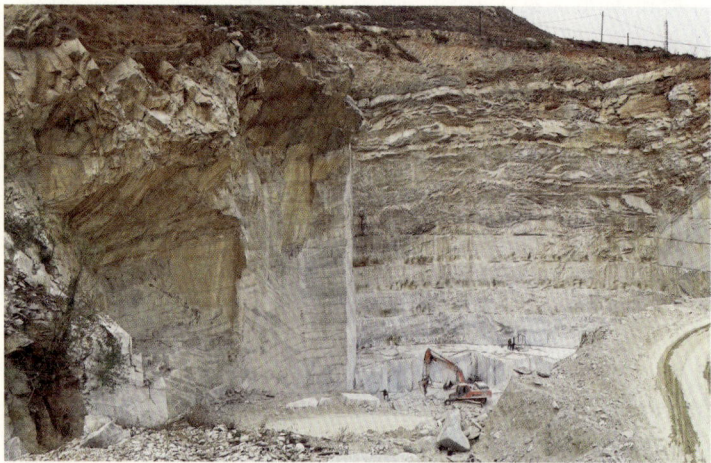

黄山采石场

十一点，参加了颁奖仪式，为获奖选手颁了奖。曲阳县政府的领导也莅临现场。同保也来了，他恢复得还不错，也来参加活动了。中午，一起欢聚。

黄兴国夫妇自回石家庄，我和潘毅群同车返京。下了高速，请老潘到家中喝了一杯清茶。送他一本《石涛画语录》和《叶毓山雕塑》。他很高兴。

途中，黄宝庆[4]来电，问我情况如何，在何处。邀我近日赴福州，去参加他主持的活动。

注释

1. 黄兴国，1959年生，湖南人。生于河北邯郸。著名雕塑家。曾任河北师范大学艺术设计学院院长、美术与设计学院副院长、教授，河北画院雕塑院院长、河北省工艺美术学会副会长。

2. 潘毅群，1956年生于湖北武汉。著名雕塑家。清华大学美术学院工艺美术系副教授。系中国雕塑学会会员、英国皇家雕塑家协会会员。

3. 黄山，又称少容山，在曲阳县城南。传说汉代黄石公曾在此收徒传艺，故名"黄山"。黄山盛产汉白玉，是曲阳雕刻产业的发祥地。

4. 黄宝庆，1954年生于福建罗源。寿山石雕名家，中国工艺美术大师，国家一级美术师。曾任中国工艺美术学会副理事长兼副秘书长、福建省工艺美术学会理事长。

第三十四卷

2017 年 4 月 22 日、河北曲阳

整理云岗[1]的审稿意见，并把我与他交换意见时他对稿件的看法加进去。这样，更符合云岗的本意，更具有学术性。

云岗关于《中国工艺美术全集·福建卷·工艺雕刻（石雕篇）》的审稿意见。（从略）

早上，与老夏[2]到东边的尧山走了走，将近两个小时，很是舒畅。上得山去，四周遥望，景色亦甚壮观。虽非名山大川，但自有其滋味。

园区里在调整变压器，没水没电，便改变了行程，将原本周一到马若特家里去访他父亲的事情提到了今天。马若特遇到了发展瓶颈，昨天一天跑了两次来问计于我和老夏，开之导之。

着杨跃武安排好摄影、摄像、录音者，作为田野考察报告的第一行。

上午九点多，快十点了，跃武来接我和老夏，穿曲阳县城向北，驱车二三十公里，到了一个叫作辉岭的村子，去访马志国。对话就在独具特色的农家院子里进行。

辉岭村是附近山沟一个比较落后的村落，有四千人之

马志国的农家院子

众，不仅出了一个远近闻名的陶艺家马若特，更重要的是出了一个十里八乡都知名的"百事通"马志国。而马若特，就是马志国手里调教出来的最好"作品"。马志国，小学文化，没上过几天学，却取得了曲阳县二千多名中学教师考核的第二名，是一个高中的语文老师。后来下海去经商。先做过建筑队的小包工头，到处承揽工程。后来，又转到园林建筑上，亲手制作园林小品雕塑。再后来，为了培养儿子，他亲自动手学习、琢磨泥塑，把马若特一步一步地带进了艺术殿堂。他先后弄过十几个营生，还做过牲口经纪，自己总结了一套"相驴经"。复杂的生活经历，既造就了他的多才多艺，也造就了他的诙谐、幽默与狡猾、机智。

他在改革开放之初，当中国的公共艺术刚刚开始起步的时候，就积极地参与其中。

他有非常了不起的胸怀，以独特的、一般农村家庭所不可能有的格局，悉心培养了马若特。为了马若特的婚事，他骑车走访了所有的亲戚朋友，亲自为儿子挑媳妇，相亲六七十次，就是要为日后能够有所成就的儿子找一个能够带得出去的女人。

马志国还写得一手好顺口溜，把他的生活阅历，把他对人生的认识，对生活中不公正、不应该有的乱象和陋习的批评和揭露编进了顺口溜，生动、幽默而有趣。虽然对社会某些方面不满，但却对生活充满了希望，对党和国家无限忠诚与热爱。不管如何伏线，最后都要落在正能量的传播上。

马志国的聪明，来自他的父母——一个世代务农的父亲，一个大家闺秀的母亲。

从辉岭回来，到了李永虎家里，去看老夏正在加工的作品。

晚上，王军立知道我来曲阳，跑过来吃了一顿饭。

与杨跃武、高英坡议出门考察的工作安排。

注释

1. 云岗即陈云岗，1956 年生于陕西西安，祖籍江苏徐州下邳。著名雕塑家。历任西安美术学院雕塑系主任、博士生导师、教授，中国国家画院雕塑院执行院长。系全国城市雕塑建设指导委员会艺术委员会副主任、中国雕塑学会副会长、中国城市雕塑家协会副会长。

2. 老夏即夏和兴，1956 年生于江苏江阴。著名雕塑家。历任深圳雕塑院副院长、深圳市公共艺术中心副主任。曾任中国工艺美术学会雕塑专业委员会副秘书长。

4 月 24 日、河北唐县、满城

　　早起，做好了一切准备，亦将工作室的卫生大致打扫了一下。

　　携杨跃武、高英坡、和海龙等一起上路，开始了曲阳石雕的野外考察活动。第一站，曲阳与唐县交界的军城寨。原隶曲阳，现归唐县，系白求恩[1]同志墓旧址所在地和晋察

军城白求恩墓园

冀边区抗日烈士公墓之所在。系抗日战争中边区政府所建。原物毁于日伪之手，现物为后来重建。原来的雕像和建筑俱毁。现在的雕像，系曲阳籍的石刻工人卢进桥仿司徒杰作品而刻。

自曲阳出来，一直往北，经马若特的家——辉岭村，到灵山镇。辉岭，原称"灰岭"，后来改成今名。海龙对路很熟。从灵山直通唐县的路堵车，他便带着我们西行，从西燕川附近绕过去。西燕川也是宋代定窑产区的一部分。前几年，我曾来过，和杨跃武等人冒着大雪爬上了高山，探访王处直墓。值得一提的是，令我感动的是，路边上不知名的两个青年妇女，二话不说就带着我们爬山，把孩子扔在家里。过来曲阳县界，就是唐县。一山之隔，就是两个世界，唐县这里山格外青，水格外绿，风光秀美。虽然不是太行山的腹地，仍属于边缘地带，但是太行山的特色已经很明显了。

进了唐县不远，就是军城了。在老乡的指引下，我们顺利地到达了目的地。司机小郝开车很猛，连续刹车，再加上在车上不断地看手机，杨跃武这个老司机晕车了，一下车就吐了。一进门，一个老者抽着烟迎上来，告诉我们先登记，进去之后不要抽烟。英坡去登记，我和这个老者攀谈起来。这个军城，据考古探测说是建于宋代，为宋辽

白求恩雕像

对峙时的产物。这个陵园，建于军城的南关，原来是个阅城，是阅兵之所，在古代军城的西南方位，依照地势夯土筑城，大概为不规则的马蹄形，坐西朝东，也大致呈中轴线布列。中轴线的顶端，几个平台上，苍松翠柏之间，是白求恩大夫的衣冠冢，南面是柯棣华[2]大夫的墓园，北面是傅莱[3]之墓。还有白求恩助手的一个小墓园。共有四名中国人民的朋友长眠在中国的这块土地上，长眠在他们生活、工作、战斗过的土地上。虽然前后跨度长达六七十年。

柯棣华、白求恩、傅莱之墓，自南而北，呈"一"字形排列，墓园的规制、建设风格基本上为民国时期的，三者之间略有不同。白求恩墓园落成于白求恩牺牲后不久的 1940 年 5 月 1 日。原墓和墓前雕像，被日军炸毁，后来复建。新中国成立之后，将白求恩、柯棣华之

柯棣华之墓

墓迁移到石家庄的华北烈士陵园，现在军城的均为衣冠冢。白墓与柯墓之前均为一尊等身高的汉白玉雕像，立于水泥塑造的假山上，为机械工具雕刻，较粗糙。白求恩像为司徒杰[4]先生作品之仿刻，柯棣华像作者不明。白墓、柯墓、傅墓均为隆起的圆形墓丘，白石砌筑，以白石镶嵌内接的五角星，五角星的中心位置是方形墓碑，上面是一座圆形的地球装饰物体，显示了其国际主义精神。白墓和柯墓为

手工雕造，傅墓则为机械工具雕造，但却仿手工雕刻形态。傅墓前的雕像为胸像，均为曲阳石工和石料。

阅城的北墙，为军城的南城墙，也是军城古城唯一的旧物，很高大。平台之上，原为抗战烈士纪念塔所在地。此塔在日军"扫荡"时，与白墓一起被炸毁。现在，仍是抗战烈士的墓地。中间是一座两三米高的纪念碑，西方式方尖碑的形制，规模不大。

纪念塔的对面，与之遥遥相对的是一座点将台，附会为宋代名将杨六郎所造，为边区政府举行重大活动的主席台。聂荣臻[5]元帅多次在上面发表讲话。点将台的前面不远正在施工，不知在搞什么建筑。

自军城出来，英坡开车，前往满城。原路返回，在曲阳上了高速，一路向东。驱车近百公里，从满城下了高速，自满城县往北，走了几公里就到了岗头村。因为几年前来参观过这里的张柔父子[6]墓，所以我就带着大家径直奔了目标。到了村头，先下到一个土坑之中，上次来时那一对华表就在那里。可是，今天却只有一堆破石头堆在那里。那一对华表却不能觅得影踪了，心里一阵沉重。不知是被文管单位收藏起来了，还是被不法分子盗去了。

爬上土坡，隔着杏树林，远远地看到了一座高大的石碑。上次来时，这里是一片玉米地，果木也淹没在青纱帐中，离远了什么也看不见，是摸进去的。此时地上的庄稼还没有长起来，所以一目了然，什么都看得十分清楚。张柔神道碑赫然立在那里。陵前的石仪，还是我上次来看的那些，几件文官武将的残件，有一米二左右。尚有一尊石

张柔墓神道碑

羊，大半截埋在土中。完整与否，尚不得而知。神道碑足有六米高。经辨认，石头出自北京房山，为青白石。

张柔墓的左右，为其子之墓。其子之墓，只有一座墓前立有石碑，且被推得几欲倾倒，被铲去了许多字。此座墓前后左右都立有石碑，前面的两块尚有字，清晰可辨。其他的几座皆是荒冢一座，无任何碑碣仪石。如果有，也是早就毁掉了。张柔父子，为大宋王朝的终结者，柔公为元大都的营建工程总指挥，是大元王朝建立的功臣，亦是一代人杰，故在其墓前鞠躬者三。

因为英坡要乘坐下午五点的飞机，所以要在两点之前赶到保定高铁站。故而，就匆匆地驱车上路，赶往保定。到了保定高铁站，才一点多钟，时间还很富余。英坡怕耽误，自去了，我们便返回保定市里。在保定军校广场附近的好滋味简单吃了顿午餐，依旧是小米粥、驴肉火烧。清粥小菜和驴肉火烧端上来时，我想起了杨文会老兄。老兄突然而去，我在保定再无知己矣。

本来想在保定住下，去市博物馆看看。一打听，里面没有我们想看的东西。又去了新华书店，也没有看到保定地区的文史资料，很扫兴。便驱车北上，赶往定兴。

定兴离保定并不远，只有几十公里，没有多长时间就到了。开车在定兴城里转了一圈，到了辽代的慈云阁转了转，便找个酒店住下来。一天都没有吃好，也没有喝足水，于是美美地、简单地吃了一顿便餐，很美味，也很舒服。紧紧张张地跑了一天，真得很累，所以就早早地躺下休息了。

睡得很香。

注释

1. 白求恩，全名亨利·诺尔曼·白求恩。1890 年出生于加拿大安大略省格雷文赫斯特镇，加拿大共产党员，伟大的国际主义战士，著名胸外科医师。1935 年，加入加拿大共产党。1938 年，不远万里来到中国，投身于中国人民的抗日战争，奔走在抗战前线，积极救治伤员。1939 年，因治疗过程中不慎感染而病逝于河北唐县。

2. 柯棣华，1910 年出生于印度孟买。著名医生，伟大的国际主义战士。1938 年，随同印度援华医疗队到中国协助抗日，先后在延安和华北抗日根据地服务。历任八路军医院外科主治医生、白求恩国际和平医院第一任院长。1942 年 12 月 9 日凌晨病逝于河北唐县，年仅 32 岁。

3. 理查德·傅莱（Richard Frey，1920～2004 年），奥地利维也纳人。伟大的国际主义战士。傅莱原名理查德·施泰因（Richard Stein）。奥地利共产党党员。1939 年 1 月，只身来到上海。1941 年 12 月，几经辗转来到敌后根据地晋察冀军区。先后在晋察冀白求恩卫生学校、延安中国医科大学、重庆医科大学任教。曾担任晋察冀边区医药指导委员会委员、华北军区卫生部顾问、西南军区军政委员会卫生部公共卫生处负责人、中国医学科学院顾问、中国医学科学院医学信息研究所副所长兼名誉所长、中国医学科学院图书馆馆长等职务。新中国成立后，他加入了中国国籍。在世时，被人们称作"活着的白求恩"。

4. 司徒杰（1920～2005年），原名"司徒杰卿"。广东开平人。著名雕塑家。历任中国革命历史博物馆创作员、加拿大安大略省美术学院特聘驻院美术家、中央美术学院教授。系中国美术家协会会员、中国民主同盟盟员。

5. 聂荣臻（1899～1992年），字福骈，四川江津（今重庆市江津区）人。无产阶级革命家、军事家，党和国家的卓越领导人、中国人民解放军的创建人之一、中华人民共和国元帅、中华人民共和国的开国元勋，深受全党、全军、全国人民的尊敬和爱戴。抗战时期，任八路军——五师副师长、政委，中共中央晋察冀分局书记、军区司令员兼政委。

6. 张柔(1190～1268年)，字德刚，汉族，易州定兴（今河北保定定兴）人。金末，在河北组织地方武装，被金朝任为经略使。后降蒙古国，在灭金中屡立战功。其部成为消灭南宋的主要武装势力，是蒙古三大汉族武装势力之一。张柔为大元统一中国而立下赫赫战功，至元三年（1266年），加荣禄大夫、判行工部事、营建大都。此年，进封蔡国公。至元五年（1268年）六月卒，赠推忠宣力翊运功臣、太师、开府仪同三司、上柱国，谥武康。延祐五年（1318年），加封汝南王，谥忠武。《元史》有传。有子十一人，以弘略、弘范最显，弘范在《元史》自有传。

4月25日、河北定兴、易县

昨天，行走匆匆，看了三个地方。唐县军城的石刻，为曲阳工、曲阳料，工艺水平极一般，手工和电动工具并存。而张柔墓前石仪，则为房山石料，为青白石。张柔和杨琼[1]同为元大都的建造者，二人为同事、同乡。张柔先于杨琼逝世十年。所以，于公于私，杨琼都可能带领曲阳子弟参与了张柔墓的雕造。从残件的风格来看，

张柔墓前石翁仲

形体饱满，线条挺拔有力，具有唐宋石仪之风，体现了中原汉文化的传承。

早饭之后，便从定兴县城一路向西，驱车二十余公里，转了几个弯，进入了一个宁静的小村子——石柱村。在老乡的指点下，我们经过几间破败的民房，在相对规整的小

街巷中穿行，来到一个小小的集市。这种集市，是自发的、民间交换形式，是原始的以物易物自然经济的活化石。摆摊的、购物的多为中老年人。有几个老者聚在一起聊天，还有两个老年的剃头匠在为赶集的人剃头。剃头的很专注，被剃的很享受。稀稀落落的集市，只有两三百米。集市的尽头，便是一个高大的土台。

过了一座石桥，爬上几十级台阶，便到了土台之上。远远地看到了一座高大的碑亭，隐隐约约地看到了那根著名的义慈惠石柱。甬道的旁边，是两座石碑，明清的形制。过去，从资料上看，这座石柱是矗立在荒原中的，如今上面建了一个高大的碑亭，将石柱罩了个严严实实，还加围了一个铁栏。石柱的形制，是中西合璧的艺术样式。石柱的顶端，为中国传统的楼阁形制屋顶，下面是一个碑盘，承托着上面的屋顶，中间是一个方柱连接，方柱四面三开间，中开

北齐石柱（局部）

间龛雕坐佛一身，左右开间好像在窗棂上有墨书小字。碑身方柱形，正面的上部为碑额，碑额的底边下略收分，略呈弧形。碑额与柱体均为隶书字体，书写和刻工极精彩，为南北朝时书作的精品。除屋顶和碑顶为曲阳汉白玉石材，其他都是青石。整个石柱，与南朝帝陵前的石柱形制如出一辙，具有罗马石柱的艺术风格。碑顶方式的底面，

装饰有极规整的几何图案，很明显具有西方文化的特点。非中国化的风格。

这根石柱，是在杜洛周、葛荣领导的农民大起义[2]之后，几个义士将起义军和官兵战死者以及无辜的死难者，一齐埋葬，筑了大坟冢，并在高大的墓冢上立起了这根石柱。先为木质，后易为石质。这根石柱，可以说是现存最早的战争纪念碑之一。

从石柱的高台上下来，又路过那个集市，又看到那几个慈祥的老者，忍不住给他们拍了几张照片。听旁边的人说，有一个还是老八路，约有九十岁。

那根石柱，有七八米高，为原构。柱身之外的保护建筑，皆为新建之物。

从石柱村出来，便一路向西，走进了易县县城。之后，又到了清西陵。和海龙与崔宏生有联系，宏生早就在路口等候。

宏生就是这个梁各庄村的人，祖孙三代以錾铜为业。他的祖父从北京把錾铜工艺带回来，影响了乡亲们，也逐渐发展成为了一个产业。在村子里拐了几个弯，到了他的工作室——一个旧粮库改造的大院子。河北美院的师生们正在这里实习。宏生又把他的两个同行叫来，一起喝茶，展示了他的金工技艺。他最令人称赞的，就是用铜板锻造各种异形器皿，而且是整体锻造，不需要焊接。可以说，他把金属的延展性发挥到了极致。

喝了几杯茶，宏生便带着我们去崇陵地宫参观。崇陵是光绪皇帝和隆裕皇后的合葬陵。二十几年前，我带着孩子一起来过此地，没有现在这么多旅游设施，管理不规范，可以骑着马在陵园里奔走。今天，那些马匹都被拦在景区之外。

崇陵的规模不算小，现在正在维修之中，有很多石构件都被施工队隔开遮蔽了。崇陵地表的石仪并不多。方城之内一组石五供很精美，是易县紫金石和青白石的组合。

地宫之内，不仅有仿木构的楼阁式宫门石构造，而且四道石门上都有精美的人物雕像。地宫的棺床上，只有光绪皇帝夫妇的棺木，冷清地摆在那里，周围的陪葬物早已被盗，棺材上的盗洞赫然在目，令人痛心，使原本就冷飕飕的地宫里显得更加阴森刺骨。

从光绪皇帝崇陵出来，宏生带我们到一个叫作易水草堂的农家乐饭庄美餐，就在帝陵的旁边。因为下午还要到其他帝陵参观瞻仰，所以谢绝了宏生的美酒。下午，宏生还有事，便不让他作陪，我们自去其他帝陵。

崇陵石五供

崇陵地宫

泰陵 "品" 字形石牌楼

　　先到了泰陵。雍正皇帝的泰陵也有很大的变化，以前没有人管，现在也增设了旅游服务设施，与崇陵的形制一样。跨过高大的金水桥，迎面就是一个巨大的石构世界。三座规模、体量一样高大的石牌坊，呈 "品" 字形排列，构成了一个巨大的空间，令人震撼。石坊之后，便是大红宫门了。宫门左右，各有一座 "各色人等在此下马" 下马碑。进了大红门，又是一座石桥。过了石桥，就是神道碑亭。碑亭的四隅，各有一根巨大的华表，形制、体量相同，只不过方向有异。南面两尊上面的望天吼向外，称之为 "望君归"。北面两尊的上面的望天吼向内，称之为 "望君出"。过了碑亭，又是一道石桥。桥后面，就是一组石像生。泰陵和崇陵金水桥望柱上面的造型，有很大的不同。

泰陵望柱雕造为葫芦形，象征着乾旋坤转的北斗，而崇陵的望柱则为龙凤造型，而且是龙凤相间隔布列。清西陵的石构用材，也出自北京房山，为汉白玉和青白石。泰陵的石像生，青白石雕造，形制虽然上承宋明之风，但是却有其自身民族的特点，文官武将皆为满族装束。但是，其造型较为呆滞、刻板，缺少生气。中国两千多年的封建体制，到了清朝已经走到了穷途末路，呈现出衰败颓废之势。这一点，也体现在礼仪石刻上面。有清一代，帝王陵前的石像生过于纤细、软弱，与明朝的粗犷、威壮不能比，与汉唐的雄浑磅礴更是没有办法相比。泰陵碑楼前，有卖崖柏的小摊，挑了一根，稍做修整可为很好的笔架。

从泰陵出来，便赶往附近的昌陵。由于司机小郝对路线不熟，又转回到了泰陵。转到昌陵，车恰好停在石像生后面的石桥旁边。停下车，走了过去，与泰陵石仪规制相同，只不过体量小得多，是泰陵石仪的缩小版，其气势更孱弱。石仪之间，东西阔三十步，南北阔二十五步。泰陵的石仪，东西阔与之相等，南北之间就长了许多，其神道也长出好多。天色尚早，便又驱车去慕陵。结果，又绕到了泰陵，围着泰陵又转了一圈。看来，我们和雍正大帝有缘。

到了慕陵，没有看到石像生，且隔着栏杆望去，还在维修之中，便作罢。驱车赶往涞水。上高速之前，看到路边有一大溜地摊，光卖崖柏及其工艺品的就有好几家，又选了一个枕头和一个小木座，皆为崖柏，香味甚浓。现在，政府加强了管理，禁止采挖崖柏等珍稀树木，且控制了崖

昌陵石像生

柏的价格，已经不值什么钱。所以，就没有人冒着生命危险去干这种采挖崖柏的勾当了。

夜宿涞水乐园对面的国际酒店，条件不错，价格也不高。

注释

1. 杨琼（约 1213 ～ 1278 年），元代哲匠，今河北曲阳县西羊平村人。自幼"雕刻超群，人莫能及"。曾担任元上都、大都皇家宫殿的总设计师。曾任石局总管，以技艺进身，位列高级官僚队伍。杨琼的敬业精神极强，最终累死在工地上，为后世学习的楷模。死后倍享哀荣，被元世祖忽必烈封为"弘农郡伯"。

2. 杜洛周、葛荣领导的农民大起义。北魏孝昌元年（525年）八月，柔玄镇（今内蒙古兴和西北）人杜洛周于上谷（今河北怀来）聚众起义，立年号"真王"。义军攻陷附近郡县。当时，怀朔镇（今内蒙古固阳西南）高欢、尉景等都响应杜洛周。武泰元年（528年）二月，杜洛周被另一支义军首领葛荣所杀，部众归入葛荣麾下。义军发展到几十万人。后期号称百万，据河北七州，是魏末最大的一支起义武装。后来，由于轻敌，葛荣败于秀容酋长尔朱荣之手，被杀。

4月26日、河北涞水、北京房山

早饭后，便驱车北行，去凭吊康熙帝第十三子允祥[1]之怡亲王陵。

未出城时，和海龙说附近有一座辽代古塔，为全国重点文物保护单位，便寻了过去。走错了道，转到了塔的后面，不能近前，只得远远地拍了几张照片。这个地方叫作"边城"，塔名"西岗"，为青砖砌筑，少有雕刻。因为此类砖塔在北方极多见，便再没有寻过去，舍之，而直奔王爷陵。

越往北走，离北京越近。穿过了石亭镇的东营房村，径直过去，便是怡亲王陵。

怡亲王陵，坐西朝东，南、西、北三面皆有高山远远地环卫，东面有数道河流环绕，风水极佳，不亚于帝陵。我对怡亲王素来景仰，敬慕他的忠正、无私，竭诚谋国，鞠躬尽瘁、死而后已。早有来拜谒之意，一直未

怡亲王陵神道碑

能成行，今天总算了了一个心愿。我对这座王陵，甚为期待。

神道的端头，就是墓园的起点，就是怡亲王陵的神道碑，非常高大、雄伟，雕工亦精，保存得亦相当完好。往前走里许，就是一座高大的五开间火焰石坊，为别处所不见的形制。沿着稍有弯曲的神道，在黄土道上前行，有一道石桥尚存。但是，其精美的雕饰构件被盗凿一空，只剩下风化严重的兽头左右各一件，凄凉无助地待在那里，说不定什么时候也会惨遭毒手。

怡亲王陵火焰石牌楼

怡亲王陵石坊

再往前行里许，又是一架精美的石坊，为四柱三间七楼式。中间的横梁已断裂，十分危险。泰陵前那一组"品"字牌楼之中正面的一架横梁也断了，但是已用大木支撑起来，为的是游人的安全。而这里，鲜有人来，便无人为此担心了。

再往前走，就是大片的杨树林。本来是万木萌发的春天，然而却是死寂一片，令人心头发紧。因为，这里的树木被美国的白蛾所害，全部都死掉了。甚至于地上都没有什么青草。死树丛中，有两根华表矗立，上面的望天吼已不知去向，各有一个三角形的钢架在支撑，上面布满了蛛网和白蛾虫屎。华表的柱体为八棱形，每面的图案相同，为一升一降的二龙戏珠，颇有气势。珠在中间，为龙尾所环绕。两个龙头一俯一仰，遥遥相望。

过了华表，又是一座石桥，只剩下了桥面，几与地面相平了。

再往前走，路面全是沙土粉尘，根本没有办法走，又过了一道小石梁，前面是一座高大的土台，小路沿着土台向南北两边展开。因为没有任何的标志，便漫无目的地往西南方向走去。走了一程，我感觉不对，便带着跃武和海龙爬上了高坡。上了高坡，满眼的残砖断瓦，伏在荒草之中。依稀可以看出其方正的轮廓，一个很大的建筑群遗址。仔细看来，青砖之中尚有绿琉璃瓦的残片。在荒草之中，又上了一座高台，看到了触目惊心的惨象，一个规模宏大的圆形土坑赫然在目。坑底还有一个圆形的小坑，就是金井穴的所在。这就是怡亲王"安息"之所了。转到墓坑的正背后，向神道望去，墓穴、墓道与神道，略呈北斗之状，直中有曲。怡亲王陵遭何人之毒手，又毁于何时，可以想见。那个令人疯狂的年代，有多少无知的人犯下了多少不可原谅的错误，甚至是罪恶。再好的风水，再好的位置，再豪华的结局，都是一时的哀荣，一时的风光，都不如平平淡淡来得长久。

海龙的一个朋友叫作任小齐的，夫妻两个赶过来，要陪着一起参观考察，在怡亲王陵前会了面。带着几分惆怅与伤感，离开了十三爷的陵墓，赶往金山，去寻金山寺和金山寺塔。

从一个不知名的小山村转来转去，来到山跟前，没有路了。在当地百姓的指引下，我们从一个正在施工的大院子里开车进去，沿着盘山道上行。走了一阵，感觉不对，好像是向山顶的施工工地行进，便在盘山道一个较宽阔处掉头下来，重新回到山下的岔路口。向住在旁边的山民打听路径，他带着我们走了一段，说再有十几二十几分钟就可以上山了。我们兴致勃勃地沿着山路走过去。路过几间工棚时，一个满头白发的壮汉说："十分钟就上山了，你们有半拉小时上去就不错了。"我们不信他的话，继续往山里走。走来走去，没有路了，便沿着干涸的山沟往上爬。有时平缓，有时崎岖坎坷，有时手脚并用。越往上爬，越没有路。我有些体力不支，失去了往上爬的信心。跃武、海龙他们几个便继续上行，朝着一个像石窟的断壁方向爬行。我则找了一处树荫，坐在岩石上休息。不大一会儿，听到他们折返时说话的声音。过了一会儿，说话的声音又没有了。抬眼望去，他们已接近山顶，上去了！既然能上去，就必定还有别的路，不可能再原路返回。我便慢慢地往下走，一边走，一边欣赏难得的朴素的自然景色。上去不容易，下来却挺快，便在一株巨大老树下找了块岩石坐下来，等他们下山。因为，这里是必经之路。

四十分钟后，听到身后喧哗，跃武在叫我，他们果然从我身后下来了。原来，这条山路才是上山的捷径，二十分钟就能爬上去了。没人告诉，就真不知道。跃武说，他们本来往下转，碰到了一个放羊的给他们指路，才上去。据他们说，上面有一碑一塔，都保存得完好，隐藏在森林之中，很难寻得见。很可惜，我没有上去亲眼目睹。

　　下山后，在路边一个农家餐馆里就餐。小任很热情，还带来美酒，菜的水平一般，但饿透了，亦很美味。午饭之后，已近三点，便与小任夫妇分手，继续往北京方向走。进了张坊，经大石窝，奔涿州，再向北到琉璃河。原来想带他们去大房山参观金陵²，他们几个爬不动山了，我也累了，便改变了路线。琉璃河的河道正在维修，工程很大。看了古桥和桥头的几通石碑。有三块明碑，还挺好。其中时代风格很明显的是一通民国年间的碑头，刻着青天白日旗。石桥上的望柱大都是新换的，桥面的高低不平、

民国年间石碑

坑坑洼洼，在诉说着远久的沧桑。桥头上有一对设置关闸的石柱，雕工精细，但只有一半是原貌，另一半则是复制

修补的。其工艺则有天壤之别。

从琉璃河大桥往东北走，沿着 107 国道走几公里，右拐进了董家林，顺便又看了看商周遗址[3]，让他们了解一下燕国的历史和文化。时间有些晚，大家也累了，就近把我送回家。稍事休息，他们便回曲阳。第一轮的考察结束了。

注释

1. 允祥即爱新觉罗·胤祥（1686～1730 年），清圣祖康熙帝第十三子，生母敬敏皇贵妃章佳氏。胤祥与雍亲王胤禛关系最为亲密。康熙六十一年（1722 年），皇四子胤禛继位，改元"雍正"，封胤祥为和硕怡亲王，又出任议政大臣，处理重要政务。雍正元年（1723 年），命其总理户部。自此，胤祥全力辅佐雍正治理国家，雍正亦对其十分信任。因胤祥对雍正朝的治绩助力甚大，遂得封世袭罔替的铁帽子王。雍正八年（1730 年）胤祥去世，时年44 岁。配享太庙，上谥号为"贤"，另赐有匾额"忠敬诚直勤慎廉明"冠于谥号之前。将其名"允祥"的"允"字改回"胤"字，此为有清一代臣子中不避皇帝圣讳的孤例。

2. 金陵。金皇统九年（1149 年），太祖完颜阿骨打的庶长孙、海陵王完颜亮发动宫廷政变，弑熙宗而自立，成为金朝第四代皇帝，而仍都于会宁府（今黑龙江阿城）。为消灭南宋、统一天下，海陵王于贞元元年（1153 年）将国都迁往燕京（今北京市西南部），并改燕京为"中都"。同年，他派司天台到燕山山脉勘陵。一年之后，将兆域（陵寝的疆地）选定在中都西南良乡县西 50 里的大房山。贞元三年（1155 年）三月，海陵王下令营建大房山的九龙山诸陵，并亲自督办。同时，先后派出两路人马回会宁府迁陵。不到八个月的时间，太祖睿陵、太宗恭陵、德宗顺陵的灵柩就已安葬在房山陵寝中。从海陵王开始，经过世宗、章宗、卫绍王、宣宗，共五世六十余年的营建，金陵逐渐形成一处规模宏大的皇家陵寝。金朝九帝，除宣宗葬汴京（今河南开封）、哀宗葬蔡州（今河南汝南）之外，太祖至卫绍王七位帝王均葬于大房山陵区。太祖葬睿陵，太宗葬恭陵，熙宗葬思陵，世宗葬兴陵，章宗葬道陵，海陵王、卫绍王两位皇帝死后被削去帝号，故葬所无陵号。此外，金朝追封的四帝，三位迁葬于大房山陵区，即完颜亮之父德宗葬顺陵，世宗之父睿宗葬景陵，章宗之父显宗葬裕陵。熙宗之父徽宗葬上京会宁府，没有迁葬大房山的记载。大房山唯一的后妃陵是坤厚陵，是世宗为昭德皇后乌林答氏所修建，原葬有世宗皇后乌林答氏以下六位后妃。明确葬于大房山的金朝后妃有二十三位。完颜氏宗室诸王葬于此地，有文献可考的为梁王完颜宗弼、荣王完颜爽、宿王斜思阿补。

3. 商周遗址即琉璃河遗址，是商周时期的重要遗址，位于北京市房山区琉璃河镇董家林村。遗址东西长3.5公里，南北宽1.5公里。于20世纪40年代发现，1962年进一步调查并试掘，1972年开始发掘。1988年，被中华人民共和国国务院公布为全国重点文物保护单位。包括古城址、墓葬区、居住址三部分。古城址位于遗址中部，地面尚存北城墙和东西城墙的北半部，北墙长829米，东西墙北段尚存约300米，建城年代约在西周初期。墓葬区位于城址的东南部，以黄土坡村最为集中，墓分大、中、小三种类型，皆为长方形竖穴土坑，中、小型墓有熟土二层台，大型墓葬多有两条墓道。随葬品的种类，小型墓以陶器为主，中型墓以青铜器为主。不少青铜器上铸有铭文，所出土的堇鼎和伯矩鬲是极为珍贵的青铜礼器精品，为北京建城史提供了确凿的物证。近年出土的刻有"成周"文字的甲骨，也为确定燕都城址年代提供了有力的证据，是"夏商周断代工程"的重要收获。居住址位于城内及西部，有房屋、窖穴、灰坑、水井等遗址。

5月5日、河北赵县、陞充、磁县

与高英坡、杨春一起赴赵县，去探访赵州石桥和陀罗尼经幢。

昨天晚上酒后，武士卿为消酒又来到工作室喝茶。闲聊了一个话题，即究竟是石雕在先，还是泥塑在先。按照梁思成[1]先生的理论，"凿石为器"，"石器为艺术之最古者"。他是在说人类进化过程中先砍砸了石头和棍棒，以自卫和生存。我和钱绍武先生探讨过这个话题。当逐水草而居的先民们离开水源时，要带水远行之时，怎么办？要吃东西时，以何盛食？于是就发明了陶器。二者皆有道理。我想，石器是自然采集然后加工的，是"技"。而陶器才是人类的有意识地主动创造，是"道"。这一点，要在今后的讲课时先谈了。

出门之前，发邮件给黄宝庆。

大风随着沙尘暴而来，遮天蔽日，黄沙漫天，尘土飞扬。人在风尘中几乎不能站立。英坡很忙，不管天气如何都要上路。他能抽出两天的时间很不容易。在大风中踏上了考察之路。英坡自驾车，先到了羊平镇政府，处理了政府建筑改造的施工设计方案才离开。自羊平南行，过北、南故张村。路上行人虽少，在街市上依然有人在大风中卖东西，装运仿古石物件的车辆虽然比平时少了许多，但仍然有不少还在装车。看来，这么大的沙尘暴并没有对羊平人民的生活有太大影响。途经大沙河时，因为没有水草、树木、庄稼的防护，裸露的河床上漫漫黄沙和荒废未耕的土地，更是尘土大作，几乎不辨道路。好在英坡路熟，渐渐地离开曲阳，风沙渐小。越往南走风沙就越弱了。

按照我的考察计划，下了高速，先奔赵县，去城里看那件著名的陀罗尼经幢。根据高德地图导航的提示，我们很快就找到了。远远地望见了，心里就是一阵狂喜。英坡的车还没有停稳，我就跳将下去，直奔过去。这座经幢，现在位于一个十字路口的街心花园的正中心，周围都是驴肉、牛肉火烧铺子和其他小吃的字号。现在的地面，比千载之前高出两米左右，所以经幢好像处于一个下沉式广场的中心。塔基四周有高大结实的铁栏杆，用以保护。广场四周石砌的围栏与各种常青灌木相掩映，四方有台阶供人上下。

陀罗尼经幢

此经幢保存基本完好，为北宋时期所建，历经千载风雨和无数次地震洪涝之灾，至今幸存。青石砌筑的巨大的台座、束腰之间，有汉白玉石柱进行支撑。估计每面应该有三根，合计十二根，今均不全。十二根之数，当应数理，或十二时，或十二月，或十二支。这座经幢，最大的特色，就是在中间部位装饰了一圈类似长卷的山水圆雕。这也是所有中国古代经幢中所绝无仅有的形制，充分体现了设计者的独具匠心。这一圈圆雕，具有山水画要求具备的所有美学特征，可居、可卧、可游，很明显是受到当时已经成熟的山水画的影响。在庄严的佛家世界中，彰显了一定的文人意趣，确实难得。这种突破性的表现，不仅是设计者、创造者的胆识体现，而且也是工程甲方智慧与胸襟的体现。没有二者的共同存在，达成共识，是不可能有如此形制作品产生的。台基的汉白玉石柱，出自曲阳黄山。

从陀罗尼经幢前行（东行）不远，就是著名的柏林禅寺了。这座禅寺的名声很大，许多国家政要都来过此地，所以香火十分旺盛。到了寺门口，到处都是香铺、佛事商店，到处都是一堆堆的中老年妇女，或是推销拜佛的香火，或是招揽停车，或是招徕导游，十分热情，亦十分热闹。我们把车停在一个商店的门口，店主人热情地迎上来，问我们买什么。告之只停车不购物，便交了十元钱停车费了事。进了大门，一大帮年轻女子围上来，问是否请导游，盛情难却，便选了一个眉目稍清秀的女子领着我们匆匆地走了一遭。听她介绍，这座名刹是近几十年复建的。目前的古迹，只有几十株古柏和几通造像碑、石碑的残件。另有一座元代的砖塔。因为这次考察的重点在石刻，所以多在石刻前留影。那座砖塔，仅仅是绕行周匝，便匆匆离去。

从柏林寺出来，转了几个弯，南行到了赵州桥景区。

赵州桥心石栏

购票进了桥梁博物馆，又买了些资料。离开博物馆，又过
泝河南行，再过马路便进入了赵州桥所在的区域。这是一
个被神话故事所笼罩的世界。进门的甬道两边，先是八仙
的雕像，桥头的北端则是柴王爷推车的雕像。再不远处则
是大桥的设计者李春的雕像。看来，旅游景区是雕塑产业
的一个新出口。赵州桥的印迹，在我的脑海里已经有数十
年了，可以说神往已久。今天，终于到了这个地方，还真
的有些小小的激动。虽然，桥上的路面和栏板都换作了新
仿的作品，但是依旧能够保留原作的样式和风格。所以，
还是跪下来，为这座千年经典存照。

石桥南边的区域，保留着石桥的原构件和历代修复的
构件，以及从其他地方迁来的石块诸物。桥南岸的西边，

赵州桥

有一段护坡为旧物。桥南，有三十米左右的古代石栏，被作为装饰物安置在那里，也供人参观。桥头的东端，南边是一座陈列馆，北面是一座规模不大的碑林。陈列馆内的石栏正在维修，闭了馆，真不巧。陈列馆的后面夹道中，杂乱地堆放着一些石桥的构件和雕像、残碑断碣，有的甚为精美。那个碑林之中，有两堵石碑印象颇深。一个是北宋时期的石碑，正背两面的碑额都开小龛雕造佛像。另一个为关帝阁的重修碑记。此碑湮没难辨，形制一般。但是，其龟趺却是曲阳羊平石材。曲阳石雕工匠是否参与了当年大石桥的营造，尚待考究。但是，在 1953 年至 1958 年参与了修复却是不争的事实。有些亲历者还健在。走到石桥下面，仰望高大的石桥，体会设计者的聪明才智和良苦用心，感受"长虹卧波"的意境，良久，不忍离去。

途中，致谭云[2]，请他把我那件十多年前的石雕作品寄到曲阳来。

从赵州桥径直北行，便是陀罗尼经幢了。这两个景点竟然在一条直线上。复绕经幢一周，在一家卖驴肉火烧的小饭馆门口停了车。这里的驴肉风味，和曲阳稍有不同，也很美味，是一家夫妻档。只有两个人，生意也很清淡。但是，人极热情。饭后，没有休息，便又一路南行，到了隆尧。

过柏乡，经柏人城[3]址。到了隆尧王尹村，高德地图导航关闭，说是到了目的地。我们找了半天也没有找到，又出村去寻，也没有寻到，便又回到村里，找到了一个老者打探，告知路径，寻了过去。刚才出村时，我看到了这个用栏杆、铁网围起来的地方，以为是一个什么企业。因为没有看到任何建筑和残像，便没有往唐祖陵去想。到了近前，则是一个不大不小的广场。广场的西侧，赫然立着巨大的规划图版，看来政府有大动作。走到门前，大门紧锁，透过铁栏，远远地望去，在麦田里看到了一组石像生。值班室里没有人，我们十分焦急，不知到哪里去找人能打开大门让我们进去看一下。忽然，一个骑摩托车的小伙子从田间小道上驶来，向他打听。他停下车，用手一指说：那边有个豁口，可以随便出入。果然，铁丝网被推倒了三四米长。不消说人，就是车亦能开进来。进来之后，发现左手的麦田里，有一堆石头胡乱地堆放在那里。走近一看，方知是周围村子里迁来的古建，碑、碣、坊都有。多为明清之物。有的碑文竟然还与唐祖陵有关系。看来，这是政府用来打造景区的道具。还好，毕竟也是一种有效的保护手段。

祖陵坐北面南，纵深里许。土坡上立着几块不同年代的保护碑志。那一组石像生就在坡下。想当年，贞观二十年（646年）太宗营建此陵时，此处一定是高阜，而现在却是一个狭长的大深坑，地面提升了两米之多。怪不得从远处看不出有什么影迹。所谓唐祖陵，是唐高祖李渊建立唐朝以后追封四世祖先，并确立李熙和李天赐为李唐始祖。唐贞观二十年，唐太宗下诏修建祖陵。这一组石像生，皆残。但依然能够体现大唐气象，仍具大唐风范。望柱一对，风化严重，无纹饰可辨；石狮一对；石马二对，皆有马奴。形体饱满、浑圆，线条极具张力。具写实成分，阴囊马势俱全。皆为公马，以像雄强之势。石马之后，还应有几组文官武将侍列左右，今已不知去向。因为处在麦田之中，无法步量。目测，其东西相距三十步左右，南北相间

唐祖陵石仪

二十步左右。望柱到石狮的距离还要近一些。

从唐祖陵出来，本来要到邯郸去住下，明天再说。英坡的时间很紧，他说还有些时间，问我是否可以再去看一个地方。我便说那就去磁县吧，去探北齐皇陵。路上，英坡和杨春两个都搜索、导航，结果目标不同，由我来做决定。便选了英坡所导航的北朝墓葬区。这个地点，在临漳邺城三台[4]的附近，大概在三台的西北方向。前几年来问古时，曾经远眺此处。

过讲武城。

从南水北调的干渠来回穿行，在村庄里左拐右转，到了一个不知名的村庄，导航结束。便停下车，寻了过去。途经一个垃圾填埋处，仔细一看竟然是一个大型墓穴。过此墓葬坑再往前行，远远地望去是一座高大的封土。不知是哪家皇陵，是东魏的，还是北齐的。走到近前，赫然惊心动魄，盗洞竟然是新的，土是新的，土中还杂有新挖出的墓砖。走到洞的上方，向下看去，足有五六米深。盗洞直径米许，洞底隐约有物在焉。惊恐之后，一阵悲哀，一阵心痛。背后发凉，心头发紧，许久不能平复。回来的路上，在草丛中看到一块农民翻地时新挖出的板瓦，便捡拾起来。东魏和北齐的国祚都不长，且长期处于战乱之中，陵前营建石像生的可能性不大。但是否有陵寝就不得而知。拾得此瓦，便知此陵寝建筑的确存在。

英坡搜索，说兰陵王墓和天子冢就在附近，趁天还没有黑下来，是否可以再去转转。当然可以，便驱车返回去寻。

二过讲武城。

沿 107 国道北行，不远就是。兰陵王墓就在国道的西侧。门前是一个停车场，看来有不少人参观拜谒。墓园不大，东西宽三十米左右，南北不足百米。高大的封土上，长满了杂树、荒草。墓前立着一尊石像，水平一般，但是兰陵王的特点却也刻画出来了。墓底以青砖围砌，以防雨水。兰陵王高长恭[5]，是高齐皇室一族少有的人才，且勇冠三军，也是中国古代四大美男子之一。因遭皇帝猜忌而被赐死，惜哉！一抔黄土掩风流。长恭，人杰也！在墓前鞠躬者三。英坡说他可能

兰陵王神道碑

是高齐后代，亦三拜之。墓南方二十几米处，有一个不起眼的小亭子。好奇心促使我走过去看一眼。到了之后，大惊！竟然是一通保存相对完好的《兰陵王神道碑》。碑首的双龙雕刻极为精美，形体圆浑，线条遒劲有力，柔而寓刚，并不过于注重细节的刻画，而在于对整体的把握。这也是北齐造像艺术的一个特点。碑文刻划，极有力度，书体介于隶书、楷书之间，是一个过渡时期的标准模板。下部不知被人拓印、抚摸了多少次，有些模糊。上部人所不能及，则保存得极完好。此碑亦深陷地面两米深处，空间极狭小。碑亭为清代所建。从神道碑到墓丘，之间只有三十米之距，

神道极为短促，建设神道碑的可能性很大。但是否有享堂就不好说了。

在兰陵王墓边上的小路口，是一个自发的小市场，买了些西瓜、油桃、苹果之类的水果，稍做休息之后，便去寻天子冢。

过八里冢，一个较大的村庄。又穿过一个不知名的大村子，南行来到一片原野之中。赫然看到左前方一座高大的土丘，上面盖满了各种建筑，想必就是天子冢了。到了近前，发现现在的建筑规模并不大，只是在墓前修了值班室、售票处和小卖部几间小房子。墓丘的上面是几条甬道，密密麻麻修了各种神庙。大门已锁，早下班了。正惆怅间，一个值班人员慢悠悠地从上面走下来。攀谈半天，说明情况，这位老兄终于肯掏出钥匙打开铁门，让我们进去走一遭。各种小庙，诸路神仙，皆际会于此。看来，这位墓主人是悲催到家了。墓主人名为元善见，是东魏皇帝，生前受权臣高欢⁶所挟持，无主断之权。死后，又被诸神所镇，看来永无翻身之日了。这些建筑，大都是近些年为旅游所建，其中供奉的神像也同样很普通，乏善可陈。唯一可言者，就是北面所修的甬道踩上去竟然发出水声一样的回音。甬道很陡，我便看着英坡和杨春两个人去尝试。随便一走，回望来时的小路，竟然在天子冢的脚下西北方向看到一件石像，极显眼。便招呼英坡和杨春下去看看。谢过那位好心的值班人员，便走了过去。

到了石像之前，却大为怪异，竟为明代之物。东魏皇陵的侧后方，竟然立着一尊明代石像生，真的令人费解。

且孤零零的仅存此一物，并无明墓之踪迹。好生纳闷！

因脚下为临漳之地，向南不远就是河南的安阳。便改了主意，取道去安阳看殷墟妇好[7]墓中出土的石器物。按照导航的提示，转来转去，从田间穿过，竟然又回到了我们第一次来的地方。

三过讲武城。

晚上，住安阳宾馆。夜行，赏安阳美景，在一个烧烤店小坐。

注释

1. 梁思成 (1901～1972年)，广东新会人。戊戌变法领袖梁启超先生长子，著名建筑史学家、建筑师、城市规划师和教育家。梁思成一生致力于保护中国古代建筑和文化遗产，和夫人林徽因一起在战火纷飞的年代，考察了大半个中国的名胜古迹，对中国建筑遗产和文化遗产保护的贡献巨大。梁思成曾任中央研究院院士、中国科学院哲学社会科学学部委员。他系统地调查、整理、研究了中国古代建筑的历史和理论，是这一学科的开拓者和奠基者。曾主持、参加人民英雄纪念碑等重大国家工程的设计工作，是新中国首都城市规划工作的推动者，与吕彦直、刘敦桢、童寯、杨廷宝合称"建筑五宗师"。

2. 谭云，1952年生于四川达州。著名雕塑家，国家一级美术师。系全国城市雕塑建设指导委员会、艺术委员会委员，中国工艺美术学会雕塑专业委员会副秘书长，四川省美术家协会理事、四川省美术家协会雕塑艺术委员会副主委兼秘书长、成都市城市科学研究会常务理事、英国皇家雕塑协会会员、四川省雕塑协会会长。

3. 柏人城位于邢台市隆尧县城西偏南12公里处的双碑乡，系春秋时期的柏人邑，是华北地区罕见的古城池之一。公元前200年，西汉高祖刘邦始建柏人县。唐天宝元年（742年），柏人城遭遇水患，县治东迁3公里处的尧城镇。

4. 邺城三台位于河北省邯郸市临漳县，是"建安文学"的发祥地，包括金凤台、铜雀台、冰井台，位于邺城遗址内的三台村。建筑精美，风格独特。铜雀台在金凤台北，为三台之主台。建安十五年（210年），曹操始建，台高十丈，有屋百余间，为曹操与文人骚客宴饮赋诗，与姬妾宫女歌舞欢乐之所。金凤台在三台村西，原名"金虎台"，是三台最南边的一座，建安十八年（213年）曹操始建。据史书记载，台高八丈，有屋135间。冰井台位于"三台"的最北端，建于建安十九年（214年）。台高八丈，有房屋140间，因上有藏冰的井而得名。井深15丈，储藏着大量的冰块、煤炭、粮食、食盐等物，以防不虞。

5. 高长恭即兰陵王（541～573年），又名"高孝瓘""高肃"，字长恭，以字行。祖籍渤海蓚（今河北景县），神武帝高欢之孙，文襄帝高澄第四子，生母不详。南北朝时期，北齐宗室、名将之首。性格温良敦厚，貌柔心壮，音容兼美。为将躬勤细事，累次升任至并州刺史。初封乐陵县开国公，从弟高殷即位后晋爵为兰陵郡王，后历任尚书令、录尚书事、大司马、太保、太尉等。武平四年（573年），因"国事即家事"之语而招致北齐后主高纬忌恨，被后主高纬赐死，时年仅三十三岁。死后，追赠假黄钺、太师、太尉公，谥号"忠武"。

6. 高欢（496～547年），东魏王朝的建立者和实际统治者，小字贺六浑。出生在怀朔镇。高欢的六世祖高隐是渤海蓚人，祖父高谧官至侍御史，因犯罪被迁徙居怀朔镇，降为兵户。高欢为人深沉大度，轻财重士，为豪侠所尊。普泰二年（532年），高欢攻占邺城（今河北临漳），废节闵帝，立孝武帝。高欢自为大丞相、柱国大将军、太师。次年，高欢北伐尔朱兆，败尔朱兆于今山西离石。永熙三年（534 年），北魏分裂为东魏、西魏，高欢控制东魏政权达 16 年之久。后来，其子高洋取代其地位，代魏自立，建国"齐"，史称"北齐"，追封高欢为献武皇帝。

7. 妇好，好姓（"好"古音 zǐ，同子姓），商王武丁的妻子。中国历史上有据可查（甲骨文）的第一位女性军事统帅，同时也是一位杰出的女政治家。"妇"为亲属称谓。铜器铭文中又称其为"后母辛"。她的庙号称"辛"，即乙辛，周祭卜辞中称为"妣辛"。祖庚、祖甲的母辈"母辛"，也指的是她。

5月6日、河南安阳、河北邯郸

在宾馆后边的小街上，喝了胡辣汤和粉浆饭，吃了些地道的小吃。然后，就驱车往殷墟。八点钟，殷墟就开门纳客了。

多年之前来过此地，是一位毕业于西安美术学院雕塑系、在安阳学院执教的一个学生带我来的。人老了，竟然忘记了这个学生的名字，但是我会永远记住有他这么一个人，记得那份情。因为熟，就直接奔目标去了。在去妇好墓的甬道两旁草地上，布置了一些仿妇好墓出土的玉器和石雕造型的石雕小品。有些材料，是曲阳的汉白玉。进了妇好墓，复原陈列的作品中，有玉石器、铜器和象牙器。其中的玉石作品，好像也是曲阳汉白玉做的。杨春也看出了作品不真，提出了怀疑。英坡将信将疑。我未做明确表态，笑之曰："有真有

妇好墓陈列司母辛石牛（复制品）

假。"这些作品，可能和地面上的东西一样，是在 1986 年前后由曲阳石工仿刻雕造的，或许是采用了曲阳的石材。可以做个推论，之所以选用曲阳汉白玉石材，就说明这些出土的东西材质一定是或者接近曲阳石材，采购曲阳石材的可能性比较大。如果是曲阳人参与施工的，当事人一定会把这件事作为重要业绩进行宣传。至今也没人提起此事，看来非曲阳工、曲阳料的可能性极大。

从妇好墓地宫出来，陆续到甲骨文馆、殷商历史陈列馆、博物馆和车马坑看了一遍。碰上几个旅游大团，一下子把展厅挤满了，没有仔细看。但是，还是有所收获，捕捉到了一件中心开孔的青铜斧。"有心栽花花不开，无心插柳柳成荫。"这种形制的青铜斧子，我找遍了所有的资料，也在其他青铜器陈列馆去搜寻，并未发现。

从殷墟出来，十点钟，便往邯郸北返。导航让走国道，英坡嫌慢，亦怕路上堵车，便穿城而过走了高速。到了峰峰矿区，已是十一点半。路边有个小饭馆，是本地的蒸肉菜品，我怕天热吃坏了，便又返回了市中心。但是，奇怪得很，转了几个街区都没有发现饭店。看来，这里的外来人口不多，当地人不习惯下馆子。所以，餐饮业不发达。还好，终于找到了一家快餐店，很干净，饭菜的味道不错，就餐环境亦不错，就在这里多坐了一会儿。唯一不足的，就是这里不提供茶水。

十二点半，准时上路。一会儿，就到了南响堂石窟。离我们要吃蒸肉的地方并不远。我几乎把中原地区的石窟跑遍了，这附近的几个也去过了，唯独响堂山没有来过。

今天，夙愿终了。

　　响堂山前正在拆迁施工，可能要搞出一个豪华的旅游景区来。我们顺道一直往西走，在一个叫作西纸坊的村子拐进去，进了山门。原来的山门，是个小小的起架门楼，但大门紧锁，挂着提示"此路不通"。门楼的内里，就是一座古塔，年久失修，随时都有倒塌的可能。响堂山寺著名的不是它的建筑，而是寺院石壁上开凿的石窟。南响堂山的石窟规模并不大，前面就是一条大河，可能就是漳河。开凿于北齐，后代有续凿。……石窟共分上下两层。下层两窟，皆为中心柱窟，规模较大。北面一窟的中心柱稍靠后，佛像盗凿、破坏较严重。南面一间较大些，保存得亦相对完好……仿木构窟檐俱毁。窟外石壁上的佛像，有的很精美。上层石窟较多，但规模不大。唯最北边的一窟规模较大，保存得较完整。仿木构窟檐下三开

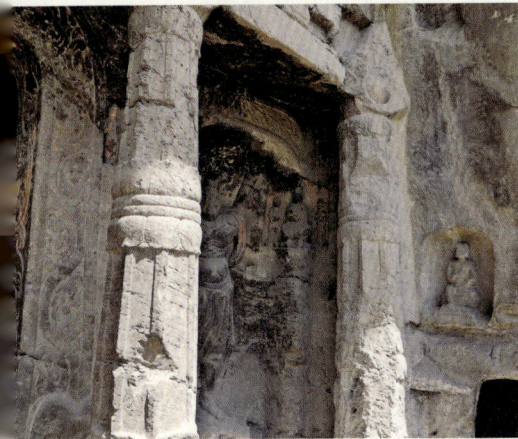

南响堂山石窟

间的两根石柱幸存，承托石柱的石兽也有幸剩下半截。所有仿木构窟檐残存的檐下柱，上部均内收。赵州桥上所有的望柱亦是向内、向桥心收分。

　　有一个小型石窟容许游人进去参观。地上有一件佛陀残像，刀工甚精湛。这个南响堂山，石窟只有那么几座或十几座，但其形制多样，较完备。有几座中心柱塔庙窟，

平面有椭圆形、马蹄形和方形。有穹隆顶，也有平顶。有一间方丈之窟的地面雕饰了整朵的莲花图案。就从外立面来看，大型窟的壁面皆造像，中心柱亦开窟造像。有的石窟满壁刻经文或长题记。就其造像风格来看，已由北魏的繁密趋于疏简，注重整体的把握，也呈现出一定的胡化色彩。爬到山顶，俯瞰石窟顶部，发现有分水沟渠的设置。

英坡先下了山，杨春说去方便，我稍坐等他。时间久了，英坡上山来寻，我便和他先下山去了。刚下来，杨春捂着脑袋跑下来，说他爬钟楼时没有注意，撞到钟上了，脑袋出血了。问他如何，说不要紧。又在山下的院子里转了转，看到一座殿前的柱础雕饰极精细，为别处所不见。又去看了看那座摇摇欲坠的砖塔。向工作人员打听北响堂，说是正在维修，闭馆了。又问小响堂如何？答曰：不知。奇怪了。英坡说明天羊平镇有规划会，希望他赶回去，征求我的意见。我同意回，但是说在回去时顺道去看一下邯郸博物馆。英坡亦赞同。驱车下山，西纸坊村口就是卫生室，便停车寻过去，是一个颇有规模的农家院子，一个有些气质的年轻妇女，为杨春用碘酒和酒精擦拭了伤口，又涂上了云南白药，并叮嘱一定要打破伤风针。杨春舍得破头撞金钟，看来有大造化了。

离开西纸坊，回来的路上，在一座古建筑的对面停下车来，走近去看了看。周围已经拆除了，正在施工中，为"太行八径"[1]之一，是古代出入太行山的关口，高大的石券门洞两面都是龙凤浮雕。据说，楼阁上木雕也很精美。可惜，不让参观。这座古建，为国家级文保单位，足见其

滏口陉关口

北齐汉白玉背光残件

建筑艺术水平之高。

　　到了邯郸市博物馆。虽然"赵文化"展厅关闭，但是"磁州窑"和"石刻"展厅在开放，就足够了。

　　在石刻展厅中，发现了北齐时期曲阳汉白玉作品两件，一件完整，一件残。通过展品和墙上的图版，才知道邯郸地区的沟沟坎坎中有大量石刻造像，有大量的石刻遗存。告之英坡，一定要再找时间来一次，把这些地方都跑一下。

　　从新乐下高速时，已接近天黑，便在一个路边的饭店吃了晚餐。英坡和杨春他们都来过。虽然就餐环境很差，就是大车店，但是客人一拨又一拨，生意出奇得好。

　　回到曲阳工作室，已近晚上九点。早早歇了。

　　一夜无话。

注释

1. 太行八径，即"太行八陉"。陉，音 xíng，即山脉中断的地方。太行八陉，即古代晋、冀、豫三省，穿越太行山相互往来的八条咽喉通道，是三省边界重要的军事关隘所在之地。第一陉为轵关陉，故址在今河南省济源市东的轵城镇。第二陉是太行陉，在今河南省沁阳市西北 35 里处。第三陉为白陉，在今山西省陵川县东约 30 公里处，是太行八陉中目前保存距离最长、最完整的古道。第四陉为滏口陉，在今河北省武安县之南和磁县之间的滏山。第五陉是井陉，故址在今河北省井陉县的井陉山上。第六陉为飞狐陉，也称飞狐口，位于今河北省涞源县北和蔚县之南。第七陉是蒲阴陉，在今河北省易县西紫荆岭上。第八陉即为军都陉，在今北京市昌平县西北之居庸山，军都陉有关曰居庸关。南响堂山前的关口，为滏口陉。

5月12日、北京

对昨天创作的小稿，进行梳理，可以分为两个系列。一个为"中国四大名医"系列，包括华佗、张仲景、孙思邈和李时珍。另一个系列为"五禽戏"，包括虎举、猿摘、鹿抵、鹤翔、熊晃。

待全部完成之后，先行创作手记，交张雪亮[1]在医学类刊物上发表。变成硬质材料之后，捐献给中医博物馆一套。

中午，英坡安排的车才到，赶到首都机场T3航站楼已是下午一点钟了。然后，直接又折回丰台，去寻金中都[2]遗址。我还是十几年前来过。如今，拆迁新建得面目全非，一点过去的影子也看不出来了。到了大概的方位，新建的高楼大厦之间，有一个小小的院落，有几株古树，亦有几块石碑的碑头赫然露出墙外。远远望去，还以为是一座小庙。转来转去，到了那几株柏树小院的后面。又前行，一个偌大的工地。导航显示，目的地已到，导航结束。看了看那座高墙，很无奈，也很不甘心，便和英坡下来车，循墙一路找过去，看是否有门径。大门紧闭，过大门之后，再前行就是一个街道委员会的办公区，也没有什么人。我和英坡便顺着西墙直接往后（南）走去。紧里头，是一个月亮门，一个大木凳堵在那儿。我快走两步，往里一看，一阵狂喜和激动，那只久违的石虎跳入眼帘。再往远处看，石马、石翁仲都在。回头呼："英坡，快来，就是这里。"正高兴间，猛听一声断喝："你们找谁？"一个着保安服的彪形大汉三五步走到近前，拦住去路。我连忙说："我是搞雕塑研究的，十几年前来过，今天又来寻访，兄弟能否通融一下？"那保安面有难色。忽然，一个穿黄色上衣的姑娘从旁边的小院子里走出来，往前走，好像听到了我们的对话，（看了看我们）没有表态，显然是默许了。那保安说："那你们就看看去吧，赶紧出来，现在不让参观。"说着，帮忙移开了挡在门口的大木凳。我和英坡跳将进去。那保安远远地站在门口，监视着我们，怕搞破坏。

这组石像生，应该是大房山金陵前的旧物，是明天启年间毁坏金陵的幸存者。满清即后金，入关之后便将这些遗存迁移至金中都遗址保存。十几年前我来时，石虎、石马、石羊、石翁仲皆成对排列，如神道阵仗。今天，不知何人何故，都将之调转了一个方向，统统面西，朝向了那个千年土堆——金中都

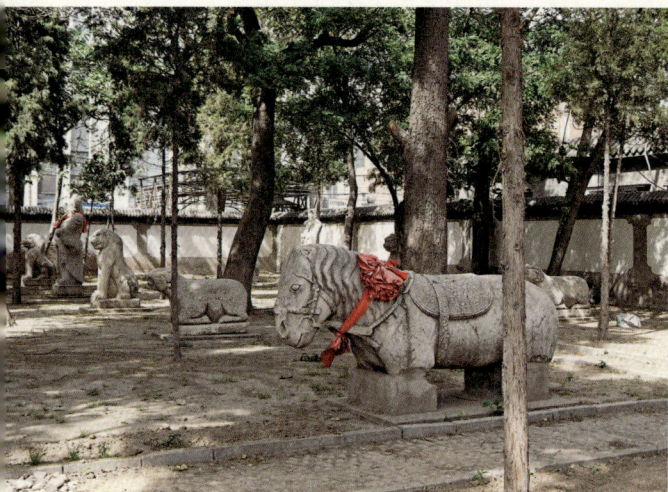

金中都遗址石像生

城墙遗址。而且被扭转方向的石仪，还披红挂彩。看周围高大的楼盘，忽然明白：这是开发商们所为。他们以为这些石仪来自墓地，对称式排列有点像墓道，干脆将之调转了方向，破了此阵仗，似乎就不存在什么阴煞之气了。这和明天启三年明熹宗捣毁金陵，在上面盖关帝庙镇压之举，有异曲同工之妙耳。真的太滑稽了，太可笑了。如果不是那个城墙遗址的土丘在此，这一组残存的石像生的命运就堪忧了，不知将会被迁往何处。即现存，亦存此虞。逐个拍照、观看、分析之。有一通康熙年间的石碑，系曲阳汉白玉石材。在这个被压缩到了极限的小空间里逡巡了很长时期，猛然回头，那个保安不知何时离去了。在他看来，我们好像不是什么坏人，不会对文物有什么破坏，便放心地回到岗位上去了。

院子的西北角，城墙土丘的北面，还有一些石碑，各种形态的碑志，体量、规制远远小于东面的那几方。但是，有的石碑底座雕刻得很精美。

临离开时，英坡专门到值班室向那个保安道谢，告辞。怀着惴惴不安的心情，离开了这个小院。这个小院，那个千年的城墙遗址，那几件栖身于此的石像生和那十几方石碑，在此能存多久？文化的力量在强大的经济开发、建设浪潮面前显得太脆弱了，太渺小了，简直不堪一击。我们民族的辉煌历史，正是被无知的我们自己给抹杀了。

上了车，才觉得有些饿了。原来午饭还没吃。周围都是工地，根本没有吃饭的地方。一路西行，过丽泽桥，到了卢沟桥[3]，在宛平古城[4]停车。古城周围亦是在拆建之中，周围热闹的街市变成了一座庞大的建筑垃圾场。在古城东面的小街上，找了一个西北面馆坐下来吃午饭时，已是下午四点钟了。

饭后，进入古城，有的地方也在建设之中，生意很萧条，游人倒不少。穿古城而过，来到著名的卢沟桥。这座古桥，我这么多年不知来过多少次。但是，每次来，都有新的收获。可谓常看常新。这次来，主要是为了寻找曲阳工匠的信息。很遗憾，没有发现曲阳石料，亦没有明显的曲阳石雕样式，或者尚缺进一步的分析、比对。但是，可以看出这些石狮的造型各异，具有几个明显的风格流派。有以北京样式为代表的北方派，有关中派，有江苏派，有山东派。其雕刻水平也是良莠不齐。呈紫色石者，雕塑感强，形体饱满，雄浑有力，大气，为最佳者。

卢沟桥石狮

自金大定年间该石梁建成以来，已经八百余载，大型的维修十几次。今天已经很难看到金代的原构，多为清代时所补造，亦有明代残件和近年所造新物。不管怎样，千年沧桑之感仍旧。在这个方面，要胜过赵州桥。

五点钟左右，环桥一周。天色已晚，再到哪里去看看已经不可能了，便驱车返回曲阳。到曲阳，又去老井家吃个火烧，喝了小米粥。

回到工作室，刚八点半左右，无睡意，便重作《太行人家》立轴，比上幅用笔、用墨乃至造型，都有所讲究，感觉好很多。

致电唐县白求恩纪念馆馆长陈玉恩，明天到他那里拜访他，与他聊聊抗战期间白求恩雕像和边区抗战烈士纪念碑的修造过程，以及曲阳石工的用工情况，乃至20世纪80年代中期复建时的情况。

注释

1. 张雪亮，1963年生于山东单县。著名中医学家，博士研究生导师，主任医师。历任中国中医科学院培训中心主任、中国中医博物馆馆长、中国中西医结合学会养生康复专业委员会主任委员。先后从师于已故伤寒大师刘渡舟、北京四大名医孔伯华之孙孔令诩教授，为全国第二批老中医药专家学术经验继承人。

2. 金中都即金朝的都城。金天辅六年（1122年），金与北宋联兵攻辽，金军陷辽南京析津府（今北京）。按原订协议，金将南京交归宋朝，宋改名为燕山府。不久，金兵又侵宋，占领了燕山府，改称"燕京"，先后设置枢密院和行台尚书省。金海陵王完颜亮天德三年（1151年）四月，下诏自上京会宁府迁都燕京，削上京之号。任命尚书右丞张浩，燕京留守刘筈、大名尹卢彦伦等负责燕京城的扩建与宫室的营造。因位于会宁府和汴京开封府（今河南开封）之间，故称"中都"。

3. 卢沟桥在今北京市丰台区西。金世宗大定二十八年（1188年）五月，决定在永定河上兴建桥梁以通南北，尚未动工，世宗就在第二年年初病逝了。章宗继位，六月兴工修桥。次年，改元"明昌"。明昌三年（1192年）三月，石桥完工。因桥身跨越卢沟古渡，而称之"卢沟桥"。两侧石雕护栏各有140条望柱，望柱头上雕有形态各异的石狮。据记载原有627个，现存501个。今存石狮多为明清之物，也有少量的金元遗存。在金章宗年间，"卢沟晓月"就被列为"燕京八景"之一。自1153年金朝定都燕京（今北京市宣武区西）之后，卢沟古渡的这座浮桥便成了南方各省进京的必由之路，是燕京的重要门户。

4. 宛平古城位于卢沟桥东。明崇祯十三年（1640年），建城，原名"拱极营"，是顺天府下辖的京城附郭县之一。清朝，改称"拱极城"。1928年12月1日，宛平县公署迁至卢沟桥原拱极城内，从此改名"宛平城"。宛平是华北地区唯一保存完整的两开门卫城。

5月13日、河北唐县

早晨起来时刚五点钟。收拾昨晚的画稿。

整理工作室，为陈列的唐河石等玩石上油，一保湿，二增色。

做去唐县会陈玉恩的准备。给他带去著作两种，送他做个纪念。和他多次通话，但久未谋面。

上午十点半，英坡才来。走高速，到唐县很快，四十分钟就到了。下了高速，陈玉恩电话就打过来了，问走到

白求恩柯棣华纪念馆

何处。告之："已下高速，即到。"下高速到白求恩柯棣华纪念馆只有三公里，很快就到了。

到了门口，陈玉恩早在警卫值班室等候。迎上来，问我是先参观，还是先坐一下。我的意思，还是先把事情谈一下。到他的办公室，看了看，到处是书籍资料，看来这个老兄也是个勤勉治学之人。坐下，把《雕塑·城市》和《石涛画语录》两本册子送上，玉恩兄也送了两本他的著作给我。因为时间太晚，没有过多的寒暄，几句话之后，便直奔主题，陈明来意。

上次来唐县，是为了寻找钱绍武等先生们的创作情况，匆匆一行，没有和他见上一面。玉恩说，钱先生他们作品的原件都在石家庄白求恩国际和平医院陈列。而现在陈列馆也在维修之中，没有对外开放。谈起有一次，我曾打电话给他，就没有看成。玉恩说现在差不多了，问我什么时候去提前通知他，他给馆长打电话，一定要让我看成。关于白墓和烈士纪念塔的用工情况，他刚出了本新书，才送到三五天。其中有较详细的叙述。关于这个课题他研究了两年之久，正好送我一本，回去之后，慢慢看。辛莽[1]先生肯定是参加了（这些建设工程），要不然他也不会参加人民英雄纪念碑的画稿工作。因为，他有过"从业经验"。但是，他当年在边区的工作和生活情况，却没有向子女们披露过。问玉恩了解否，他说从来没有听说过。看来，有太多的历史，因为某种原因当事人不愿陈述、吐露，而作为历史随着当事人的离世而永远消失了，成为了永远也无法解开的谜团，也成为了永久的遗憾。

关于司徒杰先生的创作《白求恩雕像》，玉恩说有四件是原作。一件在石家庄华北烈士陵园，一件在石家庄白求恩和平医院，一件在吉林医科大学，一件在加拿大白求恩的家乡。其中，以和平医院的那一件最为饱满、生动，是司徒杰先生亲自操刀雕刻的。其他的则出自曲阳工匠之手。其形体，略有出入，不是那么精彩了。司徒杰先生的那件原作，成为了白求恩大夫的标准像，遍布中国的大江南北、长城内外医院的白求恩大夫雕像均为仿刻。司徒杰先生的著作权已经根本无法伸张了。玉恩说，他们纪念馆的作品也是请和平医院的同志提供了多角度的照片，然后请人做泥塑稿，再请曲阳的石工雕刻出来。虽然这样，但是与原作的出入还是很大。

关于柯棣华的雕像，也是以华北烈士陵园的作品为模板进行仿刻的。但塑像的原作者是谁，已经无从查起，也没有人知道。20 世纪 80 年代初，钱绍武先生刚从石家庄黄壁庄水库回京时，他的同学陈天[2]先生自西安来访他。据陈天先生日记记载，当时钱先生正在做柯棣华纪念碑。很显然，这件柯像不是钱先生风格，不是出自他手。要想解开这个谜团，可能还要借助石家庄白求恩和平医院的馆藏作品，看其中是否能够找到一点关于柯像作者的线索。所以，石家庄之行就很有必要了。

之后，玉恩兄又带着我们参观了白、柯二公纪念馆，如数家珍地向我们介绍了馆中的陈列。这些展品，包括展厅的布置设计，看起来他用了好多心思，所以颇有些自豪感。时间很晚了，打搅了他这么久，想请他到附近去坐坐，吃个饭。他说在值班，不便出去，婉拒了。不便勉强，告辞出来。在唐县县城北关挨着医院的一个粗粮馆便餐之后，便驱车往百合，去寻那个千年摩崖的所在。

自唐县县城西北行，二十几公里就到了百合。在镇上打听了两次，便一路寻下来。找到卧佛院，车开进来，才发现是寺院的后面。因为是从后门进入的，从后向前走，故而所有的门都是往里开的。寺院很大，是新建的。可能是沙弥们正在午休，基本上没有什么人。大雄宝殿前面的走廊里，有两个小伙子正在休息，问其知晓石窟否，摇头表示不知。便一路下山，往山门方向寻过来。出了山门，就看到坡下不远处就是一座废弃的大坝。据说，那个摩崖石窟就是水库干涸之后露出来的。大坝在此，卧佛院在此，想必卧佛就在离此不远的某处。便下山走去。迎面上来一辆车，英坡拦住询问，果然就在寺院的右边山下河边。兴冲冲地走下去，到了坡道的顶端，右手一个提示牌，告知卧佛的位置。顶着烈日，冒着高温，穿过四五百米干涸的河滩，走到头，赫然立着一块国家级文物保护的标志碑，不远的崖边上又是卧佛院所立的提示牌。按照提示，顺着一个斜坡往河底走去，远远地就看到了。

卧佛院摩崖石刻就在河床的东岸，阳坡。为防止大水再来淹没，已筑起了一个堤坝围起来，加以保护。上面还遮盖了彩钢顶棚。虽然保护手段很简单，但总比露天的要强很多。规模并不大，东西宽十八步，有十五六米，距地面两米处始有雕刻。整个石壁足有六米多高，造像有三米高。上面还有一米多的崖壁。北端是一尊天王像或是韦陀

百合摩崖石刻全景

像，挂剑而立，高一米五左右。中间是一尊佛祖涅槃像，有五六米高，背后刻十大弟子环侍。上面，左右两面刻各种造像，其中有游戏观音。诸像共计百尊。皆为浮雕，保存较完好。但是整体工艺水平不高，卧佛不甚合法度。其间，有两三处题记，有"百合村某某"的字样，看来"百合"这个地名足有千年之久，是名副其实的千年古村落了。摩崖北面的十余米处，虽然模糊，尚可辨认，为修造龙王庙的题记。其中，竟然有"曲阳石匠石公川"的字样，年代为康熙八年（1669 年）。无意之中，在一个不起眼处，又发现一行只有十几个字的僧人题记，可能很少有人发现。因为佛像和龙王庙碑记前有人做法事，烧过香。此处无有人来过的痕迹。受到我偶然发现的刺激，大家又分头去找，结果一无所获。如果再有什么人文信息，大概被脚下断崖落下的渣土掩埋了，不知何时才又被发现。

　　大家往回走，又回到那座保护碑前，后面竟然有介绍文字。看后方知那尊天王像上方有庆历五年（1045 年）的题记。于是，大家返回去，又认真看了一遍。然后，才心满意足地返程。

　　……

注释

1. 辛莽，1916 年生于广东合浦。著名画家。1935 年，入合浦省立十一中学师范专科学习。同年，参加抗日救亡运动。1938 年，赴延安入陕北公学。同年，加入中国共产党。1939 年春，进入延安鲁迅艺术学院美术系学习。同年 5 月，任教于鲁艺。后在华北联合大学美术系任教。1944 年，回延安在鲁艺美术系任研究员。1949 年 12 月，任北京市人民美术工作室副主任、北京市文艺工作委员会委员。曾任北京师范大学美术系教授。1950 年，他主持并执笔创作了天安门城楼巨幅毛泽东主席画像。1950 年至 1958 年的"抗美援朝"期间，他曾赴朝鲜战地写生。1951 年，创作《毛主席在延安窑洞中著作》。1952 年，人民英雄纪念碑开工后，他参加人民英雄纪念碑浮雕的设计、画稿创作工作。1957 年，他创作大型军史画《转移》。1975 年，创作历史画《柯棣华参加反英游行》等。1980 年，当选为北京美术家协会副主席。

2. 陈天（1925～1987 年），别名"陈田"，江苏邳县人。著名雕塑家。1952年，中央美术学院雕塑系毕业。1954年，毕业于中央美术学院雕塑系研究生班。 西安美术学院雕塑系副教授。参加了人民英雄纪念碑雕塑创作的前期组织工作和创作活动，曾经上书周恩来、彭真、梁思成等领导同志，认为人民英雄纪念碑的设计方案不符合时代精神，建议重新征集方案。人民英雄纪念碑的建设因此停工一年。

5月15日、河北灵寿

　　早上七点刚过，吃完早饭正在散步，英坡来电，说他已到工作室门口来接我。赶紧快走几步，回去，烧了点水把药服了，便和英坡上路了。走到曲阳环岛又接上了张敏，便上高速南行，去灵寿县城。

　　灵寿县城有座明代石坊，好多"雕塑史"类著作都有提及，但说法不一。有的说是在灵寿县与曲阳县交界处，有的说是在灵寿县城北关，有的则语焉不详。英坡说他上网查了查，灵寿的石坊就在北关，和中山王陵都在一条线上。我将信将疑。

　　从曲阳南行，过行唐。不远，很快就到了。按导航的提示，又问了

崇祯年间石牌坊

路上的行人，果然在县城的北关看到了石坊。此地因坊而名，唤作"石坊村"。看来，灵寿县历届领导对文物保护的意识较强。石坊四周拆出了一个很大的广场，成为了一个供市民娱乐活动的公园。高大的石坊，四柱三间五楼，坐落在一个下沉式广场的北端。广场的地面比现在的地面要低二米左右，应该是原址保护。石坊为功德坊，是崇祯年间为祖孙三代名宦及配偶所敕建。石料为当地的草白石，历四百余年风雨，已有些风化。石头之间，露出绿色斑点或绿筋，若青铜器生锈，古意盎然。其雕刻工艺，具有明显的时代特征，符合"粗大明"的特色。注意整体的把握，而不过多地雕饰细节。其最有特色的，当为中间横梁上的透雕与浮雕结合的龙纹。龙头为正面，而龙角不是鹿角状，而是如牛角或者羊角，非常有味道。另外，在石坊底部的开光纹样中，出现了少有的牛形图案。联想到龙首的龙角，可以想见对农耕文化的推重。

石坊，为明清时期所出现的一种礼仪性的建筑，多建在通衢要津，以褒扬坊主人的德政或贞洁。现在国内之物，多为清物，明构不多，尤其是在北方。徽州地区多明构，亦多德政坊。而他地则多为节孝坊。灵寿石坊，属功德坊之类。

在石坊周围逡巡了一个多小时，便驱车西行。在县级公路和乡间小路交错而行。虽然路况不好，但英坡的车开得仍然不慢。我坐在副驾驶位置上，两个人边走边聊。忽然，我看到一个白色的石幢从车窗外闪过。连忙叫英坡停下车，我走回去看。英坡也急急忙忙地跟过来，竟然把张敏锁在了车上。直到张敏在车上不停地按喇叭，才发觉此事。此石幢，非经幢，而是一帮学生为恩师所立的功德纪念碑。方柱体，庑殿顶，底座四方皆有雕饰。石幢为曲阳汉白玉石材，立于1931年。

再前行，不远处，一个学校的门前，还有一块汉白玉石碑，亦为此公之纪功铭。看来，此地尊师重教之风甚炽。此种纪功铭，为他处所鲜见。此幢，亦填补了曲阳石雕民国阶段之空白。

再前行，空旷的原野上开始出现高大的土堆，在远山的映衬之下显得

民国时期纪念碑

极为突兀。感觉告诉我，中山国[1]都城不远了，心里一阵阵窃喜。六七年前，我和正龙[2]、和兴、姜波[3]等兄弟，在曲阳一帮朋友刘同保、杨跃武等人的陪同下，自西柏坡来寻中山国旧迹，竟然找了半天都没有找到，只好扫兴而归。后来，正龙告诉我他自来过一次，把我嫉妒坏了。今天，夙愿得偿。路过一个叫作西城南的村庄，我说此地应该有古城。果然，出村不远，就是一座古城遗址。路旁新立的一块汉白玉石碑告诉来访者，此座古城为中山国两次为都的故址。在宽阔的夯土城墙上走了一程，又四下眺望，想搜寻古城的极限。城墙上，还有一座小小的石碑，在荆棘荒草中默然而立。自古城再西北行，过一条久已干涸的大河，是一座规模很大的村庄。古城和当时许多的都城一样，

大都是临河而建。或取水生活方便，或以河为障以自卫防御。这个村庄正在修路。从施工的夹缝中穿过去。一路上，中山国古城址保护区的界桩不断出现。大约又走了七八里路的样子，来到了中山国王陵遗址陈列馆。

这座古城，是中山王国最后的都城，也是中山王国最辉煌、最鼎盛的时期所建，规模很大。王陵与刚路过的古城大约有十公里的样子。王陵在古城之西部，背后是延绵的群山，为一道天然的屏障。古城和王陵都建在山前的高台上，有多条河流穿越绕行。对中山国的景仰久矣，走进这座博物馆时，还真的有些激动。

这个在《史记》之中不断出现的千乘之国，给人留下了太多的谜团，也留下了诸多惊喜。仅《金银错兆域图铜版》一件错金银器物，就改写了

中山国墓园石刻

人类的制图历史，把人类的规划制图、建筑制图、陵园制图的历史上提到三千年之前。另外，中山三器和诡谲的错金怪兽也都令人神往。这个陈列馆不大，只有两个小小的展厅，但其中每件展品都是那样的精美，那样的诱人，那样的有魅力。来到这里参观的人很少，现在只有我们三个人，到离开时也没有见到他人。

一个眉清目秀的工作人员走过来，陪着我参观，主动给我介绍馆中的藏品。在这些藏品中，青铜器、玉器不必

说，而有多件黑陶或者彩绘的鸟形器，让我很感兴趣。虽然，此类物件形制不同，各有差异，但基本的艺术样式是一样的。在盆形或者罐形的器物之中，一个立柱上有一只伏卧的鸭子或展翅欲飞的鸟儿。这些立柱，有长有短，有高有矮。柱子矮短的，鸟或鸭则伏在盆底。柱子高长的，鸟儿则高高地立于器物之上。对于这种鸟儿的塑造，不仅是装饰之用，而是一种大鸟崇拜的形式表现。在黄河流域、江淮流域也都有类似的器物出现，可能时间要晚于中山国时期。在青铜器中，有座树状连灯，应该是通天神木"扶桑"的造型，东汉时期演化成了摇钱树。在展柜橱窗之中，几个不起眼的小灰陶制品引起了我的注意，竟然是金字塔的立体模型，这也是中山王陵的立体效果图示。奇哉！伟哉！中山国人！我不由得暗自称赞。

工作人员告诉我们，新的展示馆正在建设之中，近期将会开馆，会有大量的未曾面世的国宝展示，欢迎我们再来参观。从陈列馆出来，我们又到了对面的王陵区，远远地看到了那座正在施工的船形展览馆。中山国这个山地的游牧民族，竟然采用了船形棺葬式，这又是中山国人留给后人无法解开的难题。

原路返回到灵寿县城，美美地吃了一顿农家午饭。回到曲阳时才两点多。

英坡又去县城开会了。我便收拾了一下回到北京。

夜里，熊敏[4]来电、来信，联系去江西师范大学搞讲座之事。又与老夏[5]联系，看他的时间安排。

注释

1. 中山国，是由自陕北西迁而来的白狄所建立的国家，因城（中人城）中有山而得名中山国。公元前414年，中山武公建国。国土嵌在燕赵之间。中山国经历了戎狄、鲜虞和中山三个发展阶段，曾长期与晋国等中原国家交战，一度被视为中原国家的心腹大患。公元前407年，晋灭中山国。后来，桓公复国。国力鼎盛时，战车9000乘。公元前296年，赵灭中山。

2. 正龙即许正龙，1963年生于江西上饶。著名雕塑家，博士。现为清华大学美术学院雕塑系教授，博士研究生导师。系中国雕塑学会理事、中国工艺美术学会雕塑专业委员会副秘书长。

3. 姜波，1961年出生于山东。著名雕塑家。现任文化部中国艺术研究院艺术创作院研究员、教授。系中国美术家协会陶瓷艺委会委员、中国陶瓷工业协会艺委会常务理事、中国雕塑学会理事、中国工艺美术学会雕塑专业委员会委员。

4. 熊敏，江西省抚州市人。女雕塑家，博士。江西师范大学雕塑系主任。

5. 老夏即夏和兴。

5月21日、山西五台山

早起，洒扫庭除，把工作室略作清扫。

之后，把《惠安图录》的修改稿发给黄宝庆，并让他把（课题）正文之中的部分亦做相应调整。

汉城遗址在党城乡河东村和城南村之间，共有三段。而中山国长城在王快水库的郑家庄村东二公里的大、小人头山之间，在水库的北侧。到城南村去看汉城遗址比较容易，但是去王快水库寻找中山国旧长城遗址，恐怕有些难度。如果没有当地的朋友或者知情者引领，很难寻得到。不知能否找到熟悉这个地方的人。这一段长城遗址，恐怕是曲阳地面上现存唯一的中山国遗迹，也是曲阳和中山国唯一直接的联系，至少目前是如此。当然，此中山国仅指战国中山，而非汉中山。

八点半钟，英坡开车来到，接我与夏和兴。本来，杨跃武欲同行，不过这两天身体有不适，不能同行。一路上，英坡边走边打电话，想叫上几个人同行，不料大家都很忙，作罢。只能我们三个上路了。本来可以从曲阳过辉岭上灵山走高速，这样会近好多，英坡怕堵车，便取道保定上高速，又折返回来，多走了一百公里。

到五台山时，已是中午十一点左右。离五台山这么近，我还是第一次来。十几年前，本来可以从山西应县那边过来，临时改变了行程，错过了。一直很遗憾。近年，又风闻五台山商贩、导游不堪，心里有所畏惧，也就没有再生斯念。这次，为寻龙泉寺曲阳石匠故迹，才硬着头皮而来，不知道会受到什么礼遇。下了高速，一块高大的广告牌，上书"五台山景区"几个大字，便觉得有些不爽。再前行，看到"佛教圣地"字样，顿时心中大喜。按照导航的提示，我们很快到了景区大门。一个偌大的停车场，工作人员和民警们在指挥到此的人们统统下车。进入一个高而阔大的服务大厅购票，司机返回去开车，其他所有人都通过安检、验票进入景区，实行人车分离的管控。这样的做法，主要是为了控制黑导游揽客、逃票。英坡回去开车，我和老夏随着人流进去，不时有人走近低声询问："先生，请导游吗？全是小姑娘服务。"我和老夏愕然矣。风闻中的扰客现象大减而未绝，这似乎是能让人理解。但是，以"导游全是小姑娘"为生意招徕，却让人不能容忍了。这岂不是玷污了佛门净地？与英坡会合，语之。英坡说：目前这种情况比他以前那么多次来的情况已大为改观，不知进入到寺庙里怎样，是不是还有强行兜售、跟踪售物的现象。

英坡说五台山景区不大，寺院比较集中，就先去了龙泉寺。而且他之前也来过多次，比较熟。不远，就到了龙泉寺。停车场是免费的。有一个大嫂提着一大包各色塑料桶迎上前来，问是否要买桶打泉水，听说不需要便走开了。龙泉寺就在马路的对面，北面的半山腰好像正在施工建什

么东西。一帮人从土石堆边上的山坡上下，我们也跟着从
这条不是路的路走上去。上去一看，是在修一个大的停车
场，还有一条路可以开车上来。英坡说他忘了。停车场的
西端，有一座高大的砖石影壁，呈八字形，镶嵌着精美的
砖雕和石雕。砖雕与建筑同构，精致细巧，体现了山西建
筑文化的特点。而石雕相对而言稍显粗犷，有些意味和情
趣，创造的成分更多一些。石雕用材，明显出自曲阳黄山，
是英坡的曾祖那一代所作，参加营建者有据可查。

　　从影壁到石阶的进深并不大，只有十几步，所以显得

影壁石雕

台阶十分陡峭。抬眼上望，遥见一个石坊之顶檐立在台阶
的尽头。

　　拾阶而上。花岗石、青石铺就的台阶，两旁是辉绿岩

的石栏，雕有简单的云纹。望柱之上，为葫芦头。越爬越高，越走越近，一座三开间重檐石坊逐渐完整地呈现在面前。目前，国内的石坊遍布，以河北、山东、贵州、山西等省为多，而以安徽徽州地区为最。这些石坊，均为功德坊和节孝坊，而山西五台山龙泉寺的这座石坊则立于寺外，为仪门坊。寺庙的门坊，有木构，有砖木构，但纯石构造者则不多见，恐仅此一处。此坊，雕饰繁复，工艺精湛，可谓集所有北方石作工艺之大成。虽然繁缛，但并不显得柔软细弱。

中国的雕塑艺术，发展至清代，繁缛之风甚浓，极尽

龙泉寺石牌楼

工巧，不惜人工，呈奢靡之势。但其中，气若游丝，呆板，了无生机可言。此寺原为宋代名将杨业[1]之家祠，后来更作寺院。民国初年，由奉天省人捐资复修，五台当地乡绅承揽其工，鸠河北曲阳工匠雕造。此时，西方的现代雕塑技艺已经传入我国，传统雕塑艺术受到了一定的冲击，没有想到却在山西五台山佛国扬起了一个高潮。这座石坊，足以改写中国雕塑的近代史，为民国时期传统雕塑的巅峰之作。当然，也是曲阳石雕的里程碑，也是曲阳石雕艺术的巅峰和精华，可谓前无古人、后无来者矣。且民国之后，功德坊、陵园坊等纪念性仪坊均改为水泥构造，节孝坊已停建。所以，龙泉寺仪门石坊的历史价值就极为凸显，其艺术价值也很高。就工艺而言，超出现在所有存世石坊，且保存完好程度也是首屈一指的。此坊，通身无题记，只有坊间的一个小小的额榜上有雕造年代的字样。石坊的纹饰内容，可谓集儒、释、道三家于一体，是三教合流的产物。

　　紧挨着石坊后面，就是一座小小的石桥，雕工亦很精细，被密密地围着一圈栅栏，加以保护。这座石桥，很显然是装饰所用，而无任何的实用价值。石桥的两旁，是一对石狮和一对旗杆。石狮的装饰也很繁复，有许多吉祥故事，如"三阳开泰""马上封侯"等美好的寓意。旗杆有十几米高，为石雕所构，亦为罕见之物。从旗杆向外，即东西方向是一个狭长的宽阔平台，石头铺就。有许多跨院、门楼。其他地方的寺庙有的在门口也立有旗杆，不过为石座木杆。山门紧闭，门口的台阶坐着一个僧人，在缝补衣物，不时与游人搭话。我们从东面的门口进去，再转到山门的后面来参观。中间有个小小的过道，在最南端的下水道口上，铜钱纹样的水漏竟然雕有一只硕大的石蟾，象征着财富的汇聚与积累。

这座龙泉寺，是依中轴线对称或基本对称布列的。根据山势，在不同的台地上布列，布局很紧凑，空间变化很丰富，砖雕、石雕与木构浑然一体，堪称建筑艺术的宝库。曲阳石雕的历史上，就以佛作为代表，以佛供和龙狮为主，偶有建筑石构。如此大规模、高密度、高水平的建筑构件集群，尚不多见。作为建筑物的附属构件，石雕作品随处可见，而且形式丰富，花色品种也多，饶有变化与情致。在不同的庭院中，立有多座无字碑。碑首有镂空的，别处

龙泉寺石旗杆

不多见。一般来说，碑身为新材，碑首和碑座有些年份。这些碑材似虚席以待，为捐资建寺或其他善举者所备。不少廊下的石阶之前陈列有碑首，有的为辉绿岩，有的为曲阳汉白玉石材。

在西路中庭之内，有一座石雕的高僧墓塔，边长两丈有余，高约五丈。系中西结合的产物。塔为外来之物，多层，多檐，而四周的栏杆、望柱却是中国的。二者结合得很完美，没有什么生硬之处。在有的建筑上，还有不少题记，标明建造年代，都在民国二十年（1931 年）前后。

从寺院里出来，我们又回到了山门外，在石桥、石狮、石坊左右流连。英坡围着石狮子转来转去，口中念叨着"三阳开泰""马上封侯"等词。这时，坐在山门前台阶上

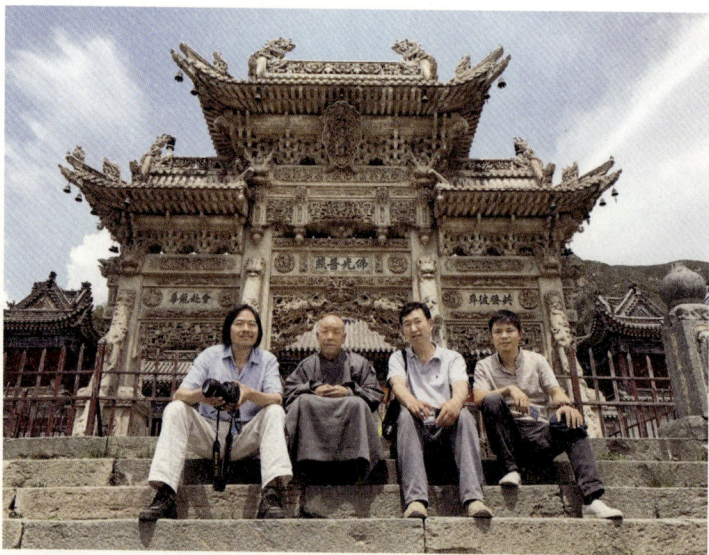

龙泉寺前。左起：夏和兴、万正师父、陈培一、高英坡

的僧人搭话了，是十分浓重的当地口音："你仔细看那个石桥，能看出什么？"英坡转了几圈，说没有发现什么特别之处。我转到桥的东面，发现有"天河"字样，便说："是否与牛郎织女有关？"那僧人听到后，兴奋地站起来走到近前，说："对了，再看，还有什么？"我等再仔细去看，拼命地想去发现什么。那僧人在旁边有些得意地看着。忽然，我们在桥西侧的立柱上发现了牛郎织女的雕像，分列在桥洞的南北两端。然后，又看到桥面的边缘雕饰着云鹊，以示鹊桥。僧人高兴了，与我们攀谈起来。问起石坊，他如数家珍。但问起是谁雕造的，他就不知道了。当听说英坡的曾祖父参与了当年的工程时，他很高兴。老夏提议说："师父，和我们一起照个相吧。"僧人答应了，返回身去捡那山门口的僧衣，非常认真地穿在身上。老夏说："不知道他有多大？"我说："当在你我之间。"老夏说："回头问问他。"我们就坐在石坊前的台阶上，请旁边旅游拍照的师傅给我们按下了快门。老夏、我和僧人进一步交谈起来。他的年龄果然在老夏和我之间，小老夏两岁而长我两载。俗家姓杨，法名万正，到此出家二十多年了，老母在堂。虽然他当年为什么出家我们不便问，但从他的谈话和他的表情、容貌等均可看得出，他喜欢这个地方，在这里活得很幸福。此心安处，便是吾乡。只要生活幸福，就足够了。辞别万正师父，我们下山，先去找吃饭的地方，英坡订下了酒店。

在路上，收到姜波发来的短信，邀我去参加他和郅敏[2]举办的联展开幕酒会。告知郅敏已经联系过，二十五日在南昌有个讲座，便约回京后再联系。

没有找到落脚的酒店，便在一个农家土菜馆吃午餐，味道不错。吃饭期间，我让英坡搜索了南禅寺和佛光寺哪个近一些，先去哪里更方便。结果，超出了我们的预料。这两处都在五台山山区之外，佛光寺有五十多公里，而南禅寺离佛光寺还有五十多公里。英坡问我们怎么办？我的意思是赶到佛光寺旁边去住吧，可以节省些时间。老夏舍不得离开，不肯走。英坡搜了一下，说两个地方周围住宿都麻烦，二者在五台县之间，且不顺道，来回折返都要几十公里。只好住下再说，下午就在附近随便走走。

下榻在银海酒店，面临小溪，紧挨着五台山景区的一个什么管理机关。条件一般，但价格不低，不过很安静，也很干净。睡到两三点钟，我们便出门了。

英坡搜索了一下，找出几个较为重要的寺院，我们便一路寻去。南山寺就在河对岸的山坡上，站在酒店的庭院里，就可以清晰看见，便先去了南山寺。我们不熟悉路，开上去才知道是南山寺的后门，便倒着走了走。

南山寺元碑

这座南山寺，亦是古刹，亦为民国初年复建，亦是奉天善人捐建的。遍布雕刻，也有石坊一座，体量大于龙泉寺石坊，但其工艺与其相去甚远，简直不可同日而语。乏善可陈，可以说是南山寺石雕的整体水平。出自何人之手，就无从考证了。仅有一通元碑，甚为雄壮，也值得一提。

从山顶上走到山下的山门口，转了一圈回来，见到石坊下有诸多的僧人和善男信女五心朝天在打坐。那座石坊雕造得精美与否，和他们全然无关，只有佛在他们心中。而那座石坊，仅仅是一座符号而已。在我看来，南山寺之胜，在于其结构空间之营造，颇具匠心。依山势而建，随自然布局，疏与密，颇有致。寺中有一座不大的无梁殿，在维修粉刷过程中。还有一些殿堂和庭院已开挖，沟洞豁然，泥土之中有些陈年砖瓦，忍不住捡了几块，回去摆在案头。这些东西待施工完毕之后，要作为渣土回填，永无出头之日了。

第二站，便是善化寺。

善化寺也不远。就从我们下榻的酒店往北走，不过是在河的对岸。南山寺是个依山而建的单线条建筑群，而善化寺同龙泉寺一样，是个规整中轴线对称式建筑群。不过，龙泉寺是南北轴线，而善化寺是东西轴线，坐东面西。善化寺的规模，要比龙泉寺大。因受面积的限制，显然更方正、紧凑。门口是一座十分高大的"一"字形砖石混构的影壁。呈"品"字形，中间镶嵌三个大小不同的圆形石雕。底座两端的角侧雕有负重的金刚力士，承托着影壁。内外两侧皆然。只是内外圆形浮雕的内容不同而已。善化寺也是民国初年由东北奉天省人复建的古刹，同样也是到处布满了石雕。此处石雕，比南山寺要强一些。但是，远远不如龙泉寺的水平高。不过，其柱础雕造得还不错。善化寺的香客、游人都很多，正在做水陆法会。南侧院正在施工，加盖房舍。工地后面是一座很大的伙房，很多人在忙忙碌碌地进进出出，一阵阵饭菜之香飘过来。老夏忍不住进去逛了一圈，看看他们在做些什么。善化寺的那一对石狮很特别，耳朵处理成角状，看来善化寺改造工程已经基本结束，扩建工程还在继续。一堆残砖破瓦静悄悄的被整齐地码放在一个房后的角落……离开善化寺，影壁上红漆书写的"中国人民志愿军万岁"的标语，在眼前浮现良久，不得散去。

　　再驱车向北，去寻显通寺。到了一个路口，交警拦住，禁止游客车辆进入，便在一个停车场里停下车来。因为已经五点多了，有个餐馆服务员装束的姑娘问吃饭否，听说不吃，扭头就走了。和其他几个停车场一样，都是免费停车。穿过一个热闹的街市，穿行在各种味道交织的汽雾里，我们顺坡往上走。两旁的香店、工艺品店、小饭馆的老板和服务员，在热情地吆喝着，招徕着各自的生意，并不见有人围上来。

　　出了街口，上了一个鲜花盛开的低缓平台，迎面是一座碑亭。内中有一巨石，其上线刻"龙门"二字，榜书，极有神韵，看来出自名家手笔。有小字漫漶莫辨。过了碑亭，便远远地看到浓烟滚滚，是一座寺院门口焚烧香蜡。有座小石桥，横在干涸的水系之上。水池的中央，是一块巨石，状如馒头，稍扁宽，上刻毛主席的"指点江山"几字。老夏大叫着："我要在这里照个相，留个纪念。"便跳将上去，立在旁边，摆好了姿势。这个寺院正在施工，不让进去，我们便随着人流从左边转到了这个寺院的后面，进入了塔院寺。几个年轻的僧人在门口检票。

这是一个规模很大的四合院。山门之后，是一座大殿。大殿之后便是一座高大的白塔。有此类塔者，皆为藏传佛教之所在。前来拜谒的西藏喇嘛和藏民成群结队，环塔绕行的各色人等真的是摩肩接踵，川流不息。我们三个先是围着塔走，挤进人群去看了看那塔身上的浮雕石像，有的着色，有的贴金。塔身上还镶嵌一些玉化的碑刻。南面一座较大的佛龛内，还有一尊披红挂彩的缅甸玉佛，安详地接受徒众的朝拜。之后，我们又跟着人们绕塔三匝，以心礼佛，转经筒若干。这座白塔，是五台山旅游的标志性符号。其中的原因并不仅是因为它洁白耀眼，突兀于青山绿水之间，也不仅是因为它的唯一独特，而在于它与大清王朝有关，是皇家寺院。据传是顺治帝出家之所在。塔院里有两通明碑不错。

从塔院出来，已是六点多钟了。我们加快了脚步，往后面转去。到显通寺门口撞撞运气，看还有进去的机缘否。路上，墙角处一个巨大的柱础石，伏在那里。近前看，那雕工还不错。

还真不错。买了票进了门。走甬道，进了向东的山门，便是一个松柏参天的清凉世界。古松之下，几通明碑立在那里。有的有碑亭遮盖，有的则与青松翠柏相掩映。看来，显通寺的僧人大多受到过高等教育，或是佛学院的学生，眉清目秀者很多。他们深受善男信女们的敬重，有不少的信女跪下来双手举起面额并不大的纸币，以供养此僧。这些僧人便祷祝一番，然后接过纸币揣在身上。可能是少见多怪，这种景象我还是第一次见。观音殿中的塑像，颇为特别，既非汉式，亦非藏式，而是兼具二者之风。两只手臂被刻意加粗、加长，腰身亦加长了将近一倍。而且千手则执各种法器，分为几组装饰在两边，而非常见的以元身为轴心的发散辐射样式，显得有些诡异。很显然，并不符合传统的宗教造像仪轨。为什么能够立在这样高规格的寺院里，就有些费思量了。庭院里的荷包牡丹开得正盛，而家乡菏泽的牡丹繁华已逝去月余，真的是："人间四月芳菲尽，山寺桃花始盛开。"

此处亦有一座无梁殿，比南山寺的那座要大很多，但远小于南京的那一座无梁殿[3]。无梁殿全为砖砌，以拱券之法构造，没有使用横梁便托起了一个巨大的建筑空间。殿内，摆满了罗汉造像，手法不错，环境营造得亦好。东面开间里有一座元代的木塔，极为珍贵，足有六七米高。无梁殿，真的体现了古代工匠们的智慧，也应该是一桩了不起的发明创造。

显通寺的最后一层建筑，应该是文殊殿。殿前有一座鎏金的铜殿，极为珍贵。拾级而上之时，发现辉绿岩石栏蹲坐的麒麟，竟然有角，状如鹿，亦鲜见。登上一个平台，便是"无上清凉"的题刻。左右皆有经幢，有信女善男在礼拜绕行。

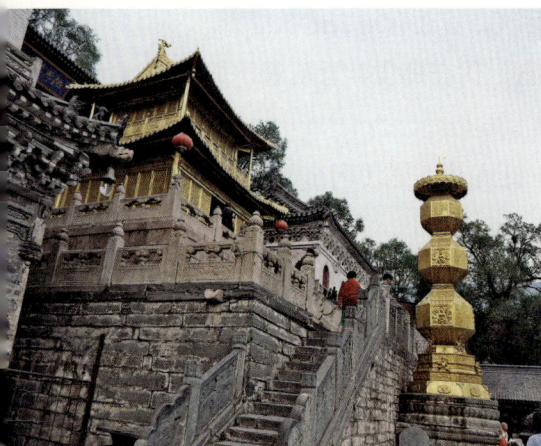
显通寺金殿

再上几步台阶，便是那著名的金殿了。所谓金殿，其实就是铜殿。山东的泰山、湖北的武当山都有。值扫的僧人说此金殿居中国四大金殿之首，为其中最早的，为明代中期所造，距今已有五百多年的历史。我问他："武当山的那座不是明初朱棣所造吗？"他说："'文革'期间被毁。"我没有考证，便无法应他。听他的口音，系家乡人物。试问之，果济宁人。千里之外，遇到老乡，真的很高兴。看他模样，在四十岁左右，不知何故出家，在此落发。他又告诉我们，殿内右首摆着 20 世纪 70 年代文殊菩萨显灵的照片，请我们再去看看。另外，告诉我们要仔细看看那座金殿。金殿之内，万佛万象，铸造得极为精细，极为生动，但鎏金之后便少了些神采。看来，这位老乡不简单。从左面往下走，与老乡挥手告别。忽然，看到阶下面房顶的瓦沟里明晃晃地扔满了白色硬币。每条瓦沟瓦垄里都有，近些的地方多些，远处则少些，颇壮观。

回去的路上，老夏说：他的心灵受到了震撼。他平生第一次感受到了佛家的庄严与伟大。鲜花、鲜果、香水供养佛，真的是奢侈到了极点。他不停地在自语，有时与我和英坡交换他的感受与认识。他说，在深圳那个地方待到老了，竟然不知道世界上还有此美妙、神圣之所在。

值班的僧人就要锁门了，催我们快跑几步才落锁。

出门后，没有原路返回，走左边的钟楼下，经罗睺寺前下山。已经七点多了，便没有去罗睺寺看一眼。因为海拔较高，天又晚了，有些凉了。

途中，老伴告知说合肥学斌[4]弟寄来六安瓜片一斤，让我打电话谢谢人家。

出门一天了，英坡不停地在打电话处理业务。同时，又委托党城乡的朋友去落实王快水库北面大、小人头山之间的那段中山国长城的详址。那个朋友的岳父家就在旁边不远的郑家庄，问了几个人都说不知道。我告诉英坡不要问了，麻烦许多人，抽时间去找吧，一定会找得到。我有这个自信。

回到酒店，放下手中的相机就去吃饭。我和老夏住在对门。老夏自添了一件衣服，又把另外一件加给了我。虽然衣服很薄，但却倍感温暖。知冷知热，同甘共苦，真兄弟也。本来，我也准备好了上山的衣物，准备好了茶叶，不料出门时忘得一干二净。岁月不饶人，看来这句话是真的。

晚上，五台山景区的气温很低，恐怕只有二十摄氏度左右，真的很凉。老夏说：吃点火锅吧。又去商店里挑了一瓶老白汾酒。三个人把它干掉了，老夏喝得多些，有一多半，我和英坡作陪。回来时，英坡又买了些茶叶和水果，约定了出发时间，便各自休息去了。

回到房间，我把相机里的资料导入电脑，做好了分类归档处理。睡下时已近十二点。不知什么时间来了旅行团，住在隔壁，一阵吵闹，没有睡好。

今天是农历的小满，是麦子初次灌浆的日子。真的，很有收获。

注释

1. 杨业（？～986年6月18日），原名"重贵"。戏说中又名杨继业，俗称杨令公。原籍麟州，后徙并州。北宋名将。初仕北汉，任保卫指挥使，因屡立战功而迁升建雄军节度使，国人号为"无敌"。降宋之后，被宋太宗授予右领军卫大将军。累迁代州刺史兼三交驻泊兵马部署。雍熙三年（986年），在狼牙村兵败被擒，绝食三日而死。追赠太尉、大同军节度使。

2. 郅敏，1975年出生于河南郑州。著名雕塑家。一级美术师、硕士研究生导师。现为：中国艺术研究院中国雕塑院常务副院长，全国城市雕塑建设指导委员会艺术委员会副秘书长、委员；中国城市雕塑家协会理事；中国艺术研究院中国雕塑院青年雕塑家创作中心秘书长；联合国教科文民间艺术国际机构（IOV）成员；中国美术家协会会员。

3. 南京无梁殿，位于江苏南京紫金山南麓灵谷公园内，是我国历史最悠久、规模最大的砖砌拱券结构殿宇。明洪武十四年（1381年），初建。原为灵谷寺内供奉无量寿佛的无量殿，因整座建筑采用砖砌拱券结构、不设木梁，故又称"无梁殿"。该殿坐北朝南，前设月台，东西阔五间、长53.8米，南北深三间、宽37.85米，殿顶高22米，为重檐歇山顶，上铺灰色琉璃瓦，为国内现存同类建筑中时代最早、规模最大者。

4. 学斌即李学斌，1966年出生于山东省日照市。著名雕塑家。历任合肥工业大学建筑与艺术学院副院长、党委书记，教授，硕士研究生导师。系中国美术家协会会员、中国雕塑学会会员。

第三十五卷

2017 年 5 月 22 日、山西五台山

农历四月二十七日，小满后一日。早早起来，烧水、吃药、喝茶、吃水果，收拾好东西，打开房门，等着他们两个起来。6 点 29 分，英坡来了。10 分钟之后，老夏打开了房门。我们一起往楼下走。英坡自去退房。我和老夏在大厅里等他。大厅里坐着两个女孩，模样较齐整，我们以为是宾馆值班的服务员，一问才知道是带团的导游。问她们佛光寺和南禅寺的情况，她们都去过，不过说离五台山好远，路也不好走。又问了一些五台山景区内寺庙的情况，她们说我们去的地方都是最好的。不知是她们会说话，还是英坡选的地方好。她们说：如果有时间，可以去菩萨顶看一看，那是五台山景区的制高点，可以俯视整个怀台镇。本来英坡是这样计划的，因调整行程，只好作罢。临告别时，老夏打开手中的水果袋，让她们随手拿了些水果，以示感谢。

出门才知，天降喜雨。自去年冬天到现在，半年多了，北方地区一直处于干旱的状态。真希望这场雨能够大一些，缓解旱情。可又担心雨水太大，不好赶路，不安全。真的很矛盾。

按照导航的提示，我们从龙泉寺向西，一路走下去。刚开始，还看到路边有打着雨伞或穿雨衣的早行人。越往西走，地势越来越高，雨越来越大，雾也越来越大，能见度最远不足十米。英坡全神贯注地开车，我和老夏在后面聊天，为他提神，心中却惴惴焉，有些不安。雨水虽然大，雾虽然大，但是也偶有车辆从对面上山，也有背负行囊的朝圣者从对面走过来，真的很佩服他们的勇气和毅力。车在雨中、雾中摸着前行，导航有时发出错误的指令，让英坡无所适从。但是，又无路可选，便硬着头皮往前开。

明显地感觉到往山下走了，雨水小了，雾也逐渐淡了，终于从时隐时现的大雾中下到了山下。听到导航提示前方二百米有监控，仁人悬着的心终于放下了——从天上回到了人间。

驱车过了不少村庄，却没有看到一家旅社和饭店，这才相信英坡说的这里没有办法住的事实。昨日如果我坚持要走，夜里赶往这里，会十分尴尬，不知要如何解决这些问题。再往前走，房子密集起来，是一个较大的村镇，叫作豆村，人不少，也很热闹，但却没有看到饭店。进了加油站，加油。英坡问工作人员哪里有早点卖，答道："前面十字路口，不远就是。"终于早饭有了着落。在一个杭州小笼蒸包店门口把车停下，胡乱地填饱了肚子。雨虽然小，但仍然在下，便让英坡在一个超市里买了三把伞带上。

出了镇子，再往前走，莫辨方向。远处山坡上，嫩绿之中有一抹鲜黄，分明是油菜花还在绽放。又走了一阵，忽然看到，"佛光寺"的木牌赫然立在路边，心中一阵狂喜。

木牌北边不远处有一个农家旅馆，好像是灰色的二层楼。我说："昨天夜里，咱们赶到这里，可能要投宿于此了。"大家都笑了。再往前走，路越来越窄，越来越高。爬上了一个土坡，转下来不是柏油路，而是一段坑坑洼洼的石板路了，且前面已经没有路了，到了尽头，分明告诉我们佛光寺到了。

石板路的尽头是一座极普通的门楼，大门紧闭。我心中狐疑：是否走错了地方？又不知能否进去看个究竟。打着雨伞往前走，透过古木看到了一块佛光寺的标志牌，心里有些踏实了。再往前看，山门洞开，门口一个姑娘闻声迎上来，心里彻底踏实了。佛光寺门前是一个狭长的石砌平台，迎门是一堵照壁。照壁之侧，是一株古松，伏卧在地，一半垂下悬崖，根部压着一块巨石，防其坠落。山门正在维修。购票之后，我们从侧门进去。老夏拉着英坡在卧龙松前照相，我迫不及待地跳将进去。

知晓佛光寺，是从梁思成、林徽因[1]二位前辈的事迹上。二位璧人在七八十年前战火不已、动荡不安的社会环境之下，冒着各种危险，顶着重重压力，走遍了大半个中国，考察了地面现存的历史古迹，为挽救、保护这些民族遗产做出了不可磨灭之巨大贡献。经二位

唐代经幢

先生考证，五台山佛光寺为大唐遗构之鲜存者。自是之后，佛光寺便作为大唐建筑之典范，不时出现在各种相关著述中。佛光寺亦是中轴线对称之格局，东西向。进门之时，毗卢殿还没有开门。一座石经幢赫然立于庭院的正中，我扑了过去。从资料中知佛光寺有一座北齐石经幢，为北齐石经幢之孤本。原以为是此件，却不是，此件为大唐之物。此幢较为简约，较为瘦削，大唐雄强之气度不甚足。院子里娇艳的百年老牡丹正当时。

右手边的大殿，看起来为金元遗构，近前来看铭牌，果然。辽金置五京，大同为其一。且实行四时捺钵制度[2]，不同的季节皇帝及王公大臣到不同的京城去住，去办公。大同是常来之地，所以山西境内辽金时期的建筑就较多。其建筑之壮美不必言，佛像造作亦不必言，三壁五百罗汉之绘画精彩绝伦，其线条、造型、色彩、生动，令人称绝、叹服，与永乐宫等处庄严壮丽的画风截然不同，完全就是一幅文人画肖像写生长卷，其书卷之气扑面而来。进过数不清的寺院，也看过数不清的壁画，真正撼动我心者，触我灵魂者，当在此处。我等连连咋舌，不停叫绝。因为这堵壁画，这座大殿里的其他东西都黯然失色了。

远远地看到高高的平台上，有一座大殿在松间时隐时现，便爬上一个平台，从一个门洞内拾级而上。这条台阶，又高又陡，颇有些难行。老夏说："为什么如此设计？"我说："一是由于自然的山势，二是如此手脚并用，低头俯身，让你不得不低头，以示虔诚。"走到尽头时，迎面便是一座经幢。据有关资料知悉，佛光寺有座经幢是目前唯一的北齐石经幢，可能就是这座了。但到了近前，仔细去看时，这是一件不同时代的混搭物。底座为五代后物，幢身为唐物，幢顶则为北齐之物。其上面的龛像保存得较好，面上的穗状饰物有些模糊。但是，其北齐的时代特征极为明显。英坡说："和青州出土的石像身上的璎珞差不多，几乎是一样的。"

北齐石经幢

石经幢后面，就是那座著名的唐代大殿，是梁思成、林徽因等先生结合敦煌图卷考证而来的。是否是唐代原构，不敢肯定，但至少保持了大唐雄风。我们在大殿周围转了一圈，便走进大殿，深深地被大殿内的泥塑吸引了，边议论边发出赞叹。因为没有工作人员和其他游人，只有我们三个，便忍不住拍了照。忽然，一阵急促的脚步声传过来，一个小伙子很快就来到身后，非常不高兴地叫道："不能照相，不让照相。"我们便乖乖地放下了手机，灰溜溜地相互找着台阶往外走。又绕大殿一周，在那座北魏墓塔前逡巡，又到了关帝庙前欣赏明代那尊不俗、不程式化的关帝圣君像。又欣赏了殿角明代的大铁钟。那个小伙子远远地监视着我们。快离开了，不舍地又回到那座经幢前，议论起来。那个小伙子听着，不知不觉走上来，开始搭话，与我们交

佛光寺唐代大殿

流起来，尴尬的气氛被打破了。听那个小伙子讲，佛光寺
有四绝：建筑、壁画、塑像和门板题字。我们愕然了，只
看到了前三个，没有看到门板题字。小伙子有些得意，也
热情地带领我们又返回大殿，在门板背后昏暗的光线中去
辨认那些模糊不清的字迹。经同意，我们打开了手机上的
手电筒，仔细欣赏。无意间，我们发现那些用来粘糊门缝
的纸条，有的是 20 世纪七八十年代的报纸条，还有的是
不知何年的行楷小纸条，令人艳羡。和那个小伙子挥手
道别。

　　出门时，毗卢殿的门开了，进去看了看那一堂泥塑。
有一尊披胸示心的造像，引起了老夏的注意，与我交流了
好长时间。英坡趁机处理他的公务去了。据说，县里、市

里的领导已经到了艺术家部落，安排打扫卫生，准备接待工作。英坡便安排各部门的负责人协调配合。

离开佛光寺，去寻南禅寺。小雨不知道何时停了。刚才过来时，远远地看到了半山腰有几座古塔耸立。回来时，英坡开车沿着古竹林寺的道路去寻，越走越远，便不敢再往前走，停下车，爬上山岗走过去。离得不远了，几条不见底的深沟横在面前，走不过去了，便拍了几张照片，往回走。这是几座高僧墓塔，有的还在维修。此地风水不错，背靠大山，青龙、白虎拱卫，明堂宽阔，前有案山。英坡说青龙较高，称为"青龙抬头"。

从佛光寺出来，又回到豆村镇取道而行，往五台县方向。在一个岔路口，又往五台县的反方向走去。又走了几十公里，爬上一个古塬，拐了几个弯，就到了南禅寺。寺院的规模不大，门口停了一辆旅游大巴，一些学生在进进出出。我们进去时，他们刚好走了，古刹

南禅寺大佛殿

内又恢复了一片宁静。听工作人员说，这是一个艺术学院的师生，讲了两个多小时的课，学生们听得很认真。南禅寺现存一座大殿，但却是唐代唯一的遗构。虽然殿盖有修，但其主体结构却是原物。那一对鸱吻，也依然是大唐简约大气的风格，与宋元之后繁密的装饰截然不同。

南禅寺保护得极好。一进门便装了铁栅栏，把游人远远地与佛坛泥塑隔开。这一堂泥塑，虽然在清康熙二十年（1681 年）修整过，但基本上保持了唐代风格，与敦煌石窟的唐代彩塑一般无二，只不过稍显粗糙罢了。很感谢清代的那批工匠，保持了原塑的风格。不像现在的一些工程，以维修、保护为名，行破坏之实。不尊重历史，不尊重原作，妄下黑手，造成了不可挽回的损失。令人痛心的事，这样的事，在中国大地每时每刻都在发生，而且冠冕堂皇。

寺院里除了我们三个之外，还有三个学生。一问，才知道是中国美院上海分院的学生，请他们为我们拍了照。

南禅寺的旁边，是南禅寺村。紧挨着一座坑院。坑底有几孔窑洞，虽然破旧，但却有人在住。院子里种满了各种菜蔬。在寺院旁边的垃圾坑里，捡到了一块筒瓦，极为完整，带回去做个纪念吧。

心满意足地离开南禅寺，往五台县赶去。

在五台县城吃了一顿地方美味，便上高速往回返。一路上，山势雄奇，景色秀美。英坡专心开车，我和老夏则用相机狂拍不已，有时甚至是盲拍，只管不停地按下相机的快门。

中途，又小雨。英坡连续驾驶，恐其疲劳，老夏和我便让他停在一个服务区休息，我们自去周边拍照。在服务区的商品部，老夏被崖柏雕刻的小工艺品吸引了，反复地精心挑了几件。

回到曲阳时，已近下午四点。把我们放下来，英坡便去工作了。我和老夏各自休息……

晚上，钱亮从河北美院讲课回到曲阳，跃武邀我和老夏一起去坐一坐。曲阳的几个工艺美术家在座，刘红立、庞永辉、和海龙等都参加了。吃完酒，又唱歌，闹到午夜。

注释

1. 林徽因（1904～1955年），女，汉族，福建闽侯（今福州）人，出生于浙江杭州。原名林徽音。中国著名建筑师、诗人、作家。人民英雄纪念碑和中华人民共和国国徽深化方案的设计者之一，著名建筑师梁思成先生的第一任妻子。20世纪30年代初，同梁思成一起用现代的科学方法研究中国古代建筑，成为这个学术领域的开拓者，在这方面也获得了巨大的学术成就，为中国古代建筑研究奠定了坚实的科学基础，为中国古建筑遗产的保护做出了巨大贡献。

2. 四时捺钵制度。"捺钵"是契丹语的译音，意为皇帝的行营。辽朝的皇帝保持着居处无常、四时转徙的生活习惯。因此，辽帝在四时各有"行在"之所，就是按照季节到不同的行营居住、治事，谓之为"捺钵"，又称"四时捺钵"。

6 月 18 日、北京

　　早晨起来，继续录入《医圣药王造像》的稿件，已两千余字。

　　英坡说要早来，可到时已近中午十一点。看了我的作品，喝了两杯茶就匆匆上路进城去了。

　　大约一个多小时，在十二点左右，到了军事博物馆。英坡联系了管理单位和在现场施工的工头，等了好长时间，我们才被允许进入军博。

　　英坡的翰鼎公司，去年承揽了军事博物馆的浮雕工程，现在这个工程已进入安装阶段。军事博物馆整个就是一个大工地，每个区域都由不同的团队在施工。一些旧时的军舰、飞机等也都被重新整修装饰一新。英坡承揽的浮雕，就在军博门厅的四周，中间就是叶毓山[1]先生创作的《毛泽东主席立像》。这些浮雕的尺寸很大，每一幅都有几十个平方米，是用房山汉白玉石材并在房山加工完成的。

　　这些作品，大都出自当代雕塑名家之手。潘鹤[2]先生、叶毓山先生和程允贤[3]先生的作品个性特色较为明显，我也比较熟悉，所以一眼就认得出来。英坡还约了河北电视台的两个朋友，一男一女。因为保密管理规定的要求，他

们没有带上专业的设备，只是用英坡提供的相机做了些记
录。我应邀为他们讲述了叶毓山先生和潘鹤先生的作品特
色。潘先生的创作是关于太行山区的八路军。叶先生的创
作是关于爬雪山、过草地的红军。程先生的作品是关于南
昌起义军。每件作品，都表现的是中国不同时期的革命军
队。潘先生的作品，概括，大气，注重对作品的整体把握，
而不过分专注于细节。潘先生参加过武装土改工作队，和
张松鹤[4]先生一样，都有过真正的战斗生活体验。所以，
他的作品有生活，不是概念和程式化的表现。不仅军旅作
品如此，其他题材的作品也是如此，都是他丰富生活阅历
的反映。潘先生自学成才，所以他的作品骨子里就有种无
拘无束的自由成分。潘先生的这件作品，有他的圆雕作品
《大刀进行曲》的影子。叶先生的作品也是如此。他的这件
浮雕，其中也有他在红军长征胜利会师纪念碑之中的形象和元素。他的作品最重要的特色就是使用石窟造像的成分，尤其是石窟造像之间自然山体的运用，对石窟环境与空间的设计借鉴。军事博物

叶毓山作品《红军长征》（局部）

馆大厅里的毛泽东主席的雕像，也是利用了石窟的空间设计手段。博物馆大门上面的亮窗，无异于石窟窟门上方的天窗。像第一缕阳光射进洞窟时照亮佛面一样，第一缕阳光也会照亮毛主席的面庞。程允贤先生的作品和其他的作品一样严谨。章永浩[5]先生所做的那件作品，天安门城楼的一条标语应为"中央人民政府万岁"，误作"世界人民大团结万岁"。这是一个极不易被人发现的疏忽，真的很遗憾！两点钟左右，我们离开了军博。河北电视台的两个朋友留在那里继续工作。

从军博出来，转到会城门北面的那条小街上，在一个叫作雅居小馆的地方吃午餐。四处悬挂着喷绘的石涛作品，环境极幽雅，饭菜的味道也很好，就是有些贵。看来，这间饭店的主人和我一样，喜欢石涛。

首都博物馆离得很近，开车几分钟就到了。首都博物馆有个考古二十周年的专题展。因为没有预约，所以不能看。首都博物馆，我来了无数次了。但因为每次来的目的不同，每次也有不同的收获，可谓常看常新。先去了北京历史陈列馆，又到了古代佛像馆和瓷器馆，专门寻找与曲阳相关的东西。有一件定瓷人物雕塑，几件汉白玉佛像被重新关注。之后，又去东区的佛塔文物、古代名人字画和青铜器那儿溜了一眼。

四点多了，英坡说想去看看今日美术馆的装修，便驱车赶了过去。天降小雨。途中，与盛杨[6]先生约晚上一起吃个饭。

到了今日美术馆，英坡他们几个去看展览和展厅，我自去书店逛了一会儿。没多久，他们也下来了。又一起去看国家艺术基金的资助项目——吴为山策划的公共艺术展上走了一圈。王中做的几个轨道交通项目，让我很感兴趣。

离开今日美术馆，直接去接盛杨先生。我把"崇文门中学"错记成"广渠门中学"，结果跑错了小区，折腾了好长时间才找到。接了盛先生又到常去的晶湖湾要了一个包厢，先聊天，后吃饭、喝酒。与盛先生主要谈了关于曲阳石雕艺人在北京的工作情况，也谈了许多雕塑界的问题。他说：他的第一个石雕师傅就是曲阳羊平的高生元。十大建筑之中，央美师生设计的东西，也多是由曲阳人雕刻的。毛主席纪念堂的毛主席雕像，主要是曲阳刘润芳[7]先生雕刻的。他20世纪80年代初在石景山创作设计的中国第一个雕塑公园——石景山雕塑公园，也是曲阳人帮助完成的。另外，盛先生说要想了解北雕厂的情况，可以找李祯祥[8]了

晶湖湾大厅。左起：高明路、陈培一、盛杨、高英坡、王月明

解一下。九时许，送盛先生回到家里。

我们驱车赶往石景山，在八角公园附近住下。明早看石景山雕塑公园和古城公园里的雕塑。

注释

1. 叶毓山，又名叶玉山，1935 年 6 月 2 日生于四川德阳。著名雕塑家，以红色革命题材的纪念碑创作而著称于世。全国人大代表，全国劳动模范。历任四川美术学院副院长、院长、终身名誉院长、教授，四川省文化厅艺术委员会主任、四川省美术家协会名誉主席等职务。1962 年，完成毛泽东主席立像，落成于中国人民革命军事博物馆。1976 年，完成毛泽东主席坐像落成于毛主席纪念堂。2017 年 1 月 7 日上午 9 点 50 分，叶毓山在成都逝世，享年 82 岁。

2. 潘鹤，别名潘思伟，1925 年 11 月生于广东南海。著名雕塑家、书画家。被国务院授予"国家级首批有突出贡献专家"，并享受政府特殊津贴，国家级五一劳动奖章获得者。历任广州美术学院讲师、副教授、教授，中国美协第二、第三届理事和广东分会副主席、广东省美协名誉主席、全国美展评选评奖委员会副主任，全国城市雕塑建设指导委员会艺术委员会副主任。

3. 程允贤，1928 年 9 月出生于江西南昌。著名雕塑家、书法家。文职将军，国家一级美术师。历任中国人民革命军事博物馆美术创作员、雕塑研究室主任，中央军委工程学校文工团美术组组长，全国城市雕塑规划组领导成员，全国城市雕塑建设指导委员会秘书长，中国雕塑学会秘书长、代会长、会长。系中国美术家协会顾问、中国美术家协会第五届副主席。2005 年 11 月 24 日 9 时47 分，程允贤在北京逝世，享年 77 岁。

4. 张松鹤，1912 年 10 月 10 日生于广东东莞。著名雕塑家，新中国雕塑事业的奠基人之一。1936 年，进入国民革命军第二军第四师，任中尉艺术科员。1938 年，加入中国共产党及东江抗日纵队，历任抗日民主区长、联区主任、东江南岸第三战线副指挥。后来，调任华北《行军快报》《行军画报》主编。新中国成立后，曾先后在北京市人民美术工作室、北京市美术公司、北京画院从事雕塑创作。参加了人民英雄纪念碑浮雕创作。系第五、第六、第七届全国政协委员。自 20 世纪 60 年代起，被授予国家突出贡献专家，并一直享有国务院专家特殊津贴。2005 年 7 月 28 日，因病在北京去世，享年 93 岁。

5. 章永浩，1933 年生于浙江杭州。著名雕塑家。1959 年，进入中国雕塑工厂华东工作队工作。曾任教于上海美术学院，任职雕塑系主任。

6. 盛杨，1931 年 3 月生于江苏南京。著名雕塑家。曾任中央美术学院雕塑系负责人、中央美术学院党委书记。系首都城市雕塑艺术委员会副主任、首都建筑艺术委员会委员，中国美术家协会雕塑艺术委员会主任，中国雕塑学会常务理事，中国工艺美术学会雕塑专业委员会顾问等职。

7. 刘润芳，原名印昌，再改"润芳"，1971 年生于河北省曲阳县西羊平村。著名雕刻艺术家。任职北京建筑艺术雕刻工厂。全国城市雕塑规划组领导成员。参加、主持人民英雄纪念碑浮雕，毛主席纪念堂中毛主席坐像等重大国家工程的建设。

8. 李祯祥，1932 年生，北京人。1952 年，中央美术学院雕塑毕业。曾参加人民英雄纪念碑浮雕的创作。自 1958 年起，历任北京建筑艺术雕塑工厂创作室副主任、主任、副厂长、厂长等职。

6 月 19 日、北京

······

八时许，大家一起下楼，去寻石景山雕塑公园。

我大概是在 1994 年前后来过。虽然已经过去二十多年了，但印象颇深，记得并不远。果然，拐个弯就到了。把车停在附近，吃了早点，然后就进去参观。和二十几年前相比，还是有了很大的不同。原来都只有一些石雕作品，且都是央美老先生们的作品。如今，增加了不少年轻人的作品，各种材料都有，丰富多了。但是空间过于狭小，有些地方稍显杂乱。我们的关注点在于曲阳石雕，所以就把所有的石雕作品拍了些照片。其他材质的也做了记录。有的作品，清楚地标出了作者。有的作品，只标注了作品名称。到时候，再做一番考证。整个公园的作品，石雕作品有二十几件，其他材料的有十几件。

盛杨作品《母子情》

门外街角的《母子情》，是盛杨先生的作品，原来是玻璃钢的。前两年，公园找到朱尚熹[1]，翻制成为石雕。但是，石雕的材料并不好。

九时许，我们驱车前往昌平十三陵。走西五环到北五环，在楼自庄下了五环，再前行不远就到了。

先是看到了一座五开间的石牌楼，即十三陵的总门户。因为被保护起来，只能隔着栅栏远远地拍了些照片。没有办法走近它，研究它的工艺，近距离欣赏其材质之美。

再前行，就是大红门。左右的高坡上，是一对下马碑。过去，这里是一道土梁。今天，大红门左右修了两条道推平了，留下了一条如同盆形的土坎。这条起伏不已的土坎上，分布着那一组规模庞大的石像生。由望君归和望君出包围的碑楼则在望柱之先。

这条土坝，也就是神道。开头就是一对望柱，即华表，远袭唐宋，下启明清，只不过稍显粗犷。然后，依次是甪端、麒麟、狮子、骆驼、象、马、武将、文臣、王公等。兽类都是两对。第一对，是卧姿。第二对，为立式。先跪后站，一是表示恭敬，二是避免单调，三是可生节奏。这组石像生，上承唐宋，但比之稍灵活，所有的兽类尾巴都甩向神道的内侧，而非唐宋那样如柱般下垂。在石兽之中，那两对石马稍弱。在石人之中，武将稍差些。总体来说，风格较统一，颇有气势。所有的石材来自北京房山。神道的尽头，则是一道龙凤门。神道长约千米。虽然绿柳成荫，但天气依然是热，便乘电瓶车返回来。开车再前行。

曾经见过一老照片，是关于百年前这条神道的。没有

长陵神道

树木，没有庄稼，荒原之中这组石像生与天寿山融为一体。真正是天人合一的盛景。如今，时过境迁矣。这条神道，也是十三陵的总神道，大致南北向，以长陵为宗。其他诸帝陵按照昭穆制度依次排列，概为东西向，以总神道为主干，开枝散叶。

从神道碑亭门外上车，都十二点多了。往北，向长陵走。路两旁都是生态园和农家饭庄。在路东，远远地看见一大片茂密的杨树林，也有饭庄。便开车过去，一个身材苗条、五官端正但一脸疙瘩的姑娘迎上来，招呼我们点菜，热情推荐他们厨师的拿手菜。要了几个小菜和一条水库鱼，外加一瓶啤酒。一算账，乖乖！七百多！碰上孙二娘了。

天很热，天又长。下午有的是时间，便找了个酒店先住下，休息一会儿再说。酒店在长陵村里边，却紧挨着景陵，就在景陵前门外，大门紧挨着景陵的神道碑。

两点钟，冒着烈日出发了。先去了定陵。三十几年前，我曾经来过此地。那个时候还显得有些破败，现在到处都修葺一新，很现代化的一个旅游观光区。这一带的明代诸陵，在明末被李自成[2]焚毁，所以留下了诸多的宫殿遗址。现在所见的建筑，为清以后所重修。这些残留下来的石构建筑基础大多保留了明代的风格。稍显华丽者，为清代所修。三十年前来时，地宫刚开放没有多少年，我不记得下没下过。这一次，因为要考察石刻，便随着游人走入地宫。

游人们一直往定陵的宝城上方走，在西北角的方位沿着楼梯进入地宫。越往下走越凉，走到底甚至有些冷了。值守的

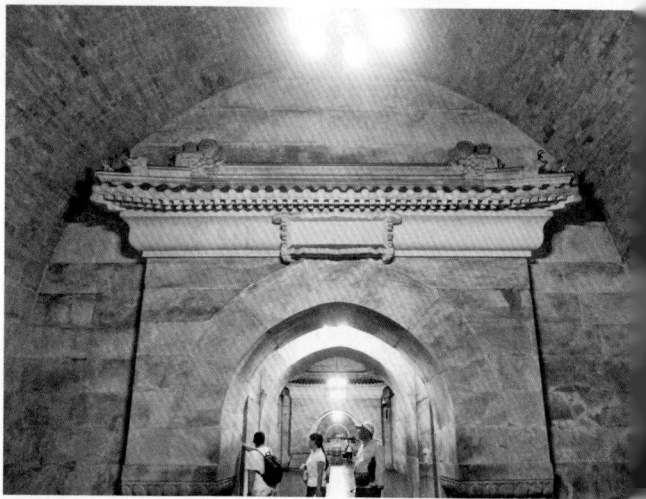

定陵地宫

工作人员甚至穿着棉大衣。游人们鱼贯而入，又鱼贯而出，没有停留多少时间。地宫里的文物早已被考古工作者清走。万历帝及其后妃的棺椁都是复制的，木质朱漆，十分醒目。中堂之中，有三座石雕御座，是帝后休息之所，稍显精致些。整个地宫的雕饰不多，较素朴。汉白玉石门上，只有

乳钉和一枚搽许的铺首，门外有仿木构的屋檐，仅此而已。定陵南北两座厢房里，陈列着定陵出土的一些文物和有关定陵发掘的一些资料。定陵为东西向，坐西朝东，故南北为厢。

从定陵出来，又到长陵。长陵的规模，是明十三陵之中最大的，也是诸陵之宗。和定陵相比，长陵保持的原貌成分要多一些。长陵的栏杆望柱比较有特色。长陵的地宫没有开放，绕着方城明楼走了一圈，竟然发现有几块曲阳石铺在方城明楼的门口。时间尚早，也没有什么着急的事，我们几个便坐在古树之下，谈天说地，东拉西扯。到了天将黑时，快要清园时才从长陵出来。长陵大殿里陈列的一些出土文物，极为精美，堪称明代工艺之典型作品。

回到下榻的酒店，在庭院里沏了一壶茶，又美美地吃了顿晚餐，喝了点酒。旧事重提，把前几年与杨跃武一起谋划的高级创作研修班与高英坡和王月明复议之。英坡也有这个想法，一拍即合，英坡和月明分别打电话摸底，准备把这个事情搞成，排除一切干扰。

注释

1. 朱尚熹，1954 年 12 月出生于四川达县。著名雕塑家，国家一级美术师，四川美术学院雕塑系教授、硕士生导师。历任中国工艺美术学会雕塑专业委员会秘书长、会长；中国雕塑学会常务理事，会员部部长；中国美术家协会雕塑艺术委员会委员；全国城市雕塑建设指导委员会艺术委员会委员；北京美术家协会雕塑艺术委员会副主任；北京人文空间雕塑研究所所长。系英国皇家雕塑学会专家会员；美国雕塑学会会员。

2. 李自成（1606～1645 年），原名鸿基，小字黄来儿，又字枣儿。明末农民起义领袖，世居陕西榆林米脂李继迁寨。童年时给地主牧羊，曾为银川驿卒。崇祯二年（1629 年），率众起义，后为闯王高迎祥部下的闯将。高迎祥牺牲后，他继称闯王。崇祯十六年（1643 年）在襄阳称"新顺王"。次年正月，在西安建立大顺政权，年号"永昌"。不久，攻克北京，推翻明王朝。四月，李自成战败退出北京，率军在河南、陕西抗击清军。顺治二年（1645 年）5 月 17 日，在湖北九宫山遭村民误杀。

6 月 20 日、北京

　　早晨起来，到景陵去拍了几张照片，又围着宫城走了半圈。从砖瓦垃圾堆中又捡了两块琉璃瓦残块，加上昨晚英坡捡的，共三块，又捡了一个小纸盒装起来。一块一块地洗干净了，三块瓦三个颜色，很有意思，体现了礼制的变迁。

　　在村子里吃了早饭，便驱车赶往五塔寺。从十三陵方向进城的车太多，一路上堵车。到五塔寺，已是九点多了。昨天晚上，与刘卫东联系，他已从大同回京，今天上午要到丰台去开会，下午还要接老娘出院安置到养老院中。所以，他不在寺里。我带着英坡、月明进去参观，一块一块地看石刻，从中寻找曲阳石料。真不错，还真找出几件来，

金陵石刻

有石翁仲、有石碑，我挨个重新拍了照片。如果刘卫东在就好了，可能会有更多的收获。还好，与他约定待有时间再来会他。有几个地方的石刻前番来时并没有看到。这次时间充裕，天气又好，看得十分真切，体会亦更深。英坡说北京房山虽然出产石料，但却没有石工，其雕刻都来自曲阳。此说，需进一步考证。

从五塔寺出来时，已十一点多了，便一路向西，朝房山赶来。在大窦桥下面吃了一碗面条，就先赶往万佛堂孔水洞。本来要去看明高僧姚广孝[1]墓塔，怕时间不够，只好作罢。有导航真好，很快就到了。但是，过磁家务河再往前走，到了万佛堂的后边，车开不上去。

孔水洞前砖塔

人走比较费劲。打听了一下，又折返了两次，才找到了目的地。孔水洞就是一条山洞，洞中有水流出，洞上则是一座石窟。石窟外面是一座木构大殿。四周都装上了高高的铁栏杆，还挂着"禁止进入孔水洞"的牌子。大门紧锁，很显然，是进不去了。听过往的老人讲，前一段时间可能佛像被盗，所以不让参观了。还有，孔水洞上下各有一座砖塔，还值得一看。总算没有白跑一趟。有些扫兴，再驱车赶往燕山车站附近的白水寺。路倒不远，没多长时间就到了。

停下车来，冒着烈日，向山寺走去。下了一个高坡台阶，钻过铁路涵洞，则进入了一个景色优美的世外桃源，可谓别有洞天。路边有一两个行人，询问一下，白水寺就在不远的半山腰。便一路寻过去。茂密的树林小径，有些凉意。脚下的山溪曲折蜿蜒，向山下流去，如同一条白练飘荡在青山碧水之间。这可能是白水寺的来历。白水寺并不大，就是一座石构的无梁室。其中，有三尊造像为宋元时期北京地区最大的石佛像。虽然是开放时间，但依然是门户紧锁，值班人员不知跑到何处去了。等了半天，又叫了半天，只等来了两个年轻的游客。只好再次扫兴地离开。时间不早了，便打算先去黄院石窟，再折返金陵。路过凤凰亭，我无意发现山上有座石亭，便停下车，从管道的空隙之中钻过去，看了一下，是清代之物。石亭之内，是一通石碑。石亭为穹隆顶，顶上有蟠龙，有点意思。过周口店猿人遗址，再前行几公里，就到了黄院村。百度搜索不到黄院石窟，一个小伙子路过，问他，他也不清楚。又问了一个年龄和我相仿的老者，说石窟是有，在村西四五里路的山上，但石佛早已被盗，现在放了件纸糊的在里面。我们大失所望，英坡说："今天怎么回事，连吃了三道闭门羹。"大家都扫兴了，便折返回来赶往车厂村的金陵。

金陵，我来过多次，最后一次来时景区的大门还在修。这次来，已经完全修好，还建了广场和浮雕长廊。水平一般，里面竟然有《唐太宗画像》和《韩熙载夜宴图》的影子。真不知道这些东西和大金国有什么关系。车不让开，只能走上去。山道还在施工中，大片的原始植被被斩除，被改造成了各种旅游设施。我累了，一路都走在后面。一路上，边走边聊，倒也快，不一会儿就到了金太祖之陵。英坡和王月明有些失望，连说没有什么东西。不过那些石构残件和建筑遗址也吸引了他们。我觉得有收获，那段残存的神道石刻已被完全清理出来，杂草、树木、尘土被清除干净，那些花纹雕饰和残狮能看得一清二楚。他们两个不感兴趣，溜了一圈，便下山回了。

金陵神道石刻

原本想去良乡大南关村的郊劳台[2]看看，网上搜索，已经没有什么东西了，原来庞大的石构建筑没了，只好作罢。开车送我回家，喝了两壶茶，英坡和月明便回了。

……

注释

1.姚广孝（1335～1418年），幼名"天僖"，法名"道衍"，字斯道，又字独闇，号独庵老人、逃虚子。江浙等处行中书省平江路（明为南直隶苏州府）长洲县（今江苏省苏州市）人。元末明初政治家、诗人，燕王朱棣的谋士，为"靖难之役"、辅助燕王上位的功臣之一。

2. 郊劳台位于北京房山区良乡大南关外。俗称"接将台"，是皇帝迎接出征将士凯旋归来之地。清乾隆二十五年（1760年），兴建。台亭为八角形，有汉白玉碑亭一座，碑上刻有乾隆郊劳记事诗。亭分两层，每层八根石柱。

9月2日、河北曲阳

早上，六点半刚过，孙伟[1]到小区门口来接我，一道去曲阳。本来想请他吃个早餐，可他的夫人张筠[2]从来不让他在外面吃早饭，早起来给他做好了（吃完才出门）。

上了高速，发现有些雾。到涞水，高速不让走了，我们便被迫下来，开始了一段不寻常的行程。因为我们两个人对路都不熟，只好靠导航。孙伟选择了避开拥堵的路线，结果走得有些远，我们折返回来，一直往南走，大方向正确就行。又走了几个高速口，都封着。又继续往前行，走了一段泥泞不堪的路。到了易保路上，又走了一段，在徐水辛木高速口上，闸口刚开，便挤进来，一路狂奔。实际上，在国道上、省道上、乡村公路上，孙伟就一直在超车。可是，到了曲阳已是十点钟。高速口堵得死死的，一直到十一点四十，我们才赶到会场。整整走了五个多小时。

到了之后，才知道殷小烽[3]、朱尚熹、王志刚[4]、鲍海宁[5]、陈克[6]、王远鹏等已等在那里。马上开始工作。

园区管委会主任王平主持会议，介绍了出席的专家之后，殷小烽介绍了评选规则之后，便开始对（动物雕塑公园征集）作品进行评选。先是公开征选的，后是邀请的，

评审工作现场。右起：孙伟、陈克、林桐、陈培一、殷小烽、鲍海宁、朱尚熹、王志刚

待评选的作品

分为几轮。时间很紧张，大家都是老江湖，对工作都很认真。评选的结果大家都很满意。没有好作品被漏下。虽然是动物雕塑，但还是从艺术、形式、文化诸多方面进行了考量。

评选结束后，志刚、尚熹二人要走，海宁、陈克要去南故张村看仿古石刻，我便没有回工作室，陪他们走了一圈。

南故张村，我不知道来了多少次。这次，在南故张村停留的时间并不长，看了刘金虎的作品之后志刚和老朱就先走了。我们又去了刘建庄那里。他们几个受院校教育多年，在院校工作多年，到曲阳这里来得较少，所以对这一切都不了解，感到很新鲜。最后，又在建庄县城的工作室里看了看，有两件完成的作品，更是佩服到家。陈克和海宁两个人本来信心满满，要拿着评审费去买几件东西回去，试着问了问价，便打消了主意，没敢开口。

中间，陈克和海宁到我工作室小坐，喝几杯茶，聊得甚欢。

晚上，与殷小烽等喝酒、唱歌，闹到很晚才休息，估计睡觉时已是午夜一点。

……

2019 年 9 月 3 日举行的颁奖仪式

注释

1. 孙伟，1962 年 3 月出生于北京市，祖籍河北曲阳。著名雕塑家。曾任中央美术学院雕塑艺术创作研究所所长、中央美术学院雕塑系副教授、硕士研究生导师、院长助理，中国工艺美术学会雕塑专业委员会会长，中国雕塑学会常务理事，北京市人民政府专家顾问团顾问，北京城市研究会城市雕塑与环境艺术委员会副秘书长。

2. 张筠，北京人，著名雕塑家。供职于中国国家博物馆文物修复室。

3. 殷小烽，1963年生于吉林省长春市。著名雕塑家。曾任东北师范大学美术学院教授、硕士研究生导师、雕塑系主任、副院长、院长。系英国皇家雕塑学会会员，中国美术家协会会员，中国雕塑学会常务理事，中国工艺美术学会雕塑专业委员会副秘书长，中国城市雕塑家协会副主席，吉林省美术家协会雕塑艺术委员会主任，长春市城市雕塑建设指导委员会副主任。

4. 王志刚，1961年生于甘肃省兰州市，祖籍甘肃静宁。著名雕塑家。现为西安美术学院教授、雕塑系主任。系中国美术家协会会员，中国雕塑学会理事，中国工艺美术学会雕塑专业委员会会员。曾任甘肃省美术家协会雕塑艺术委员会主任、兰州雕塑艺术研究所所长。

5. 鲍海宁，辽宁人。著名雕塑家。鲁迅美术学院学术委员会委员，雕塑系主任、教授。系文化部中国艺术研究院中国雕塑院青年雕塑家创作中心主任，中国城市雕塑家协会秘书长，中国雕塑学会常务理事，中国工艺美术学会雕塑专业委员会常务委员。

6. 陈克，1965年5月生于河南省三门峡市。著名雕塑家。现为广州美术学院雕塑系主任、教授。系中国美术家协会会员、中国雕塑学会理事、中国工艺美术学会雕塑专业委员会会员、广东省美术家协会会员、广东省美术家协会雕塑艺委会主任。

......

本来，红立要安排我去保定做体检，结果没联系上司机，放了我的鸽子。正好，跃武没有事，打来电话，便约他前来，一起去跑跑。从羊平先回到县城，再从县城南环的西河流村南行，去寻狗塔坡。据悉，孙伟兄的家就在附近。

到了王台北村，不知狗塔在何处，就在几个新建的厂房旁边停下车。厂房门口立的浮雕我眼熟，有一个雕像是王军立的，他的作品我认识。跃武把车停在门口，我们两个便走进去打听。给军立打电话，他也没有接，估计是在车间里。

工厂的进深很大，进门时一个狭长的通道，两旁都是浮雕。到了核心区，看到了熟悉的田世信[1]先生的作品，更确认了我的判断。找到了车间，军立果然在。看到我来了，他喜出望外，根本没想到我会找上门来。先领着我们参观了他的工厂车间，又领着我们到了狗塔坡。

狗塔坡就在他工厂脚下的高坡上，狗塔就在不远处。已经修了很平整的水泥路上去，两边都是成熟的果木，各种果实挂满枝头，煞是诱人。路边的野酸枣、野花椒，也

狗塔坡

到处都是。狗塔旁边，是很小的一间砖垒的小庙。小庙的前面，则新修了一座大殿，石砌了一个方形广场，修了石阶和栏杆。据军立说，每年一定的节日，会有很隆重的庙会。狗塔坡的遗址都被荒草掩盖。军立说，这里的石刻早被盗凿一空，什么遗迹也没有留下。他的工厂从北京迁回老家，（原因）一是北京的环境不允许，二是他也想回来做点事，带领乡亲们共同致富，改变家乡的面貌。我们建议他把工厂建成一个文化产业园区。他也有此想法，本来就想找我聊聊此事，正好，我自己送上门来。中午，就在他的工厂里吃便餐。

狗塔坡的下面，就是北面，紧挨着的就是王台北村。王军立就是这个村子的人。这个坡，这个台，应该就是王台或者王坡，是这一带的制高点，周围都是平地。狗塔遗址的东面，有几个采石坑。据说是建塔时凿石取料留下的。塔南，是一座古墓葬，因被盗而发掘。墓门赫然暴露，没有回填。据说，这个狗塔是纪念为救光武帝刘秀而献身的黄犬所建。如此，则汉塔、采石坑、墓葬，形成了三位一体的实证。其实，我想这一切都是传说，事实未必如此。这一带，应该和北魏王朝有关，应该是史书所记载的历代魏帝巡幸中山的行宫所在。

如果这个王台为行宫所在，那么这一带稀奇古怪的地名就好解释了。那么，这些个地名，也反过来佐证了我的推断。王台之北，有东诸侯、西诸侯村，东面、东北面有牛堡内、刘堡内村。再往正东，有管头、南北管头、中管头村，东西幺罗村。东南有南留营、北留营、郑留营、东留营、留营村，有南、中、北平乐村。王台之南，为南东郭、西郭、北东郭、东邸、西邸村。再往西南，则为东、西羊平。正西，则以尧山为屏障。黄山之西，还有南、北养马村。这个布局，就是一个"君子择中而居"的王城格局。据刘红立讲，他在内蒙古做业务时，当地有个领导曾和他讲过：当地的古籍记载了盛乐即和林格尔与曲阳的关系。在北魏初定天下或者欲南迁之时，曾有建都中山的想法。他的这个说法，也印证了我的推断。而曲阳狗塔坡这一带，可能就是当年的选择之地。后来，因为不便防守，而又选择了大同。但是，这里却成为了行宫。虽然，无史载证明我的推断是否正确，但我以为，却有极大的可能性。这个想法是很有意思的，至少提供了一个研究方向。

尧山不仅为这个行宫提供了安全屏障，而且挡住了西北的寒流。孟良河自西北蜿蜒向东南，为这个行宫提供了生活水源。另外，诸侯王公在北，士卒在南，也是王城的基本格局。东、西二郭，则可能是官人所居。王台，则可能是魏主朝会之所。

辞别王军立，过西郭村。一进村，我就吆喝跃武停车，说西郭村大佛就在附近。停下车来，跃武去打听，我自去寻找，果然就找到了。十年之前，在冬天来过一次，我的印象极深，已经扎根于心了。相对于十年前而言，这个大佛又发生了很大的变化——手和脚被破坏得十分严重。目前，通行的说法是，这尊大佛是唐开元年间清化寺的遗物。但是，就其雕刻风格来看，应该是北朝之物。可以比对一下，如系北朝之物，当为北朝所建，应为西郭王城皇家寺院之遗存。从原地表算起，这尊大佛的高度当在八九米之间。如此体量的大佛，再加上寺院，其规模等级，绝非民间之物。北魏皇家系游牧民族，所居皆毡房，没

西郭大佛

有更多的石构物留下来。只有此佛可证。唐代时期，又在古寺基础上修建了清化寺。要将此佛与北朝、唐朝的诸佛进行进一步的比对，确认其年代。

出了西郭村，再往西走，就是东羊平村。进了村，便

三霄圣母殿

打听大庙在何处。很好找,一下子就找到了那个大庙,就是三霄圣母殿。出乎我的意料,这个庙的规模还挺大。始建年代不详。院内有几通新建的功德碑。这里是安荣杰第三雕刻厂的创业基地,现在还有几件早年的残次品摆在墙角。就建筑而言,应该是清代之物,木结构够味道,有明清建筑之风。

再往前走,就是西羊平村了。想去寻找元代杨琼的墓,问冉增强,他也不知,但是他说可以找人打听。便到了他的工厂里喝茶,等消息。转了几个弯,没有人说得清楚。增强便开车带着我们去寻找。我原来也听杨京川讲过,现在杨琼墓地已是一片石料场。自羊平往南,到南北故张之间,都是料场。我们从路东转到路西,增强给京川打电话才知道了大概的位置,就是在一出羊平村路西的那个角上,老虎闸[2]也在那里。一点影子都没有了。在过去,(墓地)

杨琼墓地旧址

西羊平村荣臻渠旧址

离村子怎么都有半里路。现在，紧挨着人家，想恢复都是不可能的了。除非政府拆迁这一带的村民。如果是杨家的子孙还好些。跃武说，不恢复墓园，建个纪念馆的难度会小些。也是，但没有恢复墓园有意义。按照当初的建制恢复墓园，再复制北岳庙里的神道旧物，再建个纪念馆，是最为理想的。恢复杨琼墓的意义在于正本清源，应该是雕刻小镇建设的重要项目之一。实施起来，难度巨大。

据我所知，晓林乡店头村是曲阳最重要的文化遗址所在地。跃武和增强都没有去过。但增强知道大宋定窑的一个工作人员是店头村的人。那个姑娘很热心，让她老公开车引路，带着我们去看。店头村不仅有五千年前的钓鱼台古文化遗址，还有战国时期中山国的城址，还是民国时期荣臻渠[3]的源头。

本来以为很近，没想到挺远，开车足有半小时之多。过了村子，再往西走，是一片大沙场，来来往往的运输车辆，很是忙碌。过了沙场，西边是一个大土坡，坡下是条沟渠。那姑娘说沟渠就是荣臻渠，旁边的土坡就是著名的钓鱼台遗址。姑娘说，她小时候，县里组织村民把一个很大、很高的土坡挖了一个遍，每人每天五十块钱，出土了大量的文物，有石器、有陶器、有骨器。后来，省里来人不让挖了，才停下来。挖开的土被村民运走了，剩下了北边一条高高的土岭。下面，就是一个偌大的土坑。我问姑娘知道战国古城吗？她说：不知。再问她村子周围有个高土岭吗？她说，村子北面原有，现在已被村民弄平，盖上房子，没有一点影子了。虽然有些遗憾，因为中山国仅有的五六处遗址又可能消失了一处，但也算知足了，毕竟找了来，寻了个明白。

钓鱼台遗址

回到羊平，跃武有事走了，增强说有个小地方，羊头肉和扒糕做得不错。便约了英坡同去，美餐一顿。

注释

1. 田世信，1941 年生于北京。著名雕塑家。祖上从事玉石雕刻，
   人称"玉器田"。系中国美术家协会会员。历任贵州清镇中学教
   师、贵州艺术专科学校雕塑工作室主任、中央美术学院雕塑研究
   所研究员。

2. 老虎闸：在修建荣臻渠时，把杨琼墓前的一对老虎左右相对，在
   内部各刻了一条深深的竖槽，放在水渠上，装上闸板，以控制水
   流。因有一对石虎立在此处，故城"老虎闸"。这一对刻了石槽
   的石虎，后来被移到西羊平小学门口，今已被盗。

3. 荣臻渠：抗日战争时期，晋察冀边区根据地设有定唐县。在抗战
   最艰苦的时期，聂荣臻、萧克将军与定唐县委书记杨培生、县长
   杨钧、县武装部长杨义来等，带领晋察冀边区军民陆续修建了
   一条引水渠，引曲阳西部晓林大沙河水至新乐县北部，取名"抗战
   渠"，又称"荣臻渠"。1943 年，水渠建成并引水灌田，流进北养
   马村的穆山和羊平的黄山，入新乐县境后有 3 条支渠，总长 21
   千米，受益农田数万亩。现曲阳县西羊平村水渠旧址立有原五台
   县县长、山西省第一专署专员、晋察冀边区行政委员会主任宋劭
   文先生题写的"荣臻渠"石碑（复制品）。

第三十六卷

2017 年 9 月 21 日、陕西靖边、榆林台

早早起来，在靖边县城转了一下，走到了县城中心。上次来时，已是深夜，没有看到靖边是个什么样子。到了中心广场，问一下博物馆在哪里，都说没有。这么重要的一个地方，竟然没有博物馆。

早饭后，云岗的拉杆箱坏了，他要到靖边县里转一转买个箱子，我和盛杨先生等人就先走了。出了县城，往东北方向走二十几公里，竟然进入了鄂尔多斯境内，其地貌、建筑与靖边截然不同。再往前走，过了一个叫作王湾的镇子，正在修路，不通，距统万城只有三十公里了。问了下

中国国家画院雕塑院丝绸之路考察团在统万城。左起：霍波洋、盛杨、陈云岗、项金国

统万城西南城角

路径，还要回到靖边，走另外一条道。我们还未到时，云岗他们早到了。

一派荒漠之中，赫然矗立着统万城的遗址高台。我上次路过靖边时，就有意来探访，可是同行者不同道，只得擦肩而过。这一次千里来寻，终于如愿以偿，感谢云岗兄。其实，他也没有来过。统万城可以说位于大漠腹地，在今天来一次都不容易，千载之前更是神秘，具有很高的隐蔽性。因为地处荒漠，干旱少雨，盐碱度非常高，再加上当时夯筑城墙时使用了米汤等作为黏合剂，所以城堡遗址呈白色，俗称"白城则（子）"。始建于十六国时期，毁于宋代。据史载，当年叱利[1]建城时，以铁锥验工，锥扎进去，杀役夫。锥尖挫弯，杀督工。所以，这座白城之中，筑有多少役夫就不得而知了。至今，到处白骨闪现。"白城"之说，还有"白骨铸成"之意。

"采绣石于恒山"，是说修建宫殿时，竟然从数千里之外的河北曲阳采汉白玉过来，劳民伤财。赫连勃勃[2]所建立的大夏国，为什么只有二十五年就亡国了？其主要原因，就是使用役夫兵丁数千里采石、运石，修筑统万城时虐杀役夫无算。这些主要的生产力、战斗力量，在繁重的建设过程中无端被消耗，焉能不败、不亡国？任何一个不爱惜民力的政权都是不能长久的。

赫连勃勃的这座王城，如今被掩埋在五六米深的黄沙之下，从曲阳运回来的石头修建的宫殿，宋代焚城之后的惨象如何，都只有天知道了。还有什么史书未载之事，更称为难解之谜了。如今，只有西南城角的角楼和几座马面

深埋地下的瓮城

高台，西北的角楼自然显露于地表。西南角楼的北面就是一个巨大的夯土台，称为"永安台"。永安台的北面，经考古发掘，是一座瓮城。瓮城城门还深藏于黄沙之下。永安台的东面，还有一座高台，一说为祭祀台，一说为瞭望台，或二者兼有之，任凭人们去猜想。导游是个六十岁左右的老汉，与他交流了一番，他并不知道史书关于这方面的记载，而所言多属传说之词。讲解完了，大家集中在一起，画点写生。云岗早就给大家准备好了速写册子。我好多年没有干这个事了，手有些生了，只能混在他们中间做个样子。

从西南角楼下的沟壑中，捡到了一些瓦片，系宋朝之前或宋初之物，布面纹、很细，与中原地区的没有什么两样。由此可见，在宋毁城之前，这里的居民无论为何族，都无一例外地延续了中原文明。离开统万城遗址时，已是一点多钟了。在附近的一个小村子吃了顿午饭，就赶往榆林。饭店的旁边正在施工，好像规模很大，希望是座博物馆，而不是度假村。如果是个博物馆，还有机会再来。因为这座统万城由东西两座组成，一旦发掘，会有什么惊天之物不可想象。

前往榆林途中，就全国城雕小组的成立问题，向盛杨先生做了调查。（内容从略）

之后，我们又聊了另外的话题。盛先生说：朱德总司令在自西柏坡去北京的途中，先毛主席一步到了曲阳北岳庙，看到正在伐古木，上前制止。主席来看了以后，问明情况，即批三万斤小米用于维修。

车子途经横山，过刘志丹同志领导起义旧址。

到了榆林，直接去了城北的红石峡。红石峡是榆林非常著名的旅游胜地。东岸建有雄山寺，依山开凿了许多石窟。石窟之间是相互连通的，窟内石像俱毁于"文革"时期，残存一些窟顶藻井和正壁神坛雕刻，以及一些题字碑刻。如今，夹榆林河两岸石壁多有大字榜书，为历代官宦所为，不失为观摩书法的一个好去处。石壁间，有红石峡会议旧址。东岸之上，还有司马城遗址。这里是中原文明与游牧文明交界处，属于中原王朝的重要边城之一。所以，从文字之中可以看出人们对国防安全、边境安宁的期望。

这些石窟、石像、泥像虽然被毁，但依然有其研究价值，从中可以看出一些东西。如多为单室，体量不大，没

红石峡

八卦莲花藻井

有中心柱窟。有的四面设坛，有的正壁设坛，窟顶的藻井多是佛道二教的混合体，因为莲花的周围多见八卦图案等。

今天是考察活动结束最早的一次。住进酒店时，天还亮着。

晚饭之后，和霍波洋[3]出去散步一小时余。之后，又查看明天考察的路线。

云岗和老项又去散步了，何时回来就不知道了。

注释

1. 叱利即叱干阿利，生卒年不详，待考。鲜卑族，肤施人（今陕西延安）。十六国时期后秦、胡夏国重臣。

2. 赫连勃勃（381～425年），本名"刘勃勃"，是匈奴右贤王去卑的后代，与前赵光文帝刘渊同族。匈奴铁弗部人，十六国时期胡夏国（又称"赫连夏"）建立者。赫连勃勃为政残暴嗜杀，狂妄自慢，关中人民受害极深。413年，改姓"赫连"。418年，乘东晋将领刘裕灭后秦急于南归之机，攻取长安，在灞上（今陕西蓝田县）称帝，不久回师。统万城宫殿完工而刻石于城南，歌功颂德。425年，薨。谥号"武烈皇帝"，庙号"世祖"，葬于嘉平陵。

3. 霍波洋，1956年出生于辽宁省沈阳市。著名雕塑家。曾任鲁迅美术学院雕塑系主任、教授。系中国雕塑学会副会长、全国城市雕塑建设指导委员会艺术委员会副主任、中国工艺美术学会雕塑专业委员会副主任（副会长）、中国艺术研究院中国雕塑院特聘雕塑家、中国国家画院雕塑院研究员、辽宁省美术家协会副主席。

9 月 22 日、陕西榆林、神木

知道"榆林"这个名字，是从古文献之中。知道这个边塞之地，是宋与西夏、与辽金对峙的前沿地带。加深对这个地方的印象，是从路遥[1]先生的巨著《平凡的世界》，开始知道这个地方的贫困，且有一部分不甘于贫穷落后而踏实、睿智的实干家。进入这个城市的第一印象，这绝不是塞外偏远之地，不是寒苦之地，而是物产丰富的鱼米之乡，是江南风景秀丽之所。第二印象，就是干净、整洁，是从里到外的干净，是表里如一的感觉，而非表面文章。今天早晨出去散步，转了大街，走小巷，再走河滩小径，皆如此。行走江湖这么多年，走遍了中国的大中城市，竟然没有哪个城市有如此干净、整洁。看来，这个"平凡的世界"不平凡，必定有田福军那样务实的领导，也有大批孙少安、孙少平兄弟那样的实干家。

我与榆林，一见如故。榆林，我一定会再寻机会来看你。

上午，去榆林古城，看汉画像石馆。这座古城，在明代是唯一经朝廷同意，城墙的规制可以超过京师的边城，可见其军事战略地位的重要性。如今的古城，只有几段城

墙和几座城楼在述说着往日
的沧桑，而城内城外则一派
歌舞升平的热闹景象。汉
画像石馆和市展览馆在一
起，在城市广场的北端。广
场的右边，围着一群人，是
当地的百姓在演说喻世的大
白话，有的听得懂，有的听
不懂。

画像石线刻

汉画像石馆已闭馆，正在维修。勾兑了一下，便让从
办公区进入参观，开了专场。进去之后才知道，馆长竟然

复原的汉代石室墓

是许坤同学，见了面还不敢认。西安美院油画系的学生，
改行做了行政领导，名字叫作王海龙。

　　这个馆虽然不大，但是却集中了榆林地区出土的画像石精
品，绥德、米脂、神木诸县市的都有。一个长相还蛮不错的同

志给做了解说，中途我便退了场，自行活动，把馆藏品整个拍了一遍，也大致看了一遍。

这些东西，与中原地区河南南阳系列、山东济宁系列和临沂系列、江苏徐州系列、四川成都系列的大致同期的作品均不同，风格独具，唯与济宁嘉祥武氏祠的东西有些接近，但是二者之间又有很大的区别。其特点主要有：

其一，平面浅浮雕，剪影效果。有一部分在大轮廓之内，以线条刻出结构。而重要的只是一个大轮廓。

其二，施以墨线和彩绘。这也是其他地方所未曾见到的手法，涂朱者较多。墨笔勾出轮廓者也不少。

其三，除了表现墓主人生前宴享、出行等活动之外，还有大量东王公、西王母御兽出行的描写，出现了成群老虎驾车、鱼驾车，甚至骑鱼的形象。还有一些表现各种劳作的内容，如出现了石雕匠人的形象。这是目前（所见）绝无仅有的内容。

浮雕石匠图案

其四，在有的博山炉上，以朱笔画出了规整的"十"字线，这也是别处所不曾见到的形象。"十"字线，在中国文化之中明确出现的概率不是很高，极为少见。

其五，其雕刻手法，虽然是浅浮雕，却又有变化，较浅些的是平直的刀法，稍高一些的则是铲底处理，有凸显的效果。其铲底的手法，有些处理得平整、细腻，有的较粗犷，剁出大麻点即可。

其六，一般来说，画像石为左右对称式布局，不管是形象还是内容，都基本如此。但是，有一对门柱出现了奔马和玄武对偶的格局，较为少见。较常见的都是玄武自身相对，或与朱雀相对。在此处的玄武形象中有以朱笔绘出蛇的形象，以示突出。

其七，在这些汉画像石中，基本都是中原文明的呈现。有一座复原陈列的墓葬，呈现的是天圆地方的格局。主墓室为方形，四周镶嵌画像石，上面覆以石片，层层堆起，构成穹隆顶。最后，覆盖一块天心石。这个墓葬被盗，盗墓贼就是揭开天心石进入墓室的。后室为圆形，象征天国。

其八，其他地方的画像石都基本上是建筑构件，厚重，体量也大。而榆林的画像石基本上都是薄片，属于装饰形态的东西。

从汉画像石馆出来，本来想在榆林吃了午饭再往神木去，可是道路堵车，挤出拥堵路段时就到了高速口上，索性直奔神木县而去。

途中，与盛杨先生闲聊，无意问起了当年贵阳兰花雕塑的事，也聊起了他与钱绍武先生之间的事。（从略）在关键的时候，他保护了钱绍武。1962 年，钱为祖母写祭文，被揪斗。盛杨说钱绍武的错误，在于他对地主阶级的剥削本质没有正确的认识。况且，也要对所有的地主阶级进行区别对待。钱绍武的祖母，虽然是地主，但她同情革命，资助革命，也对老百姓很宽厚，也要区别，以开明地主对待……

到了神木境内，到处可见历代的古城墙遗址。在神木博物馆对面一个四十里铺的小馆子吃了羊肉面，既实惠又美味，令人难忘。

神木博物馆画像石

陕西省的一个文化艺术节在神木县博物馆举办，不对外开放。当然，沟通了之后，又开了绿灯。这个县级城市的博物馆，文物储藏量之大，品种之丰富，形式之多样，文化层面之广泛，是绝对超乎想象的。因为陪着盛先生进来晚了，便没有听讲解，把没有见过的器形、比较感兴趣的东西有选择地拍了一下，根本不可能逐一拍摄。汉画像石和宋杨家将文化都是专馆陈列。历史文化则分成几个大展厅陈列。一个临时陈列的钱币展，根本没有时间去看。接近闭馆时，告辞出来，前往石峁遗址。

在神木博物馆时，陆京[2]来电，说他策划了一个项目，是个展会，想听一下我的意见，告之月底（回去）再说。

下了高速，转了无数个弯，在沟壑与山顶之间颠簸而行。转到了石峁遗址的考古现场。

从揭露的建筑遗址来看，这座四千五百年前的史前人类遗址，其文明程度之高，是无法想象的。抛开发现的玉石雕刻以及其他文物不说，单就建筑而言，就已成熟、科学。出现了加固城墙的马面，完善的排水管道，合理的规

石峁考古现场

划布局，且具有大型集会的公共广场。考古工作正在进行，有几拨农民工在专业人员的指导下做着发掘工作。经获准，我们进去看了一下。盛先生留在广场上画速写。这个考古发掘区，应该是这个古城的核心宫殿区，而刚才路过时东面高坡上的发掘遗址也有内城城门的标志牌，也是个宫殿区。或许东面那个是居住的，而这个较为平缓，是个祭祀区，也有可能反过来。从保护范围之外的草坡上捡了几块陶片。史前第一城址，此言不虚。

　　下山时，天色将晚。上了高速，天就完全黑下来。回到榆林，又是八九点钟。晚餐时，黄宝庆来电，说他到了北京，问我在哪里，约我国庆去福建住上几天。

上午，参观完榆林汉画像石馆，大家题字留念，表达了自己的感觉。盛先生写的较多。云岗题："平中见奇，小中见大。"我题："形式丰富，手法多样。"

注释

1. 路遥（1949～1992年），原名王卫国，陕北榆林清涧人。当代著名作家。代表作有长篇小说《平凡的世界》《人生》等。1949年12月3日，路遥生于清涧县一个贫困的农民家庭，7岁时因为家里困难被过继给延川县农村的伯父。曾在延川县立中学学习，1969年回乡务农。1973年，进入延安大学中文系学习，开始文学创作。大学毕业后，任《陕西文艺》（今为《延河》）编辑。1980年，发表《惊人动魄的一幕》，获得第一届全国优秀中篇小说奖。1982年，发表中篇小说《人生》，后被改编为电影。1991年，完成百万字的长篇巨著《平凡的世界》。这部小说以其恢宏的气势和史诗般的品格，全景式地表现了改革时代中国城乡的社会生活和人们思想情感的巨大变迁，还未完成即在中央人民电台广播。因此，路遥荣获茅盾文学奖。1992年，路遥病逝于西安，年仅42岁。

2. 陆京，1964年生于北京。现任住建部全国城市雕塑建设指导委员会办公室常务副主任。

9月23日、陕西米脂、绥德

在榆林连住了两夜。早上九时半，离开了这个并不平凡的世界，前往绥德和米脂去探访秦汉遗址。

早饭后去散步，走到榆溪楼附近的路口，看到肤施路口的路标。那么，肤施路就是昨天夜里我和老霍[1]到过的地方。联想昨天上午在（榆林）汉画像石馆参观时大家的感慨与疑问，这个文化冲突的战争中心，为什么会出现这种精细的文化表现？战国时期，赵灭中山，迁其王于肤施，就是延安、榆林这一带。白狄中山王会不会或者肯定会把他那精细华美的风格带到了这个偏远的苦寒之地。由于经济和人力的原因，或者与当地的文化结合，形成了这种风格。这只是一个极为大胆的假设与推断，还要从图像学、形象学和文化学的角度，进行分析与类比，才可能得出正确或者接近正确的答案。不妨拟个课题，写个系列文章，研究一下，如"试论陕北画像石的文化本原""陕北画像石的艺术风格、特征研究""陕北画像石与其他地区画像石的比较"等。

不管怎样，有一个结论是肯定的，越是激烈的文化冲突、文明碰撞，越能促进文化的发展与创新。

万佛洞山门

　　如果这个推断成立，可以将曲阳的雕刻延伸至此地，增加一些例证。

　　离米脂县城不远，在道边有个万佛洞，山势极陡峭，台阶坡度有五六十度，在乡民的指引下，我扶着盛先生从另外一个较缓的斜坡慢慢走上去。

　　可惜的是，这座石窟被破坏得十分严重，有大小石窟十几眼，只有两座石窟窟顶残存，且有一个被彩绘。所幸者，最大的万佛洞，基本保存完好。这个窟形制极为特殊，也属于中心柱窟的变体，不过这两根石方柱靠近后壁神坛，二者之间只有一米多的甬道，前面是阔大的礼拜处。这两根柱子不在中间，而是左右分布，中间虚空，设置大像一尊，或泥塑，或石胎泥塑。石柱和壁间布千佛。因为附近乡民不断来烧香，所以熏得很严重。有的造像，还十分精彩。此窟也是凿于北宋年间，依山崖凿出的石窟，或以栈道相连，或诸室相通，或以前廊相连，其构造布局是相当精心的。建筑水平也相当高。有个老汉在主持着烧香业务，我进入看了半天，他看得挺紧，不让照相。后来，云岗进来，打招呼，聊天，捐了香火钱，说："我把这个相给照一下吧。"那个老汉，连摆手加跺脚，说："不成！"

进了米脂县城，径直去拜谒李自成行宫。因为许坤的同学王海龙已经打过招呼，我们就径直进去了。这座行宫，依山而建，把一座小山包遮盖得严严实实。官前一尊雕像，水平尚可，但是没有考虑到周围环境与观众的视觉问题，所以有些别扭。

米脂万佛洞

山势很陡峭，空间格局也不大，防卫性较强。两旁的栏板、望柱柱头雕刻，应为当地石雕的最高水平。由于空间所限，没有办法设置影壁之类的东西，建筑设计时就把建筑的朝向做了调整，不是一线贯穿，避免了风煞直冲。云岗说，这是李自成非正朔的原因。这也是一家之言。这座行宫，当建于他拿下整个陕西之后。

这座行宫，只有两个院落。第一个院落，是李自成的

李自成行宫

"事迹展"，分几个展厅。这应当是李自成议事之所。后边一个院落，是李自成休息之所，现在是"米脂婆姨展"，展出了自貂蝉之始米脂杰出女性的风采。其中，李自成的夫人高桂英最为著名。李自成之功业，有高氏一半。还有陕北第一位女共产党员，是杜聿明[2]夫人杜致礼的母亲。"米脂的婆姨，绥德的汉，清涧的石板，瓦窑堡的炭"，是陕北的四大名品，如雷贯耳。可到了米脂，街上的婆姨们却很平常，基本上没有看到心动的俏美形象，有些失望。行宫左右环廊，收存了一些汉画像石，由于用玻璃柜封存，不便观看，更无法拍照。进入清代，这个行宫被改造成了真武庙，乾隆年间大修。

又到四十里铺羊肉面馆吃了一个面片。霍波洋不肯再吃羊肉了，便带着几个人改吃了饺子。四十里铺就在米脂。按说，这家要更正宗一些，反而没有延安和神木那两家做得好吃。

在来米脂的路上，和盛杨先生聊起了他参加革命的过程。他先在重庆的育才中学读书。1948年，十七八岁时，与四个同学一起北上，在北京找到了党组织。其他四个同学因为有鲁艺的情结，被送到了哈尔滨，他则留在北京，参加了平津战役。后来，随四野南下武汉，准备继续南下解放海南岛之时，奉调，随刘亚楼[3]回京，参加空军的组建。之后，因为自幼喜爱美术，更喜雕塑，才转进中央美院学习后留校工作。他进中央美院，是在参加抗美援朝之后。在云岗的提示下，断断续续地将与盛先生的谈话做了些录音。

绥德与米脂离着不远。但是，绥德要比米脂的情况差很多。绥德县城，沿着无定河而建，只有一条街道，拥堵不堪。先去疏属山，去拜谒秦始皇长子公子扶苏墓。到了之后被大量的汉画

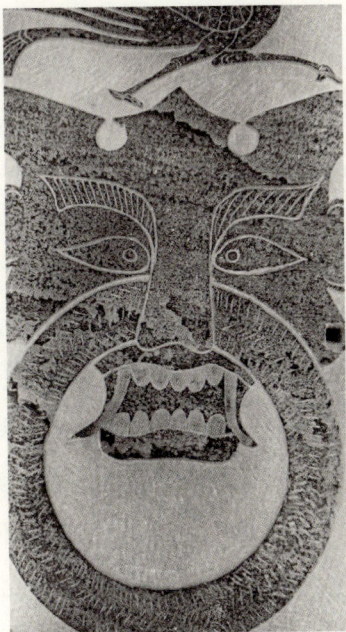

人面铺首

像石所吸引，竟然忘了扶苏墓这回事。绥德的画像石馆藏很丰富，也出现了一些比较独特的形象。如在一对铺首上，竟然刻的是人物的眉目。也出现了规矩的形象，告知项一。其《荆轲刺秦王》的构图，与远在山东嘉祥的武氏祠的同类作品相仿。就其本身而言，不同出土地点的画像石也存在着个性化的差异。米脂的画像石还偶然地出现比较厚重的建筑结构柱体，而绥德的统一都是装饰薄板。着色已经不是绥德画像石的主要表现手法，只是偶有出现。

疏属山非常陡峭，道路又窄，十分不好走。下山之后，云岗问我："怎么没有看到扶苏墓？"我这才想起来。再想回去看，也没有必要，便决定去寻蒙恬墓。在来米脂的路

上，云岗说中国雕塑学会在绥德办了一个国际雕塑节。进入绥德县城之后，便看到所有的主干道上，都挂着条幅，有点气氛。在当地人热心的指引下，我们先寻到了县人民医院的蒙恬广场。又在一个七十五岁老汉的带领下，从第一中学校园内穿过，来到蒙恬墓前。两千多年的风雨，墓上的封土依然高大。墓前原有三通石碑，也不甚早，清代为古。蒙氏后人新建的虎符石刻一对和石鼎一只，尚不足一月。据此老汉讲，这个蒙氏家族，现居山东，不知详址。蒙恬是秦国重臣，为后世师表。鞠躬者三。

宋代蕲王韩世忠，曾守绥德。故有雕像立在无定河桥头的一个街心公园，像做得不错。

绥德古称"名州"，虽处边关，也是人文荟萃之地。在离绥德前往郭家沟的路上，看到了一处摩崖题刻，古今先贤多有手迹。如今，绥德也是一个重要的石雕产业基地，这也是曾成钢在此举办艺术节的基础。途经西北民族风情园，看到了一个骇人的景象，石狮子竟然被放大到十几米高，可能有几十尊之多，排列在一个狭小空间之内，令人哭笑不得。这也是别处看不到的景象。

路上，云岗眉飞色舞地讲述了他与郭家沟人民几十年的友谊。20 世纪 80 年代初，他来到这个村收集西北特色的剪纸，先后为村子里的三官庙塑过两尊像。塑像时，乡亲们每家每天一勺油、一把面，专门安排一个人为他做饭，长达二十一天。他两次到过郭家沟，和村里的老主任有联系，还给他捎过茶叶。出了绥德不远，因为前方修路，被堵在一个不知名的小山沟里，长达一两个小时。与当地人聊天，说有人已将郭家沟改称为"双水村"，因为郭家沟是路遥先生创作《平凡的世界》的地方，也是热播电视剧的拍摄外景地。因为堵车，我们赶到郭家沟时已是天黑，啥也看不见了。路旁有个美术实习基地，住着一帮学生，还有人在烤羊肉串。过去一问，烤串的竟然是老主任的孙子，与云岗一聊甚为亲切。老主任已故，他的老伴还在。现在住的学生，是华南师大的。

告别郭家沟，摸着黑，怀着不安的心情，走了几十公里正施工的山路，过义合镇，深夜来到黄河岸边的吴堡县，住在了公共汽车站旁。

因为县政府招待所被转让，作为他用了。

注释

1. 老霍即霍波洋。

2. 杜聿明（1904～1981年），字光亭，陕西米脂人。著名抗日将领，国民革命军陆军中将，黄埔系骨干。曾参加北伐战争、长城抗战、淞沪抗战。1978年，当选为第五届全国人大代表、全国政协第五届常委和文史资料研究委员会军事组副组长。

3. 刘亚楼，原名刘振东。1910年生于福建武平。开国大将。中国人民解放军空军上将，第一、第二、第三届国防委员会委员，第一届全国人民代表大会代表，中国共产党第八届中央委员。1929年，加入中国共产党和中国工农红军。土地革命战争时期，任闽西游击队排长、红四军随营学校学员班长、陕甘支队第二纵队副司令员、红一军团第二师师长等职务；抗日战争时期，任中国人民抗日军政大学训练部部长、教育长；解放战争时期，任东北民主联军参谋长、东北野战军和东北军区参谋长，第四野战军十四兵团司令员，中国人民解放军空军司令员；中华人民共和国成立后，任中国人民解放军空军司令员，国防部副部长兼国防部第五研究院院长、国防科委副主任。1965 年 5 月 7 日，病逝于上海。

10月6日、河北曲阳

昨天，与高英坡、杨跃武、武士卿、葛要林等数人约好前往王快水库，去考察战国时期中山国的长城。英坡安排了他同学的事情之后，八点过后来接我，到曲阳南关吃了一碗老豆腐，然后上路。这家老豆腐，远近闻名，几个月前冉增强带我来过一次。有不少衣着光鲜、驾着豪车之人也来光顾。

王快水库在曲阳县城的西北，出城往党城方向走。由于国家实施严控排放，煤改气，过去作为主要燃料的能源材料——煤，彻底退出了历史舞台。所以，阜平、曲阳一线的晋煤运输干线一下子萧条下来，过去车水马龙的繁忙景象也成为了历史，路上的车辆很少，再加上是"十一"长假，车辆显得更少。很快，就到党城了。我一看时间刚刚九点半，还很早，便忽然想起了王子寺。便致电在另外一辆车上的杨跃武，决定先往王子寺，再折转王快水库。大家都同意，但大家都没有去过，幸好路上杨跃武把闫玉伟叫上了，他去过，正好带路。过党城，直接前往灵山镇。

穿灵山镇，过定窑遗址，再前行。在一个小路口折转进山。路口，一根石柱赫然刻有"王子寺"的字样，十分

王子寺

醒目。东拐西拐，左绕右绕，车子进山了。路虽然不好走，但是两边的山色逐渐雄奇起来。太行山地貌的特征越来越明显。但是，这些美好顿时被路旁的工厂所打破了。这些工厂依旧在开采两边的山石，粉碎石块，加工石子、石粉。我们不时从作业现场穿过。今天，虽然没有开工，可能是因为放了假，却并没有看到被关停的迹象。

著名的王子寺就在山路的左边，一个僻静的小山环之处。周围壁立千仞，十分壮观。所谓"王子寺"，传说是商代时期一个王子为避战祸或者纣王之虐而来到此处隐居。后来，佛事大兴，建立寺院而被称为"王子寺"。王子寺兴时，分为上下两院，今俱废。现在的建筑是近年来所修，极为简陋。院门外，放着一块尚待雕琢的功德碑，有几个娃娃在门口玩耍，为这个宁静的山寺增添了几分活力。进得门去，看到建筑虽然简陋，甚至有些寒酸，但却十分齐整、洁净，有几分佛门庄严之感。现在，旧物不多，只有清乾隆年间和民国二十年的功德碑，体现了几分沧桑与厚重。乾隆石碑之中，在左下角刻有"募化人曹日禄、泥水匠吕进廷、木匠张进忠、画匠庞进道、石匠刘照业、住持僧然福"等字样，一个完整的修复施工班子。民国年间石碑上的班底较简单，只有"泥水匠冯丑儿、木匠方正魁、石匠高占魁、住持僧演明"的字样。从这些个文字中，可以得出几个信息：一是当时分工明确，分工协作；二是各工种已从泥水匠中分离出来；三是石工在其中成为不可缺少的工种。参与施工的石工留下名字，也为后来研究当时修复的情况提供了有价值的线索。民国二十年的这次修复，应该是历史上的最后一次。因为在此之后，进入了长达近二十年的战争时期。王子寺之废，应该是20世纪六七十年代的运动时期。看到了王子寺布陈的石雕件极为粗劣不堪，我便唤来老武和英坡等人，问能否捐建一些精品过来。正议论间，从东厢房冲出一位三十几岁的年轻妇女，指责我们出言不妥，说："现在这个状况，还是来自五台山的师父在一个破羊圈的基础上，历尽千辛万苦才恢复到这个样子。你们这样说是对师父的极大不恭。阿弥陀佛！罪过！"我再三解释，并无冒犯师父之意，只是看到这种状况于心不忍，才让当地随行的企业家、艺术家们捐款捐物的。我和她又攀谈了几句。她见我并无恶意，才善言相待。她是黑龙江人，远隔数千里，因为崇拜师父，且对王子寺这座道场十分崇信，每年来此协助师父做些工作。善莫大焉！

离开王子寺，闫玉伟说前面不远就是这个山谷的尽头，景色益壮美。便前行，果然不虚。玉伟说，车虽只能至此，但沿山溪前行，就是唐代著名诗人贾岛隐居的地方，号称"贾岛洞"。因为这几人谁也没有去过，不知路程多远，路况如何，便作罢。折返党城，往水库而行。王快水库，并不陌生，几年之前曾和跃武、连朝等人一起来过。

王快水库，因为阜平县王快镇而名，大部分水面都在阜平境内。七十多年前，阜平曾建立了中国第一个红色苏维埃政权[1]。因为当时的领导人轻信敌人，对国民党抱有幻想，为示坦诚，轻装简从，从阜平只身来到王快接受敌人的投降。结果，敌人是诈降，领导人全部被杀，诞生不久的苏维埃政权被扼杀，大好的革命形势急转直下。不久，在瑞金成立了中央苏维埃临时政府。过去那个见证了历史风云的王快镇，已经淹没在数十米深的水面之下。到了大坝的入口处，已设岗阻拦，警察同志告知王快水库已成为直接供应雄安新区的水源，为一级生态保护区，禁止一切游览活动。我们说明了来意，做了半天工作，才同意放我们进去。但在我们进去之前，警察和工作人员已经劝走了十几辆车，让许多慕名而来的人都扫兴而归。

车进了保护区，转了个弯上了大坝，再右拐就是大坝的尽头。有个不大的停车场。在入口处的山岩间，新立了一块"郑家庄长城"的保护碑。

多亏带了葛要林来，他就是本地人，早就约好了机动船，带我们去寻那段古长城。船夫兄弟说他也不清楚确切的位置，只知道一个大概的方向，还一边开船，一边打电话询问。离开大坝西行两公里左右，船在一个叫"大脑袋"的地方停下来，告诉我们爬上山顶就是。听他一说是"大脑袋"，又看这个距离，我心里落实了。因为，资料显示这段古长城就在郑家庄西北两公里处，位于大小人头山之间。船夫把我们丢下，自回去，约好电话联系。我们一行便往山上攀登。

"郑家庄长城"保护碑前。左起：闫玉伟、武士卿、杨跃武、陈培一、高英坡

哪里有什么路啊！因为船夫告诉我们沿着山脊走最近，我们便根据经验，自行选择路径往山上爬。我们六个人，跨越了好几个年代，50年代、60年代、70年代、80年代，年轻的自然就在前面开路，我和武士卿年纪最大落在最后面。走了没有多远，士卿就不走了，他比较胖，又缺乏锻炼，脚上的鞋又不合适。他说："不给大家找麻烦。"便自下山去等，我们继续往上爬，我走在最后面。刚开始时，手还闲着，还不停地拍摄照片。再往上走，就不行了，开始手脚并用了。英坡帮我背着相机，在我前面不远处边爬边等我。越往上爬，山势越险，越没有路。有时，还从万丈悬崖边上爬过去，心里着实有几分害怕，不

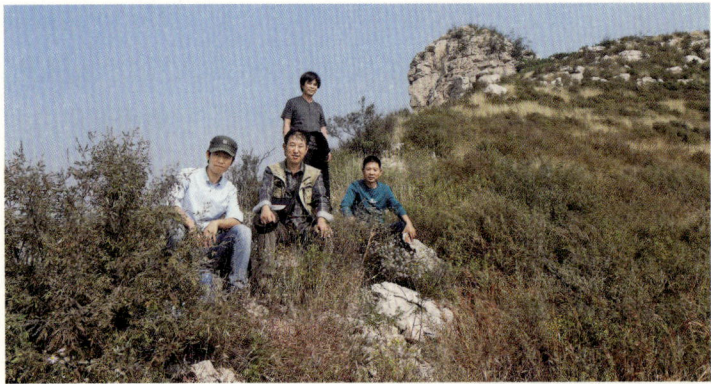

郑家庄长城之巅。左起：葛要林、陈培一、高英坡、杨跃武

敢有丝毫的大意。脚上扎了荆棘，衣服上、鞋子上都挂满了荆棘。大汗淋漓，一方面是有几分怕，一方面是衣服穿多了。我和跃武都还穿着秋裤。先爬上了小人头山。上去之后，便缓了许多。再前行，在荆棘杂木之中，忽然看到了人工的痕迹，一块较平整的石坡上凿有一眼径尺的石臼，用来舂米或者蓄水。这应当是当年修筑长城的役夫或者守边的将士所遗留。再往前走，又发现了一眼。小人头山的东北方向，一峰突兀，从某个角度来看有几分像人头，就是所谓的"大脑袋"。大小人头之间，不足百米，印证了资料的不虚。人工的痕迹所存不多，除那两眼石臼之外，就是脚下这些堆积成墙的石块。在靠近大脑袋的地方，还有几道明显垒砌的护坡。站在这三千多年之前的古长城之巅，四下环顾，顿生"一览众山小"之感。这种感觉，和刚才边爬山边往下偷望的感觉截然不同。俗话说："不到长城非好汉"，登上长城，则豪气顿生。

　　脚下的长城，是白狄中山国所建，年代与赵武灵王大致相当。这是白狄中山国在地面之上留下的不多的印迹之一，也是曲阳县境内最古老的建筑遗存。在曲阳，还有一座战国时期的古城址，也属于白狄中山国，位于晓林乡店头村。前段时间去探访时因准备不足而未寻到。找个时间，还要去一下。赵灭中山之后，这段城墙自然就成为了赵国的边防线。刚才在半山腰爬行时，就看到一条盘山路，不知通往何处。到了长城之巅，方知就通到脚下的石洞口。不知是开矿，还是开发旅游。我们按此路返程。

　　下山之时，年轻人一路小跑走在前面，我边走边拍照，远远地落在后面。忽然，我听到身后一个声音在叫我："别忙走，歇会再走吧！"寻声望去，山崖上一个放羊的老汉在向我招手。我也向他挥挥手，说："您先忙吧，再见！"刚转了一个弯，走了没有几分钟，那个声音又出现在我的头顶上，便攀谈了几句。这么远的山路，他是如何走过来的？飞过来的？我真的在心里惊叹老人家的身体如此之好，如此之健。我自愧不如。

　　要林给船夫打电话，请他回来接我们。武士卿先上了船，然后又接上我们原路返回。远远看去，码头上有一群人。出门之时，向警察同志和工作人员致谢，驱车到了坝底下的小坡饭店，美美地吃了一顿鱼鲜大餐。几年之前来水库，也是在这里吃的饭。

　　离开郑家庄，赶往党城。英坡有事，和玉伟、要林先回县城了。武士卿一边开车，一边和他弟弟打电话，通知人来座谈。到了党城，先去了城南村旁边的汉城墙遗址。

虽然将近两千年的风雨过去，这座城墙依然有十余米高，十分壮观，南北残存百余米。墙基上有一半被老百姓铲平，种上了庄稼。残宽五六米有余。墙角下的草丛中，不时有残瓦出现。

汉城遗址

这座汉城，《后汉书》有载，是一个很有名的大将，可能是马成[2]所建，今存东北城角。建武十四年（38年），史载：马成"屯常山、中山以备北边，并领建义大将军朱祐营。又代骠骑大将军杜茂缮治障塞，自西河至渭桥，河上至安邑，太原至井陉，中山至邺，皆筑保壁，起烽燧，十里一候。……及南单于保塞，北方无事，拜为中山太守，上将军印绶，领屯兵如故。"据士卿和跃武说，甄彦苍先生的故宅就在城墙不远处，他回乡所建的工厂也在附近。这座千年古城，见证了党城一带雕刻产业的兴衰。

到了士卿的弟弟家里，一座庭院阔大、装修豪华的工厂里，看样子生意做得不错。我们进门时，竟然还看到了几个外国朋友来看样品，谈业务。士卿的弟弟召集了六七个人，有甄姓人、有武姓人、有卢姓人。其中，还有甄彦苍先生的侄子。谈论的话题，主要围绕着党城雕刻产业的兴起、发展、鼎盛再到衰落这条主线而展开，涉及了产品品种、生产工具、市场、技术、传承、人才培养等多个方面，以及生产规模、从业人员等。最后，又对党城雕刻产业的转型进行了探讨。不管哪个姓氏的人，对甄彦苍先生都十分尊敬，都认为他回乡创业带动了乡亲们，带领了大家一起发家致富，是党城雕刻产业当仁不让的开山祖师爷。

党城的聚会。左起：甄登河、卢进香、武士卿、陈培一、甄顺杰、甄敬哲、武士明、卢旭辉

天色将晚，告别大家，返回曲阳县城。在谷连天喝了碗粥之后，便各自散去，士卿送我回工作室。

注释

1. 中国第一个红色苏维埃政权：1931 年，在保定阜平县曾诞生过华北第一支人民武装——中国工农红军第二十四军。同年 7 月 26 日成立的阜平苏维埃政府，是中国共产党在北方成立的第一个红色政权，比同年在江西瑞金成立的中华苏维埃临时中央政府还要早上三个多月。令人惋惜的是，阜平苏维埃政府仅存在了半个月就被扼杀了。8 月 11 日，苏维埃领导人赫光一行 8 人携带银元和食物等慰问品，前往法华村接受军阀沈克的两个旅"投诚"时被杀害。

2. 马成（？～ 56 年），字君迁，南阳郡棘阳（今河南新野）人。马成原是王莽政权的县吏，投奔刘秀后，身经百战，协助刘秀建立东汉，是东汉中兴名将，在"云台二十八将"中排名第十九。刘秀称帝后，任扬武将军，封平舒侯，后改封全椒侯。光武中兴以后，武陵蛮夷特别强盛。建武二十三年（47 年），精夫相单程等人凭借险要地形，大肆进攻周围郡县。建武二十四年（48 年），相单程等人向下游攻打临沅，朝廷派谒者李嵩、中山太守马成攻打相单程，不能取胜。马成因此次未建军功，就呈上太守印绶，自解其职。建武二十七年（51 年），封全椒侯，就国。建武三十二年（56 年），马成去世。

10月7日、河北曲阳

昨天，跃武约了几个曲阳文博方面的专家会谈。未果。天又下起小雨，转凉。

……

昨天，在党城汉城遗址下采集高粱秆第一节的裤叶，带回工作室，以备不时之需。据说，此物可以治疗肝腹水，极有效。此物只有此时才有，放在家里，如有所需，可以救人一命。采集时，跃武说他父亲就是死于肝腹水。可惜，当时他不认识我，不知此法。

昨天晚上，刘红立画册的打样稿送到了，这两天抽时间帮他看一下。文字要做些调整，略微提升一些。下午，即开始着手修订其文字。在尊重其风格的基础上，把一些不妥当的说法进行了改造，顺便修订了其文字错误。文理通顺要保证。

下午，曲阳县玉雕协会的田树民让人来接我到他那里，谈了几个小时，

陈培一在定瓷雕塑研究所授课

聊了曲阳玉雕的发展历史与现状，以及未来的发展方向。

前天，跃武说请我给定瓷协会的朋友上课。

列提纲如下：

说定窑、定瓷，还要从宋代文化说起。

一、宋代的地理环境。北有辽、金、元，西有西夏，南有大理，与几个少数民族政权相对峙。文化在对立、矛盾中发展。南方的沿海港口泉州等地与西欧地区的国际贸易很繁盛，是一个"出口"。

二、宋代的政治环境。重文轻武，是文人政治。

三、宋代的文化环境。士人画、文人画产生，文化分野，俗文化产生。

四、宋代的文化特征。宋词、宋瓷、宋书、宋画、宋雕版，典雅、精致，随性适意。

五、宋代瓷器的特征。其共性，"薄如纸，声如磬，坚如玉"。其个性，"官、哥、汝、定、钧"各有特色。

六、定瓷。何谓定瓷？具有宋代瓷器的共性。其个性：实用器，象牙白，芒口，包口，泪痕釉。定窑以白釉为主，其他的釉色皆为附属产品。白中泛青，是工艺不标准造成的。

七、定瓷的恢复。先说断代、断层，再说恢复。陈文增的功劳，维护了定瓷的高贵血统与品质。他的霸气不够，还是让定瓷生产泛滥。

八、定瓷的创新。在继承传统的基础上生发。定瓷的生产，不能规模化，不能产业化，不能普及化。要维持定瓷的高端化、高品位、高贵的血统。

曲阳石雕产业的衰落，殷鉴仍在，不能重蹈覆辙。

九、定窑与定瓷。定瓷雕塑，是定窑的典型作品、巅峰作品、代表性作品。定窑、定瓷，之所以在历史上享有盛名，与定瓷雕塑所取得的辉煌成就有关。虽然生产不是主流，但确是定瓷文化的精华所在。如今，定瓷

定窑遗址复制车间

雕塑只是恢复了一两个品种而已，真正的定瓷雕塑传统还没有恢复起来，任重而道远。但是，定瓷雕塑的恢复并不是几个会做雕塑的把材料置换成定瓷材料，按照定瓷雕塑的工艺烧造出来。如此简单，肯定不行。

定瓷雕塑，是实用与审美结合的产物，具有时代气息，具有文化特征。其实用性是第一位的，其审美性是第二位的。要为当代生活服务才行。

10月11日、河北曲阳

上午，老夏自去参加"定瓷走进校园"的活动，而我自己在家里工作，完成了《曲阳黄山白石文化遗址公园规划纲要》。

本来中午要去"定瓷走进校园"那里凑个热闹，可是走到定瓷老厂时，看到跃武的车在那里，就改变了主意。去了定瓷老厂，正好王京会也在。稍坐一会儿，就一起去吃牛肉罩饼，十分美味。又在跃武的办公室里喝了一阵茶，京会开车带着我们到了曲阳最有名的嘉山。

嘉山

所谓"嘉山",又称"无影山",是进入曲阳县城的一个重要门户。因为此山曾产祥瑞嘉禾而名。车从曲阳宾馆旁边走过,往北走,穿过一片核桃树林,来到嘉山西边的一个小山坳。一条溪流自山上蜿蜒而下,百折低回,沿线形成了几个大小不一的水塘,杂树灌木丛生,而且北、东、南三面山势较平缓,无凶险之象。在溪流的两岸,有十几块大小不一的山地,是一些已经荒废的农田。好一派山水相依的田园风光。

从嘉山出来,折返县城,沿北环路西行,前往济窦岩。十几年前,2000 年前后,我曾经来过济窦岩。当时,给我留下的印象,是风景优美、山秀石奇、水流清澈,且周围只有一座三间的新修小庙,十几户人家,十分幽静。

然而,济窦岩吸引我的并不仅是自然风景,而是其重要的人文景观。千载之前,坡公[1]任职定州太守时,曾多次到此,寄情泉林,吟诗品

济窦岩"浮休"题刻

酒。他的名篇《行香子·述怀》,可能就是在此写就的。只记得溪涧的上头刻有坡公体"浮休"二字。不知是他当年留下的,还是后人集刻的。

到了济窦岩,与老夏和玉伟会合。眼前的景色,令我

济窦岩谷口

们大失所望，已非十几年的模样，大大小小地修了七八座
寺院，建筑水平皆极平常，装饰手段极低劣，不堪入目。
为什么如此？皆是各寺的住持在争地盘，在争香火。大煞
风景！为什么不联合起来，一起搞，把这里搞得好一些？
原本的好心情，一下子坏到了极点。

　　停下车来，走到谷底，是一个天然的洞穴，被称为
"白老爷府邸"，是一个香火十分兴盛的民间宗教场所。但
是垃圾遍地，一片狼藉。这里是这条山涧的谷口，再往下
走就是平原坡地的河流了。

　　顺着山涧刀劈斧斫的巨石往上爬，虽然不便行走，但尚
有路可循。遥想千载之前，坡公当年与我今日之年龄相仿，
身体尚健壮，必定也缘此路走过。或是边走边回想着宦海浮
游，再看眼下的美景，《行香子·述怀》就此诞生了。行至

山涧顶端，在一巨石之上，坡公欣然题下"浮休"二字。后人镌刻之，还在其歌咏之处建浮休亭，在涧顶平台结浮休寺。后来，大概清末，又有人题刻"谦山""云峰"诸字。"浮休"题刻之后，是一条近年修筑的水坝，形成了一个小小的水库。水面之下，不知还有何盛景被淹没。坡公不在，但其风流依在，那"浮休"二字依在，那浮休亭、浮休寺的遗址尚在，足够后人大发问古幽思了。

玉伟和其中一个寺院的住持很熟，还有寺院的钥匙，还抽时间到此来写字。他打开了寺院的门，带我们径直走到他写字的地方，喝茶。老夏看到这个环境，不禁技痒，用小楷抄《心经》一篇。跃武赋诗一首，我为他改了数个字。老夏书之，留赠寺中。

寺中留书。左起：杨跃武、夏和兴、陈培一

出了寺庙，玉伟回家去处理业务。京会拉着我们到他们老家的柿子沟转了一遭。遍野的柿子树点染群山，一片秋意。因为人工成本太高，柿子无人采摘，都烂在山野里。我们几个不仅吃了些，还摘了不少。

到玉伟工作室小坐，带回石碑拓片一张。回到县城喝粥。因为吃了柿子，没敢喝酒。有些累了，早早洗了想睡，又没有睡着，便研究那张拓片。那张拓片，是曲阳清代的拔贡戴文槐[2]之纪功碑，小楷甚佳。

注释

1. 坡公即苏轼（1037～1101年），字子瞻，又字和仲，号"东坡居士"，世称"苏东坡""苏仙"。北宋眉州眉山（今属四川省眉山市）人，祖籍河北栾城。著名文学家、书法家、画家。嘉祐二年（1057年），苏轼进士及第。神宗朝时，曾在凤翔、杭州、密州、徐州、湖州等地任职。元丰三年（1080年），因"乌台诗案"受诬陷被贬黄州任团练副使。哲宗即位后，曾任翰林学士、侍读学士、礼部尚书等职，并出知杭州、颍州、扬州、定州等地。晚年，因新党执政被贬惠州、儋州。徽宗朝时，获大赦北还，途中于常州病逝。

2. 戴文槐，河北曲阳人。雍正年间拔贡，曾出任贵州某地知县，参加过镇压苗民起义。

10月14日、河北曲阳

这两天，一边看光绪甲辰版的《曲阳县志》，一边看刘红立画册的打样稿，校订文字、设计版式。

中午，老夏要回景德镇，保权开车拉上我送他到正定机场。途经新乐承安铺公路边的一个乡村野店，美美地吃了顿羊肉。这个小店，来过两三次，算是回头客了。

下午，王月明、马若特来聊天。

晚上，跃武来接我，到韩营祥家里吃晚饭。饭菜虽然很简单，但是味道很美。尤其是大包子，比谷连天的还好。泡的酸梅酒还真有些冲，两杯下去，晕了。

酒足饭饱之后，又聊了会儿天。很有收获。

聊到了中国台湾来的林忠石[1]先生，以及他对曲阳雕刻学校的影响，对学生和老师的影响，对雕刻产业的影响。林先生可以说是最早来曲阳购买、加工石雕作品的台湾人，也是最早把现代

林忠石（右二）与曲阳雕刻学校的学生们

艺术带进曲阳的人。曲阳的当代雕塑能发展到今天，林先生居功甚伟。他今年要来曲阳，还未成行。

林先生和雕刻学校的合作，影响了一批学生。雕塑研究所的这帮人基本都是。

今天，基本上把刘红立画册的稿子版式定下了。

儿子帮忙把景德镇的机票给订好了，通知景德镇陶瓷学院搞接待的学生。

林忠石作品

与中国文联出版社胡笋联系，把稿子给她送去，顺便去中央美术学院看田世信的展览。

今天，来曲阳整整十天了。打点行囊，准备回京。

注释

1. 林忠石（1957～2018年），中国台湾花莲县人。著名雕塑家。系花莲石雕协会总干事、花莲国际艺术季总干事、花莲石雕协会会长、公共艺术评议委员。1985年，曾获台湾地区技能竞赛石雕组第一名。1989年开始，陆续在台湾各地参加各种展览或者创作营活动，作品被多家艺术机构收藏。

2018 年 1 月 12 日、河北石家庄

　　早饭后，与杨春一起到石家庄。路上，说起了南越王赵佗的先人冢。杨春不知在何处，正说着，忽然看到路标"赵陵铺"和"赵佗路"，便下了高速，返回来寻找。原来已经路过了无数次，多次有这个想法，这是第一次来寻。

　　赵佗的先人冢，就在这个路的下面，现在叫作赵佗公园。公园的环境不算很好，但是游人如织。公园也不大，

赵佗先人冢

很快就找到了赵佗的先人冢。一座高大的封土堆，青砖包砌了一圈城墙。南面是正门，修筑了石牌楼，有数十阶台阶，分成两个平台。上得第二个平台，迎面就是一个坟茔，掩映在杂树之下，没有任何的标志，便绕过了这个土丘往后走。相隔几十米，又是一座更高大的土堆。土堆前面立着两排石雕的小殿宇，为各种神祇的小庙。只有第二排的角落里，一座小庙里供有"赵佗之神位"，才显得此处与赵佗有关系。没有见到传说中的石仪雕像，有些遗憾。

赵佗是石家庄人，是秦代征伐五越的将领。秦亡后，自立为王。汉王朝建立后，臣服中央，对岭南地区的开发贡献极大。从赵佗公园出来，杨春带着我先去了他的一个小美女朋友蓓蓓那里喝茶。地方在闹市之中，一个极幽静的地方。然后又和赵勇大姐共进午餐。在一个很高档、幽雅的环境里，

赵佗神位

赏美味，品美酒，美女在侧，很是享受。

酒足饭饱之后，一起去了河北省博物院。因为已是下午两点多了，所以直奔曲阳石雕馆。这个馆我来过多次，都在维修之中。还好，今天终于可以如愿以偿了。

馆里除了修德寺出土的石造像之外，还有河北省其他地方出土的石雕，种类很多，地方涉及的面也很宽，看起

来也很过瘾。整个馆按照历史进程来划分布置。修德寺的作品在福州、北京、邯郸等多个地方见过，石家庄的还是第一次见。这次是带着问题来看，和平时的感受自然就不同，有了更多的收获。这批造像，背光屏莲花瓣型的居多，与佛像一样上部稍前倾。背屏和底座素面的多，有纹饰的少，也少有彩绘描金。但是，也有个别造像刻得很精致，大部分很粗糙。有几尊薄片状的菩萨像，与青州的风格完全一致。这并不能证明青州龙兴寺出土的佛像就是曲阳产的，而只能说明二者都具备了那个时代的共性。

其他地方出土的白石造像，有陕西蓝田出产的白石雕刻的，有文献记载可证。

北齐造像中，高叡造像可以算是北齐造像之中体量最大的。主像高约 233 厘米，左右佛高约 200 厘米。而且质量也是最精的，题记铭文也极为清晰。其价值之大，是无法用语言来描述的，绝对是北齐造像的代表。

高叡造像

元中都螭首

较为意外的是，在馆中看到了隆尧唐祖陵的雄狮，与陕西唐陵特别是高祖陵前的东西毫无二致，保存得相当完好。能够看到张北元中都的石螭首，也是我没有想到的。可以弥补元代建筑构造之缺。

匆匆忙忙到陶瓷馆转了几分钟，就开始往回转，去会许正龙。

路上有些堵车，杨春绕开了，转了一个弯，回到艺术家部落时酒刚斟上不久。好朋友相见，不免没有把住，多喝了几杯。之后，又到我的工作室喝茶。聊到很晚。

结果，茶喝多了，一宿没睡。

1 月 14 日、河北定州

　　早饭之后，闫玉伟来接我到定州中山博物馆，去看曲阳石雕，也带着王东东一起去开开眼界。

　　文增兄[1]的一个朋友马连合和儿子在门口等着。领我们到了门口，一个秀气的小姑娘把我们领进去之后，告诉我们自己去看。很幸运，石雕馆已经布置好了。老马有事，先走了，小马陪着我们。

　　这个馆里的东西，有几件很有代表性。一个是个佛头，一个是个盈尺高的小像，还有几件带有铭文的造像。尤以那个小像为精。动态曼妙，造型如同天竺美女。造像具有高超的写实能力。这件作品，有可能是从印度请来的，本土的工匠无论如何是做不出来的。还有种可能，就是已有天竺工匠来到此地，或者天竺美女来过此地。再者，就是有工匠在别处见过天竺美女。

天竺女神像

　　这个馆里的石雕，基本上都是定州出土的，大部分是曲阳白石所造，与别处的造像大同小异。给王东东讲了不少东西，他没有看过这些，每件作品都拍了照。

　　离开博物馆，去了老马家里，看他收藏的定瓷残片。他是文增在定州的经销商，父子两人都是研究定瓷的专家。家里收藏的定瓷残片不计其数。残片已经分门别类进行了整理，成立了一个定瓷标本博物馆，供人参观、学习、交流。据说是河北省的五大教育基地之一，善莫大焉……老马热情地招待我们吃了一顿涮羊肉。虽说是个小馆子，但羊肉的味道很好。临走时，老马又送了我一些定瓷片，各个时期的都有，也很有代表性。收获颇丰。

中山王陵

　　辞别了马氏父子，去寻汉墓石刻馆。路很近，但是导航出了问题。我凭着感觉指挥开车，摸到了，就在净众院遗址的旁边，是一座中山王陵墓。未知其墓主详情。进了大门，买了票，便进去参观。这个墓园不大，好像不起眼。

　　院子中间，是一座高大的土丘，青砖包砌。陵前是一座三开间的房子，是个小展室，展示着一些极不起眼的陶器。房前有几通石碑，很重要。一通与韩琦公有关，一通和坡公有关。房前的一对石狮，正面看为隋前之物，形制也像，但其背后的装饰纹样却倾元明，有些吃不准。更有甚者，右边一尊还有"大吉大利"的字样。房子内的东面，是通往王陵地宫的通道口，循阶而下。拐了几个弯，上了几个台阶，就进入了王陵墓道。

这是一座砖室墓，拱顶，有修。墓道很短，几米之后，便是两个耳室，并不大。再前行十余米，又是左右两个墓室，比耳室大些。紧挨着就是主墓室，并不大，只容单棺。看来，这位王爷比较寂寞。有价值的文物可能都进了博物馆，所以在其中逗留的意义并不大，也有些阴冷，便退了出来。一出来，就有人把地宫的灯关了。因为并没有其他人参观。

这座墓园的四周有环廊，壁上镶嵌着另一座王陵出土的石板，每块上面都有刻字。自南而北，自东往西，一路看过去。关于望都的刻石占了一大半。到了北壁的西半部才开始出现一批关于曲阳的石刻。

"上曲阳山阳谢"刻石

再自北往南，在西壁的南半部，竟然看到了一块"北平工梁国单父"的石刻。在千里之外的定州，竟然有二千年之前家乡先人的刻字，那种亲切感是无法用语言来描述

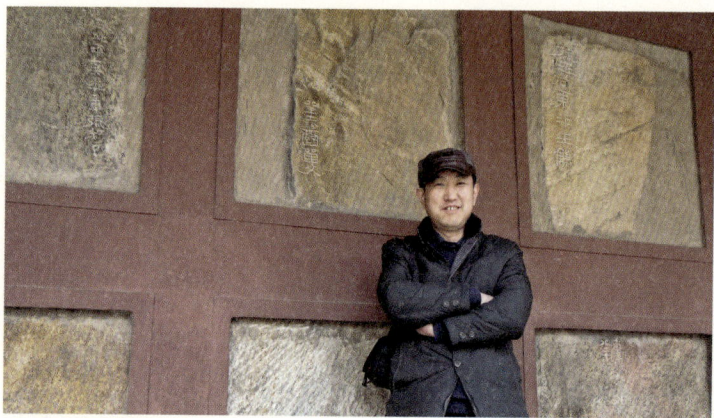

与先人题刻留影

的。很是激动！

　　看完了题刻，再返回头来看院中陈列的石刻。没有想到竟有惊人的发现：有一块北齐魏收手书碑；有一通 1948 年清风店战役的纪念碑，系中西结合的形制，上部两面都有浮雕，艺术性很强，可能和晋察冀边区的艺术家黄里、辛莽有关；再一块就是苏辙的手书碑。清风店战役纪念碑很重要，足补史阙。

清风店战役纪念碑

　　旁边的净众院，不让参观，拍了张照片，算是自我安慰了。

　　玉伟家里有客人在等着，便先跟着他回到了孝墓乡的工作室喝茶。然后又一起到王台北村与正龙兄会合。玉伟

净众院

开车，对路不熟，竟然到了北东郭村。我告诉他走过了，要往回走。巧得很，在长城雕刻厂门前掉头。这是曲阳最早的乡镇企业，曾经红极一时。

到了王台北村，在王军立的工厂里会面了。王军立是我的老朋友了，我的有些作品就是他给加工的。北京城区治理，把所有的加工制造企业迁出，他就从北京回到了家乡，重新建厂。来王台北的目的是正龙兄要探望一位老朋友——1990年之前的老村长，也是一名好把式。当年和曾竹韶[2]先生、李德利[3]先生和正龙兄都有合作。而且，他和正龙兄的私交很深。正龙的公子做满月酒时，他还专门跑到北京去道喜。当年正龙来曲阳，就住在他家里。老爷子现在年逾古稀，摔伤了行动不便，但躺在床上照样喝酒抽烟。

晚上，在军立的工厂食堂里猛饮，都喝多了。

注释

1. 文增兄即陈文增，1954 年生于河北曲阳。全国劳动模范，中国工艺美术大师，中国陶瓷艺术大师，享受国务院特殊津贴专家。出版有《定窑研究》《定窑陶瓷文化及其造型装饰艺术研究》《陈文增定瓷作品精选》《陈文增诗词》《陈文增书法作品集》等专集，曾获"全国优秀科技工作者""中国陶瓷名窑恢复与发展贡献奖""非物质文化遗产保护工作先进个人""国家级非物质文化遗产项目代表性传承人"等荣誉称号。2016 年 6 月 12 日凌晨 4 时 55 分，陈文增不幸逝世，享年 63 岁。

2. 曾竹韶（1908～2012 年），福建厦门人。幼年侨居缅甸。著名雕塑家，美术教育家，新中国雕塑事业奠基者之一。1927 年，回国；翌年，考入杭州国立艺术专科学校；次年 9 月，赴法国留学，先后入里昂国立美术学院、巴黎国立高等美术学院学习雕塑，还自修音乐，历时 10 年之久。1942 年归国，曾在成都省立艺专、重庆国立艺专、重庆大学建筑系任教，教授雕塑、音乐。1949 年后，被聘为重庆大学"建筑系"教授，后来调至北京参加筹备中国革命博物馆（即今国家博物馆），同时在中央美术学院兼职。1951 年，正式调入中央美术学院并任全国城市雕塑建设指导委员会艺术委员会副主任，首都城市雕塑艺术委员会副主任、顾问。曾竹韶的代表作《虎门销烟》，是人民英雄纪念碑碑座十块大型浮雕中的第一块，表现了 1839 年林则徐在广州虎门销毁鸦片的历史事实，原作 200 厘米 ×492 厘米，其吸收和运用了中国传统的雕刻技法，注重了民族的传统欣赏习惯。

3. 李德利，1938 年 4 月生于河北秦皇岛。著名雕塑家。历任中国人民银行总行、中央财政部美术设计，西藏自治区展览馆创作员，中央工艺美术学院（今清华大学美术学院）讲师、副教授、教授，装饰艺术系雕塑教研室主任、系副主任。

1月15日、河北曲阳

早饭时，碰上唐山的两个学员[1]。他们说已经订好了十六日的返程票。我告诉他们十七日准备趁他们都在讲大课，把作业布置了，问他们能否改签一下。可他们来时已经把票取出了，要换票，还要跑到定州去。正龙说，不然他十六日上午把课结了，我下午把课给接上，岂不更好？

拟题：曲阳雕刻艺术创作的文化主题

一、曲阳的三座大山：尧山、恒山、黄山。

二、曲阳的三处名水：孟良河、济窦潭、荣臻渠。

许正龙、王东东、陈培一、孙伟（从左至右）在曲阳羊平艺术家部落

陈培一在艺术家部落少容艺术馆授课

三、影响中国历史的三个曲阳人：杜弼、灵裕、杨琼。

四、影响曲阳的三个外乡人：苏东坡、陈道义、叶麟趾。

五、和曲阳有关的三个外国人：日本圆仁，意大利马可·波罗，加拿大白求恩。

六、曲阳影响中国的三宗大事：延续数千年的北岳祭祀，中国建立最早的苏维埃政权，气壮山河的狼牙山五壮士。

拟好提纲，开始准备资料、文字和图片。

晚上，学员们为许正龙举办了一个隆重的答谢晚会。我主持了一个拜师仪式。

……

因为要准备课件，酒席开始不久我就退了场。据说，他们闹到很晚。

注释

1. 唐山学员指王泳心、张茂顺。从 2017 年 3 月 14 日起，河北省轻工业协会雕塑技能学术委员会举办"首期雕塑技能学术培训高研班"，面向河北全省招生。陆续聘请了四川美术学院教授、著名雕塑家朱尚熹先生授课、中央美术学院教授孙伟、天津美术学院教授于世宏、深圳雕塑院副院长夏和兴、西安美术学院教授石村、清华大学美术学院教授潘毅群、清华大学美术学院博士生导师许正龙、著名艺术理论家陈培一前来曲阳授课。雕塑技能学术培训高研班持续了六个多月，共举办 12 期，培训人数达近两千人次，取得了预期的培训效果。

1月19日、河北曲阳

　　上午，和海龙送来他在西安碑林临摹的玻璃钢材质的一块造像碑。他的师兄和连朝同来喝茶。

　　十一点多，郭文佳送来了为我捆扎的架子和一盆泥。武士卿来了，与我说起在石家庄参加中国工艺美术大师初评评比的事情，也分析了别人的长处和自己的短处，请我帮着分析一下，出点主意。中午，又叫来跃武，大家欢聚。席间，海龙说起昨天他们开会时获得了一个信息，在野北村一个山沟里发现了一件石刻。我听了很感兴趣。饭后，士卿和连朝有事自去忙，叫上马腾原驾车，和杨跃武、和海龙直奔灵山。郭文佳有事也走了。快出曲阳县城时，我让马腾原开车去寻孟良河遗址，找了半天，也没有找到，便先往灵山去了。到野北村时，海龙事先联系好的一个道长开着车带我们前去。腾原的车上不了山，我们便上了道长的车。

　　这个道长，四十岁左右，白白净净的，挺斯文。出家在唐县青虚山[1]。路上，我和他聊起陈道义来。见我知道陈道义[2]，他很惊奇。因为，很少有人知道陈道义。他也告诉我一些我所不知道的陈道义的事情。比如他创立的一套掌法如今只在武当山流传，青虚山本地反而没有人会了。陈道义晚年所建渊静观在大茂山，不在曲阳县城。还有，陈道义并不是丘处机的"十八弟子"即"十八真人"之一，只是比较有名的弟子之一。之后，我们又聊起即将前往的目的地。他查阅了大量资料，说这个位于今灵山西北的小山头，可能就是传说中的"丹丘古城"所在。这条沟，原称"庆都沟"，即尧母沟，所探之洞，即尧母洞。碰巧了，我也做过这方面的研究。如果此处真的为丹丘古国，那么就为这一带陶瓷的烧造找到了一个源头。因为，尧帝号称"陶唐氏"，以冶陶为业。他可就成了定窑的始祖了。

　　道长的车开到了一个山坡前停下来，我们便沿着一条不是路的山路往前走。走了一二里路的样子，道长指着山涧对岸的一个洞说："到了，就在那里。"我们便各自择路走下

庆都沟尧母洞前。左起：马腾原、陈培一、杨跃武、和海龙、道长

庆都沟尧母洞

野北村大庙

去。从这边山坡上看，这个洞在下面，但到了沟底一看，洞在半山腰，又在高处了。这是一个自然山洞，面向东，所以

尧母洞石刻

洞内的光线很好，向阳，适宜居住。洞并不大，只有两三米的进深，有三条支洞往里延伸，但都不远。洞中后面有一块石壁突出，迎面凿了一个佛像，七八十厘米高，甚粗陋。就其雕刻水平来说，非常一般。唯一的优点，就是质朴、大胆、夸张。身体、脸部都近乎平面。佛下面的莲台倒近乎圆雕。脚下的乱草破石之中，偶然可以捡到一些瓷片和陶片，证明此地有人生活过。再无其他的东西可看，道长便带着我们顺着山沟往下走，比来时好走多了。据道长说，这附近还有个山洞，他小时候进去过，洞中石壁还

有小楷，今已坍塌。

从沟里爬出来，上了车，道长带我们回到村里，去看古庙。这座古庙，佛道并存，始建于唐，现有一座大殿应该是明代复建的。据道长和当地村民介绍说，这里原来是八路军某部的一个驻地。这里还是电影《烈火金刚》的取景地，大庙的多场戏都是在这里拍的。庙中之物多系新建之物，尚有几段古碑残件。

道长把我们送下山，挥手道别，相约明年春天青虚山再会。回曲阳县城时，路过孟良河，再度去寻孟良河遗址，还是没有找到。巧得很，腾原的一个熟人就住在旁边，开着三轮车从外面回来。他告诉我们，文物保护的几块碑都在路边墙角一堆乱砖之中。真的是"踏破铁鞋无觅处，得来全不费工夫"。

孟良河遗址

注释

1. 青虚山，位于河北省唐县城北 35 公里处，在齐家佐乡境内，道
   教名山。原名葛洪山，是东晋著名道士葛洪修炼的道场。因"四
   时之气清而煦，界入虚无，超然物外"而得名"青虚山"。山体
   构成多为石灰岩，因风雨溶蚀而形成了如青笋、似狼牙、像箭
   头，直刺云天的奇异景观。自辽代以来，在山上修建寺、观、
   庵、庙等 100 多处，天下众"神灵"聚集于此，致使青虚山香火
   鼎盛，经久不衰。

2. 陈道义，单父（今山东省单县）琴台人。道号"重显子"。生卒
   不详。大定年间（1161 ~ 1189 年），由马珏之徒灵真子李大乘引
   度为道士，后来又投到丘处机门下。据《重显子返真碑》记载：
   全真教教主丘处机派其弟子陈道义到青虚山传经布道，发展信
   徒，兴建关庵。大定九年（1169 年），陈道义自唐县青虚山来到
   恒阳，在恒阳建渊静观（具体地址不详）以居，传播道教思想。

3. 电影《烈火金刚》取材于长篇小说《烈火金刚》（1958 年作家刘
   流所著的一部抗战题材小说）。故事讲述了抗日战争时期，日本
   侵略者向国民党蒋介石加紧了政治诱降，在后方则集中兵力向冀
   中军民进行了灭绝人性的"五·一"大"扫荡"。而根据地军民
   则顽强抵抗，进行了可歌可泣的"反扫荡"，涌现出小说主人公
   肖飞、史更新、丁尚武等许多英雄人物，发生了许多感人的故
   事。后来，这部作品多次被搬上银幕，翻拍成电视剧及电影
   作品。

2月22日、河南商丘

今日初七，年假很快就过完了。这几天，到处探望家中尊长，和故友相会。明天就要返京，今天提前去一趟商丘，去看看博物馆。主要是看看20世纪六七十年代出土的大理石祖，看其材质是否为曲阳汉白玉材质。如果是，则可以把曲阳石雕的历史提前到夏代。

早早起来，往汽车站走，边走边等出租车。因为天太早，出租车出来的还少。快到车站了，也没有见到出租车过往。迎面碰上一辆开往商丘的长途汽车，摆手拦住，上车一看并没有几个人。一问司机，知道是早班车。

只有六七十公里的路程，车速也很快。到商丘时，天还没有亮。这个长途汽车站，已经迁到火车站的对面。路上，看到了刚落成的高铁站。二十几年没有来了，商丘变化太大了，几乎没有一点熟悉的影子。原来博物馆就在梁园[1]，就在长途汽车站的附近。一打听，早已搬迁到了火神台[2]旁边。在火车站广场的公共汽车调度室，打听路线，便乘坐90路公交车晃了过去。

火神台在商丘的西南方向，二十九年前也来过，一座高大的封土台上坐落着一个小院子，一片荒凉。时间久远了，一切印象都模糊了，不知道现在是个什么样子了。

二三十站的路程，晃了整整一个小时。火神台和新建的博物馆毗邻而居。还有一刻钟开馆，我就先到火神庙前逛了几分钟。现在的火神台，建成了一个庞大的景区，新建的各种建筑把一个很大的院子挤得满满的，简直都喘不过气来。正好，火神庙在举行庙会，来烧高香的人很多，可谓人山人海。顿时，想挤进去看一看的念头荡然无存。博物馆开馆了，我第一个换票，第一个走进了展厅。

这个博物馆设计得很好，按照"玄鸟生商"的理念来设计。被那个二十几年前可能谋面的石祖的魔力所吸引，我兴冲冲地小跑一般快步走进展厅。第一个展厅，就是关于商代的。有大量的遗址资料，以及陶器、玉器和青铜器，还有甲骨。在馆中，我找了几遍都没有看到我渴望见到的石祖。这枚石祖之上，记得还刻有几个类似甲骨文的文字。虽然有些失望，但还是认真地把每件展品都看了一遍，拍了照。虽然没有带相机，但是手机也可以代替。其制石、制陶技术都较发达。玉石器物之中，有的石材并不是本地所产，而是来源于遥远的西北和北方。说明在旧、新时器时代，中原地区和边远地区已经有了交流。

下面的展厅，是春秋战国时期，是商周文化的一个延续。其中，较有意思的是出现了原始青瓷。到了秦汉时期，梁王[3]墓葬的

梁王金缕玉衣

石刻和金缕玉衣，以及大量的随葬品，足以显示大汉王朝的辉煌。

这里的画像石，独具特色，与南阳的不同，与嘉祥的不同，与徐州的虽也不同但略近。浅浮雕，有的较细、有的较粗犷、有的较简单、有的较复杂。南北朝时期的青瓷器，有了很大的发展。隋唐时期，由于京杭大运河的开凿，商丘进入了一个空前的经济繁荣期，南、北、东、西多方的物产流通到了商丘。

汉画像石

建白瓷

许多在南方都不容易见到的建白瓷[4]，却在此地多有出现。宋太祖赵匡胤在归德军任节度使，驻地商丘，得天下之后所用国号"宋"，也是商丘古称。春秋战国时期的宋国国都，就在商丘。靖康之役后，"泥马渡康王"，康王赵构南渡过黄河之后，又在商丘称帝。所以，宋代各名窑的瓷器，尤其是钧瓷、汝瓷大量出现。商丘博物馆的瓷器，除了常见的唐三彩之外，还有难得一见的宋三彩。明清时期，青花瓷为大宗。

东汉石雕砚

陶瓷器物，也是商丘博物馆的大宗，玉雕、石雕甚至木雕比较少见。而且，没有见到漆器，比较遗憾。

有一件石雕的盘龙砚形制较为独特。有几条泥塑的狗，也很好。

从博物馆出来，已是十一点多了。乘公交，没有零钱，便在庙会上买了一个鸡蛋煎饼吃了。这才算吃了早饭。坐车回到火车站附近，又喝了河南名吃逍遥镇的胡辣汤，吃了两个包子，又吃了两个烧饼。稍微休息了一下，然后坐车回家。因为早上没有吃饭，饿透了，才吃得这么多。

......

在商丘博物馆时，没有看到石祖，询问值班的工作人员，他们也没有听说过，说如果有即使不在郑州，也在北

火神庙庙会

京，不会在商丘。不知什么时候什么机缘，能够再次见到此物呢？这件东西，对于曲阳石雕来说，太重要了。

注释

1. 梁国，是西汉梁孝王刘武在今河南商丘一带的封国，都睢阳（今河南省商丘市睢阳区西南）。辖地包括今河南商丘和安徽北部地区、山东省西南部分地区。主要城市有睢阳、梁园（今河南省商丘市）、梁郡（今河南省商丘市梁园区北部）、平台（今河南省商丘市东）等。梁国是西汉最强大的诸侯国，其皇家园林梁园（亦称睢园）规模宏大、景色秀丽。梁国文化名人迭出，汉初名士贾谊、司马相如、枚乘、邹阳等人，都曾是梁孝王门客，形成"梁园文学"流派，影响深远。

2. 火神台亦称"阏伯台""火星台"，位于商丘古城西南1.5公里处的火星台村。台高35米，周长270米，为夯土堆积而成。传说继颛顼以后，帝喾为商地的部落联盟酋长。帝喾看到商地人民没有火，就让自己的儿子阏伯到这里任"火政"。阏伯尽职尽责，辛辛苦苦地为人民保存火种做了许多事情。阏伯死后，为了纪念他，人们就在他保存火种的土台上修了火神庙，或称"阏伯祠"，后来通称为"火神台"。

3. 梁王，即梁孝王刘武（？～前144年），西汉初期的贵族，与馆陶公主、汉景帝同为窦太后（窦漪房）所出，是汉文帝刘恒的嫡次子。公元前178年，刘武与刘参、刘揖同日被汉文帝分别封太原王、梁王和代王。公元前176年，刘武被改封为淮阳王。公元前168年，梁怀王刘揖逝世，无子嗣，刘武又被改封为梁王。公元前161年，刘武奉命就国。刘武在位期间，曾带兵抵御"七国之乱"中吴王刘濞的进攻，功劳极大。后来，仰仗母后疼宠和梁国土地的广大，准备争夺皇储之位。公元前144年10月，病逝，葬于今河南省永城县芒砀山。在位 23 年，谥号为"孝"，故号"梁孝王"。死后，梁国被一分为五，势力大减。

4. 建白瓷，即建州窑所产白瓷。建州在今南平市建瓯市，位于福建省北部，闽江上游，武夷山脉东南面、鹫峰山脉西北侧。建白瓷古称"白建""象牙白"。萌芽于宋元时期，驰誉于明代，延制于清初。瓷色白中闪黄，有如象牙，同时又因烧成时受不同温度、气氛、保温等条件的影响，产生纯白如乳、白中闪红等多种瓷色。而又根据其不同瓷质釉色，分别赋予猪油白、乳油白、奶油白、珍珠白、天鹅绒白、虾须白等诸多雅称。建白瓷的瓷质纯洁、细腻、致密，釉色优美、柔和、温润，晶莹明亮，凝重典雅，并一度被推为中国白瓷的代表，称为"中国白"。清代中期，烧制技术失传。1965 年，福建省陶瓷研究所在德化瓷厂试制的基础上，研究恢复成功，由德化瓷厂正式投产，并改称"建白瓷"。

3月29日、河北定州

　　昨天夜里，喝了一点茶，没有睡好，在床上翻来覆去地折腾了半天。

　　早早起来，给上班的儿子做好了早饭，伺候他出了门。然后开始收拾行囊，准备到保定附近转几天，做好了考察线路设计。

　　八点半钟，杨春从曲阳赶到家里来接我，喝了杯茶，我们就上路了。我们走G4，先去定州清风店，去拜谒清风店烈士陵园，去探寻战争纪念旧址。一路上，我们聊了很多，主要是杨春今后的发展问题。他下一步，还是要回归到传统的手工艺雕刻技艺方面来，要向杨京川多学习，把家族技艺传承下去。而他的轮胎雕塑，只能玩票的时候显摆一下。

　　十一点多左右，我们到了清风店，再前行不远，就是过去的西南合村，今天已经成为镇子了。按照导航的指引，我们顺利地找到了清风店烈士陵园，在门前的小广场上停了车。可是，大门紧闭着。门口有个修鞋的师傅告诉我们说，那个拿钥匙的老婆子就住在陵园西边的巷子里。杨春又跑到对面的一个肉铺去细问。远远地我看他在买什么东西，我以为是水果。一会儿他提着给我送过来，原来是定州风味的焖子，非常美味。我在门口等着，杨春自去寻人。过了十几分钟，他回来说门锁着，邻居们说镇子里有人去世，老婆子给帮忙去了。

已经十一点半了，杨春说："咱们就到镇子上去吃个饭吧，刚才过来时看到路边有家烧饼不错。"我也看到了那家烧饼店，便上车去寻。到了那个铺子门口，一问，烧饼卖完了，便又寻到另外一家。杨春去路北买烧饼，我站在车前等，旁边就是一个小十字路口，北面的巷子里摆满了各种商品。今天是个集市，人来人往很热闹。巷子口有一个饸饹面摊点，我给杨春打了一个招呼，便过去要了两碗面，坐等。面还没有上来，杨春来了，带来烧饼夹驴肉。烧饼是新出炉的，冒着热气，酥脆酥脆的，一咬就掉渣。驴肉也很香。四块钱一碗的饸饹面，杂粮的，虽然是小碗，但仍是满满一碗，让人少盛，我和杨春也没有吃完。我们两个就在路边的小摊上，把午饭给吃了。驴肉有些咸，烧饼又干，想找点开水喝，没有找到，作罢。

驱车又回到了烈士陵园。先去那个管理员家碰运气，看看是否回来。很幸运，人已经回来，正在吃什么东西。听我们说明来意，这个大姐放下东西就跟我们出门了。我和她边走边聊，问她那个清风店战役纪念址在哪里，她说不知。这个五十多岁的农村妇女看起来没有什么文化，人很豪爽热情。打开门，她在门口和修鞋的聊天，我和杨春自己进去参观、瞻仰。

进去一看，这个墓园面积并不大，中间是一条宽阔的甬道，左边就是一片柏树林。在门缝中就看到了石碑，也隐约看到石牌坊，便径直扑了过去。

这座纪念碑的体量，现在看来并不大，但是在当时的人力、物力极端艰苦的条件下，也是了不起的大工程。这座 1948 年建立的烈士纪念碑，由当时晋察冀边区的最高军政长官聂荣臻将军题字"燕赵遗风"。纪念碑为北向，即以北面为正面。碑首为方形，为两块石头组合的。正、背两面都刻有浮雕，施以彩绘，都是描绘战争场面的，与曲阳之前的浮雕表现形式完全不同，受到西方艺术的影响很明显，当是在留学归来的艺术家设计、指导下完成的。碑亭的柱子为汉白玉，直径近尺，高约三米。碑身高两米，亭子通高足有五米。北面的一对柱子上，还做出了一对楹

清风店烈士陵园石牌坊

联状。

再往北走十几米，出了茂密的柏树林，就是一座汉白玉石牌坊。地面整个提高了一米多，所以并不能见到纪念碑亭和石坊的原貌。从背面，即南面来看，这座石坊素朴没有任何雕饰。但是，转到正面来看，却是满刻浮雕和文字，施以彩绘，十分醒目。

看到了这种格局，我忽然想到了天安门广场的人民英雄纪念碑。它也是倒向，以北面为正面。对这种处置方式，现今的人们给予了许多的猜测。看来，这种改变传统石碑格局、颠倒乾坤的做法，在新中国成立之前就有了，而且明确地提出了"建设新中国"的政治主张。看来，当时毛主席已有必胜的信心。石牌坊以浮雕为主，没有透雕和镂雕。四柱三开间的规制以及抱鼓两侧的装饰浮雕，依然是传统的手法。包括南面的纪念碑亭上，也有精细的浮雕纹样。纪念碑亭的四根汉白玉石柱，是纯手工剁圆、剁光的，非常不容易。

烈士们的墓地在后院。院门口球形的柱头，是当年之物。烈士们长眠在苍松翠柏之中，享受到后世永远的尊重与缅怀，也算是哀荣之极了。

离开西南合，转回到清风店，沿107国道往定州而去。到了定州城边，本来想先去北瞳再折回来。我感觉自来佛就在附近，让杨春停下车打听了一下，果然就在距离三公里左右的附近。转了几个弯就到了。先到了兴国寺，正在热火朝天地大搞建设，场面很大，佛寺很雄伟，已经有几个美女在山门前烧香。我看到僧堂前立着一位四十岁左右

自来佛

自来佛头

的僧人，便走上前去，合十问佛。他说自来佛就在兴国寺不远处，正在维修，不知能否看得成。辞别僧人，杨春去开车，我自步行去寻，几分钟之后杨春就追过来。一片农舍之后，孤零零的一间高房子耸立在那里，心中一动，可能大佛就在此地了。小跑般走过去，果然。这座房子，好像是个佛殿建筑，其实主要是为了保护这个大佛而建。坐东朝西，只有一个大门，顶覆彩钢瓦。门前是一个砖砌的香坛，看来香火十分旺盛。从门缝往里看去，扎着脚手架，确实是在维修，新雕了一个佛头装上了。佛头的原件现存定州的中山博物馆，之前曾经瞻仰过。这个新佛头，做得非常好。从门缝往里看，此佛足有七八米高，下为仰覆莲台，北齐风范，北齐气派。从门缝里不便拍照，杨春便跪下来，双手从门底下伸过去，拍了几张，效果还挺好。正看着，一个农村老大娘过来看她晒的柴火。问她有没有钥匙，她说："没有。不过初一、十五都会开门，让人来烧香。"太好了，告诉杨春，择时再来。

自来佛头一说是被盗后追回的，还有说是被当年的红卫兵拉倒的，现存中山博物馆。而在定州的清风店战役纪念碑就是为了怕盗、怕损而迁到市区来保护的。如果这个战役纪念碑能够在原址保护，其意义和价值是不一样的。在西南合村，我和杨春多次打听这个战场遗址，没有人知道，也没有人说得清，要不就说全盖上房了。这种被动性的保护，确属无奈之举。

北疃烈士陵园

出了自来佛寺，过定州古城区，前往北疃烈士陵园。往深泽方向走，过叮咛店。二十几公里的路程，也很快。北疃村，已经变成了北疃镇。这个陵园就在村子的中央位置，对面是村委会。陵园的大门紧闭，也没有什么门缝，大门做得很严实。敲了半天门，也没有人答应。杨春有办法，打听到了这个村支书就住在村委会旁边，钥匙就在书记手里。书记姓李，个子不高，五十岁左右。领着我们走东墙的小门进去。这个陵园和清风店的那个就不一样了，是传统的坐北朝南。地面也有所抬升，距原地面也有米许。

清风店只有一座纪念碑亭和一座石牌坊，而这里的东西较多，而且保存得相当完好。最前面，是一架石牌坊，然后是一座碑亭。据李支书介绍说，修建这个陵园之时，石料是周围的百姓们捐献的，什么料都有。曲阳汉白玉也有很多。这个陵园的东西，堪称是国内绝无仅有的一处，十分罕见，足以改写中国美术史、中国雕塑史，甚至世界纪念性园林建筑史。其具有几个特点：

一、建筑方式特别。"北疃惨案"发生后，晋察冀边区政府就组织修建了这个纪念性园林。主要负责人是黄敬[1]同志，碑文就出自他手。而石料是当地民众捐献的，是个自觉的义务工程，表达了边区百姓对抗战烈士的敬重与爱戴。

二、建筑格局特别。这种陵园的建筑物，建筑格局是明显的中西合璧方式。把中国传统的陵墓雕刻与西方的纪念性雕刻结合在一起。坊上、亭上都有人物雕刻，为西方纪念碑的形制。

三、建筑装饰罕见。这座陵园，是绘画与雕刻相结合的一个鲜见个案。而且是以漫画的形式出现在纪念性园林的雕刻上，在古今中外均属罕见。漫画也着色，是极浓烈的民间装饰颜色。清风店烈士陵园的彩绘明显地继承了这种装饰手法。

四、保存程度罕见。这座陵园，历经抗日战争的烽火和解放战争的硝烟，有幸保存，确属不易。同时期修建的唐县军城白求恩墓和边区抗战烈士纪念塔，都毁于日寇"扫荡"之时。而这个北疃村距定州只有二十几公里，日寇竟然没有下手，就不得而解了。而且，这个陵园边区政府建了两次。1941年建了一次，1946年复行扩建了一次。纪念碑亭的米许柱形方碑是 1941 年建的，而碑亭则是 1946 年建的。碑亭的后面有一排烈士墓，鞠躬者三。墓旁就是"北疃惨案"的发生地之一"血肉井"。最西边的一座烈士墓，是从别村迁建来的，碑刻亦为 1941 年建的原物。碑首很特别，是双龙与一组人物的组合，且有现代绘画的特征。烈士为茶陵籍。

五、建筑结构特别。双层廊柱的建筑结构很罕见。烈士墓的后面，是一个方形高台。台上有一座碑亭，一座高规格的烈士墓。虽然体量都不大，但都是双层廊柱。这个高台是在原来的基础上又在外面包镶了一层石板。原来的螭首，还看得出影子来。据李书记讲，这个最高的烈士亭墓，原来是木柱结构，在西南、东南、东北、西北四个方向，埋有两米多高的石柱，柱上有穿，拉上大绳防止亭子倾倒。原来亭子上的人物形象，是一个擂鼓的战士，鼓上刻有"踏着烈士鲜血前进"的字样。后来，石像坏掉。2005 年重修了一个像。石像经六十年风雨，一个花甲。如今当年牵拉碑亭的石柱，还有一根埋在土里，一根就放在地表。

这里的柏树，要比清风店的高很多，也粗壮很多，种植略早几年。

清明节就要到了，此次虽然是艺术考察，但也算是对先烈的一次凭吊吧。

与李书记握手道别。从他给指出的路上返回。取道新乐，从南故张回来，比折返定州要近几十公里的路程。这次出行，路线安排得很不错。

回到艺术家部落工作室，管理处的几个工作人员已在门口等着，帮我打扫卫生。晚上，冉增强做东，又约了十几个人欢聚，喝了一个痛快。

我在北疃烈士陵园时，范文[2]就打来电话，说发来叙永春秋祠的图片资料。晚上，接到了这些资料，复谢之，并相约找机会一起去考察。

注释

1. 黄敬（1912～1958年），浙江绍兴人，1912年生于天津。原名俞启威，是冀鲁豫边区的主要创建者之一，中国共产党高层领导人之一。黄敬出身于名门望族，祖父俞明震是晚清知名诗人、教育家，曾送鲁迅出国留学。黄敬是俞明震之孙，俞大纯之三子。1949年初，天津解放后，黄敬任中共天津市委副书记、天津军管会副主任，天津市委书记兼市长。1952年8月，调任第一机械工业部部长、党组书记。1956年9月，在中国共产党第八次全国代表大会上当选中央委员。1957年，任国务院科学规划委员会副主任。

2. 范文，山西临汾人，生于四川重庆。著名雕塑家。系中国雕塑学会会员，教授。任职于四川雕塑艺术院。

4月2日、河北曲阳

　　早上，杨春拉着我到谷连天喝粥。八点半左右，和杨跃武、刘保雷一起去灵山定瓷窑址，访庞永克。王京会自驾摩托车同行。去灵山和辉岭的路都因为庙会堵得厉害，便绕到下河、上河转过去。

　　早就听说过下河、上河，知道是白求恩大夫去世之前回了一次国，在回国前曾到过下河、上河、韩家村一带巡视这里边区医院的医疗情况。

废弃的煤矿井口

保雷是这一带的人，就是定窑遗址北镇村的，所以，道很熟，情况也熟。他领着我们先到了一个废弃的煤矿，有两口小煤井。井口早已封闭。据保雷讲，他小时候这个煤矿还在出煤。此地有煤，开采的历史很早，可以追溯到唐代，在宋代成为了定瓷的燃料。定瓷能够发展起来，这里的煤炭也功不可没。

涧磁村

从煤矿再东行不远，就是著名的涧磁村了，也是公认的定窑遗址所在地。当年，叶麟趾[1]先生就是在这里发现定窑遗址的。进了村，便不时看到农舍的墙根处立有保护性的标志界桩。出了涧磁村，就是北镇、南镇村。宋时，在此置龙泉镇，置窑使，负责官窑器物的督造。后来，分为南北两个村子。我的老朋友、定瓷大师陈文增先生就是北镇村人。据保雷讲，陈文增的故居还在。他的坟墓也在村子的附近地里。

过了村子，保雷领着我们直接往河边去。这条河，就是定瓷产区的东端边缘。现在，保雷家的责任田里正在进行考古发掘，发现了定窑遗址，出土了不少东西。村子外边，河边上立着一堵石碑，是一座抗战烈士纪念碑。虽然形制比较简单，但是其装饰工艺还是蛮不错的。前行不远，就是考古现场。两个专业人员在现场指挥，其余的都是村里的老年男女们。保雷热情地和他们打招呼。两个探方都不大，在两排果树中间展开。没有看到出土大片的定瓷片，大

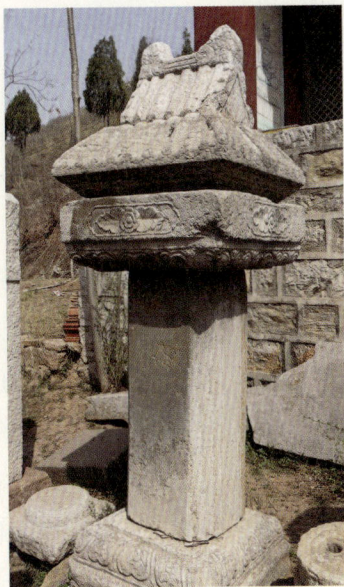

唐县柏岩寺石幢

量的是匣钵类的粗瓷工具。保雷说南北宋村有个古寺，里面有几块老石碑，便驱车去看。

沿着河边北行，过了树沟村，便进了山。山道弯弯，流水潺潺，在灰蒙蒙的山色映衬之下，小溪两旁的杂树林显得格外葱绿，生机盎然。两旁的山石景色也很佳，可入画，也是一个写生的好去处。河边有人在伐树，便绕道宋村，在狭窄、曲折的巷子里转了一阵。绕出村子，过了河，再折转向南，沿着河边走了不足一里，再左转便进了山。进了沟口，便远远地看到了一片寺院。山坡上还零散地分布着一些佛殿。看来，在古代这座禅林的规模不小。在这条东西向山沟的尽头，便是柏岩寺院，新修的两座大院子。西边的大门紧闭，我们便直接驱车进了东边的院子。建筑

很气派，佛像却不敢恭维，都是近年之物。沿着小道，走到了后面的毗卢院内。大殿前，左右两片石碑，古今杂陈，珠目相混。最早的石碑，是金大定年间的，其余皆为明清及当代之物，当代的功德碑不少。古碑之中，有一座经幢，形制极为别致，可能为明物。

　　马上十二点了。庞永克打了几次电话，问何时到他那里。便急忙南行，折返回来。来的时候，曾经路过这个村子，叫作"岗北村"。村子里到处是当年烧大缸的窑场旧址，有的还在生产。杨跃武来过永克家里，直接开进了他家的院子。永克的儿子，也有幸成为陈文增的弟子。据跃武讲，永克是这一带做得不错的。看了他的活，还有他的大院子，整洁气派，足见跃武所言不虚。他正在装窑。这一窑，基本上都是各种造型的雕塑类产品，有佛像，有器物，有童子执壶类的东西。他还把王处直墓的浮雕武士形象做成了圆雕。据说，都是订的活儿。我们来时，他的两个朋友正要离开，临行前说中午要请我们吃饭，回去准备。后来，打电话过来说准备好了，盛情难却，只好打扰人家了。他在韩家村，离永克家不远。小洋房，收拾得很雅致，有些品位。主人很热情，饭菜很丰盛，很美味。

　　酒足饭饱之后，又去了王会龙家，看他琢磨烧制的釉色。他和永克一样，也拿出了一些老瓷片让我来看。据他们俩人讲，这一带有四五十家作坊，都是过去老把头的后代。他们还说，村子里有石桥，过去石桥两边有石蛤蟆，可惜早年被盗。邻近村子里也有。因为看不到原物，我也不知道他们说的这个石蛤蟆究竟是什么，应该是形象和蛤

岗北村旧窑

蟆差不多的镇水兽吧。

离开会龙家，我们快出村子时，王京会早跑得无影无踪了。因为我看时间尚早，便又折返回村，寻到了韩会杰家里。他正在出窑，全部是仿宋的柳条笆斗杯，不错，便买了几个。他又送了一个黑定花瓶，釉色很好。他们这几家，都在做定瓷雕塑，有传统仿品，如白瓷《童子执壶》《孩儿枕》《仕女枕》，还有改编传统的黑釉《孩儿枕》《仕女枕》和佛像，还有借鉴石雕制作的武士像。定瓷雕塑在民间并没有绝迹，只是没有被认识到。

下午，回到曲阳县城，在定瓷雕塑研究所和庞永辉碰了一个面，催他将定瓷公司的资料尽快给我。他一直都很忙，有些疲惫了。之后，回到工作室。稍微休息了一下，曲阳县雕刻办井锁龙和王士雄主任来访，聊曲阳雕刻产业的事情。未能尽兴，又招呼了一批业内人士，大家在嘉山脚下的无影山庄夜话。聊起了几年前冒大雪探王处直墓之事，王士雄说是 2011 年 12 月底左右的事儿。我一直想不起是什么时候。

中午，接到中国大地出版社赵政德电话，说《钱绍武年谱》今天已经装出了一部分……

黄宝庆来电，告知林学善大师仙逝。十分可惜，七十三岁这个关口林大师没有挺过去……

注释

1. 叶麟趾（1888 ~ 1963 年），北京人。中国古陶瓷专家，定窑研究先驱。早年毕业于京师大学堂（今北京大学）。1904 年，考取官费留学，于日本东京高等工业学校（今东京工业大学）学习。1922 年，叶麟趾先生对定窑遗址进行了实地调查。考察之后，叶先生指出：定州窑遗址在今河北曲阳县。此后，引起中外陶瓷界、史学界之广泛关注。定窑被历史风尘掩没近千年之后，首次被确定了窑口遗址之所在。1934 年，叶先生编著《古今中外陶瓷汇编》，这是一部颇具影响的著作。虽然，当时的刊行数量仅有 200 册，但是波及面较大、影响也较大。其中写道："曩者闻说曲阳产瓷，偶于当地之剪子村发现古窑遗迹，并拾得白瓷破片，绝类定器，据土人云：昔之定窑，即在此处。又附近之仰泉村，亦为定器出产地，然已无窑迹矣。此说诚有相信之价值。"其中的"剪子村"和"仰泉村"都是叶麟趾先生调查时根据乡民的发音记录的地名，其中"剪子村"可能是"涧磁村"之误。

　　　　　　　　　　　　　　4月5日、河北清苑

　　今天是清明节，昨天是寒食节。为了应景，老天爷连雨夹雪带冰雹地席卷了中国北部。天一下子变得异常寒冷。

　　前天晚上，和王书记碰面时，他提到了清苑县发现北宋祖陵之事。此事我并不知晓，只知道太祖是涿州人。因为王书记在清苑做过县长，所以他比我清楚。

　　今天早饭之后，我看天气转晴，便叫上杨春，往清苑而去。今天是清明假期的第一天，高速免费，路上的车也不多，我们很高兴，还省了几十元钱。路程并不远，只有几十公里。大约一个多小时，我们就到了清苑县望亭乡的东安村。进了村子，到中心停下来，路北的巷子口立着一通石碑，后边是一座牌楼，赫然写着"宋太祖故里"的字样。驱车转进巷子，在一个烧饼铺打听太祖故

宋太祖故里。左起：陈培一、杨春

里和祖陵何在。村民们告知，太祖故里就是这一带，没有明确的地方。祖陵就在村子的东南，从一个小医院边上的小路拐进去就是。出了巷口，在路边停下车拍照，从旁边卖内衣的商店里请了一个美女出来帮忙拍了合影照。

再东行二百米，在一个小卫生院旁的巷子折向南。走了不远，远远地看到左手的麦田里立着石碑，旁边是一堆乱石状之物。因为隔着深沟，便再南行几分钟，在路旁的空地上停下车，走了过去。因为刚下过雨雪，而且又刚浇灌了，脚下的麦田更加泥泞难走。

一堆建筑垃圾上，立着一通保护碑，介绍祖陵的情况及保护范围。看样子，刚立起不久。东北向不远处，有一通小石碑，写着"宋祖陵"三字。碑的前面，是一个条状的深坑，有两三株杨树，树下有些布纹筒瓦残

宋祖陵

片，证明了陵前建筑享堂的存在。因为没有看到王书记说的石雕像，不知在何处，我有些傻了，也急了，便打电话给庞永辉。和王书记谈此事时，他就坐在旁边，说可以帮忙安排。他马上联系有关方面的朋友，一会儿回话说已经做了安排，把联系电话也发过来。电话打过去，是此乡的乡长（记错了，应该是镇长），说已经在乡政府等候，我们想看的东西现在都暂时放在乡政府保管。赶紧驱车赶过去。

乡政府并不远，只有两三公里的样子。到了办公楼前，

有三个同志迎出来，相互自我介绍，验明正身，略做寒暄。这位镇长姓冉，便带着我们去暂时存放石雕的库房，一个封闭的比较严实安全的所在。

这些石像生，散乱地堆放在这个阔大的房子里。冉镇长和工作人员说不要拍照片，这是文物部门的规定，因为我们是研究人员说可以拍几张，但不要上传到网上去。我应之。这些石雕，据说有十四件，但大都破碎，保存不完整。有一件驭马手，高约两米，相对完整，而且刻画得极为精彩。甪端也基本完整，长约两米三，高约一米六。石羊有一对，也基本完整。石虎一只，也基本完整。八棱望柱一根，高长许，径尺二。文官一身，下截残损，原高亦在两米左右。石像一对，石马一对，皆残。角落里还有编织袋，估计是建筑瓦块。这些石雕，有青石，有白石，白石出自曲阳。其中，还有老鸹银，石羊和甪端即是白石。

这个发现，太重要了，弥补了中国雕塑史的空白。当然，也弥补了曲阳雕刻史的空白，把曲阳石雕和宋皇陵建设明确无误地联系在一起。这些石雕，当在宋代开国之初所建，还没有形成自己陵墓的制度，所以秉承了大唐雄风，全无两宋孱弱气息。太过瘾了！收获甚大。

辞别冉镇长，我和杨春赶回保定。永辉那里有客人，便发短

驭马手

信告诉他，已经看过，谢谢他的安排。在保定南二环吃了午饭，甚是美味。杨春要去唐县办事，我也跟着去转转。他下乡寻人去了，我便在唐县县城漫无目的地乱转。永辉打来电话，说起上午看石雕之事，此石雕和曲阳有联系，他也很高兴。转了有一个多小时，累了，走到一家理发店理了一个发，坐了一阵。之后，又继续闲逛。没有想到，竟然走到了与杨春分手的地方——天戈时代广场。我看那个题字，像是文增兄题的。唐县县城以前也来过多次，都是匆匆而过。这次，基本上看了一个遍……在一家水果店门口的小凳子上坐了一会儿，等杨春来接我回曲阳。

晚上，刘杰开车拉着我和杨春去承安铺的路边店，又美美地吃了点羊肉，喝的是闫玉伟送来的四十年枣酒。这个饭馆大火、爆满，有不少人在等座儿。据服务员说，已经返桌几次了。本来，清明节与寒食节相连，大家要冷餐素食。但，时过境迁，清明节变成了法定假日之后，也成为了人们祭祖扫墓之后踏青聚会的机会。我是俗人，自然也不能免俗，也在此日食肉、喝酒，且入微醺。

4月18日、工巳、河北阜平

　　早晨起来，即录入 2018 年的日记，凡千字。早饭后，刘杰拉着我和老夏到曲阳雕刻广场，与大家会合，一起去春游。

　　前两天，刚回曲阳时，和老夏闲聊，说这两天都在曲阳，要找个山清水秀的地方玩一下。我说后天就是三月三，是上巳日，诗酒唱和的好日子，传世经典《兰亭序》就是在此日写成的。老夏雅兴大发，遂打电话给杨丽静、和焕等曲阳著名女诗人，又让杨跃武安排几个年轻人随行，大概形成了一个十多人的队伍。到了雕刻广场，情况偶变，清华大学来了客人，杨丽静与和焕走不成。原来想就近到王快水库南岸去看看。她们不去了，我们可以恢复最初的路线，按原计划执行。王京会来了，更是坚持他主张的路线，就是到阜平去看北岳峰下的一个小村

洞子沟村口

庄，有山有水。大家同意，便上车，从保定上保阜高速赶了过去。

在平阳下了高速，顺着山道一路走下去。

路上的车，越走越少，车窗外的景色越来越壮美，越来越质朴，越来越清新。京会车开得飞快。走到洞子沟村，忽然看到车窗外立有一块牌子，赫然写有"晋察冀画报社旧址"。赶紧让京会停车，走了过去。这个小山村并不大，好像只有十几户人家。那块硕大的标牌后面，有几座房子，看起来维修得不错，还有人在居住。大家都在猜哪家是画报社的旧址。新闻先辈沙飞[1]等，在此生活、工作、战斗过。

再驱车前行，走完了扶贫项目建设的新公路，便进入了正在施工的古北岳景区公路。路越来越难走，山势也越来越陡峭，两旁的高山有时如刀劈斧削一般，有时候会有一种直压下来的感觉。越走路越窄，越来越考验车况和驾驶员的技术与心理素质。我坐的是京会的路虎，底盘高，车况也好，后面是玉伟的越野车，也勉强走。刘杰的奥迪就吃亏了，上不来。打电话给老夏，时连时断，信号不好，有时还没有。打电话告诉刘杰别往上开了，找个地方在下面等吧。他那辆车里，有老夏、刘杰师徒，还有牛远远。我和跃武、田苗苗坐在京会的车上，王昭辉、葛要林、张旭还有个安兴然在玉伟的车上。

越往上走，越荒凉，越人烟稀少。多亏听了王京会的话，进山沟之前在台峪乡政府所在地的一个大院子美美地吃了一顿，否则，连饭也吃不上。没有想到在太行山腹地，还有这么一个幽雅、清洁的所在。京会以前来过这里，但走的是不是这条道，他也拿不准。哪里有什么路啊，就是沿着一条山溪往上走。路况时好时坏，有时令人心惊胆战，令人惴惴不安。

拐了一个弯，上了一个大坡，左边半山坡上有几个小院子，旁边还有"华夏第一龙"的牌子。右边，便是幽谷深潭，一挂白练飞奔而下。停下车来，各自寻找拍摄的角度。一个四十多岁的汉子走下山坡，来和我们交谈。平常也很少有人来，寂寞坏了。他说这个瀑布是神仙山（北岳恒山的主峰，又叫大茂山）唯一的四季长流，别处没有。

大茂山唯一的瀑布

北岳庙里壁画上的瀑布，看来也是有出处的。他说离这个神仙山的主峰，还有五六里路，到了一个停车场再上去就是。

坐在悬崖边的大石头上，请他给我们拍合影照。忽然，我看到了对面山崖上，一尾金蛇蜿蜒而下，金光粼粼，长约两米有差。它要穿过山路，下到溪中。小伙子们都围上去，我告诉大家千万不敢伤害它。上巳之日，有幸碰到这尊神，是非常不容易的，也是非常有福气的。

悬崖边的精彩瞬间。左起：张旭、王昭辉、田苗苗、陈培一、王京会、安兴然、杨跃武、闫玉伟

再往上走了几里路，路边是一个小山村，很安静，没有看到一个人影，却分明还有人在居住。大家分别在一个破房子前面拍照。不远处，是一座新修的小庙，旁边是一个很大的平台。我自己走了上去，不一会儿大家都跟上来。

本来，我是想转回去，不往上走了，京会说不要给我留遗憾，来一趟不容易，便再驱车上行。路很险，但是景色愈奇、愈美，桃花、杏花不时闪现，杜鹃开得挺盛。而且，悬崖下的山谷中还时有冰瀑悬挂。

走了没有多远，果然到了一个两层大平台的停车场。旁边的山溪中，大片大片的冰，冰下是潺潺流水。几间破房子在山溪旁的台地上。我先爬上去拍冰瀑，又去看那几座破房子，竟然是恒山寺旧址。荒草之中，还有些建筑构件的影子。山涧里的水被抽上来浇灌花木，我虽然平时不敢喝凉水，但还是忍不住喝了几口，透心凉。

停车场里，有几辆车停在那里，司机在等人。有人沿石阶上山没有下来。树下的石头上，坐着几个人在聊天。其中有一个就是下面村子里的。王京会叫我过去，跟他聊了一会儿。这个老汉已经六十七岁了，姓段，在山顶上的奶奶庙（北岳安天王庙旧址新建寺院）干了三十多年。每天都要上下几次。据他说，从停车场再往上走到山顶，他需要四十分钟，我们估计要两个小时，来回要四个小时。山顶上的庙，就是最早的北岳庙，老百姓们叫作奶奶庙。在抗战期间，被日本人炸毁。后来，又建起来。"文化大革命"时，被红卫兵拆毁。现在的也是近几十

恒山寺旧址

年新建的。这山顶上的北岳庙，是最早的，北魏年间才搬到山下的曲阳，慢慢地固定下来。这山顶上的北岳庙，只有汉武大帝可能亲临。现在尚如此难行，两千多年之前，他又是如何上得来的？遥望山巅，北岳神殿浮在云端，但考虑到时间不早，路况不好，只好作罢，便带着大家下山。回去的路，同样不好走，更加的惊心动魄。来时，途中看到两个古寺的路标。一个是新建的，一个错过了。天色已晚，京会要去寻，我坚持不让去，大家都挺累的，见好就收吧。

今日上巳，北岳朝圣之旅虽然没有达到最终的目的，没有修禊之雅事，但有"行至水穷处，坐看云起时"之兴。研究了北岳文化几十年，总算探访了一次，朝拜了一次，不虚此行。

老夏比我们早回到曲阳，又聚到定瓷雕塑研究所喝茶，看学生们的泥塑作业。他在神仙山中等我们的时候，无意之中转到一个山坡古洞，竟然是一座废弃的古庙，捡了一些筒瓦和瓦当回来，大有收藏价值。与我分享，送了两块给我，甚为高兴……

古庙前的小坐。左起：夏和兴、刘杰（牛远远／摄）

注释

1. 沙飞（1912～1950 年），广东开平人。原名"司徒传"，笔名
   "眼兵""莫燕""沙飞"等。1930 年，自广东无线电专门学校毕
   业后，进入汕头无线电台任报务员，业余研习摄影。1935 年，
   化名"司徒怀"加入上海黑白影社。1936 年 9 月，进入上海美
   术专科学校学习。同年，因在《良友》画报等刊物发表《鲁迅先
   生与青年木刻家谈话》和《鲁迅遗容》等照片，触怒校方，被勒
   令退学。1936 年 12 月和 1937 年 6 月，先后在广州、桂林举办个
   人影展。他的作品，以表现大众生活和社会矛盾为主要题材，用
   摄影为武器，唤醒民众，增强民众的民族责任感，在社会上引起
   极大的震动。1937 年"七七事变"后，北上抗日。8 月，到达太
   原，任"全民通讯社"摄影记者。同年 10 月，去五台山抗日根
   据地参加八路军。1939 年，任晋察冀军区新闻摄影科科长，举
   办以根据地军民抗日斗争生活为主题的街头摄影展览。1942 年
   7 月，倡导创办《晋察冀画报》，任画报社主任。在任军区摄
   影科科长和主持晋察冀画报社工作期间，沙飞在部队建立了摄影
   网络，培训了大批摄影人才。1948 年 5 月，晋察冀画报社与晋
   冀鲁豫军区的《人民画报》社合并，组建华北画报社，沙飞仍任
   主任。

第三十八卷

2018 年 4 月 20 日、河北曲阳

　　上午，老夏来电，说他已经按捺不住了，主动给王月明打了电话，他要从北京到曲阳，约我同行。且他已经约好了宋亚勋。宋亚勋要回曲阳顺道把我们带去。老夏说刚把我的《钱绍武年谱》交给了老朱[1]。老朱说这是件大好事，这才是真正能够流传下来的东西。纠缠老夏不过，答应与他同至曲阳。

　　致电老朱，告诉他我今日与老夏一起到曲阳，过两三天即返京，届时来访，汇报赵萌、任世民、张德峰、乔迁

曲阳烈士陵园石牌坊

几个人的意见。到五一过后，请他尽快把发票提供给城雕办，并对他的表扬表示感谢。

下午一时半许，老夏和亚勋来到家中，稍坐片刻，即驱车上路。

到曲阳下了高速，先去了城北的烈士陵园，去看了那座石牌坊和纪念碑。多次路过，都没有到近前看一看。这次，算是专程来访吧。

石牌坊是 1982 年修的，纯手工雕刻，工程质量不错，堪称精品。纪念碑原来以为很老，却是抗战六十周年暨曲阳解放六十周年的纪念物。只有十几年的时间，看起来工程质量还不错。这两座纪念物，在曲阳的工程质量中算好的。

郭海博²要看我给他写的稿子，昨天晚上发过去没有

曲阳烈士陵园纪念碑

收到。今晨又发。他看过之后来电，说非常满意，非常好。只有一点需要调整，即传统锻造工艺的胶板，是瓦灰、松香等调配熬制做成的，不是直接熬制的，要把调配这个环节加上。又问我是否可以把其二哥、三哥的名字都加上。我答应后，他高兴坏了。我当即改了。

上午，老夏未来时，一直都在整理旧年笔记，把2005年、2011年的相关东西都找出来，且录入了一大部分。2005年的日记很早，也很简单，也有些观点是错误的。录入并没有改正，原汁原味吧。如果修改了，太完美了，没有毛病，就太假了，还是这个样子好些。

这些笔记，不仅是曲阳雕塑文化史的佐证，而且是重要线索。其中的好些东西以及我对这些东西的看法，可以直接搬过来。

老夏把跃武叫来，英坡又叫来几个人，大家欢聚……且冉增强又拿来一瓶好酒，不免多喝了两杯。

注释

1. 老朱即朱尚熹。

2. 郭海博，1962年生。祖籍山西，现居河北石家庄。与弟弟郭海龙共同发明创造了铁板浮雕艺术，成为了这门独特工艺美术品种的"郭氏铁板浮雕"的国家级非遗项目传承人。

6月3日、河北曲阳

一早，约了老董来看稿子，冉增强到英坡那里去处理其他事情。老董又约了石锦彪。石锦彪在北京、曲阳两地居住，正好这两天在曲阳。上次与老董他们座谈时，他到北京去了。

石锦彪未到之时，县雕刻办原主任郭强主任来了。现在他调到统计局当局长去了。他很认真地把之前（我们）的对话看了一遍，做了修订。用了大约两个小时。十一点，想和他一起吃饭，不行，他还在加班，必须赶回局里去。挥手告别。十分钟后，又打来电话，说对话里没有关于园区建设的内容，建议我找王平主任聊聊。是啊！我也早有此意。但是，我一直和王平的时间对不上。他很忙，我也很忙。下次来，无论如何要和他见个面聊聊。

石锦彪来了，没有坐多少时间，冉增强来了，拉着我们去下河吃驴肉。路上，又叫上跃武。

我和石锦彪一见如故，彼此素有耳闻。他父亲石生水先生，是新中国成立十周年十大建筑模型组的组长，与多位国家领导人有交往，颇具传奇色彩。石锦彪最常讲述的是父亲石生水和周恩来总理的故事。

和石锦彪畅聊。左一为石锦彪

十大建筑的模型大部分都在端门前制作。人民大会堂的模型有八间房子大小。周总理来看了，转了几圈，又着腰又看了看，说："顶子是平的，不行！要塌下来的。一定要改成拱形的。"石生水就在旁边，认真听取了总理的指示。

第二天，总理办公室来电话说总理还要来看（修改的情况），说上午九点到。可等了一两个小时，总理没有来。石生水他们就在那里等着。张镈[1]他们几个刚走，总理来了。石生水赶快打电话到北京建筑设计院，让张镈他们赶快回来。

总理上台阶的时候，那个木头扎建的台阶晃了一晃，总理没有站稳，石锦彪的表哥当时就在旁边，不敢用手去扶总理，机智地用肩头顶了总理一下。总理在台阶上回头摸了一下这个年轻人的头，说："谢谢你，小同志。"这下，把石锦彪的表哥高兴坏了，三天没有睡着觉，没有吃下饭，激动地连喊："总理摸我脑袋了！"

总理看了模型之后，又说："要推开这扇门需要多大力气？"

张铸等几个工程师回答不上来，连忙捅了捅石生水，意思是让他回答。石生水略考虑一下，汇报说："报告总理！大约需要二百公斤。"

总理说："不行，太重了！要改小一点。门大了，也不安全。"

石生水说："门小了，不好看。"

总理说："你这个小同志，你不会加个顶门窗吗？"

大家全笑了。

总理做完指示走了，可大会堂的顶子怎么改，谁也没有主意。最后，把任务压在了石生水身上——总理做指示的时候，你就在旁边，就你来吧。后来，石生水看到施工安全帽，柳条编的那种，受到造型的启发，就产生了设计思路，就形成了今天看到的形状。据说，这个顶子的施工设计方案停了八个月的时间（才解决）。当时，北京建筑设计院就在南礼士路，现在首规委附近的一个部队院子里。

后来，石生水受到了不公正的待遇，被遣送回原籍曲阳。落实政策之后，老头很倔强，不肯回北京，就把儿子石锦彪安排在曲阳雕刻厂工作。石锦彪在曲阳工作生活了几十年，在曲阳当代雕刻产业的建设发展中做出了很大贡献，为曲阳雕刻人才的培养也贡献良多。他参与了曲阳雕刻学校的建设。他的工程设计、石作设计，很有独到之处。罗哲文[2]先生曾对他寄予很大的希望，希望他能够整理一本石作研究的文献，还给他写好了书名。吃完午饭，回到工作室，又聊了一会儿，相约下月曲阳再会。我们相见恨晚。

送走石锦彪，想休息一下。刚躺下，王士雄来电说他已在工作室门口。赶紧披衣下来。王士雄也把我和郭强及他的对话录音看了一遍。闲话一阵，走了。与他相约下次来曲阳，与他和王平、井锁龙一起聊聊。

下午，本来想约和连朝、王京会、庞永辉来，未果。

晚上，与几个朋友小聚。在徒弟杨春工作室作书。

注释

1. 张镈（1911 ～ 1999 年），山东无棣人，父亲曾任清朝两广总督。著名建筑学家，一级工程师。先就学于东北大学建筑系，后转入国立南京中央大学建筑系学习，1934 年毕业。1948 年任广州穗所主任建筑师。1951 年，在北京市建筑设计研究院工作。曾任总建筑师兼学术委员会副主任委员、院建筑结业组组长。张镈先生为第三、第四届全国政协常委，第四届全国人大代表，中国建筑学会第三、第四届常务理事，北京土木建筑学会理事长兼学术委员会主任委员。曾参加北京地区 30 多项重大建筑项目的设计工作，与朱兆雪一起负责人民大会堂的规划设计。

2. 罗哲文（1924 ～ 2012 年），四川宜宾人。中国著名古建筑学家。国家文物局古建筑专家组组长，中国文物研究所所长，中国人民政治协商会议第六、第七、第八届全国委员会委员。1940 年，考入中国营造学社，师从著名古建筑学家梁思成、刘敦桢等先生。

7月29日、北京房山

早上，修订《曲阳雕塑文化艺术史·自序》。

把《元史》之中为何不曾辑录、记载杨琼等曲阳工匠的文化原因找到了。因为李善长、宋濂等总纂官都是科举出身的高级官僚，他们不能容忍石匠出身的杨琼破坏这个清流的官僚队伍，不容他们颠覆"学而优则仕"的传统，更不容许明代的工匠们效仿。

20 世纪 40 年代，辛莽、司仃夫妇与女儿在延安鲁艺西山窑洞前

在人民英雄纪念碑的相关章节中，对曲阳工匠之所以能够承揽纪念碑雕刻工程的真正原因做了分析，认为有两个重要推手。一个是聂荣臻元帅，一个是辛莽先生。他们都与曲阳工匠有过深入的合作，对曲阳工匠和曲阳石雕记忆有较深的了解。有可能是聂帅向纪念碑兴建委员会提议，也有可能是辛莽先生向兴建委员会或者张松

鹤先生提议、推荐的。存此可能。

　　与辛莽先生公子通话，索其父资料，谈其父经历，长谈了一个多小时。他说，关于辛莽先生在延安鲁艺、晋察冀边区的活动与经历，辛莽先生从来不讲。倒是母亲给他讲过当时的条件之艰苦，真的是爬冰卧雪，穿着单衣在水里奔跑，躲避日军的追杀。有一次，赵尚志的弟弟赵尚武背着一个孩子跑，在大雾中被日军杀害。这个孩子有幸存活下来，现在在中国人民大学工作。后来，又谈到了钱绍武先生和杨辛先生。相约等他从美国回来，一起去拜访二老。

　　修订了《曲阳雕塑文化艺术史·后记》。

　　……

　　今天，准备回曲阳工作室。

8月4日、河北正定

　　早早起来，杨春送我回北京。快上高速了，临时起意，又转向了正定。因为聊起了大佛寺，他说没有去过，都说很好，莫不如去一趟吧。正好，我也没有什么重要的安排。走的是曲新公路。

　　几年前来过正定。那是甄彦苍大师的师徒展，请我约了潘绍棠先生、朱成先生、项金国先生、石村先生和周金甫先生来曲阳捧场。潘先生想去正定看看大佛寺，我便陪他走了走。当时，天降大雨，路上积水盈尺，没有看到什么东西，匆匆走了一遍而已。

　　今天的天气不错，但格外地热。还好，稍微有点风。

　　大佛寺就是隆兴寺。原来进门有没有门坊不知道。现在是一座"一"字形影壁，琉璃烧制。影壁之后，便是一道石桥，不大，但很有意思，望柱上的石狮沿中线相背而立，一半向南，一半向北。或者说，一半向外，一半向内。比较少见。

　　山门前是一对石狮。石狮为明代遗物，颇雄壮有势。山门之内是一尊木雕弥勒佛像，也不错，形体很饱满，金代之物。进了山门，我自己先转。杨春吃坏了肚子，又去厕所了。

在六祖殿的东南角有一通元代石碑，竟然落有"黄山石匠杨玉"的字样。另外一个石匠的名字被湮没，看不清。杨玉可能是杨琼的叔叔。他既然刊刻了这通《重修六祖殿碑记》，想必六祖殿的重修工程他也是一定参加了的。六祖殿重修了多次，但终倒塌，现仅存基础。

过六祖殿遗址之后，便是一条石梁，通往摩尼殿。摩尼殿是一座平面呈十字形的大殿。供奉金装的一佛二弟子二菩萨。壁画满布，皆明人之笔，沥金粉法。后壁悬塑，又可称为塑壁，装饰性强。无宋人画意，故非宋物。摩尼殿前有圆杯形香炉一件，遍雕药师神将，为宋代不多见之物，汉白玉，体量也很大，殊为难得。

摩尼殿后，便是一道糟朽的小门，门旁立有下马碑一通。左右各有一片小碑林。其中，有几通元碑，几通清碑。无重要发现。进了小门，迎面是一尊双面铜佛，为明代之物，出自农妇之手。这是汉佛之中少有的形制，极有明代气息，符合"粗大明"的时代特征。

双面佛之东，是一通嘉庆御碑，为曲阳汉白玉石材。罕见曲阳建筑雕刻之中有此庞大体量者。

沿中轴线分布，是一对木构杰作，为大佛寺六绝之二。东面是一尊七八米高的杨木

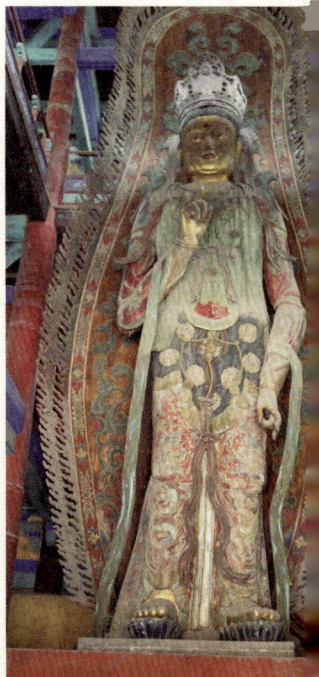

杨木雕观音像

雕观音像，西面与之相对的是一件庞大的木制转经轮，为国内罕见。

再往前，便是大佛殿了。所谓大佛，其实就是一尊铜铸的千手观音。这尊观音像，是少见的铜铸大像，号称天下第一，为宋代所造。而后藏地区扎什伦布寺亦有一尊大像，体量与之相当，但远远晚于此像。像身为原铸，而其手臂不知换了多少次，非原物。但是，观音像下的神坛，却是宋代原雕之物。神坛雕刻内容十分复杂。中间的束腰部位为仕女像，正面还有力士像，转角也有力士像。上部为各种飞天神，有迦陵频伽即妙音鸟。有的很精彩。

大佛殿前东南角，有几通石碑，有隋碑，有北齐碑。隋碑为贵，称隋碑第一，为大佛寺开山之证。

从大佛寺出来，已是十一点多了，驱车去了一个很热闹的小街上，吃了一笼烧麦，喝了碗蛋汤，就赶快找酒店去休息。杨春在县政府旁边订了一家正定最贵的酒店，也只有一百多元钱。赶紧去休息。天太热，几乎没有办法忍受。酒店旁边停车场的浮雕做得不错。

酒店挺干净，属于快捷酒店，条件还可以。一直休息到三点多才敢出门。未出电梯，迎面碰上一个漂亮姑娘，抬手举足，透出青春的光彩。我不禁脱口赞叹了一声。

先到了开元寺，去看钟楼和砖塔。没有想到，刚进门就看到了那尊轰动一时的大赑屃。2000年出土，堪称"中国之最"。把我和杨春激动坏了。体量极其庞大，超乎了想象。那种威慑感，无法用语言来形容。我让杨春做那组十二生肖，要的就是这个效果。这尊大赑屃，残损了很多，现在仍

然有一百多吨重。除了周围
有些残损石块之外，三十米
外有碑头的残件和几块残碑
体立在那里。可以让人们充
分想象这件东西原来建造时
有多么巨大。

杨春在开元寺

此开元寺已非旧观，
但到处散落着一些石构件，
也算是一个小型的石刻博物馆。开元寺为中轴线对称式排
列。最南端现存山门石构件一组，中间有新换的石柱及横
梁坊。但是，那种大唐雄风依旧存在。石柱及梁坊上，刻
有线描的佛像、经文和供养者的名字，还有一些花纹。虽
然屋顶已失，但足以想见其原貌。就现状来看，也很像一
组现代主义构成。山门之后，便是一座小殿，空无一物。
终端则是一座大殿遗址。这座大殿，是国内唯一的船型大
殿。殿中原有船型物，上有佛像及众生。左为砖塔，右为
钟楼。这种左右对称的形制，也为国内所仅有的一个例证。

刚一进门时，我看到了钟楼，以为辽金时物。进去一
看，才知为唐代原构，为国内现存唯一的唐代木构钟楼。
而砖塔，则为密檐形制，基本无饰。唯塔基四面各有石刻
力士一两尊。南面的两尊刻有督工者戚参军的名字。戚参
军也可能是出资者。塔的石券门都为原构，以方石构成，
面刻花草纹浮雕。

开元寺的石阶、地铺，很多是曲阳石料，里面银光闪
闪，为老鸹银石料。隆兴寺里面的嘉庆石碑，也是老鸹银

石料，只不过那块碑石料好得多。

从开元寺出来，又就近折向北面的天宁寺。

天宁寺之所以有名，是因为后面的那座凌霄塔。塔为砖木混构的八角九级楼阁式，始建于唐代。此塔可能在三层以上为木构，中心柱为国内仅有的一例。可惜，因为保护的原因没有看成。以后再来，从省里找文物部门的朋友先疏通一下，看能否有此眼福。乘兴而来，扫兴而归。

天宁寺的狮子挺有意思。大门口的那一对，应该是元代之物。二门台阶之下的那一对明物为薄片状，方柱石打造。方硬的线条，较为少见。门楼底下的那一对狮子，则为明物，有残损。

天宁寺凌霄塔

广惠寺华塔

从天宁寺往正定古城南门行，过临济寺。先去了广惠寺。广惠寺在古城南门附近。据杨春说，以前他和闫玉伟经常来这里吃饭，寺庙周围都是小饭店，很乱。现在的景况是近两年才改造完成的。原来，他对这座广惠寺花塔并没有在意。这座花塔，是金刚座与华塔的结合，也是国内少有的例证。金刚座为青砖砌造，上面的华塔则通体都是泥塑高浮雕，有佛像、力士和动物等。因状如盛开的花柱，称为"花塔"或者"华塔"。其实，这种华塔的形制，过去很普遍。定州的开元寺塔、曲阳的修德寺塔，都是如此。

广惠寺并不大。东面背阴处还挺凉快，和杨春就在那里坐了一阵儿。广惠寺北墙下，有一圈石栏杆，里面有一些石构件。靠东墙下还有一些古砖瓦，以及华塔砖雕或者泥塑残件，看了挺让我心动。看了一遍又一遍……

临济寺澄灵塔

从广惠寺到临济寺很近，南北不足二百米。北面的临济寺，乃是临济宗的祖庭，为义玄法师的道场。义玄法师，曹州南华人也，乃我家乡之人杰也，以顿悟和棒喝之机锋而闻名。现在寺中，有澄灵墓塔一座。绕塔三匝。在古松下小坐，与杨春继续聊他的创作，很是凉爽。

临济寺的香火很旺，一帮帮男女老少，都往后面走去参加法事活动，很是热闹。

累了，回酒店喝茶，休息。

天黑下来，和杨春出了门，一边散步，一边寻找吃饭的地方。先去看了一个广场，中间是一座赵云雕像，水平一般。背后的浮雕还有点水平，尤其是颜真卿的那一块。白天来时，一晃看见路边有座碑楼，就在附近，便寻了过去。是唐碑一通，遮蔽较严，基本上没有看清。

在大槐树饭店的地下二层叫了几个小菜，与杨春对饮一番。

正定，曾经是北方最大的城市之一，是华北地区政治、军事、文化的中心，尤其是在宋以前。原是恒山郡治，因为避汉文帝刘恒之讳而改为常山郡。后来，又改成镇州、真定。因避清世祖胤禛之讳又改为正定。对这座城市，我心仪已久。之所以想在这里住下，就是想更深入地了解她，走近她，体会她。

这座小城，历经千年风雨，历经无数次的战火，竟然还有那么多的古迹保存下来，真的不容易。想其盛时，究竟是个什么样子，真的无法想象。

8 月 28 日、河北曲阳

上午，在红立的会议室里，国家艺术基金项目"南北石雕交流展"课题组就展览的相关事宜进行了讨论。我和老夏作为专家被邀请入会，一个是学术主持，一个是顾问。

工作会议期间。右起：马文甲、陈培一、夏和兴、刘红立、杨跃武

就这个展览，我发表了自己的看法。

一、福建惠安和河北曲阳的发展不对称，不能按照时代发展的脉络进行比对。惠安的雕刻自汉代之后至南北朝时期有四百多年的文化真空与断层。而曲阳是几千年传承

有序的，发展没有中断。

二、惠安的石雕，以建筑构件为主，曲阳石雕以人物造像为主。

三、惠安的技术输出、作品出口早在明末时期就开始了。而曲阳的海外贸易则是在改革开放之后，这几十年（才发生）的事情。

四、南北朝和宋末的两次大移民，曲阳的工匠南迁，对南方、对惠安的雕刻可能会产生一定的影响。

五、实物展品，以曲阳和惠安的为主。全国其他产区，则以图片文献的方式进行展示。

我给他们介绍了中国几个主要的石雕产区。自北而南，依次为河北曲阳、山东嘉祥、掖县，陕西富平，安徽黄山，江苏宜兴，浙江青田，四川平武，广东云浮，福建福州和泉州，包括惠安，台湾的花莲等。展示时大致叙述其脉络和特色即可。从样式、语言、题材、技法、风格等多方面讲述。

老夏赞同我的意见。跃武建议南北对照、对比展陈，更为直观。也未尝不可。

中午，孙伟与几个朋友从邯郸过来。红立设宴款待。老友新朋欢聚。

老夏没有参加午宴，在红立的食堂吃了点工作餐便回去休息。老夏要赶下午的航班，回深圳去处理诸多事宜。

中午，（饭后）没有休息，便带着马文甲一行，对几个（重要）地方走了走，看了看初步选定的作品。先到了南故张村，看了刘金虎和刘静舍的作坊。又到了艺术家部落王芳尔处。原本考虑芳尔的作品不便运输，这次实地看了之后便决定用《骑兽观音》出去交流。

南故张村所见

又转回到翰鼎，调整了高英坡的作品，将他的金属与石头构造的鱼拿出去巡展。之后，又到了曲阳雕塑研究所，重选了马腾原的作品、刘保雷的作品。到了马若特处，重选

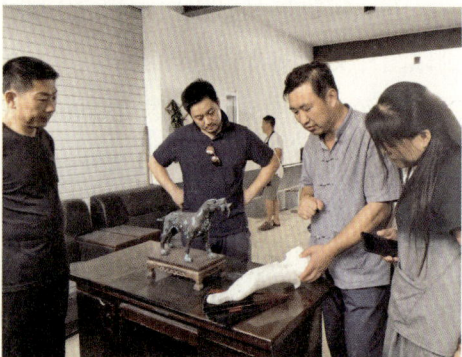

挑选作品。右起：曹铁敬、陈培一、马文甲、杨跃武

了他的作品。最后，到了李永虎处。

因为马文甲一行就要到定州坐高铁回京，跃武的车限行，便就近在井家大院吃了晚饭。刚坐下不久，老夏来电说北京飞香港的飞机出了事故，迫降深圳，（他的）飞深圳的航班取消，又折返回来与我们相聚。他到时，文甲正好上路，碰上见了面。

回到艺术家部落，因刘保权有喜事，闹到很晚，被迫撰联，老夏书之。

9月1日、河北定兴、定州

原本想迟主任会通融一下，把验收课题的时间往后再推几天。没想到，时间搞得太紧张了。还有几天就要汇报课题了，压力很大，真的有些睡不着了。昨天晚上，工作到夜里十二点多。今天早上五点多又爬起来，拼命地赶，终于把郑州的调研报告完成了。完成了这个，其他的东西困难都不大了。把要做的工作列了一个表，一个一个地来完成，逐个击破。

七点左右，杨春开车，带着铁敬、刘杰和李永虎来接我回曲阳。请他们到窦店吃了庆丰包子，然后上路，赶往定兴，再访北齐石柱。

杨春累了，换李永虎开车，对路不熟，对车不熟，从几个小村子里拐进来，结果划伤了杨春的车。但是，巧得很，今天是石柱村的大集，也只有这条路才能进来，其他的路都堵死了。来石柱村看石柱也不止一次了，但今天的天气最好。所以，看得较为真切。这个季节也好。

石柱顶的方盘上基本上都是非中国化的图案，是很"当代"的几何图案和西方装饰花草图案。方盘上面三开间的石屋看得真切，为罗马柱，正间有坐佛。上面为庑殿顶。

永虎和杨春说上面的白石可能是房山料，我以为是曲阳料。刘杰说他看过一个资料，说房山料始采于元代。这个石柱是房山料就断无可能了。在石柱的西北侧，发现了"杨平"的字样。流连近一个多小时，驱车离开石柱村，赶往定州，去看新开张的中山博物馆。路上不顺，到定州时已十二点多了。铁敬领着去找地方名吃，人都很多。后来找着这一家兰庭居，竟在老马家门口。怕给他添麻烦，没敢叫他。铁敬请我们美餐一顿。之后，到老马那里取了参观票。

柱顶方盘底面

　　定州中山博物馆共有四个主馆。一个石雕馆，一个汉墓馆，一个地宫馆，一个定瓷馆。另外，附属一个文化名人馆。这四个主馆，基本上都看过，但都是在布置尚未妥当之时。今天，总算有时间把这些东西认真地看一遍。边看边给他们几个讲。这次最大的收获，就是把地宫展看透了，把上次没有见到的玻璃器皿给拍了一遍。

　　回到曲阳，与羊平村的一些新老朋友欢聚。

　　没有恋战，早早从酒席上撤出来，指导杨春做雕塑头像。

　　之后，在工作室里把朱弈郎翻译的北美资料看了一遍，把有关建成雕塑管理的内容选出标出。又把中国台湾的公共艺术"法案"看了一遍，选出需要的内容。这样，所有的基础工作基本完毕，就等明天往报告里面装了。

9 月 11 日、北京昌平

早上九点多钟，杨春来到家里，接我去大同。

沿西六环先到了居庸关。居庸叠翠为燕京八景之一。不过，现在还不到时候，略早了些。之前虽多次造访，多次过往，但云台来得却少。这次专程带杨春来看。云台创建于元至正五年（1345 年），可能出自曲阳杨氏家族之手，为古时过往居庸关的关口咽喉。至今，其仍然保留着近尺深的车辙。所谓云台，言其高也。汉白玉砌筑，为房山汉白玉石。高约三丈，宽约九长，进深约五丈。

居庸关云台

券洞为盝顶，东西两壁的南北两头雕四大天王，中间
为汉、蒙、藏、梵、维吾尔、西夏等文字书写的经文。两
斜壁为十方佛。顶为五方佛。其间，遍刻千佛。南北外墙
面的券口，雕饰各种中西合璧的装饰图案。顶为大黑天王
等像。底为十字形图案。整座云台的装饰风格和造像样式，
以藏传佛教为主，间有汉饰。这正体现了大元以黄教为国
教的作风。

四大天王基本上为丈八大小，高广皆如此，不足四米。
十方佛及五方佛，皆身高一米左右。千佛皆二十厘米左右，
或至足尺。云台之顶，四周雕饰龙头，四角有螭龙，以承
雨水。其上原本有建筑，今已毁。

四大天王之一

当年意大利威尼斯人马可·波罗可能不是沿此进入北
京的。如果是的，那么那本伟大的游记中肯定会有对云台
的描绘。因为，我们从中看到了卢沟桥和元大都的影子。

云台的雕刻历经六百多年的风雨，如今大部分保存完

好，只有券口部分和一个天王的脑袋被青石雕件替换。云台雕刻体量之大，雕刻之精，刻画之细，为元代雕刻之冠。水平超出了所能见到的所有元代雕刻。其中，虽然有宋代绘画的影子，但并不纤弱。线条遒劲，形象张力十足。如果把这座东西也算作曲阳先人雕刻遗存的话，当为曲阳雕刻之冠，无出其右者。比五台山灵泉寺的牌坊不知要好多少倍。在此逡巡了一个多小时才离开。驱车赶往鸡鸣驿。

鸡鸣驿财神庙

财神庙壁画

鸡鸣驿，十几年前曾来过一两次，但并没有留下多深的印象。此驿城，可能是中国现存最大的驿站。略呈四方形，青砖砌筑，城高三丈许。我们从西南的城门进去。进去一看，比原来的印象更差，更破败。一条东西大街，贯穿两门。(街道)两旁的房子东倒西歪。只有一座财神庙保存完好，砖雕也甚精。

指挥署衙门，曾是这座小城的最高权力机关，非常破败。从旁边的三尺巷走过去，指挥署的后院便是庚子西狩[1]时两宫西逃曾住过一宿的地方。到老佛爷下榻的西厢房看了看，十分简陋与寒酸，真的难为她老人家了。光绪帝下榻的房子为东厢房，房门紧闭，想必也不过如此。

指挥署旁的三尺巷

在驿丞署旁边的一个康家老店吃了午饭。虽然是农家饭食，但味道很美，价格也便宜。吃完饭，原准备到城上走一遭，没想到天降大雨，只好作罢。

上了高速，与贾崇生[2]联系。他在涞水，在我后边往大同赶。约好了在宣化南的服务区会面。会面之后，再同去大同。

晚上，老贾把家人叫来一聚。今天巧了，是宜潮女儿五岁的生日。大家一起祝贺这个小宝贝。老友新朋相聚，不免多喝了两杯酒。

白天，收到了黄宝庆发来的郑益坤和沈绍安的图片。晚上，连夜把沈绍安的内容补充到了文稿之中。把郑益坤的图片也整理完毕。到午夜十二点半才完工。

今天，是我的课题上会参评的日子，不知道结果会怎么样。

注释

1. 1900 年（庚子年）5 月 28 日，八国联军入侵北京。8 月 14 日，北京沦陷。次日晨，慈禧带着光绪皇帝仓皇逃离出京，一口气跑到陕西西安。何谓"西狩"？"西狩"一词，出自《左传·哀公十四年》的"春，西狩获麟"，说的是鲁哀公去西边打猎，猎获了瑞兽麒麟。慈禧一行逃离京城后，首站就到了怀来县（今属河北省），没有住处，只好夜宿于鸡鸣驿站。怀来县知县吴永慌忙接驾，凑合着给两宫奉上小米粥、玉米面窝窝头。尽管食品粗陋，但是饥寒交迫的慈禧还是很高兴。之后，吴永就被点名随慈禧西行，担任前路粮台会办。吴永日夕为两宫服务，目睹了两宫西行的全过程。后来，由吴永口述经过，由时人刘治襄写成见闻录《庚子西狩丛谈》一书，始有"庚子西狩"之说。1902 年 1 月 8 日，两宫乘火车抵京郊马家堡车站，再乘舆经永定门入正阳门还宫。慈禧和光绪从西安返京，被称为"两宫回銮"。

2. 贾崇生，大同企业家。山西临汾人，祖籍山东成武。

9月13日、山西大同

　　早上，把《当代艺术与传统工艺》的稿件发给中国文联出版社。课题评选还没有结果。前天，李学斌还打电话来问及此事。

　　上午，到了明堂旧址去看了看。上面复建了一个明堂，搞了一个陈列馆，名曰"北朝博物馆"。原本想一两个小时结束，没想到一进去就没有出来，待了整整一个上午。

大同明堂北朝博物馆

所谓"明堂"，就是帝王举行朝会、大典、祭祀天地之所在，属于礼制性的建筑。明堂之制，概起源于汉末。今北京天坛，实为明堂，成为了祭天的专门场所。明堂这个建筑，如同辟雍，圆形规制，环水，四方有桥。中间为一座高台建筑，为阴阳合体的样式。上圆下方，以象征天圆地方。共三层，上两层为圆形，下层为方形。单数即奇数为阳，偶数为阴。二为阴，一为阳。二加一合则为阳。一层的方殿，外设二十八根柱子，以象征天上二十八宿，承托天穹。二层设十二根龙柱环立，与一层相接，以象征十二月、十二地支、十二生肖。与外面的二十八根柱相合。

《叱列太妃墓志》志盖

北朝博物馆就设在明堂之内。里面的东西不算少，但有大部分东西不对。佛造像、石灯、墓志石还行，但是棺床、造像碑都不对。其中，有三合隋代的墓志石和一方小墓志石，为曲阳汉白玉石材。三方墓志，皆有三尺见方，那方小墓志约尺许。有一方《叱列太妃墓志》很重要。叱列太妃，曲阳人，为西域移民，可能出自昭武九姓之后。《隋书》说昭武九姓本是月氏人，旧居祁连山北昭武城，今天的甘肃临泽一带。因被匈奴所破而西逾葱岭，支庶各分王，皆以昭武为氏，有康、安、曹、石、米、史、何、穆等九姓，故称昭武九姓。在现场抄录墓志，达一个小时左右。内容极为重要。

上午，在明堂泡了整整半天，赶到了老城区的中心。

在钟楼旁边的一个地方餐厅享受美食，味道极美。老贾又叫了一大桌子人作陪。然后，我又到华严寺转了转。

十几年前来过两次，破败不堪。今日一看，大不相同，环境治理、修整得非常好。新建了不少建筑，真正的辽金建筑并不多。只有大雄宝殿和薄伽教殿保存得完整。大雄宝殿内的泥塑，为明塑，呈释道结合的阵仗。生活化、世俗化现象很明显，但造型已无宋元之神韵，较呆滞，不鲜活生动。

薄伽教殿辽塑

火山岩雕石狮

而位于西路的薄伽教殿，也是一个高台建筑，殿内的泥塑为辽塑，较大雄宝殿的精彩多了。但也不如下华严寺的好。火山岩石雕，是华严寺古代雕刻遗存的一大项。此石出自大同县，极硬，不好雕刻。但是耐风化，少显岁月留痕。

时间晚了，便没有去华严寺。善化寺也不错。待有机会吧。

新结识的曲阳小伙子郭文敬陪我和杨春看了华严寺和大同博物馆。上次来时，时间很紧张，这次时间也不够用。不管怎么样，又转了一圈。到闭馆时让工作人员给请出来方作罢。上次来时，就看到唐代的那一对金刚力士，并没有看出是白石，更别说是曲阳汉白玉。

杨春（左）与郭文敬（右）在大同博物馆

因为修复时灌胶太多，没有办法看出原来的模样。听云岗说是曲阳白石。因为他编过《大同文物志》。

晚上，老贾又招呼了一帮人喝酒，把在大同参加大赛的曲阳郭文佳、王金章和葛要林，还有一个小伙子——记不清名字，也都叫了来。

听老贾说，王志刚夜里要到大同。天下大雨，不知道飞机能否准点到达。

与章华[1]联系去张北之事。

注释

1. 章华，1964 年生于河北康保。著名雕塑家。现居北京。

9月14日、河北张家口张北

早早起来，离开酒店，往张北方向而去。与老贾话别，嘱他尽快将《大同地方志》搞到寄给我。他说昨天晚上给我说着了，王志刚的飞机在大同不能降落，降到太原去了。贾宜潮去接的他。

昨天晚上，章华就把张北县有关方面领导的电话发给我，说已经做好了接待安排，与指定的一个什么科长联系，

中都城

考察之事已经安排好。如此甚好！我们先到了张北县城，我怕杨春冷，他带的衣服不多，便让他去买了秋衣秋裤带上。又买了些当地的胡麻油月饼。在一个路边店吃了碗刀削面，便赶往张北县的中都城遗址。

越往北走，越荒凉，但比我想象的要好些。到了一大片杨树林，便是目的地。给值班的工作人员打了招呼，便进了遗址。未进去，便碰上一个小伙子，他说一个人都没有。我们互相在门口帮忙拍了照片。

这个元中都遗址，已经成为了国家级的考古发掘公园。我们是从南门御道进去的。从外城城门遗址逐渐往里走。这个城的遗址，主要保存的是皇城部分，比较清晰，比较完整。这个城址的规模相对较小，比黑龙江阿城的金上都遗址规模要小很多。南北长约两里，东西约一里。

中都城大殿

　　大殿位于城址的中心点上。现在的遗址是在原来的基础上复建的，大约提高了一米五，保留了一些考古工作面，可以了解当年的地面高度、建筑雕刻的形制以及发掘情况。南面是月台，月台后面是前殿。前殿外为环廊，外立二十八根大柱，内为二十四根。柱础为覆莲形，直径三尺有余。这些汉白玉雕刻的柱础，深埋在保护层以下。而这个大殿上下两层的螭首，则都是新雕刻的，工艺还不算太差。原件可能都进了博物馆。在年代最早的保护碑前留了影。之后，又到东南角楼转了转，看了看保护较完好的水门。等我们出来时，才陆陆续续有人来。看起来，还是有人关注古文化的。

　　从遗址公园出来，便赶往位于县城的中都博物馆。这个博物馆是收费的，可能是私立的。那个科长已经做了安排，开了免费参观券。果然，我的推测是对的。这个博物馆中，陈列了有七八十根螭首，大小不一，样式有别，但都是曲阳汉白玉。博物馆中还有一件保存极为完整的螭龙，是殿角的，据说为国内唯一一件。这件作品为复制品，原件可能在省博物馆，

中都博物馆螭首

我可能看到过。博物馆中，展陈了一些石雕残件。其中有一块地铺石，五彩斑斓。杨春说，这可能是曲阳党城的豆瓣石。另外，还有一些琉璃脊兽也很有特点，与汉

地略有差。

这个展厅中，还有一件汉白玉石猴，亦曲阳白石，高约八十厘米，宽约三十五厘米，厚约二十五厘米。并非完全写实，而是据石材随形而作，有点意思。

没有到此地来之前，对蒙元都城的概念是有些不清晰的，在"中都""大都"之间有混淆之处。因为所看到资料的原作者并未做实地大调研，以讹传讹。蒙元共有四座都城：初都哈拉和

中都博物馆石猴

林，在今蒙古国境内；再都上都，在今内蒙古锡林郭勒；再都中都，后改称大都，在今北京；后建中都，即张北县此城；且有多伦白城子和沽源察罕脑儿两处行宫。多伦在东，沽源在西，分别称为东、西凉亭。而察罕脑儿这个西凉亭，则出自杨琼之手。

从博物馆出来，原计划去张家口。杨春说："师父，既然到了这里，这些地方又都不远，也就是一两个小时的事，咱们就去一趟吧。免得给您留下遗憾。"此话正合我意！打电话谢过那位科长和章华，便北上锡林郭勒。

上了高速之后，越往北走，车越少，路越宽，地势越开阔，视野也就越开阔，心情也就越舒畅。

天越来越低，不一会儿便阴云密布，下起雨来，越下越大，气温也就越来越低。有点冷了。我虽然多次来过内蒙古，但深入内蒙古腹地还是第一次。杨春没有来过内蒙古。所以，我们两个都有同样的心情，同样的新鲜感。

在哈毕日嘎下了高速，摸黑走了二十多公里，到了锡林郭勒盟，住在一个大型广场的旁边。酒店挺好，挺干净，房间挺大，也很便宜。值班的老板娘是满族人，人很热心。在她的指点下，我们找到了格日勒饭店，吃了血肠、毛肚、羊肉，喝了半瓶草原白酒，味道不错。然后，步行穿过广场回酒店。隐隐约约地看到广场中有一件大型的人物骑马像，应该是成吉思汗的雕像。

9月15日、内蒙古锡林郭勒盟

　　昨天，不知是累了，还是酒好，睡得挺香，起得挺晚。杨春今天破例起得早，七点钟就到我房间里来了。退了房，然后找到酒店老板娘说的菜市场，一个专杀羊的地方。杨春买了一整只羊，刚宰杀的，分成六大包，放在后备箱里。就近吃了早点，豆腐脑极细、极美，还是平生第一次吃到这么好吃的豆腐脑。锡林郭勒这个地方，环境好，才能长

元上都遗址博物馆

出这么好的庄稼。

要往元上都去了，看不懂导航，便沿着上都路出城，撞了过去。出了城，打听了一下，方向竟然是对的。老乡们很热情，告诉得很详细。

出了城，就是天高云淡，就是地广人稀了。气温很低，很冷。我把所有的衣服都穿上了。多亏让杨春买了身秋衣秋裤，否则他根本吃不消。路上，根本看不到什么车。

我们先到了元上都遗址博物馆。我们是广场上停下的第一辆车。然后，步行进入了接待中心。乘电瓶车转到了后山的博物馆。这个博物馆设计得很特别，用混凝土板筑的巷道，涂刷成了红色，造型简洁，很有现代感。在蓝天绿地白云的映衬之下，很是醒目。我和杨春是第一批客人。

元上都的雕刻，出自曲阳杨琼等艺人之手。馆中陈列了大量汉白玉的建筑构件，还有几尊佛像。但是，石料并不出自曲阳，而是北京房山汉白玉。这样，就把房山料在元代之前并未开采的说法给打破了。不过，馆中陈列了一件征集来的雕刻构件，并非上都出土。这件东西，倒是曲阳汉白玉。为雕花底座，高约八十厘米，宽约八十厘米，厚五十厘米，工艺甚为精湛。

汉白玉角柱

馆中有一件镇馆之宝，为汉白玉雕刻的角柱，残高一米六左右，约五十厘米宽、厚，雕刻极华美。因为要赶时间，没有在馆里停留过多的时间。匆匆出来，赶往上都遗址。与一个南京的朋友同行。他是坐火车到北京，然后乘汽车过来，再租车自己跑。很好的方式。

上都遗址距博物馆并不远，只有几公里的路程。这个地方叫作金莲川。因为盛产金莲花而得名。周围环山，中间是一块相当辽阔的盆地平原，极平坦。上都遗址就坐落在这块盆地的北半部，坐北朝南。远远看去，规模十分庞大。到了景区门口，购票，乘电瓶车进入。很冷。电瓶车虽然有篷子，但依然挡不住多少寒气。

这个上都遗址，规模要比中都大得多，比中都宽三分之一。但是，南北要长出四五倍。大部分城址、建筑的基址保存较好。有的基址上面还保留着精美的构件。有一座楼阁的柱础依然存在，为砂石雕刻，较粗率、简朴。城砖并不大，而且较薄。建筑殿角立的斜柱石为

上都城门基址

砂岩，大都保留完好。因为还要赶路，就没有在遗址中多停留，匆匆转了一圈，就上路赶往寮罕脑儿。

车载导航让走高速，手机导航却让走省道、县道，近得多。杨春不知如何是好，我亦茫然，便决定走近道，也可多看路边的风景。虽然路途较近，风景很美，但却不是太好走。到了滦河风景区，是一个偌大的自然保护区，波光粼粼，碧波万顷，百鸟翔集，景色甚为秀美。再往西两

三公里，就到了小宏城子乡。可是，前面在修路，只好环湖绕行了十多公里。在路边，向一个老大爷打听了路径，确认了方向。再前行，不远的地方我忽然看到路边有一个方整的高坡，急忙告诉杨春停车，说目的地到了。停下车，果然看到了保护碑。

这个宏城子，就是当年的察罕脑儿，就是西凉亭行宫。规模并不大，东西宽约三百三十米，南北长约三百六十米。中央有三座高台，应该是主要的宫殿遗址。城址轮廓保存得较为完整。中央的台基遗址，东西宽约二十米，长约五六十米，尚有三四米高。荒草之中，残砖断瓦遍地，其中还有不少汉白玉石块。非曲阳石，而是房山料。忍不住捡了几块，心满意足了。

离开这个宏城子，南行赶往张家口。途中，在一个路边店简单吃了一个驴肉火烧便继续赶路。到了张家口，杨春自去养老院探望他的老姑奶奶。我则在张家口学院附近

宏城子碑前抽根烟

闲逛。到张家口是下午四点，七点钟离开（返京）。

还好，八达岭进京高速没有堵车。一路上都很顺。我到家时已近九点。老伴和她的同学聚会去了，把钥匙留在邻居家里。门锁得太死，打不开，老猫在里面叫得我焦心，破门而入。杨春连夜返回曲阳了。长途跋涉，天太晚了，有些不放心。十一点多，打电话问他是否安全到家。知其安全到家，才睡下。

12 月 20 日、河北曲阳

早上，增强兄弟来接我去吃早餐。在永宁小区旁边的好滋味喝了碗粥。回到杨春工作室，他媳妇说他去看牙医去了，便自回工作室继续搞创作。十时许，李平思[1]大姐来电话，说准备请我审校《中国工艺美术全集·河北卷》，并说费用并不高。这个事情，在几年之前大姐就找过我，准备请我来做"河北卷"的总主编，主持这部大典的编修工作。我的材料报上去了，不知怎么回事就黄了。后来，黄宝庆先生邀我参加"福建卷石雕篇"的编撰工作，对全集所有的工作规定和工作情况都已比较熟悉。审稿的费用虽低，但那都是规定好的。再说，几年之后这项工作又轮回到了我的手上，就已经不是钱的事了。我与这部大典、与河北工艺美术之缘，看来无论如何也难以分解了。当然，要感谢大姐这么多年以来对我的信任。因为，我三十一日要到石家庄转车去西安，所以便与她约好三十日提前到石家庄去，与她就相关方面的事情交流一下。平思说到时候提前再约。

杨春看牙医回来，说是患牙周炎已经好长时间了。已经十一点了，他已按照我昨天的安排与田庄大墓的相关工作人员联系好了，便带我去看。这个田庄大墓，就在艺术家部落西南不远的地方，很快就到了。几年之前，这个大墓刚开始被迫发掘之初，我和跃武、连朝可能还有海龙一起来过。整个现场都封闭了，不让闲杂人等进去。只是远远地看了一眼。一个月前，在曲阳定瓷公司有幸听到了当年的考古领队张春长先生的"田庄大墓"讲座，才对这个大墓有了一个较为全面的了解。但是，还仅仅停留在一个虚的层面上。尽管张先生讲得绘声绘色，声情并茂，文彩飞扬，然毕竟还没有身临其境。当然，也被张先生的情绪所感染，重新燃起了再去田庄大墓探访的欲望之火。可是由于当时着急赶回北京参加会议，未果。今天，终于如愿。从羊平村南西拐，过北故张村，到了北养马村就到了。几年前来时，并没有方向感和方位感，因为天阴沉。这一次，天不冷，且阳光又好，一切都搞清楚了。

大墓远眺（自南向北）

这座大墓，在养马村北、田庄村南。这两个村子也基本上连在一起了。这座大墓位于一个山间盆地的中心处。北面以一组山峰为屏障。自东向西，依次为龙首山、黄山、铁山、牧山、虎山。这五座大小不同的山峰前后错落，形成了一个太师椅的形状。南方，亦有一组小山包，名曰见龙山，是为案山。一条沙河从中自西北向东南流过。好一个风水绝佳之所在！正是古代堪舆家们所说的佳壤吉地。

考古工作结束之后，在墓地上方覆盖了铁皮大棚，四周拉起了保护网，还有人值守。杨春认识当年跟着考古队做记录的一个女孩，已经安排好了，所以我们才走进了这座曾经名声远扬的千年古墓。

这座大墓，为甲字形，墓道南向。墓道和墓室为了防止坍塌，现在用了很多的木棍支撑。墓道两侧原有部分壁画，已被考古队揭取。据张春长先生讲，此墓并未完工，壁画当时就没有做完。看来，墓主人死亡有些不正常，属于仓促下葬了。墓道的底端为一座砖券门，当为金刚墙之所在。进了这道门，便是一个玄关，左右皆有一间不大的耳室。玄关的进深并不大。正面的大门为乌头门，称为"乌头阀阅"。有汉白玉石门一道，石门或木门不存，石过梁已断裂，石门框断为两截。过道内有壁龛一对。

过道的里面，便是前室。前室有耳室四间，对称布列。

乌头门　　　　　　前室（西向俯视）

前室的平面，大致是六边形，周围用砖砌造两种形制不同的斗拱，还有十二个被破坏的构造遗迹，以为是承托十二生肖之所。玄关和其两耳室，也有另外不同形制的斗拱。玄关为长方形平面。过道的北口，即前室的南门口，又是一道汉白玉石门，过梁和门框已断裂。往后室去的过道口，又是一道汉白玉石门，过梁亦断裂。

后室为圆形平面，亦有几个耳室。诸耳室和两个主室包括玄关，都有明显的盗洞，且玄关和前后二室之顶已塌陷，让人痛心。后室之惨象，更让人触目惊心。巨大的汉白玉石棺椁被砸成数块扔得乱七八糟，棺盖也被砸成数块，棺床亦被扒开。棺盖前后档的朱雀和玄武尚在。棺床的覆莲花纹雕刻得极精细，且处理手法亦有较特别之处。据春长先生讲，后室还出土了石棺的负重承托力士数身。还有疑似墓主人石像一身。棺前有一方探坑，为埋藏墓志铭和哀册等证明墓主人身份信息的东西之所在。据说，此等物

后室（西向俯视）

石棺椁后档浮雕"玄武"

件俱被盗，致使墓主人的身份至今不明。

墓室俯视全图（北向南）

从墓顶上方，自北向南来看，这个墓室的构造设计极为精美，状如莲花。

墓表的建筑已荡然无存。考古队在墓前发现了一些建筑遗址。有阙楼，亦有石像生和望柱。有一根望柱被砸断扔到了右侧的阙楼前。联想到室内的种种现象，可能存在毁墓的情况。

神道的原地面在今地面下一米半左右。据介绍有文武俑，羊、马、虎等，无狮。看完之后，谢过值守人员。环墓一周，在田野中捡得青砖半块，为典型的唐代绳纹砖。

阙楼遗址前的望柱残件

据旧版《曲阳县志》和当地村民口传，此墓为汉初名将李左车之墓，且前几年有石碑在，今石碑已被盗。从出土的一切东西来看，此墓分明为唐末五代时期所造。这座僭越的大墓主人，可能就是盘踞在这一带的藩镇节度使。名单中推测，有安禄山、安禄山义子李宝臣、王处存、处存弟处直义子王都等人。各有指向，但皆无证据。所有谜团，都要等抓住那些在春节期间借着爆竹之声而掩盖罪行的犯罪分子，追索回被盗文物才能揭开。

从大墓出来，往回走到北故张村时，杨春指着车窗告诉我黄山上的黄石公庵就在这个村子的北面，问我要不要顺道去看看。甚合我意，便打听了路径，从卢进桥[2]大师的那个老厂子旁边驱车上山。上山的路并不好走，坑坑洼洼的，有时就没有路，在乱石堆上前行。走了一段之后，就好了些。山上的矿山采石场都停了工，有的还有人看守，有的空旷无人。车开到半山腰，上不去了。一个地磅前设了栏杆挡住了去路。便停下车，往山上走。杨春来过一次，有点印象。又向一个看厂子的打听了，便穿过一个大车间再往上走。边走边回望那座田庄大墓，就在这个山环的中心位置。转了一个弯，就看到了传说中的石公庵，就是黄石公隐居之所。

爬过了一段水泥台阶便上了一个平台。看来，这座古寺庵也在扩建，不过工程已停工。施工质量一般。这个平台的北面，还有一段高台阶。再拾阶而上，才到石公庵。台阶之下，立有两块汉白玉石碑，一块为清康熙三十一年（1692年）的，一块为乾隆二十七（1762年）年的，皆为重修寺庵的功德碑。乾隆年间的碑下端刻有工匠的名字，是难得的好资料。与杨春把这两块碑认真

杨春在张良洞前

地通读了一遍。再拾阶而上，便是几间新建的殿宇，后面的山崖中夹着两间石室。下面的为黄石公洞，上面的为张良洞，里面有新设置的雕像。石室都不大，每间也就十平方米左右，不规则，大致为长方形，室内以石片垒砌成炕或桌台。这一切，看起来和汉黄石公、和张良没有什么关系。后面高处的悬崖间有一通描朱的题刻。杨春说是明代所刻。山势陡峭不好爬，便没敢上去看一眼。时间不早了，有点饿，便往回走。

上山时，下山时，杨春都一直在给我介绍黄山上的各种矿山资源，各种石材的性能。

卢进桥捐款修路纪念碑

回到山下，在卢进桥大师工厂旧址看了看。这种衰败景象，让人看了心痛——房倒屋塌，荒草丛生，杂草丛中还有些石料和半成品。只有大门口1988年立的那座捐款修路纪念碑，还在诉说着昔日的辉煌。门内线杆上的公司招牌已经锈得一塌糊涂，连点漆皮都看不到了。

还不错的是，卢大师的工厂旧址前是七八十年前荣臻渠的旧址，还有一座水闸和一段沟渠存在。荣臻渠从晓林大沙河引来，环黄山，过北故张村入羊平，再流入今新乐境内，全长二十余公里，灌溉数千亩良田，极大地支援了根据地的军民抗战和建设，也为当地百姓造福。

今天看到的东西，有的已经损失，如田庄大墓的被盗文物；有的正在消

荣臻渠旧址

失，如荣臻渠，如卢大师的工作、生活旧址；如黄山上的名胜古迹和矿产，都缺乏必要的和正确的保护措施。保护历史文化遗产和自然资源同等重要。这不是哪些组织和个人的事情，是全民族的事情。当然，这也不是一朝一夕的事情，而是持久战。具体到羊平来说，这些保护要和雕刻小镇的建设挂起钩来。

注释

1. 李平思，女，1954 年生于河北。1975 年毕业于河北工艺美术学校雕刻班，分配到河北省二轻局工艺美术公司工作。1999 年，担任经理。2004 年，河北省工艺美术协会成立，担任会长。2009 年，任常务副会长。2016 年，复任会长。

2. 卢进桥，男，1928 年 2 月 18 日生于河北省曲阳县北养马村。师从舅父刘东元，学习雕刻技艺。卢进桥是曲阳当代雕刻事业的重要开拓者，是曲阳现代雕刻产业的重要创建者，是曲阳现代雕刻艺术的一代宗师。1988 年被授予"中国工艺美术大师"光荣称号。

12月28日、河北曲阳

上午，继续修订《曲阳雕塑文化艺术史》。同时，边查资料，边（打电话）询问有关人士，落实有关方面的内容。同时，将新拍摄的图片补充到其中。

中午，杨春和铁敬来了……

本来要安排一起吃饭，杨跃武突然打来电话，说已经定好了（让我）到灵山定瓷产区那里去讲课。下午五点开讲，便推了杨春和铁敬的饭局，跟跃武走了。

在县城简单吃了两口饭，就往灵山方向去了。从光绪版《曲阳县志》知道西燕川村的燕川寺有隋开皇八年（588年）所造石佛，不知在否。一直想去看，没有合适的机会。（今天）正好顺道去看看。保雷路熟，就又叫上他开车。抄近道进了燕川村。

这个燕川村，是定瓷烧造的最西端。著名的王

笔者授课中

处直墓就在村西的山腰上。十几年前我来过此地，但是没有进村。进村之后，一打听说西燕川有个古庙在山顶上，东燕川有个新庙在山下。我们要去看的应该是山上的古庙。目测了一下距离，还挺远。天气又冷，只好作罢。明年开春再说吧。然后，就驱车去了岗北村的庞永克家里。

路过庞家洼，去一家作坊看了看。生意挺好，刚出窑就已经卖完了。前几年来过这里，买过一些瓷瓶，挺便宜。这个兄弟很热情，这次还不错，每人送了一只大碗给我们。

过定窑遗址。穿南北二镇和涧磁村，来到岗北村庞永克家里。在他家里喝了一个多小时的茶，聊了一阵天，就到了村里的小学学校，给他们去讲课。开讲之前，庞永辉赶来捧场。这是第一次在定瓷产区举办的文化讲座。我讲演的题目是"中国陶瓷文化艺术史"。

教室不大，挤满了人，有五六十人，窗外还有。大多是中老年人。有两个模样清秀的女青年中途走了。因为天冷，大家晚饭都没有吃，便没有放开来讲，讲了一个多小时就结束了。这里都是一线的手工艺人。

岗北村小学讲座课堂

讲座结束了，便到了一座老瓷窑改造的饭馆去吃驴肉大饼。天气冷，又叫的是凉菜，吃得不舒服。当地人自己酿的白酒，喝了几口，还行。还好，结束得较早。驱车四五十公里回到工作室，才刚刚九点。

今天，基本上是在七十多年前白求恩大夫巡视的地方转了半天。野北村、南家庄村、韩家庄村，都留有这个国际友人的足迹。

在南家庄去了接岳寺，未进门。

走笔中山国

北方雕塑文化
田野调查行记 ●

陈培一　高英坡　编著

下 卷

中国文联出版社

第一场

2017 年 4 月 22 日、河北曲阳县辉岭村

陈培一（左一）、马志国（左二）、夏和兴（左三）

〔**编者按**〕2017 年 4 月 22 日，杨跃武驾车，载着陈培一与夏和兴，驱车 30 公里，来到曲阳县城北灵山镇的辉岭村，拜访民间艺人马志国先生。马家的大院子坐落在村东的一个高坡坡上，由两个小院子组成，墙头、屋角到处堆放着烧造的陶艺作品，显示出与左邻右舍的不同。东边的院子是马志国和他儿子马若特的陶艺作坊，支着电窑，西边则是他们一家人的住房和待客之所。院落的前面，还有一块大大的菜地，种满了各种菜蔬。宾主之间的对话，先

后在他们的陶艺作坊里和客厅里展开。从茶桌换到了酒桌，从铁观音换成了茅台，茅台喝完又加地瓜烧，一直都在热烈地、欢快地进行。

对话人：陈培一（中国工艺美术学会雕塑专业委员会第三届秘书长）

　　　　　　马志国（河北省曲阳县辉岭村农民）

　　　　　　夏和兴（深圳雕塑院副院长）

　　　　　　杨跃武（河北省工艺美术协会雕塑艺术指导委员会副会长兼秘书长）

　　　　　　马若特（河北省曲阳县辉岭村农民、当代陶艺家）

地　点： 河北省曲阳县灵山镇辉岭村

时　间： 2017 年 4 月 22 日

录　音： 杨跃武

一

　　话头，还是从马志国的"作品"——马若特说起。

　　陈培一（以下简称"陈"）：老马，昨天若特跑过去找了我和老夏两趟，夜里十一二点才走。我实在困得不行，坐都坐不住了，才把他轰走。

　　马志国（以下简称"马"）：若特这么多年以来，我感觉他也特别苦恼，走过好多路，做农民，学过雕塑，后来又做陶艺。这些年做了几个系列，其中有"山娃"系列、"大人头"系列、"罗汉"系列等陶艺作品。

夏和兴（以下简称"夏"）：听说他还做过"性系列"，这个以前没看到过。

陈： 我以前看到过。老马，您不仅是若特的父亲，而且您还是他人生中的导师，您对他的培养，是其他农村家庭对孩子的培养条件所不具备的，您对他培养的手段还是比较高明的。

马： 通常来说，让他读了雕刻学校，以后能做个行活，能有饭吃就可以了。但是我个人以为，你（马若特）既然走了艺术这条道路，你就要在艺术上有所成就，要活出个样子来。

陈： 您对他的要求还是比较高的。

马： 对于他来说挣个四五万块钱很容易，那我不稀罕！如果要是做个作品，在行业里有所突破，我就挺高兴。因为，我从小爱好这些。

陈： 您是要把自己未实现的目标、未了的心愿，在若特的身上实现。这一点，完全可以理解。昨天，若特跟我们俩说了，说您这一辈子的经历很丰富，做了十几个营生，什么都干过，干过建筑，干过石雕，还会相驴，这使得我跟老夏都非常感兴趣，也很好奇，所以决定跟您好好聊聊。

马： 我上学的时候，家里穷，上学都是断断续续的，学的文化知识不多。好不容易上到初中，"文化大革命"开始了，后来不上学之后很苦恼，我就去农村教小学去了，就这样一直在学校待着。我爱好语文。我感觉做雕塑、做泥人，都是在做文化。你没有文化底子，就做不出好作品来。就跟戏曲一样，一台戏有唱功、念功、舞台艺术，还有文场、武场等，是一门综合艺术。

陈：还有音乐伴奏。

马：伴奏属于文场，打锣属于武场，所以放在一起就是外场。这个戏曲质量的高低、好坏，是由拉大琴的、操作大弦的琴师决定的。

陈：您说得对！您有做手艺的这种情怀，喜欢玩这个，大概是什么年岁？

马：从小就喜欢。

陈：您是受到了什么影响？

马：我受到我父亲、母亲的影响。我母亲就是一个心灵手巧的妇女，她会画画。

陈：您母亲会画画？

马：嗯。我母亲，她是个大家闺秀！我的姥爷是冯玉祥的副官，他是燕京大学的第一批高材生，很有影响力。那时候，蒋介石下达"不抵抗命令"，撤退的奉军过曲阳，到处烧杀抢掠。军队路过我姥姥家所在的村子，就因为有我外祖父拄着拐棍出来，跟他们在村头照面，他们村子就没有遭难。

夏：从艺术基因来讲，您的艺术基因主要来自您母亲的那一方。

马：其实，我父亲也是一个心灵手巧的人。他的语言很丰富，说话很风趣，能言善辩。

陈：他们是做什么营生啊？是种地还是做买卖啊？

马：全国解放以后，我父亲当了工人。

陈：那解放之前呢，您的祖上是干什么的？

马：正儿八经的农民。

陈：那个时候，您父亲就有工资了吧？

马：没有。好日子没过几天。父亲那个时候精神不大好，发生了一些事，让他的大脑受了一些刺激。我们那时候生活得特别苦，我父亲不干活，我们家里弟兄四个，就是靠姥姥家的接济。有时候，人过些苦光景也是有好处的。生活困苦了，你才会上进努力。那些生活富裕的人大多就不那么努力了。比如说，我在学校就想着学习，想着转成正式的老师。我就有动力。如果我总是坐享安逸，我也就没动力了。后来，我又到山西干建筑包工，盖楼。我是小包工头，因为我会画画。

陈：属于技术工种，可以搞点设计。

马：嗯。简单的设计。

陈：还是个建筑设计师哩。

马：当时在山西大同包工，那个厂子里要弄个城雕，是由水电部领导主持的。曲阳人跑了十来趟也没有跑成。城雕的内容是能代表电力事业的两组石雕，难度比较大。如果是煤矿，还可以根据行业特征进行处理，有具体形象的标志可以参考，但是电力却是无形的，当时的曲阳人弄不成。

夏：您在山西做包工，是什么时候的事？

陈：对，那是什么时候，您多大岁数？

马：1985年前后，三十六七岁吧。

陈：正是好时光。

夏：是您走近艺术的一个起因吧？

陈：您弄成了吗?

马：我也没弄成（哄堂大笑）。但是，其中的一个主雕我参与了。方案是用三个片代表电的三根线，正好是一个圆，有他们的厂徽，底下是一个碑。最后，我还得了两百块钱的奖金。

陈：那方案是您画的?

马：我参与了。

夏：1985 年前后正是中国当代艺术萌芽发展的阶段，也是新中国的城雕刚开始起步的时候。您就参与了，还做成了，竟然还赚了两百块钱。

陈：是不是当时这两百块钱对您的影响很大? 那时候，这两百块钱很值钱!

马：那当然了! 当时厂子的工地就一百多个人。我觉得虽然我就是个农民，但有时候还列席会议。虽然工资不高，但是厂子里还是比较看重我的。

夏：嗯。雕塑的种子，就是在那个时候在您心里埋下的。最重要的就是，您有两百块钱的奖金。（大笑）

陈：这奖金比平常干活给的工资都多。

马：当时，干活的技术工人一天才五块钱。

陈：是啊，老夏，你想想 20 世纪 90 年代初的时候你多少工资，我多少工资啊。

夏：对对。那时候每个月才六七十块钱工资。

马：后来的另一组雕塑是一边一匹马。马的左边是个男的，右边是个女的，男的带着女的跑。男的驮着个太阳，女的驮着个月亮。它的含义是电代表速度也代表马力，电厂工人骑着马把太阳的光、把月亮的光给引导下来。后面就是主雕，那是大学生弄的，很有意思。就那双鞋，他们美院的就跑了四五趟。穿球鞋好啊，还是汉鞋好啊，还是大皮鞋好啊，拿不定主意。因为电力工人没有个特殊标志，这就很难办。从这件事中，可以看出来没有文化是不行的。没有文化，你搞不出创作来。你看马代表马力，太阳代表光辉。你说要是没读过书，就只是个打雕刻的工人，是想象不到这些的。

陈：您记得这是山西的雕塑家做的，还是北京的雕塑家做的？

马：北京来的，美院的。别人完不成这件事，所以要搞创作必须有高深的文化知识和丰富的经验。

二

陈：您后来有没有参与和曲阳有关的石雕、建筑等工程，比如揽过什么活儿？

马：没有，后来我就转到园林建筑了。我觉得园林建筑也有雕塑的成分。比如在公园里做一组蘑菇亭，要把这一组蘑菇亭当成一家人。不能做成一样的，大一点的代表男主人，小一点的代表女主人，最小的代表孩子。这一组作品，一看就是一家人，很人性化。

陈：嗯。要有空间、形体的变化，大小、色彩的变化，这都是雕塑的语言。

夏：还有占据空间的能力。

杨跃武（以下简称"杨"）：还要讲个故事，一家三口。

陈：很抒情。这个您完全可以自己完成。

马：这个就简单了。

夏：您的手工能力还蛮强。

马：这人是不是心灵手巧，看手的弯曲程度就能看出来。神经末梢是不是长到那了，一看他拿水果刀就看出来了。（边说边伸出了双手让我们看）

陈：是聪明人还是笨人，从看手就看出来了？这个好，有意义。

夏：你们看他（马志国）的手翘起来了，他的手很柔软，柔软就很富贵啊。（笑声）

陈：那您是从什么时候开始做泥塑的？

马：做泥塑是为了给我们家孩子打下手。

夏：起初马若特上的是雕刻学校，后来慢慢地走上了陶艺这条路。那么，马若特去做雕塑是自己愿意去的，还是您引导他去考的？后来，您是怎么参与到您儿子马若特的雕塑创作里边去的？

马：我那小子（马若特）那时候还处于懵懂、恍惚的阶段，我觉得必须要亲自去引导他。咱们每个人也都会经历那个阶段。

陈：那个时候，马若特还是懵的，实际上他未必想干雕刻，这活儿又脏又累。上雕刻学校就是为了有个出路。

马：嗯。他考学考不上，上大学的路走不通。

夏：我们知道您的古文功底不错，马若特有没有遗传到您的文化基因？

马：没有遗传到。他很浮躁，没有好好学习，成熟得较晚。因为他没有受过苦，我受过。十来岁的时候，父亲病了，把我放在姥姥家，当大人使。

陈：那您母亲怎么样？

马：我妈这个人，在农村来说，无论从德、行等各方面都是比较优秀的。她受的教育和其他农村妇女不一样。

夏：嗯。家庭教育不一样，出身名门嘛，大家闺秀。

马：开始的时候，我想让若特到中央美院去进修。但是央美进修班一年就招四个人，他就没有那个资格。后来，辗转到天津，天津美院要求比较松点，在天津待了一两年。所以，搞创作是很难很难的事。

陈：他（马若特）在天津美院学习了一年，您感觉他学习得怎么样？

马：学习机会是很难得的。但有时候学美院的东西就学死了。我觉得美院的东西，学的是西方的东西。

陈：这是肯定的。一百年的现代艺术教育，几乎全是从西方过来的套路。

马：我感觉真正的雕塑文化还是在中国。比如说门口的狮子，西方的狮子是写实的，咱们中国的狮子形象在动物里头夸张得是最成功的。在门口放这样的狮子就像样，尤其是汉代狮子的线条装饰性很强、很威武。如果放个真实一样的狮子就不像样。

夏：昨天，我跟马若特在陈老师那儿聊到晚上十一点，他讲了几件事。他说前面的路都是您一手带着他走的，包括找女朋友、相亲，都是您包揽的。他说他相亲相了49个，

都是您给安排的。要是包括您暗地里给看过的，相亲对象有60多个。（大笑）

　　陈：这挺好，非常真实和感人。他去天津拜于庆成先生为师，在那里偷师学艺，现在讲起来是很调侃的，但是当年是很不容易的。您认为他学雕塑开悟是什么时候？

　　马：他去于庆成那学习的时候，还有个小插曲。那时候，我在山西盖楼。偶然间看到一张登载于庆成作品照片的报纸，作品非常漂亮，我就收起来了，等过年回家的时候，我就给了我儿子。我说给你找了个好老师，你以后就跟着他学习。然后，儿子就说我已经跟着于庆成学习了，我的老师就是于庆成。有些事就是冥冥之中安排的。若特所在的天津美院，那里也是于庆成的母校。于庆成在那转的时候，在那么多学生中挑上了若特，让若特跟着他走。他（于庆成）看他（马若特）的性格等各个方面都还不错。

　　夏：这是命中注定。

　　陈：在于庆成那儿待了那么长时间，回来以后您就供他创作了两年多。这两年一分钱也不赚，您不管他在学校学的情况怎么样，您就给他时间搞创作，您这手非常高！您不加评价，学得好坏您不管，唯一的要求就是让他做出来，这很高明。

　　马：他做的作品，最起码脱离了曲阳的传统味道，这是一种创新，这就挺好。他也是这两年沉下心来，才开悟的，摸索出泥人和石雕结合的路子，挺好！有些大的题材，你光用泥人手段不行，这表现力就不好，要结合起来才好。

比方说，我们做的那个《脊梁》。

陈：我来看时给起的名字《脊梁》，像十八罗汉。那组做的是最棒的。

马：改革开放初期，城市里那些高楼大厦都是穿得破破烂烂的农民工建造的，那一座座高楼就是农民的身影、丰碑。要把农民的汉子形象做出来，你光有泥人的手法是不行的，你光用雕塑的手法做，也不大好。只有两者一结合，才能达到想要的那种效果。然后，陈培一老师来了，给这组雕塑起了个名字就叫《脊梁》。

夏：陈老师和曲阳打交道多少年了？

陈：和曲阳人结缘，大概有20年了。

夏：那么，老马是您自己动手学的陶艺，还是看到若特做的过程中突然心血来潮，有这个冲动、想法，想上上手？

马：对对，就是这样。

陈：您等于带着他玩儿，陪练一样。

马：我是打下手的。

陈：就是陪练嘛。您看他一个人在那儿做不下去，很枯燥，就想干脆我就带你一起玩儿。

夏：我女儿学钢琴，我老婆就陪练。我老婆陪练的时候也吃苦啦。往往是最后孩子没学成，妈妈却学成了，多是这样的事情。

陈：这样的例子太多了。

马若特（以下简称"特"）：我没学成，我爹学成了。（憨笑）

陈：在某些方面，你（马若特）超越你爹了。

马：是的。就说做罗汉吧，他（马若特）一做就成了，我怎么做也是像农民。

陈：这区别就出来了。但是，若特你和你爹的最大区别，就是他（马志国）肚子里有文化，你读书比较少，这是你不能否认的，你该把书读起来。

马：我读书读的也不多，但是读得精。因为我教过初中语文，语文这个科目有个程序化的东西。

陈：有一套教案，跟着教案来吧。

夏：您是中学老师，教语文的。您这古文功底都是从哪里来的？是自学的吗？

马：都是自学的。

夏：您母亲是识字的吧？

马：她识字不多。但我父亲识字。

陈：您上学的时候，上到什么文化程度？

马：上到初中吧，初中没念完。

陈：那已经很不错了。您今年多大岁数？

马：七十，属牛。

夏：比我大几岁。

马：我上学的时候，每次写的作文都是范文。老师上课以前都念我的文章。

三

夏：我们换个话题，来点轻松的吧。听说您相驴也有一套？

马：那时候刚改革开放，家里要买个驴，我买一个赔一个，买了四个，每个都赔了五十块钱。五十块钱，当时对一个农民家庭来说可不是个小数目。

夏：怎么就赔了呢？怎么回事？

马：不会买呗。买的有毛病。后来，我就发现我们村子那些上了年纪的人，总结了一套"相驴经"。我就跟他们学：什么毛眼最好；什么叫"灰驴""黑龙头""花灰""甘草黄"；驴腿这么着是"外开门"，那么着叫"里开门"。（边说边比画）

陈：那是"外八字""内八字"。

马：我们叫"外开门""里开门"。还有，驴身上的那个毛圈圈。最好的驴是屁股后面两边都有个圈圈，叫"罗圈"。有长一个的叫"里装"，还有"外装"。有的毛卷起来向上飞，叫"后起"，这驴套车套不上。这是罗圈的经验。

陈：您说的这个驴圈圈，跟人的头顶长的旋儿一样。这个螺旋儿长在什么地方，跟驴的性格是挂钩的。

马：嗯。要是长在嘴上了，就会咬人。而且，还会自己解开缰绳。长在脖子上的，是"过水圈"，喝水会喝呛。如果长在脖子顶或者脊背上，那叫"滴水圈"。以前，女的坐驴车出嫁时，如果眼泪滴在驴背上，驴就死了。

夏：没听懂这个"滴水圈"是怎么回事。

陈：是这样，以前妇女出嫁时都要"哭嫁"。有的出嫁时坐驴车或者骑驴，如果哭嫁时眼泪滴在驴背上，驴就死了。

夏：这是传说吗？

马：这是真事。

陈：这真是一套完整的"相驴经"。

马：还有，如果长在驴的尾巴骨上就叫"追风圈"，这样的驴跑得快。如果长在草驴身上叫"丧门圈"。圈长在草驴的阴户边上，这样的驴子妨主人。

陈：那什么样的驴听话，老实能干活？

马：一个是前档子（前胸）要宽，胸胛骨要高，二是耳朵有个眼筋。这样的驴子上坡有劲，它不会后退。没有筋的驴子，它一碰见困难就后退。耳朵厚的驴，腿脚慢。耳朵特别立的、特别薄的，走道就快，就很机灵。买驴要讲究的很多。我就知道这些，以后买驴，一看驴的价格，再看驴，就心里有底了。有的人善于总结，什么都是有规律的。

夏：我打断一下，就是这个驴子您能相出好坏。那每个人的好坏，您是不是也能看出来？

马：我没学过那个，但是简单的会看一点。比如说，人走路的时候歪三趔四，走路一晃一晃的，这样的人不好打交道。这样的人也特别赖皮，在大街里横着走，像喝醉一样。直着往前走的人，不拐弯，目不斜视，这样的前途无量，一往无前。

夏：您再讲多一点。

马：有"男的嘴大吃四方，女的嘴大守空房"，像这样的说法就多了。

陈：这都是经验总结的，一代一代传下来的。

四

陈：言归正传，咱们说点相对学术一点的东西。您从 20 世纪 80 年代初就参与了这个城市雕塑的建造，您在曲阳生活了一辈子，您怎么看从您小时候到现在石雕产业的发展？

马：我感觉在雕塑产业的发展中，曲阳雕刻学校立下了大功。学生们在那学了一些有关雕刻、泥塑的基础知识。后来，杨跃武办的雕塑艺术指导委员会又起了一定的推动作用，使得整个行业变得活跃起来，把创作的气氛搞活跃了，让曲阳的石雕创作又迈上了一个新台阶，不管怎么说在历史上留下了记载。雕刻学校把基础打扎实了，后来协会的成立，又使这静态的水变得流动起来。

陈：您怎么看曲阳人挖的第一桶金？曲阳人最早的发家致富，靠的不是城雕是"西洋人"，现在很多厂子里也摆放着很多"西洋人"。您怎么看"西洋人"这个东西呢？

马：我觉得外国它们要的是中国的廉价劳动力，用的是中国的廉价石料和廉价工艺。

夏：但是，它在整个经济的发展过程中还是起到了很重要的作用。

陈：它在曲阳的雕刻产业发展过程中确实起到一个经济支撑的作用，才使得雕刻产业维持到现在。

夏：您对曲阳未来的雕刻产业说两句希望吧。

马：我希望曲阳的雕刻产业越来越好！因为，你们过来给我们带来了新的信息，给我们行业注入了新的

"血液"。

夏：陈老师是学者、雕塑理论家，是不断耕耘的人，我只是个雕塑家。别的我不插嘴啦，您给我们再说说风水。

马：风水是周易学科的东西。中国的风水文化博大精深，它是人和自然的结合。我觉得人和植物一样，必定会受到环境的影响。山上的树是直着长的，山里的树是为了避风就顺着风向长。沟里的树就是长得高，因为它向往太阳。山南坡里的蚂蚱和莎草，因为向阳所以长出来就是红色的。灰色的地方，长出来的东西就是灰色的。这是保护色，适应环境，人也是这样适应环境的。

陈：这是"天人合一"的理论。起初人类逐水草而居。靠近有水的地方住，生活方便，有水喝，有饭吃。几乎人类所有的文化都在水边，离开水就没有文化。

马：我们人住在平原地带，要围个院墙，圈得就高；等到了山沟，就不圈了。五行八卦中，外五行（山沟外面）已经圈好了，再圈一圈就感觉憋得慌。你到空旷的地方圈一下，就感觉有安全感。还有椅子背后边要有靠背，就代表要有靠山。把靠背放在左右两边，感觉都不恰当。还有左文右武，左边为大，右边为小。一般来讲，一个城市比如说北京的东边是大学，搞学术，西边就住着官兵，一文一武。

陈：咱们古代的城市建设、城市格局，从都城到省城、府城、州城、县城，几乎全部都是按着这个"左文右武"的基本格局做的。

马：凡是进村或者进大城市，都要经过一条河。在河水的冲击下会慢慢形成一个环境。

夏：我们不说大的，我们说点小的。一个村子大概的风水要掌握一些什么东西啊？

马：每个村子都有每个村子的风水，不一样。

夏：您不介意说说你们家的风水吧？

马：我们家三面环山，门前有活水。如果门前的水形呈弧形、钩子形，这样的水好。水越冲门前的开阔地就会越大。否则，就会越冲越小，就不大好。

陈：这样不好的风水环境，叫"反弓水"，如同一张弓反过来一样，是凹进去的，就会越冲越小。如果是正弓形，是凸出来的弧形，就会越冲越大，就好。

夏：风水中的"风"字，怎么解释啊？

马：阳宅和阴宅有区别。阳宅就叫"有钱难买西北高"。咱们国家属于季风性气候，西北高了以后寒风吹不过来。

夏：挡风的。

陈：这个在阴阳八卦里边，西北方是艮卦，西北的高山叫"艮山"。这和咱们中国的地理地势走向是一样的，西北高东南低。这叫作"天不足西北，地不满东南"。所有的大山大河，都是从大西北向东南流。

夏：这个"风"字，从字面上解释就是刮风的风啊？"水"字就是河流啊？

马：这个讲究是山区要藏风，平原要得水。在山区，你盖房子盖在风口上不行，这点显得特别重要。到了平原地带，水就重要了。水一冲击就形成气候，阳宅是这样。

阴宅要求是左青龙、右白虎，讲究的是"不怕青龙高万丈，就怕白虎回头望"。

五

马：雕塑风格，你们几位见过的最多。在美院里边的学生，思维比较活跃，创作风格也多样。

杨：在您眼里，什么样子的雕塑才是好雕塑呢？您的评判标准、您对雕塑的认识、您喜欢的雕塑有哪些？

马：我感觉还是古代的佛像好。

杨：排除佛教题材的，说说当代的。

马：当代的也有好的。比如有件作品《包公》，光有个头，下面就全是大胡须，看着整个感觉就挺好。

夏：有个先生做得挺简练、挺概括的，是谁来着？他是做泥人的。嗯，是郑于鹤先生！是他做的《包公》。

马：做得挺大气。雕塑一定要大气，就看着好。跟人一样，做人大气了也好，有些人就挺小气，就不好。雕塑也是一样，大气点好。大气不在体积大小而在于形式。就像我家的影壁，本来院落就小，若是把它做薄了，看着就不好，所以得做厚点。我给别人设计房屋也是这样。比如说房子的马头，要设计成三七墙的，不能是二四墙的。为什么设计成三七墙的？因为现在的窗子特别大，如果你房子边上没有个东西伫立着，看着不大气，像那样的房子感觉一阵风就刮走了。

杨：我为什么问您什么样的雕塑是好雕塑，因为若特在您的指导下进行艺术创作，他的作品一定植入了您的审美标准。

马：大多数人一辈子也逃不出雕塑的怪圈，想冲出来很难。拉弦好拉，弦外之音不好弹。就像夏老师做的雕塑，那个大秤。它并不只是一杆秤，他是想说明秤后面的问题。

夏：嗯。老哥！

杨：一下子就把你（夏和兴）看透了。

特：人啊，做什么也有规矩。

马：你这个行为要在社会的秤盘上称一下，是否符合法律、道德的规定。

杨：夏老师的秤不是称东西的，是道德的标杆。

马：它可以是道德标杆或者信用标杆，道理太多，这就是这杆秤的弦外之音。

陈：马若特有您这样的爹太幸运了。

夏：培一兄，你看啊，他（马志国）居然在琢磨我的一杆秤。（转向马志国）老哥，在哪看过？

马：在一本杂志上。

陈：我写的《中国当代本土雕塑家个案》把你的作品放里边去了。之前，这本书给过马若特，老马肯定是在那上面看到的。

马：一杆秤有什么意思啊，后来一琢磨是弦外之音。他这个秤不是称菜的，是称人心的，称社会的，看你这个人的行动合不合乎道德规范。

六

马：说到这个，想起别的来了。卢进桥大师打雕像，他没有文化，没有模型，一打就成了。这一点，跟家里腌咸菜一样，经过时间的沉淀，咸菜整个都腌透了。这个指头打粗、胳膊打短了，就感觉不舒服，他已经跟他的作品形成对话了，这就是老艺人的境界。他并不是用尺子量，而是用心感受。

杨：他（卢进桥）把文化研究透了。这种文化可以是知识，也可以是阅历，也可以是风土人情。

马：人是有肌肉记忆的，比如说在钢丝上走，比如说骑自行车。开始的时候挺难骑，后来就越来越好，以前谁会记得啊？不是脑子里记着，是肌肉记得。

陈：这"肌肉记忆"的观念，不得了啊！

马：像他（卢进桥）打雕刻的完全是肌肉记忆，不由自主地就那样去做了。卢大师做了一辈子雕刻，把这一门都研究透了。

夏：我们三个人也是读过点书的，今天佩服您了！

陈：我把您说的"肌肉记忆"，在很早之前搞了个学术定位，叫作"创作惯性"。

马：有的人一辈子创作别的也创作不出来，就创作出一种风格来。

陈：这就形成了惯性。咱们两个说的是一样的道理，是一回事。

马：人一辈子做一件事也不容易，有的人一件事也做不好。像这件《山娃》(指着茶几上摆放的一件作品),我评价很高,它能代表民间,又有装饰性。

陈: 这是什么时候做的?

马: 这是前年做的。

陈: 确实比以前的《山娃》做得有高度。我建议咱们今天的访谈整理资料里,放老爷子的作品,不要放马若特的作品。这里边的内容我还会补充一下,放到我关于曲阳石雕的新书的第一篇,所以我拐弯抹角地说石雕啊,就是在做文章,引着您往这方面说。

夏: 其实,我想说他最好的"作品"就是马若特。(大笑)

陈: 以后配图,放上老马(马志国)的肖像和作品。再放上马若特的照片——下面标注"马志国作品"。这是老马最好的"作品"。其实都一样,他(夏和兴)女儿是他最好的"作品",我儿子是我的最好的"作品"。马若特如今已经名声在外了,我们现在就是要宣传马志国,我们要放下马若特。马若特是他(马志国)的"作品"。老夏培养了一个钢琴家,我培养了一个摄影家,您(马志国)培养了一个泥塑家。

马志国"作品"——马若特

夏: 很感慨,我没有他(马志国)那样好。马若特说的相亲这段,让我很受感动。我认为可以把相亲这段再扩展一下，写个短篇小说。儿子开始学艺，追求艺术，后来年龄大了，媳妇没着落了，父亲开始着急为儿子找媳妇了，很感人。

马： 为什么让他（马若特）这么下功夫地相亲，因为我认为爱情在二十多岁的时候我们都看不清。

夏： 我想知道相亲的时候，你有没有把相驴的经验放到里面去。

马： 那肯定的。

杨： 谁也看不清。

特： 不会的。驴他都看清楚了，何况是人？

夏： 昨天马若特跟我们说，您（马志国）说了一句话，是"不要看到女的涂了红嘴唇你就想亲她"。这话是什么意思？

马： 意思是看女的要看大形，看德行，不要被外貌所迷惑。女的身材娇小的、漂亮的多，长得高的、貌美的就少，全是这样。咱们北方人不喜欢小巧玲珑型的，喜欢高高大大的。我为什么让他去相？你想着盖楼房就要把基础打好。决定让他去上学的那一天，我就决定必须让他做成泥塑这个事。一旦做成这个事，以后这个女的就是家庭中的一员，必须跟这个事业相配，相辅相成。要有文化，长得也得拿出手去。比方说以后若特没时间，她得替他开会去，你各方面太差不行啊，那时候我就想到这些了。咱们把高档轿车一开，钻出来一个丑媳妇，太跌份儿了。

杨： 我深有感触，我感觉这是做父亲的肺腑之言。每位父亲都盼望着儿子将来都要出人头地，所以从小就开始为儿子未来的一切做好安排。

陈：你（马若特）父亲花那么多心思对你进行培养，没有白培养。

<h1 style="text-align:center">七</h1>

马：甄彦苍大师是一个曲阳雕刻发展的台阶，你（杨跃武）也是个台阶。我给甄大师编了个顺口溜："看见西方人，想起甄彦苍；拿起锤子打雕刻，提起笔来写文章，曲阳雕刻更辉煌。"就这么简单。还是那句话，水不动，你（杨跃武）把它搅动了，你能把外面的人请进来，这就是最大的功劳。

夏：我发现老爷子很有智慧，上午录像的时候就不断地提你（杨跃武），提雕刻学校的基础作用，还有你的协会平台对曲阳雕塑的作用。这是他的真心话，他把你带到这个画面里面来。

马：这都是真事。

杨：我不值得一提。

马：之前人们不知道什么叫"创作"啊！你（杨跃武）把这个事弄成了，别人创作再怎么高，也是你的功劳。

夏：你（杨跃武）让曲阳的一摊死水流动了，搅动活了。老哥哥是个智者。

马：他（马若特）这些年做了好多系列，"大人头"系列还有"性"系列，也受到你们的影响。

夏：对于他们父子两个把性丢到一边的人，我们可以更坦诚一些。比如他（马志国）对马若特说的"不要看到女人涂了口红的嘴，你就想亲她"。这就是老和尚跟小和尚说故事。有一句话可不可以聊开？

马： 可以。

夏： 咱们是谈艺术，可以无话不谈嘛。那么，你们父子之间谈性吗？

马： 生活方面的不谈，但是艺术方面的就可以。捏泥可以捏出性来。做不出来就不是个艺术家。是吧？

夏： 这是最珍贵的话。你捏不出性感，你就不是艺术家。这句话真好！

马： 做女的，你做不出性感来，就不是个女的；做男的，做不出来性感就不是男的。这些东西是人生话题，是永远存在的。

夏： 这是人类起源的话题，是最值得谈的事，可大家却在回避它。

马： 红山文化时期出现了《太极图》，太极就像两条鱼，说的就是性的问题。

陈： 其实，前几年跃武、若特我们一起去了甘肃天水秦安的大地湾遗址，看到了中国历史上第一幅美术作品，就是一幅关于性爱的壁画。很遗憾，这幅八千年之前的壁画被发现了以后，在很短的时间内就消失了。但是，照片却有幸存留了下来。这幅画，就是表现男女房事的动作，记录了当时的那种生活冲动。这既是生活的表现，也是生存的表现，也是繁衍子孙的表现。艺术最本源的表现就是性的表现。今天咱们的谈话，就是五个男人之间的谈话。

夏：马若特都四十三岁了，这话题还有什么忌讳？

陈：不是小孩儿了。

马：但是，他做性题材的雕塑很难。

特：性是非常伟大的题材，非常了不起的内容。这是我做的关于性的作品，有美术馆收藏了，是铸铜的。（进里屋，把一件性自慰的作品搬出来，横陈在一件木椅子的扶手上面）

杨：一般父子不会在一起谈论这个话题。

夏：不光是这样。前面，他（马志国）教你（马若特）不要看到小女生涂着红嘴唇就想亲她。后来，他看到你老大未婚，他一个人急死了，让你赶紧去相亲，那个焦虑的心情是可以理解的。可以说，他（马志国）在左右他（马若特）的性取向。

杨：这个作品，是不是您（马志国）鼓励他（马若特）做的啊？

马：我比较保守。

杨：但是，您也不反对。

马：这个我觉得还不完美。

杨：不完美什么意思，是没放开？

马：你看这么着，它就完美了，第二次创作的时候就完美了。咱们这么多人，再进行一次集体创作。有一个床，把那个东西（指着作品中高高勃起的阴茎）再稍微高一点，然后弄一个毯子盖上，一看谁都知道里边是个什么，但是外表看不见。现在这个不含蓄。中国的美就是含蓄的美。（马若特没有吭声，过去拿了条破毛巾被遮在了作品上）

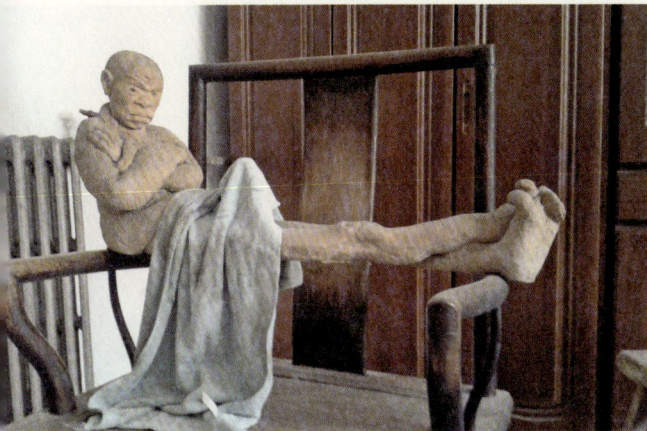

马若特作品

陈： 这就好多了。若特，这就是你比你爹差的原因。之前的作品不含蓄，太直白。

马： 这是"千呼万唤始出来，犹抱琵琶半遮面"。

夏： 我们三人都喜欢马若特的原因，就是因为您在背后。所以，我们三人集体出动，跑到这个地方来。

马： 按着算卦来说，一个人要得贵人相助，你们就是贵人。你们不是普通的老百姓，也不是美院的普通人。还有你（杨跃武），你能让曲阳十万雕塑从业者上升一个台阶，也不是一般人。

陈： 他（杨跃武）才是真正的智者。

夏： 曲阳十万人？

马： 嗯嗯，曲阳有十万人是打雕刻的。你（杨跃武）调动了曲阳十万雕刻大军！

夏： 嗯，杨跃武能把曲阳十万人调动起来。（大笑）

杨： 太夸张了，调动七八个还行。（笑）

马： 近几年的经济状况也不太好。什么都是有经济基础的，我感觉若特的成功，跟他（杨跃武）的支持有关系。

杨：挺好，挺好。大家都挺支持马若特的。

八

夏：老哥！文化是在作品的背后，唱戏也不是在前台，而要在后台。

马：我们村过年唱戏，让我给村支书写个发言稿。第一个写"欢迎"，说："你们这次到来给我们增添了节日欢乐"；紧接着，要写戏曲的行话："中国的戏剧艺术博大精深；台上一分钟，台下十年功；三五步踏遍千山万水，三五人代表千军万马。"写行话让谁听啊？是让后台的团长、演员们听的。让他们知道，别看人家一个小山村，人家也是有懂戏文的。要让他们好好唱，不能马虎，不能糊弄人家。这就是演讲稿的弦外之音。

陈：您已经掌握了中国传统文化的一个精髓。

马：这样的发言之后，也让他们（剧团的人）感觉村里的人挺有文化，有懂戏文的，他们要认真唱。

陈：村里有内行人，肯定就不糊弄了。

马：你要是糊弄，钱也拿不到了。戏剧这个东西，咱懂！我在村里搞文艺演出的时候，我编过快板。你们听说过不？（转身问马若特）我给他们说说吧？

马：没事，说说吧。

杨：我听说过，但是这两位老师没听说过。

马：那我就跟你们说说，你们不要见笑。词是这样的："竹板打，走向前，众位乡亲听我言，开口不把别人说，说说百姓挣钱难。

（这一句话进入正题）

大年初一头一天，过了初二就是初三，初三初四剩两天，难过的日子好过的年。对！难过的日子好过的年。

正月里是新年，俺这心里有打算，年前的账没结清，今年还去干包工。干包工真发愁，生活实在没吃头。

大锅菜不加油，酸馒头蒸不熟。掰开馒头你细过，苍蝇准有好几个。大碗汤你细瞅，大头鱼虫肯定有。大通铺睡人多，被子棉袄大皮靴，乱七八糟的像狗窝。对！乱七八糟的像狗窝！"（我干过，我才说这些）

陈：你有这种生活体验，有这个生活经历，才写得出来。

马：我接着往下说啊。后面是：

"咱哥俩细商量，老干包工弄不强。要是为了挣钱多，咱俩合着弄汽车。对！咱们合着弄汽车！

买个小车不赚钱，买个大车几十万。咱们都是穷光蛋，你到哪里去贷款？要把玉米都粜光，不值一个后车帮。别把小米都粜完，买不了一个方向盘。

说到这儿不算完，咱再说说弄车难。弄车拉煤东西跑，黑更半夜怕劫道。你不给他他不饶，脖子上架着那擒猪条。要是有钱你不掏，一棍子打得你尿了泡。

起车来到饭店前，开店的是四川人，见俺进来笑开颜。先洗手后洗脸，啤酒饮料往上端。水煮肉片一大碗，年轻的小姐两边站。这个小姐真迷人，紫眼影双眼皮，樱桃小口红嘴唇。这个小姐真时兴，露着脖子想撒情。

小姐小姐你靠边站，这个错误我不犯。（大笑）愁哩我，想上吊，没钱陪着你睡觉。（大笑）开店哩，店老板，见到酒盅笑开眼。不挣钱咱得跑，羊群里没了羊群里找。"

后边的词，还有很多。我是坐了一趟车，根据实际体验，描述了出来。比方还有：

"查车哩，查大灯、查小灯，近光灯、远光灯、防雾灯，就是鸡蛋里挑骨头。他说俺，不洗手不洗脸，开车光着大脚板，浑身上下净污染，就凭这点我得罚款。"（大笑）

陈：揭露了社会的黑暗面。

马：下面是：

"这个事真好办，现在社会有人管。赶紧拨打110！110真叫棒，好像神兵从天降。这个事有人管，弄住他们坐法院。"

你怎么着，也得受社会法律的约束。

杨：紧箍咒就是法律。

陈：最后，还得回归到社会正确的管理体制上。大量的事实就证明一点，你光有批评是不行的。

马：这都带着刺儿。社会就像河流，你就像鹅卵石。鹅卵石被水长时间地冲刷，会越来越圆。

陈：就是！跃武，整理的时候可以完全记录下来，作为资料，出版、发表的时候我会把关，会把您说的做相关梳理，我们会掌握一个度。

马：结尾还是阳光的。是这样的："小队长，党性强，两眼一瞪把话讲。这个情面你不要讲，为国聚财俺站岗。"

陈：老马，您用了一条灰线，最后让人看到了光明，高得很！

杨：您最后变成是阳光的、积极的。

陈：您伏了一条很长的灰线，最后一句话完全把戏剧效果展露了出来："为国聚财俺站岗"一句话，是为了国家干这个事情，不是把钱弄自己腰包去了。

杨：您这么诙谐、幽默，显然也影响了若特。在若特的作品中也有所表现，像《农民工》《村里的留守老太太》《农民工讨债》等。

陈：马若特人也很精明啊。

马：作品《农业税》还不错。作品中的小孩骑着的风车，代表的是改革的春风。还有一个大喇叭，后面有很多石头。大喇叭代表的是中央，这些个大石头代表群众。这些个石头倒了以后，喇叭也就倒了，意思就是"水能载舟、亦能覆舟"。那么多大石头簇拥着大喇叭，寓意着老百姓拥护爱戴党中央。创作要讲得出故事才行，得讲出为什么这样做。

杨：创作要有内容、有内涵、有故事。

九

夏：老爷子看到我们的眼神，就看到我们的恭敬，看到我们来到这里，他（马志国）知道说我们是贵人。曲阳我来得很少，有一次讲话，他（马志国）说我讲的是大实话。他就这样评价，他还会研究我的作品《大秤杆》，令我没有想到。

陈：一进门，他（马志国）说了两个信息：一个是你（夏和兴）的秤，在"权衡世界"，一个是殷小烽的"嬷嬷人"，表现得"古灵精怪"。老爷子的眼光很独到。

杨："古灵精怪"是你（陈培一）写的文章的标题。

马：这个名字起得好。

陈："权衡世界"也是。

特：他（马志国）不仅仅研究你们，中国的所有知名雕塑家的作品他都非常熟。如果再有别人来，他也能说出来。

马：为什么那么大一个城市里放一杆秤，为什么能得到大家的认可？

夏：老哥又来了！其实，我比老哥只小了六岁。

陈：他（马志国）完全理解得了，看得懂。

马：放个美女，比大秤不漂亮啊？

陈：所以，我给它起了个名字叫《权衡世界》。

马：这名字起得好。

陈：我写哪一个人，就研究哪一个人以及他的作品。

夏：你还要写一篇文章，记叙我们在曲阳的活动。

陈：好啊，今天的对话就开始到正题了。

马：说你（陈培一）难！难到哪里了？雕塑创作是个性的表达。你必须是个全才，你写个东西必须深入下去，这个过程就很难。每位艺术家走进创作领域都很难。他在想什么，在做什么，在表达什么，你都要了解、知道。你炒这个菜必须符合大众口味，这太难了。一般人会做一个红烧肉就不得了，而你的平常菜，比如土豆丝，你的高级菜，比如熊掌，都得会做，这就很难了。

陈：您（马志国）说这句话就太对了。《中国当代本土雕塑家个案》这本书，里面有二十几个人。您仔细看看，每一篇文章，每一个人的特点，每一篇的行文风格，都是不一样的。确实下了些功夫。

特：你们都是有灵魂的人，而且你们都通过你们的作品表现出来了。但是，这位先生（陈培一）是有气魄的人。在我的意识当中，灵魂、魂魄，他占一个"魄"字，我们只占"魂"这个字。一般人还达不到"魂"这个字。所谓"三魂六魄"，一旦人跟这个"魄"字沾上关系，这绝对是个大家。

夏："三魂六魄"，从字面上讲是什么意思？

马：从词性上讲，叫联合词组，可以反着用，"六魂三魄"也可以。不存在数字的关联。比方说：他机智勇敢地穿过了碉堡。也可以说：他勇敢机智地穿过了碉堡。

夏："三魂六魄"是个成语。

陈：应该是"三魂七魄"，出自道家，具体我也说不清。所谓"魂"，是主宰人的身体，但又可以独立存在的东西。所谓"魄"，是依附人体而显现的东西。二者都是精神层面的。若特说我占一个"魄"字，高抬了。但是，有一点说对了，我是依附雕塑家们而存在的。（大笑）

马：魂魄只是个意象的东西。

陈：魂魄也有阴阳。三魂为阳，七魄为阴。

特：大导演张艺谋就具备这点。我看他导的电影《一个都不能少》，在没有老师、破课桌破椅子的艰苦环境下，还让学生唱"我们的祖国像花园，花园的花朵真鲜艳"。

陈：他是用一种很阳光的东西，去表现社会的灰暗面。就像老马您的文艺节目中，用一条灰线来表现出阳光的一面一样。这都是批判艺术的语言，异曲同工。

杨：这就是文学作品中的反差，戏剧冲突会起到很好的效果。

马：我写的《小白龙到天上去告状》，你们没有听过吧？我再给你们说两句：

"好个南天门，两边有门神。哼哈二将，甚是威严，让人一问心胆寒：看来没有三头六臂，甭想进这个门。怨不得百姓冤死不告状。"

然后，我让甄彦苍看了一下。甄大师说："老马你敢这么写啊？"我说："这么写，有什么关系呢？我只是在写天上，又没写人间。"这和雕塑作品也是一样的。曲阳很穷啊，一直很缺钱。

夏：虽然没有钱，但是艺术与钱无关。他（马若特）的钱，没被您（马志国）、没被他自己享受到，却能被他的儿子、女儿享受到。

马：像梵高一样。咱们曲阳很少有这样的人，不管钱挣得多少，就是一心闷着头干。卖不出去无所谓，自己喜欢就行。所以，搞创作是件难事。

十

陈：我认识他（马若特）十几年了，我第一次见他，我就喜欢上他了。那时，我在上海组织一个展览和会议，他和县里的副书记去参加。

马： 他迂腐，有点傻，心眼少。

陈： 他才不傻呢，他比谁都精明。

马： 大智若愚就好了。他搞创作，很卖力气，不会偷懒，这很好。所以，还是有人上门来找，让他做活儿。磁县博物馆的馆长特别有文化，让我们去参观一个小山村，到处都是石头。他想让国家开发，弄个自然保护村，让我们搞个创作，写个讲解词。后来我琢磨了半天，给他琢磨了一个：

"石头坡石头房，石头屋子石头炕，进村走的石头路，出门翻的石头梁。石缝里留着儿时的记忆，石片上刻着少年的忧伤。今日虽在城里住，几度梦里回故乡。"

我现在在这房子里住着，做梦的时候也总是梦见老家。

陈： 您（马志国）老家离这很远吗？不在这个村子里？

马： 也在这个村子里，就是老房子，在村子那边。那个县的宣传部长一听，说你再诙谐点。后来我加了点：

"石窝窝里拜天地，石堂堂里入洞房。生了大儿子叫石蛋，生了个二儿子叫石墙。石花的名字最响亮（想生个姑娘吧），可惜当年没怀上。"（大笑）

这就风趣多了。就是古为今用。我以前听老人们讲过："黑丫头放黑牛，黑鞭杆黑笼头，黑屋子黑炕黑枕头。"就是按着这个字的韵律编排的，但必须把今天的事说出来。跟现在的佛像创作一样，把古代的佛拿过来，加以利用、升华，这就是创作。同样是佛题材，我们要用另一种形式表现出来。假如说，我们要是不研究这个泥人，去研究佛，也会有成就。

陈： 以老先生的智慧、生活经历，用在研究佛作上肯定也会有一番成就。

马： 任何事都不是一帆风顺的，什么都不是完美的。随着时代的变迁，人们审美的提高，任何事物都在变。

杨： 任何完美、经典的作品，都要跟随时代去变化，才能进步。

马： 以前要跑几百里地、上万里地，现在一个电话就把事情办了，你还按着以前的老路子走就不行了，与时俱进很难。

杨： 曲阳就差这一步。曲阳做石雕的人就理解不了这一点。

陈： 我之前和您（马志国）也谈过多次。记得有一次，您说因为您岁数大了，要把孩子托给我。您说过这话，我记得。我昨天一见面就说他（马若特），说他存在的问题，老夏说我说得有点狠。

马： 不会。你们是站在山尖上看问题，我们是在地沟里看问题。我已经老了。

陈： 不老！您（马志国）也只比老夏大六七岁，他（夏和兴）也比只我大六七岁。我没有觉得自己老了。

夏： 您（马志国）怎么会想到跟儿子说还有个五六年？这话从何而来？

马： 我的长辈都如此，活个七十二三（岁）。我今年快七十（岁）了。七十三（岁）、八十四（岁）都是人生路上的一个坎，我怕我过不去。我们家人都是活不过七十五（岁）的。

夏：老马，咱们不夸张，您至少得闯过八十四（岁）。

马：咱们以后像这样的多聚会。

杨：陈老师说了，他要活过一百岁。

陈：应该没问题，我争取再活五十年。

夏：这个心态要好，这人啊，归根结底就是什么都要放下。

特：我也放下了，我什么也不贪了。

陈：你（马若特）已经功成名就了，他（马志国）有你这样的"作品"已经够了。

夏：就像刚才说的，您为什么不活过八十四（岁）呢?

马：那要看你（夏和兴）的了。你要经常来，才会。我们都土里土气的，你是做陶瓷雕塑的出类拔萃的专家，你把他（马若特）点拨一下，把他拔高一点。

夏：我们在陶艺方面有共同语言，他（马若特）已经在江湖上有名望了。昨天，人家直接称他为"马老师"，在江湖上已经有这一号了。

陈：曲阳很多老板都称他为"马老师"。有比他年龄大的，有比他小的，都叫他"马老师"。没有不尊敬他的，真的可以啦!

马：今天我很高兴! 你们来解决了我一个问题。你们来了，从理论层面、从意识形态上帮助他，从材料的运用上对他也有帮助，我还害怕什么啊!

杨：这老爷子就放心了。从今天开始把什么都放下了，开心、快乐地享受生活！

陈：还有，您是儿子的魂魄。他的主心骨都在您这里。

特：您（陈培一）这话说得对着呢！我烧一窑，烧得不好了，我一看就不高兴了，一下就塌了。我塌了以后，看到他（马志国）还支着哩，他就给了我力量。

陈：昨天，你说你爹不行，你从天津回来，不管你，让你两年搞创作，什么也不管你，让你做了一屋子作品。其实你不懂，这才是对你最大的爱护。我今天问他（马志国）了，我和老夏都明白了你爹的良苦用心。不管你在天津学得怎么样，他就让你去做。什么活儿都不让你干，就让你做，让你全部发挥出来。可以说，没有那两年，你做的作品达不到今天这个高度。

马：不能两天不干活，就督促他赚钱去。

陈：老爷子去挣钱，给你（马若特）两年时间让你去自由发挥，让你去释放出来。你在学艺的过程中受到的委屈，也全部在艺术里发挥出来。

夏：马志国的作品很感人！

马：有的父母可小气呢，两天不赚钱就着急了。

陈：你父亲的做法超越了其他农村家庭父母的那种观念，真是了不起！

特：我现在也不挣钱。

陈：你现在不挣钱，他也不着急了。

特：前几年我挣不到钱，他不着急我着急，现在我也不着急了。

十一

马： 现在，是我在着急。我们的作品有四个形态出现，到底哪个形态才能发展下去，这意识形态的东西很难把握，我吃不准。

杨： 您就用您给我们讲的标准去衡量、去选择。

夏： 我认为咱们的采访，前半部分不如后半部分的内容精彩。

特： 老百姓不管什么采访都得紧张，我爹他不会。

杨： 以后不采访了，直接在吃饭、喝酒、喝茶中聊天。

马： 干这行的，能搞出创作是一件很快乐的事情，捕捉一个灵感不容易。

夏： 您这话说得太经典了！

陈： 实际上，咱们五个人出身都是相同的，都是农民出身，有共同语言，又干了同样的事业，所以共同话题很多。

夏： 古往今来，在历史上找到属于自己的一点东西太难了。

马： 咱们不妨再来评论一下那个大秤。秤也是天平，为什么不做成天平？因为秤是东方古老的衡器，体现了东方古老的文化、智慧，比西方的天平更有民族性。

陈： 咱们的大杆秤和西方的天平是对等的。咱们中国的大杆秤是均衡的，它体现了东方人的智慧，以少制多，以短制长。有杠杆，有支点，是在变化中体现均衡。

杨： 西方的天平，体现了二元对立的文化特性，非此即彼。

陈： 老夏的那么多作品，就这"杆秤"奠定了他在中国雕塑界的地位。

夏： 那我就不谦虚了。大家认同我，就是靠的这"杆秤"。

陈： 因为，这"杆秤"背后的东西太多了。

杨： 这是当代公共艺术的经典之作。

特： 我要向你（夏和兴）学习，也制作自己的一"杆秤"。

陈： 虽然他（夏和兴）是南方人，但是他却长了个北方人的大个子。他心细如发，有次我到深圳去，他接我去吃饭，在路上点菜打电话就打了半个小时。心思就是这么细腻。

夏： 我是一个南方人，我占尽了便宜，就是因为我是个大个子。

陈： 有几种说法是贵人。第一，即"男生女相"是贵相；第二，就是"南人北相"，南方人长成北方人的大个子，就是贵相。

南方人生贵相，就是老夏这样的，一米八几的大高个。

马若特的形象也很好，很质朴，也很憨厚，看着让人踏实、放心。所以，老马您不用担心马若特，您的这个"作品"是非常成功的。他现在有一点徘徊、有一点犹豫、有一点迟疑不决，都是正常的。

马： 你们见的多了，把他（马若特）的毛病指出了，让他改掉。

陈：昨天我说他（马若特）了，从各个方面，说得有点狠，他可能有点抵触，可能暂时听不进去，不过过几天他会明白的。

夏：您是每天都喝口酒吗？上一次我和跃武兄来你们这儿，看到您和您儿子在喝酒。

特：那天是下小雨来着，天气不太好。下雨阴天，我们这就讲究这个。

陈：下雨天，是喝酒天。

夏：喝酒三个人好。

马：我们两个也经常喝。

夏：我认为这个在艺术界是很难得的。

马：我们俩无话不谈，就像相亲，得相个好的。做雕塑就要做好，然后再就是进一步追求完美。有些小伙子二十多岁的时候是朦胧的，人生的各个方面看不清。

夏：老子带着儿子相亲，竟然相了 49 个，他自己竟然相了 50 多个。

陈：他（马志国）先把关，不合适的不让儿子见。

夏：我认为应该把这个引用到对艺术的追求、对美的追求、对心灵的追求上。

马：我们去山西乔家大院，我发现那里有一条对家庭媳妇的要求。

夏：您选儿媳妇是不是也受那个要求的影响？都需要具备哪几个条件？

马：第一要有文化，第二要有气质，得漂亮。我认为以后孩子的事业，不是一个人的事情，以后的媳妇得对他有所帮助。

夏：就是说这个媳妇对马若特的事业要扶持、要包容。就是在她的脾气禀性上，您是怎么判断的？

马：那个，我还琢磨不透，很难。但是有一个大的特点，人大脾气小。和唱戏的大青衣一样，她脾气就好，她身边的丫鬟的脾气就暴躁。人长得小，就极力地想去表现自己，以显示自己很大。小的人走起路来，蹦着走。脚尖先着地，头扬得也特别高。但是，这不绝对。

夏：看性格看不大出来，看人的模样是否面善、憨厚，还是能看出来的。看容貌，应该大体能看出来人的性格是害羞、温婉、内向还是开朗。

马：看京剧，有脸谱。嘴角边有颗痣，是个媒婆子。红脸的代表忠，黑脸的代表猛，白脸的代表奸。这都是艺术的总结，京剧脸谱可了不得，脸谱代表性格。我觉得这是一种科学，当然文化就是科学。

夏：今天，我们三个人到府上来，您看我们的面相什么感觉？

陈：或者说，您第一次见我，第一次见老夏，第一次见跃武，您都什么感觉？跟我们说说。

马：人讲究三庭五眼。你（陈培一）下庭就挺好，晚年肯定有福，代表你的后半生。

夏：代表少年是哪儿？

杨：眉上面。

马：你（陈培一）晚年肯定很幸福，你的下巴挺大。

陈：我为什么要再活 50 年啊，应验了！我是有雄心壮志的，想再活 50 年这是有道理的。

马：对，他（陈培一）这个下巴有特点。

杨：您再看看夏老师。

夏：三个人的都必须要说。

陈：以相驴的经验看我们三个人。

夏：我一个文化人百无禁忌。

马：你（夏和兴）少年不太顺，中年跟老年还可以。

夏：天啊！我少年时真的非常艰苦。

马：他（杨跃武）的，我看不出来。

杨：我没有特征，我太普通了。（笑）

马：你（夏和兴）的这儿窄了，这儿宽了，这儿长了
（边说边用手指着夏和兴），那是智慧。但是这儿窄点，那
代表不顺，但智慧是有了。到了后来，一切就好了。你少
年肯定受过很多坎坷，你有这感觉不？

夏：我六岁时，就没有了父亲，惨不忍睹，我家是我
村上最穷的一家！跃武兄、培一兄，我最惨的时候，感谢
上天，我有一个好嫂子，我少年的时候我嫂子待我非常好。
我十三岁上初中的时候，我们江阴县京剧团招收学员，我
去唱，一唱下面就鼓掌。后来，有人把我的名额顶掉了，
说我的脸型不行。为什么说我的脸型不行，一个就是我脸
上的黑痣太多，舞台亮相不行，二是说我太黑。后来，有
剧团的同志他挺喜欢我，说我唱得挺好，他说没事，这些
黑痣可以点掉（去掉），结果反对的人多，最后还是不行。
而且，还给他们提出来一个让我一生（青年时代）都抬不
起头来的说法，他说我这张脸是橄榄核，脑尖、中宽、下

尖，没有办法化妆、打扮。

马：你的下巴绝对不尖，他说错了。

夏：弄得我一点信心也没有了，从来就没有抬起过头来。后来，我上大学，同学们说夏和兴怎么这么傲气。其实，是因为我自卑，就不敢看他们。他们却以为我高傲，其实是一点信心也没有。

杨：上大学的时候，依旧有这阴影？

夏：您（马志国）为什么不说说他（杨跃武）的脸型？

杨：我这不上相。（笑）

夏：好坏都得说，不要有禁忌，因为都是文化人。

马：他（杨跃武）是有智慧的人。

陈：我小时候实际上也很苦，最苦的时候都是我外公救我。我本来可能活不到现在，因为小时候得了一场大病，家里非常穷，没有钱看病，我出生时正是三年自然灾害生活最困难的时候。我外公是革命资格很老的老党员，他要跟着部队南下的时候，他为了庞大的家族就没有走。当年他带出来的人，有好多是县级、地级的干部，不少人从外地回来看他。他在家里务农，就在四里八乡打工。我母亲说，他给人种菜的时候，挖了一个元宝，卖了一块二，赶紧送过来，救了我一条命，当时我只有一两岁。我虽然有坎，但一直是这样，有坎儿的时候总有贵人相助，总能过得去。

夏：是啊，咱们这一代人，是最苦的。

十二

杨： 二位老师，你们看，老马今天放开了，讲了几个观点：第一，搞作品要大气；第二，作品要含蓄；第三，作品要有弦外之音。

陈： 这是艺术创作的本质啊。

杨： 唉！曲阳又有多少人能够按着这个思路去创作呀？

夏： 我认为访谈就是这样，是一种完全放下的心态，很愉悦。以后的访谈，就是要喝茶、喝酒。

杨： 这种形式最好。

夏： 我认为后面是他（马志国）发挥得最好的时候。他前面讲话时还想想，后面就直接脱口而出了。说杨跃武把曲阳十万雕刻大军调动起来，这样的话语说得真让人高兴。

杨： 百年之后可以用这个词儿，现在不行。（大笑）还没有人说过这种话。

陈： 老马今天说的代表了一部分人的心声，绝不是老马一个人心里这样想的。

夏： 老哥真是个有智慧的人！他（马志国）就能总结出"杨跃武调动曲阳十万雕刻大军"来。（大笑）

陈： 这是曲阳人民对你（杨跃武）最高的评价。

马： 你（杨跃武）也不容易，能成了一个"台阶"。没有你，曲阳雕塑还是死水一滩。

陈： 雕塑艺术指导委员会成立多少年了？

杨：九年了，明年就整十年了。

陈：在省级工艺美术协会成立雕塑专业委员会是我和范伟民一起倡议、推动的，方案是我写的。河北是行动最早的省份之一。当年，河北省工艺美术协会会长李平思对我说要让一个曾经在县委工作的同志当秘书长，因为不是专业人士，我一听就坚决反对。当时，我还没跟他们接触，还不认识跃武。后来，经过好长时间的接触，才发现他们选人选对了。跃武，你要把这九年的工作总结一下，整理出来。

杨：有这个想法，计划明年要出本书。

陈：等明年出书的时候，我要写序言。

夏：你（陈培一）不要写太长，字数不能超过三千字吧。

陈：那可不行，三千字那写不出来东西，一写就上万字了。

杨：随你写，长短不拘。

陈：我跟曲阳人打交道二十多年了，和大家很有感情，也和大家一起做了那么多事情，肯定得把这些人写到里边去。

第二场

2017 年 6 月 13 日、河北曲阳县城胡大碗酒店

刘红立（左一）、杨跃武（左二）、陈培一（左三）

〔**编者按**〕河北省曲阳县羊平镇南故张村，是一个神秘而传奇的小山村，也是颇有争议、毁誉参半的小山村，它既是中国最著名的、最重要的仿古雕刻产地，也是中国现当代著名雕刻大师的摇篮。这个在全国都闻名的小山村，培养了王二生、王同锁等诸多著名的雕刻大师。然而，王二生的个人艺术成就并不是最为重要的，重要的是因为王二生带领他的家族子弟们都加入了石雕行业，成为了曲阳雕刻产业不可小觑的一股力量，培养了曲阳雕刻产业的龙

头企业家刘红立这样的年轻才俊。可是，刘红立的求学、创业之路并不是一帆风顺的，而是充满了坎坷，也充满了传奇色彩。刘红立是个忙人，每天马不停蹄地到处跑。有天，约了他晚上一起边喝酒边聊天，看他是怎样从一个普通的农村小青年发展成为曲阳雕刻龙头企业掌门人的。

对话人： 陈培一（中国工艺美术学会雕塑专业委员会第三
　　　　　届秘书长）

　　　　　刘红立（河北省工艺美术协会雕塑艺术指导委员
　　　　　会会长，中国工艺美术大师）

　　　　　夏和兴（深圳雕塑院副院长）

　　　　　杨跃武（河北省工艺美术协会雕塑艺术指导委员
　　　　　会副会长兼秘书长）

地　点： 曲阳县城某酒店

时　间： 2017 年 6 月 13 日

录　音： 杨跃武

一

陈培一（以下简称"陈"）：红立，不好意思，今天刚从北京回来没有让你休息，就把你约来了一起聊聊。你不是南故张村的人吗？就从你们村的雕刻说起吧。

刘红立（以下简称"刘"）：从小时候，我们村子里就有雕刻。成立了生产队以后，大队部就设在一个小庙里，村里人也就在那里做雕刻。我们家就在小庙旁边。上小学那会儿，学校也不远，就挨着。所以，受环境的影响，我从小就开始喜欢这个。在小学，我就开始学画画，画白描（画马、人物、佛像），一直到初中也在画，一边上课一边画画。在初二放暑假的时候，借了别人一对小狮子，模仿着人家的东西开始做。一个暑假，做了两对小狮子（12 厘米高），总共卖了 240 块钱。

杨跃武（以下简称"杨"）：你之前没学过？

刘： 没学过。

杨： 就是完全模仿？

刘： 就是模仿的。卖了 240 块钱。

陈： 什么年代卖了 240 块钱？在你多少岁的时候？

刘： 我那时候上初中，十五六岁的时候。

陈： 你是哪年生人？

刘： 1969 年。

杨： 卖狮子的时候是 1984 年左右。

陈： 那会儿还挺值钱。

刘： 嗯。120 块一对，240 块两对。那会儿的长期工、县里的领导一年才挣 1400 块，我一个暑假就挣了 240 块。这是初二时候的事。初三毕业的前一个月，就开始跟着我岳父王同锁学习雕刻。

陈： 当时，你是什么原因跟着他？

刘： 那时候，曲阳做雕刻的就是东羊平、西羊平和南故张这三个村子。王同锁是三里五乡有名的好把式，是曲阳县第一雕刻厂的技术厂长，在我们村子里是公认技术最好的。我父亲也爱好雕刻，他年轻的时候摆上酒席请人吃喝跟人学习，人家也不一定跟他说一个要领。我父亲感受到了这其中的艰难。到了我长大的时候，他说给你找个老师，再给你找个媳妇吧。当时，我们家的条件也不错，我十六七岁上就有人给我说媒。有人给提媒说了王同锁的女儿，说同意了，然后就订婚了。订婚之后，就在人家那里学习。我之前有一定的基础，画画啥的，画马、画佛像。虽然画得不是很好，但是大形能画出来。王同锁那里有好多徒弟，好像有几十个。后来，我就是这些徒弟的头儿。这些徒弟不会画，所有人下料，做什么东西，基本上都是我给他们设计。那时候看石头适合做什么，我给他们画什么，画完之后再做。那时候没有那么多规矩，市场很好，只要你做出样子来就有人要。买料、采购也是我干，到山上买料也是我去。说白了，他家的生产作坊，我担任的就是技术厂长。虽然，他家里没有正式成立厂子，挂出招牌，但业务量还是很大。

陈： 主要因为是定了亲，才卖力气干。一个女婿半个儿嘛。

刘： 我去他们家做的第一件作品就是《站观音》。师父定好造型了，我花了七

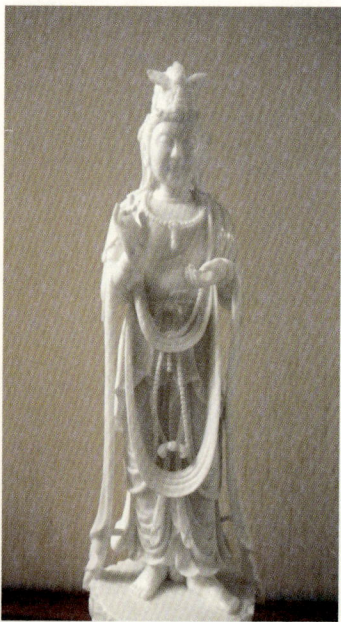

刘红立作品《站观音》
房山汉白玉

天时间用刀子剃平、剃光。剃完之后，师父再没有进行修改。那会儿，好多人经常去他们家去看活儿。看到我的作品都挺佩服我。

杨： 你很有天赋。

刘： 从十七岁到十九岁，我一连学习了三年。到了我十九岁那年，开始使用电磨头。那会儿，别人用电磨头磨（刨光）三件东西，我手工也能做三件。我这速度，有时比电磨头的速度都快。我一次性可以完成，电磨头磨了之后还得再修整，没有我用手工做得到位。1989 年，我做了两件作品，县里海选去北京参加会展，把我这两件作品选上了，就在天安门东边的历史博物馆（现在的国家博物馆）参展。当时的展览，是县政府、中央美院组织的。我的作品获得了两个奖项，一个是优秀奖、一个是二等奖。这两件作品，一个是卖了 12500 块，一个是卖了 7000 多块，两件作品加起来不到 2 万块钱。那时候，就算是万元户了。评奖之后回来，开始发证书。那会儿的证书，是从市里拿回来就开始发，"一雕"多少个，"二雕"多少个，"三雕"多少个，一发就是几百个《工艺美术师证》。但是，这些都没有档案记录，证件倒是有。在我岳父的帮助下，我也获得了《工艺美术师证》，最高级别的了。那会儿，出去工作、联系业务什么的，挺有用。

二

刘： 到了第二年，也就是 1990 年，我二十岁的时候，中央工艺美术学院和县政府签了一份协议，给曲阳委培一批人，专门为曲阳办个班，一共十六个人。当时，签协议的时候是要给我们发毕业证，而不是发结业证。就把我选上了。那时候的县长，专门用大巴车把我们这十六个人给送到北京，送到中央工艺美术学院。

陈： 都有谁啊？

刘： 有武士卿、甄丛达、高少永、刘建鹏、付文正、石新坡、高志军、孟立军兄弟三个、甄舒达等。现在有名的就是武士卿、甄丛达还有我。这十六个人里边，我、武士卿有技术功底。当时，在学校的第一个月画素描，第二个月就做头像，剩余的几个月上人体课，最后一个月是创作课。

陈： 红立，可以把你们在学习当中好玩儿的事、遇到的有趣的人说一下。比如，打架、追女孩、喝酒等事，都可以说一下。

刘： 好吧。一进学校，我们就成立了喝酒协会，16个人摊钱买二锅头。武士卿那会儿已经开了厂子，他有钱，就买烟教我们吸烟，给每个人发一条，教会每个人都吸烟。没有杯子，就用装胶卷的那个小塑料瓶喝酒，一口一个。那时候，喝酒没喝醉过的有三个人，我就是其中一个。别人一喝酒就醉了。另外，到了学校之后，发现设置的课程都是虚的，以前我们一年到头都是学的实实在在的东西。这样不行，然后我们跟学校提意见。学校就按照我们的要求，重新调整了课程。我们的学习是有针对性和目的性的，就是来学素描、学设计、学临摹来了。我们那会儿已经成年了，都二十多岁，武士卿那会儿已经三十多岁了，当时的大学生才十八九岁，比他们大了很多。

在上学的过程中，到食堂去打饭，我们就派一个人去排队，然后十五个人插队，后面的人就开始骂，骂了之后我们就打架。有一次，一个人骂了我们之后出了食堂，在操场边上被我们十六个人一围，问他为什么骂我们。他骂我们是乡巴佬，没有素质。那时候，我们长得都是农民样。（全体大笑）然后，就打了一架。打完这场架之后，在食堂排队打饭，一听说曲阳的来了，再插队就没人敢吱声了。那时候，食堂的饺子真好吃。我们那会儿排队，十六个人打饭的盆子都一样，十六个饭盆排一大溜。大师傅就说就喜欢你们，盛饭都一样，省事儿，比较均匀。别人是大盆、小盆，什么饭盆都有。

那时候做模型，学院里提供石膏。我们对石膏不是很熟悉，背着个袋子去仓库里捏石膏，搞破坏去。弄个盆，也不管多少，弄点水一搅和，浪费的比用的多。后来，看仓库的师傅跟我们说：这样不好。武士卿就给他买了条烟。他说：你们想怎么用就怎么用吧。（全体大笑）

我们晚上翻石膏，一翻就翻到十一点多，北京的公交末班车十点之后就没了，我们出来正好可以赶上末班车。有次，我们到站牌的时候，司机刚好把门关上，我们"哐当"就把门踢开了。我们身上都是土，都是石膏粉，踢开门上车，够野蛮的，吓得司机也不敢说话。那时候是半夜时分，上来几个小伙子，弄得身上都是石膏，确实挺吓人的！旁边的人看着我们，就在那儿嘀咕嘀咕，有的人在前面远远地坐着瞅我们，后来一使眼色在终点站的前一站就下车了。车上就剩下我、武士卿还有童志伟。到了终点站，保安就把我们弄到小屋子里了，关上门，问我们：你们是干嘛的？我们亮出学生证，然后解释说我们是干什么什么的，最后一班车了，天气太冷，有点着急，态度不好。我们连忙道歉，又写了检讨，写了两个多小时。保安看我们挺诚恳，不像是坏人，最后就把我们给放了。

陈： 这就是成熟的代价。把你们带走时，你们不害怕？

刘： 不害怕。后来，我们毕业了。之前，学校承诺给我们发毕业证。正好，那年赶上教育制度改革，像我们这种情况不允许发毕业证，以前还可以。于是，我们十六个人到院长办公室找杜大恺老师。杜老师说：你们别都来，来两三个人做代表吧。我们去了两三个人，就问他：当初明明写得好好的给毕业证，现在为什么不给了？然后，他就给我们解释，说是教育制度改革的规定。几番争辩，也没达成一致意见。当时，院长都一直给我们说好话，确实是政策问题，不是学校的问题。最后，没办法，给我们发的是结业证。

到了学校之后，我们就认识了吉信先生。我们是通过我岳父的亲哥哥王鸿儒认识的。王鸿儒在中央美院工作，学校里的这些雕塑家的活儿基本上都是他干的。整个中央美院家属楼都在一起，认识吉信之后，那些老先生们就都认识了。钱绍武先生也是那时认识的。吉信先生的夫人叫文慧中吧？我和文老师合作，一起揽了活儿，在西山那边弄了几个雕塑。她负责设计，我负责跑业务。后来，挣到的钱平分，赚了几万块钱。

陈：雕塑是什么材质的？

刘：就是石头的。她做完石膏，回来我再弄样板，打成石头。

夏和兴（以下简称"夏"）：那这个钱应该不算少。

刘：记得我就赚了3万多块，一共赚了6万块左右。我们两个合作，就做了这么个事。去了那一年，就挣了那么些钱。学费花了7000多块，我们进修是自费的。我自己买了相机，吃喝又花了7000多块。当时，我是把自己挣的1万多块钱花了1万出头，还剩了一点没有花完。后来，与文老师做雕像又挣了两三万块钱。

三

刘：1991年底，我回到曲阳就开始跑雕刻业务，和钱绍武先生合作。我跑业务，钱老设计。钱老做了三年的艺术沙龙，有两年在北京的钓鱼台国宾馆，还有一次在北京的一个老宅子。艺术沙龙的费用都是我出的，当时举办一次艺术沙龙要两三万块钱。那会儿，钱老也还没车呢。我就在曲阳找朋友帮忙，开两三辆车去。吴冠中、邓林他们来都是我接送的。那是1993年到1995年的事情。

陈：你是在开办了厂子之后，才跟他们合作的？

刘：嗯。

夏：你是在中央工艺美术学院学习了一年之后才回来

开的厂子?

刘：是的。学完了之后回来，我二十岁时开的工厂。

夏：你先说说你结婚时候的事情吧。你是遇到你岳父这个贵人，事业上才逐步发展起来的。这一块，你可以详细说说。

刘：岳父是我的贵人！可以说，没有他就没有我的今天嘛。

杨：你是在结婚之前去念书的啊?

刘：不是，我是结了婚之后时间不长就走了。在学习的过程中，我的小孩出生了。

杨：你再说说你开厂子的事情。

刘：我在中央美院代了几个月的班之后，就回来了。为什么回来啊？因为曲阳跑雕刻业务的人很多，业务太多，做不过来。其中，我们村子有个人跑了个业务让做续范亭的雕像。续范亭是国民党的将军，后来与共产党合作，坚决抗战，后来病死了。他是山西人，为了纪念他，就在太原建了个范亭公园，还有个续范亭中学。当时，还要做个续范亭的雕像，两米多高。他们就找上我，却让我塑个像。当时，续范亭将军的女儿是新华社副社长。我从家里带着泥，坐火车，住在新华社后门的小旅馆，就在那儿做了个头像。做了三天，第一天，定了基本型。第二天，又做了做，让续社长看看。第三天，让她看了，她说"行了"。让把稿子送到煤炭部去，让副部长看看。因为，这个副部长是续范亭将军的部下。那些业务员，门都不让他们进，却让我抱着头像开着车进去。后来，泥塑做完了以后要转成石雕，我们村里的业务员觉得让我加工石雕价要得贵，就不让我做了，交给别人做了。

杨： 石雕让谁加工，由揽活的人说了算。

刘： 那会儿还没有"雕塑定型"这个概念。都是先做个小样，直接放大。续范亭将军的雕像打完之后，续社长来看了。一说"做得不像"，交不了活，接活的人就慌了。因为第二天就要发货。发货前一天下午三点多，就叫我去。开始我说"不去"，他们找了好多人跟我说好话，做我的工作，我才答应。去了之后，从下午三四点一直干到晚上十一二点，没有停手。续社长和甲方就在旁边看着，把那个雕像整体都修整了一遍。干到十二点左右，续社长说"可以了"，表示满意了，我才停手。

陈： 当初，他们打得怎么样？

刘： 脸部给打肿了，跟胖子似的。后来，人家甲方就不和揽业务的那个人说话了，直接就冲我说话。甲方挺感动的，感觉特别高兴，特别满意。当时，我最初是不去的，也没要什么钱，去了就是为了朋友，为了救场，根本没提钱的事。结果，救了场之后甲方给了钱。之后，揽业务的给了我 5000 块钱，连模型和加工一共给了我这些钱。这是在 1993 年上半年的时候。

四

陈： 你是什么时候开始真正创业的？

刘： 当时，处理完续范亭雕像这件事之后，我、我岳父王同锁和陈铁彪我们三个就结合在一起，开始准备创业。我和陈铁彪跑了一趟东北，那会儿的洗浴、歌厅都挺盛行、都特火，业务量挺大。去了之后联系业务，人家说："行，你们来搞设计吧。"那会儿的设计跟现在的不一样，拿着铅笔就在那儿画稿，画了个大形。人家一看，说："就是它了。"然后，就订了货，订了100万块多一点。那时的100多万块钱，等于现在的1000多万块。虽然订下了这批雕塑，但是后来的生产特别着急，一共四十多天的工期，必须得完成。当时，想开厂子吧，已经来不及。就这样，这批活就让陈铁彪回党城找几个人去搞加工。

陈： 都是谁帮你搞的第一次加工？

刘： 有甄江河、孙老好，没有武士卿。客户那边都有图样，照着来选料、选工，看谁有料，就把主要订单放给谁了。党城那边干活，要求必须把石头切割得四四方方的，宽厚都够才行。他用小钎子一点一点地弄，工期很紧张，一看就让人着急。没办法，我就开始上手，拿着大钎子、大锤子，一块一块地往下敲，几下子，不到一个小时我就把型给弄出来了。可以说，我这一个小时顶他十天的工作量。弄完了之后，我再画线，之后再叮嘱他直接打过去，打过去就到位了。开始，党城人以为他们的"西洋人"做得好，说除了党城哪还有人会做"西洋人"啊？我这一下子就把那些人镇服了。那四十多天，我隔一天就去一趟党城。那一阵，从早跑到晚，几乎所有的活儿，都是我定型、开脸、画线，跟教徒弟一样。不管怎样，总算把这活儿给抢下来了。交了活儿以后，这第一桶金就挣上了。

　　我从中央工艺美术学院回来以后就买了铃木 125 摩托车，一万多块钱。我骑着跑党城，大姑娘、小媳妇儿全跟着跑，在胡同里就是一道风景。现在去党城，上了点岁数的妇女，一提刘红立，就没有人不知道的，都知道我的技术好。真的，我在党城很出名。通过这批活儿，把活儿的门路给搞通了。弄一件活儿，石料多少钱，工钱多少，能挣多少钱，基本上搞明白了。一件活儿可以挣好几千块，这多挣钱呢！于是，就想着开个厂子。就这样，我租了个地方，买了一车次料，找了七个工人，就开起了厂子。

　　陈：那个地点在哪儿？

　　刘：在曲阳老汽车站旁边衡器厂的那个院子里，在现在的县城北关。7 月 8 号开的张，到年底春节时盘货就盈利了。当初，投入了 20 多万块钱，盘货盘了 130 万块钱。光货底，算了算就有几十万块，有存料和半成品。那年，纯挣了 80 多万块钱。

　　夏：这是哪一年？

　　刘：1993 年。

　　陈：很不得了啊。

　　夏：那时候是你们三个人的？

　　刘：我们那时候有三个股东，我、我岳父和陈铁彪。陈铁彪的业务能力挺强。中央美院的孙伟他们有好多活儿都是他弄的。他不会干活儿，他会说。后来，我岳父家里有事，就不干了，剩下我和陈铁彪两个人干。我们又干了半年，人家那个地方不让我们占了。

　　陈：在孟良河的哪边？

刘： 在孟良河的西侧，闫玉伟家里那块儿。

陈： 那个地方我们去过。

刘： 那么多石头物件，搬厂子能搬到哪儿去啊？后来，就搬到定瓷那一块儿，现在是陈氏定瓷公司。有三亩地，以前是我们占着呢。那会儿，定瓷前面的那条路（新南环路）还没有。

杨： 之前那是个煤场，没有办公司。计划经济的时候，是凭着煤票从那里买煤炭。因为煤炭，之前那儿都是黑的，你们在那儿开办厂子之后没有半年整个变成白的了。

夏： 这个有意思。

刘： 订单多了以后，我就上广州交易会。当时，国内的活儿很少，百分之九十九的都是出口。我们就找外贸公司，后来想别找了，给管这块的外贸处打电话，问他们："外贸公司咱们都熟吗？因为好多都是出口，愿意跟我们合作吗？我们出展位费，你们拿提成，可以吗？"就这样跟中国工艺品进出口贸易公司打电话，结果他们那边同意了。

陈： 我有个朋友就是那里边的人。

刘： 合作函发过去后，就这么一天时间就搞定了。那会儿，在广交会那儿有地盘、有展位是一件很牛的事情。广交会方面也很高兴。于是，就赶紧做样品。可现做来不及了，就在一些厂子里搜集了一些样品拉过去了，一夜就定了 6 万美元的订单。那会儿的汇率，一美元换八九块人民币。当时的五花亭子销量第一，出口五类项都是销量最好的。当时，客户来工厂里，我们厂子里货物齐全，啥都能买到。人家一订货，一订就是十来个集装箱。缺一点货的话，我们就去甄彦苍的厂子里把货物补齐。每年都递增，到了 1998 年，我们的出口额达到了 1000 多万元，占曲阳县第一，我们就出名了。刘宝玲书记来了曲阳之后，问道："曲阳谁干雕刻干得好啊？"后来知道是刘红立干得最好。刘宝玲书记的秘书开着车来到工厂，一看就说："你们待的地儿太憋屈，去马路边儿上，我给你批地。"在批地的过程中，陈铁彪已经背着我在北京租上地了。我说要建工厂，他不同意。他说要去北京建工厂。我说："不去，去北京干吗啊？"他说："已经在那里买上地了。"我一听，那就分家吧。我不想去，他非去，那就只好分开了。就这样，我们两个就分开了，结果都发展得不错。客户并没有都跟着他走。

陈：分家以后你当时手里有多少资产？

刘：那会儿手里有四五百万。那时候存货多，加上存货得上千万。

陈：你挪地方之后，工厂人数达到多少人？

刘：能达到一千人。一千人在一个厂子里干，跟在水里下饺子似的。每天晚上都发货，每天的集装箱在门口一排一大溜。那会儿就是这个情形。建厂子的过程中，英国人来了，是一个客户。他问："你缺资金吗？"我说："缺啊。"他就说："如果你缺少资金，我给你投资。"他给了我 17 万美元。每年发 3 万块钱的货给他。当时，跟他的定价也高。那时候，相当于 3 万块钱的货还是他掏的钱。他说："价高没问题，一定要保证质量。"而且，那时候主要做壁炉，在咱们这儿一套壁炉给工人发 100 块钱，但给他们一套壁炉至少得要 1000 块。到了 2002 年，在天津承揽了一个园林雕塑的业务。某天晚上，见了天津市水利局的局长。他要求得由雕塑名家来做。他问："雕塑家找的是谁？"我说："找的是钱绍武。"第二天，我们就去北雕厂找钱老去了。

陈：叶晨参与这个工程了吗？

刘：参与了。钱老做了五个，张永见画了一些图，朱尚熹做了三四个，董辉杰、郭心聪做了一组。从这之后，城市雕塑的业务就没断过，每年都做。我们和钱老还合作了一个在新疆图木舒克的市民广场，还有喀什那边一个县也干了一个广场。

陈：可能是 2003 年的时候，钱先生就从北雕厂搬出去了。

刘：城市雕塑业务就开始多起来了。2006 年做江西新昌的大卧佛，人家也要找名家，我说可以，就又找到了钱先生。因为钱老这个人为人比较随和，好说话，跟他没关系的事他不管，别的雕塑家就不是这样。这事要看谁出马。结果，钱先生一去，第一炮打响了。甲方说："就让你们弄。"接着，就是做稿。我和郭冬青两个在北京做的稿子，这个人的手工很好。当时，刘大伟、郭冬青他们几个人打的石头。香港那边的大佛，就是他们七个人打的。当时，甲方说得找一个做过大佛的，郭冬青正好做过，就找了他。他做泥稿，钱老弄石雕。去了以后交上稿子，甲方认可了说没问题了。结果，后来又不让我们参与了。我一看不行，就又找到了钱老，钱老一出场就行了。钱老不管钱，但是谈判还是可以的。后来，人家提出邀标，要求注册资本 700 万元以上的。但是，我公司的注册资金只有 680 万元。后来，我拿出了新注册的一个公司，注册资本是 2850 万元。再后来，甲方又要求让弄文字方案，弄材料。要求写这个大佛怎么定位，做什么风格，应该怎么做，做什么内容，那时候谁懂这个啊！正好，那时候我和台湾的一个朋友合作，他从台湾飞到香港再转到内地来。他在台湾的时候，我就打电话让他赶快给我写。他从台湾飞到香港，就从香港给我传真过来了。有了他这个文字策划，我再找人帮忙整个标书。整整 7 天，我们两个人，每天晚上就睡个两三个小时。

陈：你第一次买汽车是哪一年？

刘：1993 年，开厂子那一年。

陈：第一次买工厂的运输车呢？

刘：没有专门的，有的是雇的。叉车开始是雇的，后来是自己买的。1993 年开厂子那会儿，我们一个人分了 30 多万块钱，当时，就花了 20 多万块钱买了辆桑塔纳。

陈：那你用通信工具——大哥大是哪一年？

刘：大哥大没赶上使用，就赶上 BB 机，大哥大用的是第二代翻盖儿的那种了。

陈：很趁钱。

刘：那时候，我父亲也不需要我的钱，我的钱就敢花了。存款有个十万元，就是万元户了。

陈：看来，你做标书还挺有门道。

刘：做标书有窍门。我们的标书，都是很厚的一摞。

第一次竞标，我们打了一份 A3 的，其他人都是 A4 的，他们每一家的加在一起还不如我们的一本厚呢。当时，十一个评委都说见过很多标书，没有见过这么好的标书。彩色打印，编排讲究，那时候就是一个完整的项目策划案。尽管竞标过程中有些波折，最后我们还是中标了。专家评委们说："这是佛祖的意思，随缘吧。"项目中标之后，合同先不给签，让我们先做稿子，按 1∶15 的放大，稿子做出来以后再签合同。郭冬青和我就在现场做，做了一个月。天气热，我们也做。我们做这个模型费老劲了，钱老去了，刘大伟去了，朱尚熹也去了，都动手了。到了后期的时候，甲方的局长被我们感动了。局长说他每天晚上都来，在窗户外面看我们是不是真干，他真被我们的敬业精神感动了。

夏：这个工程以后的回报率可观吗？

刘：在业绩上是可观的。就是钱欠了六七年都没给清，实际上还欠着二三十万。

杨：实际上没挣多少钱。

刘：没挣多少钱。

杨：是一个经典的工程案例，永远地留在厂子里了。以后再去哪儿揽工程去，这是一个招牌。

刘：做完那个以后，奉化大佛做稿我们就又参与了，整个铸铜、石头的底座也是我们做的。

杨：它等于在佛教工程中有了名气了。

夏：这是一个典型。

杨：曲阳人揽工程，有好多就是这样实干出来的。

刘：就那段做大佛的时间，还承揽了杭州运河的石桥。

共有十三座桥，我们干了七座，每一个栏杆都有特色，每座桥都有特色，特别棒，现在去看还特别好。当时，有江苏的、福建的，加上我们，我们一投就中，一共投了七个标，后来不投了，因为任务太多完不成。那时候，必须在杭州现场干。标书做得好，做样品福建那边也比不过我们。但是，栏杆一量产，问题就出来了。曲阳这边，好的工人做得是真好，做得不好的就是不好。栏杆这么一摆一排，问题就暴露了。而福建的工人单个雕得不行，但是整体效果很好，一看一模一样。

陈：人家整体水平在那儿呢，都一致。

杨：他们分工合作。比方说栏杆，他们那边画线的就画线，画线工把所有的栏杆都画好。咱们曲阳的工人是从画线到完工都是一个人负责，所以每一件栏杆都是有区别的。

陈：你是什么时候扩大经营规模的？

刘：2009年的时候经济危机，我的生意不但没有少，我的活儿反而做得最多。国外的工程，美国一个、卡塔尔一个，还有法国一个，一共是三个。给人家造花园、房子的外装，还有小柱子、花盆、人物。那年国内的订单也多。周立光在的那一年年产值就六七千万了。后来，周立光说："别提六千万元了，要争取一亿元。"那时候，好些生意都来了。如黄花岗广场的大柱子，二层楼高，这一个订单就挣一千多万。那会儿，上千万的订单很多，县里就把我的厂子定成了龙头企业。买了这块地之后，东西太多了，厂子里还是放不下，后来扩大又买了地，还缺展示的地方。

当时，周立光说："在哪儿都能展示啊。"那时候广场不是搞活动吗，周围还都是玉米地，我给他说："在广场那儿你给我一个角弄个展厅吧。"周立光说："好想法，可以全给你。"那时候他是县长，他说了算。他说："你给张书记说说吧。"我说："行。"接着就把方案做出来了，拿给张书记看，张书记也说："行，都给你。"当时，两个人配合得都挺好。很多钱我也拿不出来，就找了几个股东合伙，一个人要了一块地。那时候，没想到搞开发，就想着几个人跟分豆腐块似的，你要一块，我要一块，把地分分就行了。后来，那些人钱跟不上，先后又都退出，剩下我自己在那儿撑着。那时候的房子，4000块钱一间都没人要，都是门脸房，我剩了16000平方米的房子。现在看来，这房子得增值了一半还多。周立光和张书记这两个人走了，新一届的领导来了。那会儿有任务，每个县至少要有一个省级的建设项目。那么，做什么项目能达到省重点啊？动脑子，想办法，画图，规划，投资5.1亿元，很快就达到省重点这个线了，就是现在的这个大美艺城。先画线，设计，再动迁。动迁之后，领导又走了，项目就压下来了。顺达把其中的一块拿走了，也把我之前的想法都打散了。

陈：那你什么时候搞了上市公司啊？

刘：也就是报这个园区项目的时候。那会儿，接一亿元的订单就玩儿死你了。后来，我要买工具，如切割机一类的东西。县里卖电动工具的厂子里有个财务人员来了，他说："你上市吧，上市能好些。"当时，我们的条件都能达到，就是税收不够，还有就是做账不规范。我一算账，说："行！"本身有些得交税，你也偷不了税，就补交了700万元的税。第二年，继续交税。一共交了三四千万元的税，政府给予了我很大支持。有了上市需要的业绩，有了园区建设的规模结果，就在我规范完了之后，要报上市公司的时候，证监会喊停了。创业板一共排了八百多家，就是每天都发，每天发一家，也得发三年。即使现在批了，你也得等三年发完。后来，证监会出了个主意，一家一家地作品要发票，查来源。以前上市做个账就行了，现在不行了，人家要真实的过程。还要券场、会计事务所的签字，遇到假的就刷下来。这一下就刷下来三分之二，剩下的还在往下刷。我一看这样，正好要改变公司性质变成股份制公司，我就停了。停下来之后，就做项目。这两年赶上是做项目的好时候，谁做的项目多，谁的产量多，谁的盈利就大。现在，我外面还有不到两亿的盈余款，这就是纯利润。这都好几年了，还没有结清。

第三场

2017 年 7 月 28 日、河北定州王京会工作室

陈培一（左一）、和连朝（左二）、王京会（左三）

〔编者按〕河北曲阳，是一个具有数千年历史传统的石雕产业基地，以汉白玉石雕而闻名已久。20 世纪 80 年代中期以后，曲阳又成为了城市雕塑作品的主要加工基地。在这个石雕窝子里，王京会、和连朝两人率先引进了西方艺术的创作思路，开启了曲阳自主设计现代雕塑的先河，把不锈钢这种新型的雕塑材料引进曲阳，而且开启了自由式主题雕塑创作的先河，如和连朝的石雕"帝王"系列、"国粹"系列，王京会的金工与石雕结合的"丽人行"系列、

"天路"系列，都丰富了曲阳雕塑的形式、样式、材料、语言和技法，既为古老的曲阳带来了一股新风，也为曲阳培养了大批金属加工的技术力量和设计人才，为曲阳雕刻产业的发展做出了重要贡献。

对话人： 陈培一（中国工艺美术学会雕塑专业委员会第三届秘书长）

王京会（河北省工艺美术大师，曲阳现代创意雕塑有限公司总经理）

和连朝（中国石雕艺术大师，河北省工艺美术大师，曲阳奇和雕塑有限公司总经理）

袁毅（民间工艺美术家）

地　点： 河北省定州市王京会工作室

时　间： 2017 年 7 月 28 日

录　音： 张敏

一

陈培一（以下简称"陈"）：京会跟连朝你们两个都是受过高等教育的，可以说是曲阳最早搞这个雕塑设计的，也是最早搞金属雕塑的。那么，你们两个就说说你们的创业史吧。

和连朝（以下简称"和"）：那个时候的设计，就是画图。

王京会（以下简称"王"）：那你画图跟画画不是一回

事，是吧？学校学的都是基础知识，那都是点基本功，是不是？你画得好与赖，只是在那个小范围里。但是，搞设计就不一样了，那是拿到外边让人们看去。刚开始画图也不行。画画有基础，是美术教育的那几项，画图设计的要求就多了，什么都要研究、都要会。到现在为止，像龙啊、凤啊，什么仕女啊，我还是没有研究过。当时，有这么一个适应的过程。开始画不成，画不好。后来，就开始接触什么亭子啊、牌楼啊、小羊儿啊，是吧？当然，也有一部分，像这个油田题材、工业题材，还有点儿感兴趣。再有就是这个动物，龙啊、凤啊、花花鸟鸟的这就出来了。我觉得这也是件好事，最起码都接触了一点，从不会到会，知道是怎么回事了，都涉及了一遍。整体上来说，只要咱们产品上有的，基本上都能说差不多。但是说好，说不上。你毕竟有擅长不擅长的，画了几年图纸。那个时候的工资也低，每月只有六七十块钱。

和：我记得好像有一段时间画过这个抽象人物。

王：对。我在 27 年前，给董少杰画过图纸。他屋里的那个浮雕，那个抽象的小人，就是我画的。我毕业快 30 年了，1989 年毕业的。我小子都二十七八岁了。少杰那个图最少有二十七八年了。这么着，带点新鲜气息。后来，雕刻就兴起来了，找我们画设计稿的也就多了。后来就做那个模型，现在让我参加比赛去，做个小东西我也没问题。多好说不上，反正捏个小东西没问题。我的东西一般都是我亲自做，然后别人做做光，打下了一点设计基础，还有泥塑基础。像现在五六十岁的人们，都直接或间接地接触过，我觉得群众基础还不错。那会儿，有人找去了说合作啊或者说帮个忙啊，这是一条道儿吧。也说不上设计创作，就是觉得这个好看。那会儿，杨京川看了觉得不错，说那做点东西吧。那会儿要求也不高，也没什么明确的要求，接触了一段时间。毕业以前，暑假期间在学校找了一间空房，窗户用塑料布糊上，支个床，就在那里塑个一米两米的东西，完全是出于感兴趣。这属于经验积累阶段，有这么一个情结。在学校的时候，班里有四五个学生，除了我别人都不弄这个。这么着，再就是当老师干了三四年吧，也挣了点钱。我一个月挣 70 多块钱的时候，画个图纸就值 400 块。那时一张图纸不像这样，给你 2 万、给你 3 万，还不想画。那会儿，那个图纸就像整面墙这么大，浮雕那是 1∶1 的图纸，一画就是 20 天或者半月。那会儿，谁也不做模型。给你张图纸，就在墙上画。放上线，描上，再打，那个时候图纸就当模型用，后来才做的模型。那会儿，我就不在学校当老师了，在曲阳成人教育工作，那儿比较清闲。在学校有校长，有人管，就挣那几十块钱。

袁毅（以下简称"袁"）：画张图就 400 块，可以啦。

王：画张图就 400 块，可以买一辆自行车。那个时候，一年下来靠工资也买不了一辆自行车，一个月也就三十二十块的。小的时候也穷，工作主要是为了挣钱。后来，老师们也反映，领导也反映，觉得待不住，也觉得学校的工资不行。不光是我们这些中学老师，包括大学教授也一样，业余时间也要干个活儿，是吧？后来，搬到北养马村（卢进桥大师他们村），我媳妇也调到养马乡中学去了。

调过去之前，我在羊平乡政府办过培训班，办过培训，人家都叫我"王老师"，"王老师"就是这么叫起来的。培训班办了几届，人们反映还不错。羊平有雕刻这个传统，一部分年轻人对这个美术还是感兴趣的，那会儿又不收费。

陈：县里、乡里都挺支持你吧？

王：乡里不说支持也不说不支持，教委看着还不错，校长也不管，看着有点用，那就办吧。县里还给了两次奖励，物质方面没有奖励，就是精神方面的。后来，逐渐地成教（曲阳成人教育）也不让待了。这边县里教育局都听说了我骑着摩托车监考去，人家都骑着自行车去，影响不好，我又不上班，又没有正式课，年纪轻轻的。成教是个什么地方？养老的地方。像有关系的、年岁大的、退休的，过去养老去。这样，我就在成教待不住了，调到曲阳北山沟偏远学校去了。我不干了！我也没说辞职，就跟校长说不干了。不干了以后，把连朝他们叫过来做设计。

二

陈：把连朝他们叫过来办厂子是几几年？

王：那会儿是工作室，叫创意工作室，1994 年或者 1995 年吧。那个时候，给人家做个设计，有的时候做个模型。做模型还是为次，主要还是设计。做个不锈钢雕塑，三米两米吧。说起来我们这做的不锈钢雕塑，虽然都是小品、小件的，但这就开始了，在这儿积累的初步经验。这也是次要的，设计也是次要的，我主要是跑业务。上甘肃揽活儿，那是一个机会。在那儿碰见一个中心花坛，过去商量了有商量，石雕给了合伙的朋友。有个25米高的大活儿，不锈钢的，归我跟连朝了，这是第一个大型的不锈钢雕塑，也可以说是曲阳县最早的一个大型的不锈钢雕塑。工程干完我俩每个挣了10万块钱，从这起的步。

陈：那么，这个不锈钢雕塑是给哪里做的？

和：河南安阳。那俩伙计做的烈士陵园的一座英雄纪念碑，也不小。这个是河南安阳香西路一个大转盘那儿，是1997年香港回归那年做的。从设计到做模型，到现场施工，到最后完成，都是我们亲自做的。施工期间，就涉及材料、构件、机器设备、人员配备、人员的培养等许多方面的问题。先从材料上说，才知道什么叫304、201，才知道钢材的型号。你看这将近30米、20多米高的大东西怎么做呀，是吧？涉及施工程序，开始琢磨这东西怎么做。

陈：主要还有结构的问题。

和：躺着做不可能，场地的空间不允许。那是第一个活儿，还挺大。当时是立着做的，扎上了一个20多米高的脚手架。涉及施工步骤、施工方案，涉及对材料的了解、材质方面的知识、机械设备等。那会儿，曲阳还没有切割机呢，都是手工下料。这个不行，切割出来带毛刺，那会儿割不成。这才去的天津。天津属于北方一个电子工业发达的地方，买了套设备。弄回来，这个下料的事解决了，拼接的事解决了，一看都挺好。但是一焊，不是这么着的，就是那么着的，看起来毛病比较明显，敲又敲不动，一点法儿也没有。但是，那个活儿全都是电焊机焊起来的，纯手工的，具有手工之美。从远处看没事，近了看不行，还是比较明显的。通过那个事，这一套制作大型雕塑的基本流程就掌握了。那会儿找的电工厂和焊工厂，都焊不成。那个时候才知道怎么预算。当时没现在这样算一平方米多少钱。谁总结的一平方米多少钱啊？就是我们这么多年总结出来的。当时，有个有趣的现象是什么，比方说一百万、两百万包的，但是最后决算。决算用料，这是一个大项。你得想办法挣点钱，你用了100张板，一个工出200块，你挣的就是这点工钱。那么，料上面不得想法儿挣点儿？这个用板又不限制，一数10块、20块不就是这点板吗？但是，没说不让接缝啊？一块接一块，不就是200张板吗？

王：就是多拼缝。

和：对，多拼缝。这个板没法弄，不好弄，但是利用率也得达到60%以上，是不？后来，才有了预算，想法儿加点利润。工人的吃喝拉撒，不是小数字。做这个工程要十几个人，在那儿搭的工棚。在那儿才有了大型雕塑的基础经验。这年前腊月里、初几上的工人，春节也得上人，不然完成不了。第二年，弄完了才回来。

王：这活儿弄了一年，想想也挺苦。那会儿人们有那种吃苦的精神。

陈：那个活儿挣了多少钱？

和：那个活儿拢共75万块，挣了有10万块吧。那会儿10万块可了不得啊！

王：那会儿10万块能买个小厂子了。

袁：那是不得了，还能买好几栋房子啊。

王：这其中涉及施工经验。也没有大吊车，想怎么把它弄起来。这就想到了模块。什么叫模块？这个活儿，骨架跟包板的费用是2∶3，比方说五分之二，或者五分之三。骨架看得比较轻，包板看得比较重，应该是3∶2。按这个大型雕塑来说，骨架应该是一个比较关键的步骤。那就有研究头啊！那个包板就是一个装饰，一个工艺。这个内部构建很重要，尤其大型雕塑。你得考虑怎么运输，到现场施工不现实，这就考虑怎么分块。大型雕塑得考虑主体，就像人的骨头一样，然后再说外边的造型部件，造型部件是在外边服务的，主体部件是给整体服务的。主体部件怎么分块，当时就开始考虑了。20多米高，怎么把三根钢管立起来，这三根钢管之间还得平行？当时就焊了一个模具，分了三截。这个设计雕塑，挣钱多少无所谓，挣了都花了，但这个经验必须每一次都总结。从那儿总结的模块经验。这三根管，卡上模具，一根管四五米高，那个直径也挺大。有底座，底座上有一两米长的小管，小管套进去，然后一焊就行了。顶上10米高就搭架子，用绳子拽着，想法儿把这三根管插进小管里面去。

我总结了一下，包括现在我们做大型雕塑，30米高的最少也得搭10米的架，20米的得搭到七八米高，这就能安上。全搭等高的架子，第一是危险，第二是费用高，第三还影响观察效果。这是拆了验收啊，还是不拆验收啊？拆了，要是说活儿不行还得搭上去，不拆就影响验收效果。所以大型雕塑的模块结构，工作量就尽量控制在三分之一以下，三分之一以上就是吊车吊篮。这是以前总结的经验，关于施工方面、材料方面、机械方面、成员组织的经验，另外还有挣钱的经验，是吧？挣钱当时干过丢人的事，从料上想点招儿，就不说了。当时为了挣钱，他不给你别的钱，就是一个工钱，一个直接费用，是吧？没有什么艺术监制费，他不按雕塑给你说，就说这是个建筑工程。这个没有法儿，也是逼出来的，你不考虑利润不行啊。那会儿的小聪明，就是多报点板子的数量，再一个就是用国产的充进口的。自己制作标签，标签上打上日本字，贴上那就是从日本进口的。

和：就是造商标。

王：这么着吧，也积累了点经验，也算适当地有了点回报，这是第一阶段。把这个活儿弄成了，立起来了，算是弄成了。回来了以后，就开始干别的，跟西安美术学院的那个院长，陈启南陈老师合作过。那会儿，他还带着一个学生，好像是个研究生。

陈：那个学生是不是石村？他是陈先生的研究生。

和：有可能，记不清了。

王：那个甘肃的《丝路民族》就是陈老师设计的。他是美院的老师，他不会暗箱操作。当地政府对这个价格比较在意，这么着这个工程是美院设计的，给陈老师的是设计费、监制费，我们负责制作。这个活儿当时是拉丝的，也是20米高，这么一个丝带绕了几下。那个图纸是陈老师提供的，模型跟那个雕塑是我们做的。从安阳回来以后做的这个活儿，陈老师亲自来了几趟。就是这么德高望重的一位老师，在政府面前，在曲阳面前，还得让一步。

和：他都当院长了，是西安美术学院院长。

王：他亲自来过几趟，监制费多少钱我也没问，肯定是打动他了。这是头一次跟美院的老师合作。后来和他失去联系了。

和：关于这个费用问题啊，反正我感觉你们这些有身份的名家、教授们，收费并不是特别高。倒是下边的学生，30多岁的这些学生，真敢开口要钱！

王：这第二个活儿，面临什么事？面临焊接了，我感觉挺有压力。要解决焊接技术、接缝和抛光技术，还有拉丝技术。上次那个焊上就行，第一次只考虑行不行，干得成干不成。第二个就得考虑外观了，怎么抛光，怎么拉丝，怎么运输。那会儿，坐了一个星期大货车给运到甘肃张掖去。没高速啊，去了以后安装了两三个月，还算顺利。后来，就解决了焊接问题，拉丝、抛光都解决了。

陈：这个《丝路民族》作品是不是还在张掖呢？

王：不知道，这都多少年了，二三十年了，2000年以前做的这个。

袁：从1997年到2017年，不整20年了吗？

王：将近20年了吧，反正是2000年以前做的，《丝路民族》是第二个大型雕塑。回来后，在羊平村南弄了一个小厂子。那会儿，曲阳县也没有竞争，也没有学徒。做了厂子以后，曲阳这个订单还挺多。当时，为了宣传就做了一个小册子，共三页，几元钱一页。

陈：还有那个小册子吗？

王：应该还能找到一份两份的，也没发完。后来陆陆续续地，我们就开始接这个活儿。后来我们挪了四个地方。第一个，就是曲阳电视台，挨着王月明老师那儿挺近，现在都没了，改成医院了；第二个地方是新乐正莫村；第三个地方是恒远雕塑陈玉龙那儿，为什么去新乐弄厂子？那会儿曲阳的税太高，那会儿还乱收费；第四个地方是从新乐搬回来，最后我就去的收费站那儿，曲阳的东边。

三

陈： 你们两个是几几年分的家？

王： 我 2000 年盖的厂房。2008 年、2009 年那会儿就分开了，这是一个阶段。我觉得第一个阶段叫什么？叫创业阶段。

陈： 也积累了经验。

王： 对，积累了经验。第二个阶段叫稳定阶段。稳定了，最起码做个活儿问题不大了。第三个阶段，属于初步的辉煌阶段，那会儿订单挺多，不干了，干不过来，70%都是拒绝。曲阳这边的业务员了不得，特别聪明。你有什么业务，就给你拿什么活儿。以前是碰见不锈钢了他们不干，现在是主动干。说："不锈钢没问题，我们做不锈钢几十年了。"就是这么说呗。这会儿，我带了一帮子人，有几十个人，建了一个小厂子。后来，我这曲阳县唯一的一家不锈钢厂子分家解体了。从分开了以后，徒弟们都陆陆续续地开始做了，高英坡也开始做了。头一个做的也是我们这儿的工人，也在这儿做过，叫田玉峰。他也是我们的一个老师，我是民办老师，他是公办老师，我们是一起在成教工作来着。开始跟我干活，后来英坡把他聘请过去弄的厂子，算是最早的一个技术人员。这么着，一传二，二传三，后来我这边的徒弟们、亲戚们都开始做了。曲阳县做不锈钢雕塑的，有一半多跟我有关系。从开始那段时间，挣点钱，开始弄厂子，之后连朝我们就分开了。

和： 2003年以前我们分的家。

陈： 天下没有不散的筵席。

王： 是啊。2000年左右，我就搬过去了。分开了以后，就开始接触人物雕塑、动物雕塑，包括雕塑设计什么的。我们也上过《教育》《求是》等杂志，在这些杂志上也做过多年的广告，还有也建了网站，还包括设计室。最辉煌的阶段，就是2000年左右。那会儿，最普通的小雕塑，给10万块钱也不想干。

陈： 价格是你们说了算，不是人家说了算？

王： 我有个例子。大同那边打电话让我去，说好了这个活儿，10多米高，12万块钱，挺简单。去了，那个领导说："10万块钱不行吗？"那时候，这都是正常的事，还还价。还价？我说："不行，你这雕塑高度高一点，价钱出不来，不做！"转身我就回来了。要搁现在呢，10万块就10万块吧。那会儿去了，跟算命先生似的，怎么说人都信，你说多少钱就多少钱，少了就不干。后来，跑事儿的多了，就有人把客户向厂子里拽，跟超市似的，这也是个社会现象。当时，大家也是这么分开的，包括卢大师那会儿，甄大师是从卢大师那儿出来的。后来的这些厂子，是从甄大师那儿分出来的，这么一分一分的，这是个好现象。当时接受不了，慢慢就适应了。那会儿活儿多，干这个的也少，我们也是起步早，地理位置也好。曲阳那会儿没有高速，唯一的公路从定州过来。

陈： 你正好在这个路口，你给拦住了。

王： 当时我是头一个搞的。现在是信息时代、网络时代，当时的网络没那么发达，所以这儿的交通位置挺好。手底下有一百多万二百万块钱，盖厂的时候掏 40 万块买的那个地方，盖了盖。这是那个辉煌阶段。那会儿的技术，基本上保持不温不火，效果不错，但是不是最好的。大型雕塑，还是解决不了这个平衡度问题。四五年以前，郑州有个中牟，有个第二届全国绿博园，那个是全国级别的，包括香港、澳门都来参加了。那会儿我做了五个园，有个铁道园、解放军园，搞了几把军刀，几座雕像，还有钢铁风情园，山东园的五岳峰，还有天津园的一个帆船。做钢铁园的时候，我解决的接缝、拼版问题。一个手掌七八米高，要求挺高，是 304 板。但是，钢卷就涉及抛光问题了，要求跟铸造的一样。板随便用，价随便要，但主要要体现出钢铁的品质。这时候，得解决拼缝问题，还有平板问题。这板怎么弄平？人家要求满焊、抛光、纯平。这怎么解决？先说焊缝，以前都是磨，要想处理好，首先需要把板弄平。

陈： 怎么弄平呢？

王： 这个技术是从我这里传出去的，徒弟们可以证明。但我没说过，没必要，大家都在享受这个资源。不要小看这个技术，这是大型雕塑质量的保障。

陈：这是你为这个行业做出的贡献。

王：怎么说也提升了一个档次，尤其是大型大面的。那个铜像，那个纪念碑，都是这个工艺。有的说拿扁铁，有的说拿镀锌的，反正把它弄平整。开始，这是秘方。后来，徒弟们一出去就传开去了。再就是焊缝，焊了以后达不到那个平整度。尤其是抛光的，立起来，一反光，一看就不平，一看就知道是焊缝。那个越抛越热，越热越鼓，跟咱们的柏油马路一样，再加上天气冷热不同。怎么办呢？冷磨！用砂带机，整个打平，砂带机磨了之后不烫。别的都不行，都是热胀冷缩，容易变形。这才把焊缝解决了，一看就是一条小白线。这个工艺适合于锻铜工艺，可以说是所有焊接的活儿吧。

四

陈：你最近这几年做的作品，你自己设计的，自主设计的，你认为最好的作品是哪一件？

王：我认为最好的，能够代表我风格的，还没有。我做的都是简单的，没有什么乱七八糟的装饰。我这个书上有一点，使用的就是这个工艺。就那个一根针一把剪子的，还有秦皇岛的铜人。这也看什么题材，有的稍微丰富点。有个《天女散花》的活儿找我，12米高的。我就想，这有什么价值啊，用不锈钢做"天女散花"有什么价值啊？就是书皮封底的这个。这个，有点传统的元素，有点文化的元素。像这个荷叶，花边不加也行，加上点就圆滑了。这是羊绒服装工业区的活儿，裁缝，就是用剪子、用针。一米二三的针，这么粗的，挺简单。我得考虑好做不做，不好做不弄。

陈：这"三枝花"立起来了吗？

王：立起来了。

陈：我记得好像这个方案我去评过标啊。

王：这是唐山的，滦南县的。

陈：滦南县的就对了。那个县委书记是唐山市的书协主席，姓赵吧？

王：我不知道，我没去。

陈：你是给别人加工的？

王：对。这个是我一手承包的，我的制作，我的业务。

陈：这是给唐山那个老崔（崔延华）加工的，是吧？

王：对，老崔，是老崔。

陈：我去评的标，我知道这个事情。

王：陈老师，你看这个作品，也是我设计的，这是一个面。在做它以前，还做了一个大碑，河北大学、河北师大的老师也参与来着。设计这个大石碑，那会儿推崇文化，后来推崇"中国梦"。他们设计出来了找我看，我说："你做个铜碑，做成石头样子的。咱们中国几千年的青铜文化，做石碑也行，但是青铜这个东西的味道要有铜味，我给你设计个看看。"就这样，包括这个四羊方尊的造型，这四个飞翅，下边有字"中国梦印"，都设计了一下。设计完了以后，这个制作、施工、完工，就都是我的事儿。

陈： 其实，这组作品我挺喜欢。

王： 这是两组，这是一个诗人，这是一个道士。

陈： 这作品有多大？

王： 一个高70厘米啊，纯手工敲的，不是铸的。其实，不敲也行。但是，我讲究品质，必须敲出来。

陈： 这个挺好。

王： 另外，还有这个"子母碑"，有20米高，这是第二个碑。第一个提出"和实生物，同则不继"的人是史伯，是吧？这是他的和谐思想。还得找一个，再找一个人，推他是吧？这个史伯形象。我说："你不要总弄一个一样的，我重新设计一个吧。"这么着，我找这个人当那个碑。有那个耶稣像，举着手，但是你不能照搬是吧？这种怀柔天下，那种包容，那种关爱，正好适合，借鉴一下前人的经验。

和： 这个雕塑，分为几大阶段。开始那都是模仿阶段，人家有什么，我们变变就行了。后来属于提升阶段，自己设计、自己做。后来，面对一个什么问题？我觉得，做雕塑的固然重要。但是，需要一帮人研究适合曲阳人做的这个不锈钢雕塑。曲阳人设计的时候，相对来说商业价值特别高，不一定有艺术价值和学术价值。在这个环境中，我能提高美化装饰效果的设计点这个东西，也不一定非要是说艺术价值多么高，就行了。我觉得，需要这么一帮人做点本土的，适合本土的东西。做基础雕塑的人，设计雕塑的，要有这么一股力量。

陈： 你这个想法很好，真棒！

和： 为什么这样说啊，那接地气啊。另外，美院是少数人控制的资源，你摸不着。你做得好，你也摸不着。咱们自己设计、自己做了，形成一个流程。但是，曲阳搞设计的、不锈钢的，据我所知尤其是圆雕这一块的，很少。然后，质量很低俗。他不知道现在超前的可能是什么。最近，我看那万达集团，给他们做的东西，专门的小品，彩色的，那种装饰性的那种。这个与历史又有联系，还具有装饰性，还有功能性，像喷泉啊，或者说合成材料的，有前瞻性的，高、大、上的，用不锈钢雕塑来纯体现。来高度体现，如何体现？那个东西，以后会越来越少。就是说人们审美意识逐渐地提高，以后的道路怎么走，这是一个课题。然后逐渐地说历史题材怎么设计，当代提倡的环保这个题材怎么设计。最后是商业及特定的场所，比如说商业街，金融中心，这个怎么设计，怎么挖掘。

王：我跟他们说："我不是咱们这个雕塑圈的，这个艺术圈的人，我更多是城雕圈的人，是个跑业务的。"跟跑业务这些人，我都处得相当好。我的这个成就感，不是陈老师你给我评个奖，我就有成就感，在这儿陈老师照顾我，是吧？这几十年，我给别人搞设计，不管水平高低，也是从无到有，从免费设计图纸到现在，我觉得没有一万张，也有几千张。我搜集的那些图纸都存着呢，没全丢了，但丢了一部分，装在电脑里。我觉得这个或多或少起到了一定作用，是吧？并且有些东西做完了以后我都忘了。包括给迁西设计的一个大门。比如说上一次，做了一个请柬，有"邀请天下"的意思，类似吧。原来有这个设计理念，你得吸收。老师们教的东西都得吸收，不能说把满汉全席都弄过来，这取决于他的品味。有的还看不上，他的审美就在那儿呢。这边一看像个雕塑，好看，一说像回事儿，他的高度就在那里。就是帮个忙，找美院的设计也行，得等仨月。等不及，人们就现吃现做吧。看着差不多，值那个钱就行了。

陈：我就想着你刚才说的这个话题。这一期我讲课，我就讲你说的这个，怎么把曲阳的故事接着讲下去，把曲阳的传统怎么讲下去。我要讲如何在继承传统的基础上搞创作，我要争取大家按着我的思路去搞一批创作出来。

王：创作会面对好几种问题。就是说人们还是以挣钱为目的，这个意识不变，质量就提高不了。出发点不对，就不行。比如说奉献精神，开头需要这么几个人，必须有人开拓这个。

五

陈：好，京会，说说你的创作吧。

王：创作的时候，走了不少弯路。头一批的都扔了，赔了60万元。这一批里边，有几个相对成功一点的。

陈：我喜欢这些东西，我喜欢后面那几个负空间的变化。

王：你看这个，弄完了以后，我这一批花了有60万元，失败了。后来，一部分卖了，但是没有后劲。这就不行。这一批，是我最早的一个创作，我走的是金属的道，做了一辈子的金属，再做石雕去，我感觉这经验就浪费了。我觉得再难，我得想法把这个铜片敲成个东西，我开始就是这么想的。做了这一批通过出去参展啊或者参赛啊，人们的反应也是这么回事，自己也挺欣赏，踌躇满志的。这技术毕竟有局限性，尤其参加工艺美术展去，他看你的工艺，不光要看这个艺术性还要看个性。这一批创作失败了，花了五六十万元就停了。这是一个跳跃性的东西。你看这组充满悲剧色彩的东西，化蝶，还有唐明皇和杨贵妃的故事，都是悲剧。

陈：这个其实跟你的心理有关系。

王：就说跟我这个性格有关系，我不喜欢高大上，不可能做那个挺着胸脯的汉武大帝去。悲壮，我就是悲壮！我也做得不成功，第一没人要你的，第二工艺水平有限，然后说艺术还算不上艺术，又费工费料。当时，一直想从事艺术创作的道路。我觉得我要做的这个完全是自己可以把握的，做自己熟悉的题材，用自己熟悉的材料。然后，有一部分还是别人复制不了的，我掌握的就是这种技术。

和：像这个工艺，这种肌理效果，他们还真复制不了。

王：最成功就是这种肌理效果，还有色彩效果，有一种包浆的感觉。这造型不行，松散，不紧凑。相对当时而言，我觉得满意，这头一件是成功的。头一件不好成功，确实想开拓一个新东西，让别人看着顺眼，不容易。有些新材料的应用，我觉得这一点实在是太难了。这一套再做一组，但就不是这个风格了。它小一点，就精致一点。再说，我喜欢大场面的，我做单个的很少。我觉得中国的文化就凭一个单人说不清。我喜欢大场面的东西，跟我常年画画、画构图有点关系。这个艺术创作，我做了点汉白玉的，觉得不行，感觉不太好。

陈：汉白玉不是你的玉？

王：不是，我对汉白玉只是生存上的需要，做点工程什么的。汉白玉的我就不做了，我就琢磨怎么着把金属做好。金属，首先你从做模型的时候就可以考虑它的优势，它有石雕做不了的东西。你既然做金属的，你就让它有点石雕做不了的东西。像马腿，大身子小腿，那个石头就做不了，你得发挥金属的优势。在创作当中，我觉得就是做人物也好，做动物也好，浑身光这个我觉得不行。第一，缺乏层次感，缺乏肌理，石雕它也缺乏颜色。虽然它单调，它也有自身的魅力。但是你说在工艺品展上一看，石雕比工比不上象牙，比色彩比不上玉雕，它没有自己独特的优势。比材质，不比任何材料贵，它的价值在哪儿？创作不是都需要用汉白玉。但是，不用汉白玉不行。曲阳是个雕刻之乡，既然要从事传统雕刻，从事工艺美术，你光弄那个铁的就是另类了，到了石雕圈外边去了。有时候就该结合结合，这是一种新材料的尝试。这个尝试不一定是多么成功，但它最起码是个理念，可以起到一个引领作用。

陈：对，你这种金属与汉白玉的结合，非常具有探索性，也具有当代意义。后边这个白色的颜色，这是怎么着色的？

王：烧的。这关系太复杂了，是偶然得到的。金属跟这种东西的接触，所发生的化学变化，太美妙了。这也是吸引我的地方。

和：它就和烧瓷器的窑变一样，你不可以人工复制，你也复制不了。

王：这些东西，不是我做这个作品的时候掌握的，而是在做这个作品以前我就掌握了。比如说烧这个的时候，这个效果变得不好。一个光头怎么变成黑色的呢？一个光头怎么变成红色的呢，是不是？还有这个。这个怎么有花的？细看看，身上有铁花的，这是偶然得到的。不是说我想做个什么，就能做成什么。

陈：那个铸铜雕塑的热着色现在是非常丰富的，各种各样的。这个是不是也是那样的？

王：铜雕这种颜色，它再怎么着色，还是单一色调，可能有些渐变，烧成花不容易，那种自然的花不容易出来。包括有个老师做的那个"慈禧"，帽子是绿色的，身上衣裳发点白。那个工艺了不得，咱没掌握。但是，我知道这技术。

我为什么选金属材料，就体现在色彩的丰富性。你光说咱们曲阳的石雕，如果缺乏色彩不是一个缺点，显得纯洁，但不是什么题材都可以做。比如说这个动物啊，身上的肌理啊，缺乏层次，缺乏吸引别人眼球的东西，都是白得太单调。在展会上，找你的作品就不好找，那个时候花色的就好认。你看《放羊》就是个例子吧，为什么在羊身上写字啊，染色啊？就是为了区分开。从这个朴素的角度来讲，那就是有个性，局部还有色彩的变化。

关于色彩，在曲阳王月明老师是第一人。以前有没有人我不知道，反正我知道的对色彩有研究的他是第一个，王老师是这样有高度的。这么尝试着，把咱们金属的色彩跟石雕结合起来，形成一个更符合这种传统欣赏水平、更有表达力、更有装饰性的东西。虽然曲阳传统的手工艺，缺乏一定的装饰性，但不能丢，一定要坚持下去。再者说，曲阳传统的这个手工艺品，包括出土的文物，它的精妙不一定非要体现在这个佛像上面。那看那个佛像靠背，多漂亮啊！那种空间感，那种构图，那个气氛，和单独一个佛放在这儿，那个气氛它就是不一样。你想想在一个环境当中，他个人成为一个世界，有一个独立的完整性，不需要别人的衬托。佛像放在这后头加上背光，加上背景，形成一个完整的环境，把所有的元素，把这个雕塑以外的东西都融进来，是吧？包括飞天、菩提树，包括一些龙凤或者说一些石兽啊，都在一个环境当中。有一句话，就是独特性，不需要别的东西了，是吧？这东西，一看长相就非常好，在方寸之间都挺丰富，是吧？不是单个的坐像，而是那种组雕、群雕，还有装饰的菩提树，那些东西都吸引过来。我觉得这种传统工艺美术的装饰效果，对工艺的这种追求、这种虔诚，是曲阳这边的人所缺少的。这边人更多地是讲究个性，讲究一看不一样。追求不一样，这个路子不错。但是，这东西一看要让人震撼，但不是工艺的震撼。你一个月两个月，绝对做不出好东西来，一年做上这么一组到两组，这东西做出来，让别人看看就死了心了，没法超越。这就是你的。所以说，咱们曲阳雕塑的这个工艺性，要由现代元素再回归传统雕塑。回归一下，然后怎么结合是自己的事。但是，工艺必须追求工艺之美。咱们曲阳是一个国家级文化产业试验区，不能跟美院走成一个路子。王月明老师在这方面也做得挺好。

陈：王老师对这个曲阳传统的认识，是其他人所不具备的。他的这个角度、这个高度其他人也没有。

王：我还跟王老师探讨过。王老师的作品是曲阳石雕当代艺术的代表。跟他说："王老师，咱们的作品是不是尝试回归工艺美术啊！不能单是走现代这个路，二维雕塑挺好。"二维雕塑就是把圆雕的形式用浮雕的形式体现出来，这是一个创新。

陈：有些他的作品，还有连朝、京会你们两个的作品，作为新的艺术语言、新的艺术图式、新的艺术表现方法，

定州静志寺塔基地宫。左起：和连朝、陈培一、袁毅、王京会、王华

这是曲阳从来没有过的，也给曲阳带来了一种新的风气。

王：王老师是一个干了一辈子工艺美术的人，是吧？他这个思想水平确实挺高的。他更喜欢美院那些东西。前两天，出去跟那个范伟民老师一块儿学习。这个激情可以鼓励。但是这个工艺美术，还得稍微回归回归。我不说了，我说起来就高兴。

第四场

2017 年 7 月 29 日、河北曲阳刘国保工作室

左起：刘国保、刘占法、杜民保、刘晓博、安荣杰、陈培一

〔编者按〕在河北省曲阳县的当代雕刻企业建设之中，安荣杰先生无疑是做出了巨大贡献的。安荣杰，可以说是他那个时代的一个代表，是那个时代的产物。有许许多多像他这样出身的人物，走上了历史舞台。他们出身农家，或者从农村的支部书记或者大队长做起，或者从企业经理做起，靠着聪明、智慧和勤奋，摇身一变，最后走进了国家干部的序列，成为了正科级或者副县级甚至更高级别的

国家干部，风云一时。安荣杰自涉足雕刻行业以来，在曲阳先后创建了十几家重要的雕刻企业，为曲阳雕刻事业的发展做出了巨大贡献，也创造了他个人事业的辉煌。但是，他一路走来，也离不开大家的支持，尤其是他与亲家刘占法的合作，与后辈刘同保、安秀英、安英刚等人的合作。他们和其他曲阳工匠一起，为日本创作了国宝级的香樟木雕《哼哈二将》，还共同创作了山东蒙山的《老寿星》、广东三水的《卧佛》等新型摩崖石刻，而且承担了许多国家级的雕刻工程，是他们共同创造了这个堪称为家族企业的神话。

对话人：陈培一（中国工艺美术学会雕塑专业委员会第三届秘书长）

刘占法（河北省工艺美术大师，原曲阳县第三雕刻厂厂长）

安荣杰（中国石雕艺术大师，河北省工艺美术大师，原曲阳县大理石管理局局长）

杜民保（高级工艺师，民间工艺美术大师）

刘同保（中国工艺美术大师，国家级非物质文化遗产代表性传承人）

刘晓博（中曲阳县通宝雕塑建筑艺术有限公司副总经理）

地　点：河北曲阳现代产业园区刘同保工作室

时　间：2017 年 7 月 29 日

录　音：张敏

一

陈培一（以下简称"陈"）：我现在呢，是想把曲阳这边的雕刻产业从古到今梳理一下，从专业、文化的角度做些研究，写点东西出来。看到关于这方面的东西写得也不少，但好像都不太到位。因此，我想下点力气，花点时间，来认真地做一下这个事情。所以，想找大家聊一聊曲阳县雕刻企业这方面的事情，向大家请教。

安荣杰（以下简称"安"）：好，咱们几个都熟。这个人（杜民保）你不熟，是我妹夫。

陈：哦，你好。

安：他跟着我学过一段时间。

杜民保（以下简称"杜"）：是的。

刘占法（以下简称"刘"）：没外人，刚好就是一家人坐在一起聊聊。

陈：老爷子，您是刘家这个门派的当家人。从您父亲东魁公、叔父东元公开始，到您和您的兄弟、到同保他们这一代，已经形成了一个传承有序的家族门派，堪称"雕刻世家"。卢进桥大师这边也是从您家里这边学艺，最后发扬光大，独立了一个门户出来。

刘：是的，卢大师是我表哥。

陈：那么，就请您说一说怎么学的艺，怎么创业的，以及"一雕""二

刘占法在回顾过去

雕""三雕"是怎么发展的过程吧。

刘： 好，那就随便说说吧。

陈： 从您家里的事开始说起吧。把您跟着家里老辈学这个东西开始说就行了。因为后来的发展都是从您这里开始的。

刘： 学艺那时候，有卢进桥、范银锁，还有我大哥刘占祥。后来，我大哥去世了，去世得很早。1957 年的时候，开始办的大理石厂。后来，我父亲和叔叔他们就去了北京。我还有一个哥哥也去了北京，当电工。

陈： 您叔叔和您父亲后来留在北京雕刻厂了吧？

刘： 对，留在北京的雕刻厂工作了。当时，他们参与做了人民英雄纪念碑的雕刻。后来，成立了"北雕厂"，他们就在那里工作了。我们一直在家，在 1957 年成立的这个大理石厂里工作。

二

陈： 那现在说的这个"一雕厂"，具体是什么时候成立的？

刘： 卢进桥、刘群和我，我们几个是在 1964 年的年末，在这个大理石厂工作的时候就开始正式着手准备建设一个雕刻厂。然后，1965 年 5 月正式成立了曲阳第一雕刻厂。

陈： 可以说，这个雕刻厂是从大理石厂分出来的？

刘： 差不多吧，开始是这样。1957 年，曲阳县成立了大理石厂。大理石厂的工人们一部分是雕刻技工，还有一部分是上山开采石料的。那时候，我们厂里只有一个雕刻车间，还分了几家子困难户在厂子里学雕刻，能吃上饭。我们一开始去，就都是熟练工。因为在家里学过的，跟着我的父亲和叔叔他们学的。这个大理石厂最早是做什么的呢？最早是做矿山开采的，开采白石头。我们在的这个车间，专门负责雕刻，他们负责开采。那时候，正赶上是1958年"大跃进"，采大理石啊，开山啊，真是热火朝天。

刘占法木雕作品《牧童》

陈： 那时候，大理石的厂长是谁啊？

刘： 是鞠金山他们啊，还有顾厂长他们啊。姓顾的厂长，是哪儿的人我记不太清了，因为负责人太多。后来，在1965年的时候成立了第一雕刻厂，是建筑大队成立的。后来建的雕刻厂，是二轻局成立的。当时的领导有两个，一个是习顺喜，一个是田树法。那个田树法，他是主管雕刻的。

陈： 那时候，卢大师也

安荣杰（左）和陈培一

在厂子里?

刘：对，那时候我们都在一块儿，我们一块儿进的厂。那个时候就是雕一些象牙、木刻、石雕。象牙都是从印度进口的，很大。

陈：同保出的书里面，有您做的那个木雕《牧童》，那是件很好的木雕作品。

刘同保（以下简称"保"）：一开始，"一雕厂"就去了我父亲他们十多个人，最后定员的是 16 个人。我们的手艺是家传的，起了一定的作用。

三

陈：那第二雕刻厂是什么时候成立的?

刘：1979 年 12 月 19 日。

安：说到这里，其实还有一个人，他如果能活到现在，那可就了不起了。在他们家，他的艺术造诣最高。他是我亲家（即刘占法）的哥哥，他叫刘占祥，但后来出车祸死了。

卢进桥大师了不起，也取得了很大的成绩。但总的来说，卢进桥是跟着刘家学的。其实，我亲家是个低调的人，不喜欢搞一些名誉上的、虚的东西，就是实实在在地干活儿。他是曲阳县大理石厂，第一、第二、第三雕刻厂的主要创始人之一。先后当过技术骨干、车间主任、副厂长、厂长等。

若论手艺来说，我亲家的手艺也很高超，毕竟是和卢进桥大师都是一脉传承下来的，都是一流的艺术高手。到了1978年，"一雕厂"招生，大概招了40来个人。后来，就有了我们这一批，我、甄彦苍我们这一批。那时候参加考试，考设计的几个人，考雕刻工的30多个。那个时候人都分派。卢大师和我们都沾亲。他是我亲家占法的亲表哥。还有，卢大师他父亲和我姥爷是叔伯弟兄，也就是我母亲的叔伯叔叔，所以我管他得叫声"姥爷"。

后来搞"四清"运动，我在村里又当了八年的支部书记。当支部书记期间，事情有了变化。当时卢大师是业务副厂长，因为他的技术比别人高。书记、厂长是管行政的，而卢大师是主管业务的。按理说，招的这批人应该得经过卢大师的同意才行。但是，事实上并非如此。当时我和彦苍考的是设计人员，画了素描画速写，画了速写画白描，又让比雕刻技艺，折腾了一个够。总的来说，运气比较好，结果还是以试工的名义进来了，比开始就考的人员迟进厂了七八天。但是，干不好还要走。当时，人家说让做什么，就做什么。一开始弄就来个浮雕。那个浮雕的面积又大，料又薄，像门板似的。倘若一不小心就打断了。雕了个《观音驯兽》，上面画了幅图，正好也会画，很快就画好了，做了十几天基本上已经成型，就差做细致了。天津外贸带过来一个外国人。那个外国人一眼就看中这个雕刻了，张口就出到了8000块钱。那时候的8000块钱，可是不得了。就这样，我们不但没有走，还在"一雕"出了名。就这样，到最后30多人进了"一雕厂"。这三十多人，大部分和卢大师脾气相投。但是，当时卢大师和厂长他们的矛盾就更加激烈了。因为，卢大师认为自己有了人，胆子也更大了。其实，跟卢大师不和、有矛盾的人也不少。但是，不管怎样，我们由于一起工作自然也就成了一派。

卢大师和厂领导双方有时候会闹些矛盾，县里领导就出面来解决。当时管工业的副县长齐立平、副书记胡彦国，都经常到厂子里来。卢大师也经常到县里去找他们。因为1978年我就在村里当书记，经常到县里开会，和领导们比较熟。他们就开始找我谈，问我像卢大师他们这样的矛盾如何解决。我说："这样的矛盾不好解决，要想解决只有一个办法，现在国家不是提倡竞争吗？就让他们分开经营，变无谓的竞争为正当竞争，比一比看谁经营得好，看谁为曲阳县做的贡献更大。这是最好的办法。"

陈：对，这是个好办法。那分开了以后，就出现了第二雕刻厂？

安：对，这就出现了"二雕"。先是，"二雕"要到大理石厂去。当时，大理石厂的厂长是刘占领，当时就说："若让卢进来，我就不干了。"我对卢大师说："就别到县里了，要不咱们重新找个地方算了。"卢大师也就同意了。找哪儿合适呢？东羊平有个破庙，就是三霄圣母殿那个地方。那时候，我有辆自行车，当时有辆自行车都不容易了。我骑着自行车到东羊平找到村支书，因为当时我们很熟。当我把想法说出来时，支书表示很欢迎。就是在这样的情况下，我们进驻了这所破庙，成立了"第二雕刻厂"。我们当时就是在东羊平破庙里白手起家的，业务不断扩大，利润也年年翻倍。到了第三年，卢大师是厂长，彦苍负责建筑，就在现今的"二雕"那儿建了个新厂。我主管业务，亲家和同保他们负责技术。当时就形成这样的管理格局。到了第三年，我们的资产已经达到几百万了，销售额每年大概400多万元，主要是和天津外贸合作。

陈：（你）和"二雕"分家，是在哪年？

安： 1979年末，在东羊平破庙"二雕"起家。不到三年，我们又分家了。1983年，卢大师去北京开会，当人大代表。当时卢大师的名气已经大了，省里所有的工作都报上去了。我们从白手起家到一个县级企业年纯利润越过100万元。企业的名气越来越大，卢大师的脾气也就越来越大。对大家要求得严，恨铁不成钢忍不住骂几句，但是毕竟因此和大家把关系搞坏了。开始对我还好，到最后连我也被骂得招架不住了。其实，我也当过团秘书长，回村后又当了几年的村支部书记，没人不尊重的。不管什么原因吧，当卢大师把我骂得气得吐了口血的时候，我就下定决心走了。给他留了一封信，我就离开了。我非常尊重他，也无意与这个长辈争什么东西，选择了离开！

四

陈： 安大师，你建"三雕"的时候是哪一年？

安： 1983年3月份，我成立了"三雕"。我走之后，天津外贸就把单子给了正莫工厂，又给了"三雕"一批。

陈： 当时外贸业务做的什么内容？

刘： 什么都有。天上飞的、水里游的都有，但以佛像为主。

安： 他们还在天津蓟县找了块地让我去看。若当时真在那儿建了雕刻厂，曲阳的雕刻就完了。天津外贸经销雕刻走出口做得早，那里的老外们也多，所以业务量很大。你想，1953 年或者 1954 年时我们自己打个小东西，他们就过来收了，他们做得确实早。北京当时也有外贸业务，但很少。

陈： 北京的那个当时叫中国工艺美术进出口总公司？

刘： 是，过去是有这个公司。

陈： 当时他们收这个小东西给多少钱？

刘： 给个十块八块的，最多二十块。

陈： 那也不少啊，当时的工资才多少钱啊。

安： 当时，县里听说我要去天津，就找我谈了话。因为我一走曲阳的业务就算断了。县里找我说："你不能走，你还是骨干呢，县里想给你拨款另建个厂子，你看怎么样？"就这样，在 1983 年 3 月 29 日成立了"第三雕刻厂"。当时"三雕"自己还没有地盘，在"一雕"最大的车间里干活。当时"一雕"也很情愿。没几年，我们就挣了不少钱了，我们的业务是年年翻番。那时候，正好赶上保定地区二轻局一个副局长找我，他们在曲阳的一个美术瓷厂是年年赔钱，我们关系也熟了，他说："能把我的七十几个工人接收了吗，全部工厂就归你！"

陈： 他是说让你连厂带人一块儿接收了？

安： 是的。当时，他有 70 多个工人。我想：我们又不是同一行，要那么多人负担会很大。所以，就要了一半的人员，厂子就搬过去了。干到第三个年头上，这个工厂已经有了很大起色，全省闻名。后来，我就被提升为大理石管理局局长，兼曲阳县雕刻总公司总经理，通管曲阳全县雕刻行业和石材业。那是 1985 年 10 月的事。

陈： 当时，黄山那儿的矿山也归你管？

安： 主要是管大理石的矿山开采。当时，也是因为指标的问题，我们三个（即安荣杰、刘占法、甄彦苍）一鼓气在羊平建立了四个分公司。当时，我当局长，亲家在"三雕"当厂长，彦苍自己后来也成立了企业。彦苍跟着我过来得最早，树昌过来得较晚。范银锁呢，也是干完"十大建筑"从北京那里回来的，他的能耐也不小，现在已经没有他了。这几年，自白手起家起，连续建了八个雕刻企业，都是大理石局的直隶下属。只有这四个分公司是铺到全县了，与原来的成分没有瓜葛，养马一个，燕赵一个，文德一个，党城一个。彦苍后来开始搞"西洋人"了，雕刻逐渐辐射到城北的党城、城里这一圈，在大半个曲阳铺开了。

陈： 党城的雕刻发展起来，也是跟你的四大公司有直接关系？

安： 对。彦苍自己干了之后，也就有了想法。原来他的厂子，也是归大理石管理局，也是国营的。后来，他找到我说："安局长，你看现在流行私人的了，咱们干私营吧。"我说："干私营可以，但厂子里的东西都是国营的。"后来，国家为了摆脱国有企业的各种负担，下文县级不准有省属企业存在，一律改为私有制或者股份制企业。我就找到县里要求进行财产清算变更，变更之后才能变成私营的。后来，所有的国营企业都变成个体的了，搞工厂的都沾光了。稍微有点本事的人，都自封厂长了。我成了领导全县雕刻行业的行政人员了，不再是业务人员。后来，我干着没劲头了，想要下来，就提出了申请退休，但是没有正式退下来。这种情况下，到了 2005 年县政府就成立了雕刻协会。当时的规格不小，县委书记当协会会长，县长是第一副会长，我是荣誉会长，再加上一些下设单位负责执行工作，就形成了今天的"雕刻办"。

陈：其实，那个时候就等于成立了一个雕刻管理办公室吧？

安：嗯，实际上就是成立了雕刻管理办公室。由于我已经退下来，"雕刻办"取代了原来的管理局。"雕刻办"一直弄到了今天，后来又建立了那个雕刻园区管委会。园区管委会搞到了副县级，并保留了雕刻办。

陈：那你这个大理石管理局局长当了多少年？

安：当了 21 年，两头踩着 22 年。回想起 1978 年我进厂的时候，曲阳的雕刻业开会，当时"一雕厂"的张彦民书记讲话："今年完成了 13 万元，明年争取完成 16 万。"这就是那时候的曲阳雕刻实力。那时候，建厂子就考进去40 多人，后来发展到了 70 多人，又分开。在我当局长那二十多年间，曲阳县的雕刻从业人员发展到近 10 万人，销售额（每年）10 亿元。其实，我们那时候的产值统计比较准确。加上一些规模不太大的个体小企业将近 2000 家。在我主持工作的这个过程当中，同保和英刚他们这些年轻人跟着我折腾得不轻。那些老一辈的人们，都在厂子里当了负责人。其实，这些年轻人跟着我奋斗、折腾了二十来年，也不容易，但最终还不错。我们总算为曲阳雕刻产业的发展起到了应该有的作用，为曲阳成为"中国雕刻之乡"出了一把子力气。

陈： 确实，您在那个历史阶段，可以说起到了顶梁柱的作用。

五

陈： 那么，安大师你从局长退下来，就开始自己干，成立了自己的公司？

安： 我退下来了以后，跟同保他们发现当时都已经实行个体了，所以同保、英刚他们也成立了自己的公司。我就作为他们的顾问吧，帮着支支招。其实，全县雕刻业的发展，仍然是我关注的重点，一直在帮忙做事情。

陈： 哪一年成立的自己的公司？

安： 那是 1998 年。成立的时候，英刚也在大理石管理局上着班，说白了他也不是吃公家饭的。同保和英刚他们便合着建了几个公司。

陈： 那就是说 1998 年成立公司的时候，是同保跟英刚两个人在管理？

保： 一开始的时候，是英刚在管理。后来过了几年，进行了股份制改革，从 2004 年开始这些公家的厂子都变成了股份制。

安： 还有一点我要给你们说清楚，要不你们还会迷惑，为什么当时曲阳县雕刻总公司承揽的"老寿星"项目，最后变成了自己的了？

这事是这样子的：我这个局长和别人当局长的不一样，别人都是在家里指挥。而我有一半的时间是在家里（曲阳）开会指挥，有一半的时间在外面干点事，在外面还用手机来指挥家里（曲阳）。比如说，少则十天，多则一个月，回来一趟开个会，把工作交代给家里（曲阳）的副职们就又走了。我这个局长，比别的局长要费劲得多。这二十多年，都是这么过来的，不像别的局长整天坐在办公室里。后来，弄自己的公司，雕刻技术自然离不开同保和英刚他们，还有我亲家他们这些至亲的人，这些大活儿都是他们帮着一起干的。尤其是蒙山"老寿星"这个项目，实际上动用的工人力量就是英刚、同保他们公司的人员，签合同的时候上面签的是曲阳县雕刻总公司，实际上这是我们自己的业务。当时，我是总指挥，他们两个是副总指挥。后来已经说明了，真正的施工技术队伍是荣杰雕刻公司。基本就是这个情况了，蒙山方面也知道这个情况。

陈： 这个通宝公司是什么时候成立的？

保： 是 2006 年成立的。

杜： 当时参加考试的时候，就数同保他最小了，十五岁左右。当时的厂长张彦民，他们几个评委开玩笑地说："这是谁家的小孩啊，这么年岁小，石头就打得这么好。"我心里还在想："这么小的孩子，就不念书了吗？"我问他们："考上了吗？"他们说："这是第一名。"

保： 那时候，我正在羊平念高中，考之前也下了下功夫，做了准备。

陈： 你那时候打的是什么，是佛像吗？

保： 不是佛像，是一只小卧牛。他们一看，打得还不错。

安： 曲阳雕刻发展得这么快，业务量越大，需要的人才越多，老一辈的人做主角，年轻人就在后边跟着干，连学带打。用不了两年，这些聪明的就成了大把式了。这些大把式，就又分别各自带了一群年轻人去干。这人才是成倍翻番地增加。从1978年的几百人，发展到今天的十万大军。曲阳，成为了名副其实的"雕刻之乡"，成为了曲阳雕刻史的一个奇迹。

刘： 其实不容易，这真是不容易。那时候，我表哥卢进桥对我说了："你的脾气也挺坦，技术也挺不错，所以，你要当个转轴的（主事的）。如果，你不当个转轴的，可是要费劲了。"那会儿弄什么都不容易。但是，为什么说咱们"三雕厂"上去那么快呢？因为我们当了领导之后，那些技术人员都跟着在这里，外面的技术好的也都一起过来了。要不，为什么说北京的范银锁也过来了呢。那是我爹的徒弟，搞这些石头建筑，打佛像、雕刻之类的，那是一流的。

陈： 是啊。所有的竞争，最终都是人才的竞争。

安： 我们曲阳的雕刻业今天发展得已经很不错了，但愿未来更加辉煌。

第五场

甄丛达（左）、陈培一（右）

〔**编者按**〕甄彦苍先生是曲阳雕刻产业发展史上的一个重要人物。他不仅创办了曲阳第一家石雕民营企业，把雕刻技术的"星星之火"引进了党城乡，给家乡的父老乡亲造了一个"饭碗"，带动了家乡父老共同脱贫致富，而且还引领了仿刻西方雕塑经典作品"西洋派"新风尚，创造了新的产品种类和新的艺术形式，进而影响了整个曲阳的雕刻业界，形成了"燎原之势"，形成了曲阳县一个新兴的支柱型产业，在出口创汇的年代为国家建设做出了巨大贡献。

他还率先引进了玉石、寿山石等雕刻用材，并进行了大量实践，丰富了曲阳石雕的表现语言和表现形式，为曲阳石雕增添了一个新门类。更为重要的一点，甄彦苍先生率先在曲阳的雕塑创作中融入了哲学思考，把创作的目光、创作的焦点，拓展到了人类生存的大环境中，扩展到了人生的终极目标上。多年以来，甄彦苍坚持自主设计，自主创作，不给别人搞加工，为曲阳的自主设计、独立创作树立了榜样。甄彦苍先生因病不幸辞世，带着诸多的遗憾离开了他所热爱的雕刻事业。作为忘年之交的老朋友，对于他的逝世我感到很惋惜、很痛心。在他离世之后多年，我再次来到熟悉的雕刻艺术宫，来到他的卧室，在他的遗像之前深深地鞠躬者三，和他的公子甄丛达进行了畅谈。

对话人： 陈培一（中国工艺美术学会雕塑专业委员会第三
　　　　　届秘书长）

　　　　　甄丛达（河北省工艺美术大师，甄彦苍之子，河
　　　　　北省石雕协会会长）

地　点： 河北省曲阳县雕刻艺术宫

时　间： 2017 年 7 月 30 日

录　音： 张敏

一

　　陈培一（以下简称"陈"）：刚才在路上，小张就问我："你们甄家这一派，刘家那一派，再追到根上就是杨家那一

派，这几派的不同是什么？"她也看出来这几家的不同。总的来说，你们家这个视野是比较宽阔。在曲阳，在这个创新领域，不管是从技术、从内容、从语言、从形式、从材料等方面，可以说你们一直在诸多方面领先。甄大师活着的时候，他就经常使用各种新材料，探索新的表现技术和表现语言。"西洋人"就是这样。

甄丛达（以下简称"甄"）："西洋人"是老爷子最早做的。

陈：是 1986 年从县城回到党城之后开始做的吧？

甄：对。三十多年了，当时我还小。

陈："西洋人"是甄大师对曲阳雕刻产业的一大贡献。

甄：谢谢。

甄彦苍处女作《鹰击长空》

陈：甄大师亲手打的"西洋人"作品还有吗？

甄：有。而且有意思的是，第一件也有，在下面的棚子里。一会儿我领你去看。最后一件也在，就是这个大厅中间的那个。

陈：哦，是吗？来这么多次，一直没有问过，到现在才知道。这些作品都是曲阳料吗？

甄：第一件不是，是山西广灵县的料，因为料的成色不好，没有卖出去。没卖，倒是个好事情了。最后那件是。

陈：咱们曲阳呢，是汉白玉的故乡。只是，现在曲阳的汉白玉材料没有了，就改用北京房山的，用保定其他地方的，用四川、用湖南等外地的。但是，曲阳人一直在把"汉白玉文化"作为主要命题。虽然你们把创作材料的范围扩大了，虽然使用的"料"不再是"曲阳料"，但是"工"还是"曲阳工"，这个活儿还是属于"曲阳雕刻"。

甄：对，"工"还是曲阳的工。

陈：但是，这个"工"也已经发生了很大变化。这"工"已经不是传统的意思，不再是传统意义上的"工"啦。

甄：也加进去了很多的西方因素。在翡翠与和田玉上边，也是我们第一个开发的。

陈：大概是什么时候？

甄：是 2012 年。

陈：岫岩玉的使用，是不是还要早一些？

甄：不，基本上都是一起开始的。我是 2011 年去云南买的第一块翡翠。老爷子决定做玉以后，同时进了三种玉料，都在尝试着做。

陈：其中有寿山石吗？

甄：那个更早些，是 20 世纪 80 年代开始做的。

陈：哦，80 年代就开始做寿山石啦。同样是寿山石，我看你们做的寿山石的东西，和人家福州当地工匠做的不一样。

甄：嗯，是不一样的。

陈：他们呢，就是做得更巧，更多地使用了俏色。你们这个呢，可能做的时候就没太注意俏色的问题。

甄：啊，是这样，我们有自己的想法。这一套寿山石雕的活儿，有个人曾出价 1800 万元，而且是拿着现金过来。因为是我父亲留下来的，所以就不卖了。

陈：一共是多少件？

甄：十八件，是"十八罗汉"呗。

陈：一九八几年的东西啦？

甄：1986 年以后做的。

陈：1986 年以后做的？所以，这个材料的拓宽，对于曲阳来说也是个很大的贡献。

二

陈：你们从一开始，就是一直自己在做，给别人做过加工没有？

甄：我们从来不给别人做加工，就是自己做自己的。

陈：对，这也是你们和其他曲阳企业的区别。好多曲阳的企业，包括整个产业的大部分企业，都是在跟院校的艺术家合作，承揽城市雕塑的加工任务。

甄：曲阳就是城市雕塑的加工基地。

陈：对。你们自己做，从来不跟别人合作，就坚持做自己的东西，这一点，非常难得。我看到门口有一个大的摩崖石刻的照片。那是你们自己做的？是自己设计，自己做的？

甄：对，是我们自己设计的，还没开始做呢。

陈：哦，只是有这个设想？上次见面，你说的在老家党城要准备做的就是这个？

甄：嗯。

陈：桌上的这块玉料有多重？

甄：这是块和田玉籽料，有一百多斤。

陈：噢，一百多斤重。那这个大件的，就更重了，光这个材料本身的价值就不得了。所以呢，你这个才不给别人搞加工。

甄：给别人搞加工，挣不了多少钱。

陈：是啊，你的这个产品的附加值，不是你说了算，是甲方说了算，是艺术家说了算。

甄：光靠加工，人家能给你多少钱！

陈：所以，曲阳的雕塑产业发展到今天，付出了很大的代价，也可以说付出了惨重的代价。既浪费了很多的资源，把环境也破坏了，把人的身体也搞坏了，还没挣下多少钱。

甄：是啊，就是不能给别人搞加工。所以说要有自己的作品，要做别人没有的，才能卖出一个好价钱。

陈：给别人搞加工，就是证明自主研发的能力不足，是导致自主设计非常弱的原因。在这儿呢，你们父子领着一帮人，全是坚持自己做自己的东西。这样的好处，就是我的东西我自己说了算，我的作品价格也是我说了算，不是你说了算的。这就是你们和别人完全不一样的地方。

甄：对。

陈：来料加工也好，来样加工也好，只要是搞加工，都是被动的。只有自主设计，自主创作，我的作品怎么做我说了算，我的这些东西卖多少钱才能我自己说了算。我说卖 1000 万元，你给我 900 万元，我不卖你也拉不走。

甄：所以，我不去投标，也不去联系业务。

陈：哎，对。你愿要，你就给我这么多钱。你不要，我就自己收着。你要让我做，就给我这么多钱。这就是掌握了主动权。所以，这个曲阳的企业能像你这样做的不多，基本上就是别无分店，就这一家。没有别的企业，能做到这种程度。

甄：你看我现在用的人也不多，用五六个人就行了，但是年产值是他们几百号人的大企业两倍还多。

三

陈：那你这件砗磲的东西能卖多少钱?

甄：现在的砗磲都是一百多万元。

陈：是啊，价格可以。

甄：这个工、这个料的成本也不低。料得五六千块钱，工得一万多块钱，抛光费一千多块钱，撑死最多不超过 3 万，能卖到一百万。这个利润还是挺可观的。

陈：就是啊，你算吧，你做多大的城市雕塑能挣下一百万的利润就知道了。

张敏（以下简称"张"）：其实，我觉得是思路决定出路。

陈：对，就是这样。在曲阳，最重要的问题就是创新的意识比较差，自主设计的能力比较弱，这也是这个产业发展的瓶颈。

甄：大家的脑子没有用在这个方面，而是想着我怎么抄别人一下，压别人一下。他们的心思都用在这个上面了。

陈：就像工程投标一样，搞项目相互压价。我一来曲阳，就给大家说不要这样搞。你的这个工程标底是1000万元，结果是出980万元的、出900万元的、出800万元的，甚至出500万元的都有，都是曲阳人自己在搞。因为，我经常出去参加评标，发现哪个现场都有曲阳人，而且曲阳人报的价格普遍都不高，都是想低价中标。低价中标，完成了以后你的利润空间就小，你恐怕也难做出好东西了。

甄：是啊。这是中国城市雕塑的悲哀。比如，我也在写一篇文章《在哭泣的城市雕塑》。

陈：哎，那好啊。

甄：你看他们做的这个城市雕塑，能有一个好的嘛？这种情况，不能说是人家雕塑家设计得不行，而是加工制作这方面不行。

陈：对。为什么说这么多年以来，曲阳的雕刻行业发展整体受损，整体的声誉受损，就和这些方面有关。当然，也和拎着包到处拉业务的这帮人有关系。

甄：是的，但是这帮人只负次要的责任，而主要责任还是那一帮所谓的雕塑家或者是业主。因为，一般来说雕塑家都有一帮经常给他供货的关系户。他们不管这个人的雕刻能力，只注重他的价格。为了自己多赚一点，就把活儿给了这个关系户。另外，就是业主。为了领导的关系和业务员的关系，也不管这个厂家的技术能力怎么样，就让他把活儿给做了。所以说，雕刻家的责任很小。

陈： 当然，雕塑家作为作品的著作权人，应该负主要责任。如果作品出了任何问题，他都脱不了干系。一旦实施了问责制度，就更容不得丝毫马虎。因为，他既要承担作品设计的艺术质量，还要承担作品的安装施工质量，还要承担作品的加工技术质量。他所肩负的，则是公共安全的重大社会责任。一旦出了问题，是无论如何也逃脱不了的。

甄： 是这样。因为雕塑家是主要责任人。

陈： 承担加工制作的加工方，像我们曲阳的企业，就主要承担作品的艺术质量，既为艺术效果负责，也为艺术质量负责。总体来说，咱们做得不是太好，严重一点来说是太不好，能够经得起严格检验的工程质量不是太多。当然，也有不少质量好的，也有精品出现过。

甄： 这些拎包的业务员也很辛苦，但是也容易把事情搞坏了。

陈： 是的。就拿曲阳来说，雕刻产业的发展离不开这些业务员的贡献。没有他们把业务拿回来，你企业加工什么？靠什么维持？工人的生活怎么维持？然而，这些业务员本身也要生存，也要追求利益的最大化。他拎着包去了，想尽一切办法把这个业务揽下来了，交给这个、交给那个了，他要挣钱吧？这个活儿交给谁，谁都要挣钱嘛。这样，一层一层地扒皮，到真正的加工者手里就没有多少钱了。这就是你说的那些垃圾雕塑、伪劣雕塑产生的原因。

甄： 是的。

四

陈： 这个城市雕塑的建设过程，其实就是一个利益分配的过程。谁拿的多，谁承担的责任自然就大。

甄： 对，我同意。就是说承担大部分责任的，依然是雕塑家，因为在整个环节中，雕塑家的收入最多，不是吗？比如说，你是雕塑家，政府把这个工程交给你了，你总体承包了，你设计出来以后，你就要算账了。假如说，你想多挣点，你就让一些报价低的人去做，这样会多剩一点差价，你自己就多赚了。

陈： 这个是这样。雕塑家的社会责任和经济利益的最大化是有矛盾的。

甄： 这是一部分责任，还有一部分责任是政府，是甲方。往往是低价中标，让投标时报价便宜的去做。但是，中标的价格已经便宜到不能给你做出精品的那个价格上了，也就只能造出一堆垃圾了。造成雕塑垃圾的原因，一是没技术，二是虽然有技术，但甲方钱给得少。做好的，就赔钱，或者少挣了钱。

陈： 所以，目前的投标方式、招投标的办法，它不是艺术招投标而是借助建筑招投标办法所导致。完全按照建筑的招投标方式来招艺术工程标，来解决艺术问题啊，本身就是错误的。那也是没办法，目前还没有关于雕塑艺术招投标的专门办法。前一段时间，我们在一个地方评标，也就是初选了几个方案入围，单执行哪一个方案都有缺陷。我说，能不能让他们几家分开来做，选择他们做得最好的部分来执行。比如说，就是大门一个，甬道一个，主题广场一个，主题纪念碑一个，分成四块来操作，四家都是中标单位。但是，不行，不能分开来做。招投标办法要求的招标就只能招一家，不能把标段分开。如果按照这样的招投标办法制作出来，其质量就堪忧了，甚至就可能是一堆垃圾。你不管给哪一家都是不行，只有把四家分开来做才能比较理想，比较完美。现在这样的操作办法，就是政府执行起来比较省事，不想找那么多麻烦。后来，没有听到这个工程开工的消息。估计是我的话起了作用。政府领导也不敢冒险干这个事。

甄：所以，我现在就要写那篇文章。

陈：唉，你到时候写好了发给我看看。就目前来说，你们做的最大的工程，或者是自己比较满意的工程有哪些？就不说这些小件作品了，说做的大工程。

甄：那就是浙江横店的"圆明园"。

陈：哦，那到时候你把横店的资料啊、照片啊、背景材料啊，给我提供一份。像这种大工程，都是自己设计出来、自己做出来的？

甄：嗯，快十年了。

陈：这工程啊，你不要全推了。在这个市场环境之下，工程能做的还是要做。

甄：对，当然要做。但是，这个工程要自己做，自己当业主，自己找业主过来。否则，还是不做。做了横店"圆明园"之后，我就有了这样的想法。当乙方太难了，当甲方才行。怎么才能当上甲方？就是要有自己的工程。所以，我就设计了世界数得上的大型摩崖石刻。里面有"西方三圣"，还有石窟群。这样，我就有了自己的事业和工程。所以，我自己就成为了业主，就成为了甲方。

第六场

2017 年 7 月 31 日、河北曲阳定瓷有限公司

庞永辉（左一）、夏和兴（左二）、陈培一（左三）

　　〔**编者按**〕定瓷跻身于宋代五大名窑之列，是最能体现宋代主流文化的陶瓷艺术载体，是曲阳地方文化的主体之一，其定瓷雕塑也是曲阳雕塑文化的重要组成部分。定瓷的生产已经恢复了四十余年，成就斐然。然而，定瓷雕塑的恢复还只是刚刚开了一个头。那么，如何恢复、发展定瓷雕塑的传统，如何在保持定窑高品位特色的前提下，让更多的艺术家参与到定瓷雕塑的创作中来，就成为了关注定瓷文化艺术的人们所共同面对的话题。

对话人： 陈培一（中国工艺美术学会雕塑专业委员会第三届秘书长）

　　　　　庞永辉（全国劳动模范、全国人大代表、河北省工艺美术大师，曲阳陈氏瓷业有限公司艺术总监）

　　　　　夏和兴（深圳雕塑院副院长）

　　　　　杨跃武（河北省工艺美术协会雕塑艺术指导委员会副会长兼秘书长）

地　　点： 河北曲阳定瓷有限公司

时　　间： 2017 年 7 月 31 日

录　　音： 杨跃武

一

　　陈培一（以下简称"陈"）：今天，我们聊一聊定瓷，聊一聊定瓷雕塑。我最近一直在梳理曲阳的雕塑文化。我的眼光，是要从石雕的圈子里跳出来看曲阳雕塑。因为，曲阳的石雕离不开北岳庙的山岳祭祀文化，也离不开定瓷文化。山岳文化是曲阳文化发展的主体脉络，石雕文化和定瓷文化都是依托这个山岳文化而发展起来的，二者又是相辅相成的。定瓷雕塑也是曲阳雕塑的重要组成部分，它或多或少地对曲阳石雕产生了一定的影响。

　　庞永辉（以下简称"庞"）：这是一种必然。曲阳定瓷最大的特点就是在坯体上做装饰。它的形成跟曲阳的石雕艺术以及曲阳的地方文化有直接关系。

　　陈： 我跑了国内好多家博物馆，也看到了不少定窑的雕塑作品。我认为，定窑雕塑最大的特点和其他的定窑器物一样也是实用器，不过是其造型比杯子、斗笠碗这一类产品的结构、工艺要复杂一些。但是，其总体的语言还是定窑的语言。

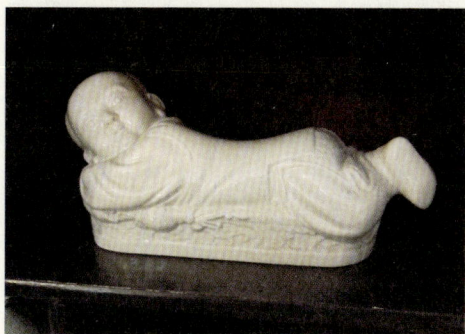

北宋《孩儿枕》（仿制品）

庞： 古代，做定瓷雕塑做得好的那些人，已经不单纯是像做石雕的那样只会造型，而且有较高的艺术修养。不管是《孩儿枕》，还是《仕女枕》《荷叶枕》等，所有的造型都惟妙惟肖。匠人们对成型的概念，对釉色的运用，对陶瓷的成型技术，如怎么烧造、怎么成型、怎么收缩等工艺，都顾及了。

陈： 定窑雕塑这一类产品，在古代的时候已经很多了。在全国各地定窑谱系的窑口都有分布，它是陶瓷中很重要的一个品类。定窑恢复生产以后，陈文增老师等人把"孩儿枕"恢复了，不过还有好多传统的造型没有恢复。但是仅仅恢复了造型还不行，我们要恢复这个艺术传统。单纯地恢复一两个样式，那还不叫恢复，最终要把陶瓷雕塑这个传统恢复起来。这也是我对现在你们成立的定窑瓷塑研究所寄予期望的一个最大原因。

庞： 你说的特别对。在古代，瓷塑就是作为一个实用器出现的，最著名的就是磁州窑。磁州窑的"孩儿枕"产量特别大，并且下面都刻有"张家造""李家造"的字样。这些字样，相当于现在的驰名商标，也形成了一些非常大的作坊，产量也非常大。

陈：第一部《中国广告史》就是我主笔编写的。我在写《中国广告史》的时候，曾经用到了这些东西。它就是商标，就是企业的品牌。

庞：瓷枕出现以后，其样式发展并不复杂。比如说，虎头枕的虎头基本是浮雕的形式，上面有一个圆的平垫。无论是长方形的、圆形的、正方形的还是梯形的，基本上都是几何形枕，很少有圆雕形式。除了定窑的"孩儿枕""美人枕"（仕女枕）以外，其他的雕塑造型几乎很少出现。

陈：我记得曾经看到过一个瓷枕是定窑产的。造型像两片荷叶舒卷一样，荷叶中间有一个儿童造型，非常美妙，非常精巧，非常细腻。完全是定窑的语言，不是石雕的语言，也不是其他雕塑的语言。所以，如果认为把一个雕塑造型直接转换成定瓷的材料就是定瓷雕塑了，这是不对的。

庞："孩儿枕"在中国陶瓷史上是一个特别经典的作品，我们把它恢复了。因为它是定窑的一个代表。"孩儿枕"现在基本上是以摆设为主，过去是实用的。就跟我们现在一样吃饱喝足了要讲养生一样，定窑"孩儿枕"的出现满足了当时的一个社会需求。因为定窑跟磁州窑最大的不同是客户群体不一样，一个面对的是社会精英，一个面对的是民间大众，这就决定了产品的发展方向。

陈：前两天我去定州博物馆，馆里有几件定窑的几何形瓷枕，就和磁州窑的瓷枕外形基本一样，但是工艺要好得多。已经有皇家气派在里面，显得非常高贵。

庞：定窑产品，除了皇家使用之外，也是达官贵人使用，消费者的一些审美意识会反馈到制作者那儿，去引导大家怎么发展。再一个，就是曲阳历代都有大批的石雕艺人，拥有较强的艺术传统。这个传统也影响了定窑，使当时的匠人有能力把瓷枕设计得非常巧妙。

二

杨跃武（以下简称"杨"）：为什么定窑这一带出产的雕塑类的东西比较多？就因为这个地方有雕塑的传统。当时的工匠不管做定瓷也好做石雕也好，他有这个造型能力，他有这个造型技术。这是最关键的，别的地方窑口不具备。

庞：南北朝时期是曲阳石雕的一个大发展时期，而我们的陶瓷发展较迟。但是，陶瓷是生活必需品，它的市场需求大。曲阳定窑正是借鉴和学习了曲阳石雕的塑型能力和造型技术，所以才把瓷塑做得别具一格。定窑的"孩儿枕"，跟我们说的雕塑非常接近，设计的成分很高，也非常精妙，不像一般老百姓做的东西。

陈：曲阳雕塑的文化传统，现在虽说是上推到了汉代，但是据我的研究还不止于汉代，甚至要远远早于汉代，至少是在春秋战国时期已经成熟。造像的传统，从那时起一直流传到现在，造就了今天曲阳的北岳文化、定瓷文化、汉白玉石雕文化，即曲阳的三大地方文化。实际上，我觉得这种说法可能有些片面。我觉得定窑文化，不能只是把它局限在器皿上，局限在茶杯、梅瓶等器物造型上，这里面还应该包含陶瓷雕塑。而且，定窑不仅仅局限于曲阳这一块土地上，它是一个窑系，它会向周边辐射，包括河北、山西、北京、内蒙古甚至东北的一些地方。这些地方生产的白瓷，应该属于定窑系。

庞：要把定窑瓷塑恢复起来，市场的发展也不会那么快，这个是很艰辛的过程。过去像"孩儿枕"那么精美的东西，都是有实用功能的，符合当时人们的生活方式，所以就有市场。我们现在虽然雕塑技艺比过去好多了，但是你做出来的东西能不能符合当下人们的审美需求、生活方式，这是我们值得探讨的一个课题。如果你做出来的东西跟当代人的审美需求与生活方式不吻合，这个市场也很难打开。

陈：我刚才也说，定窑的定瓷雕塑它也是实用器。如果是背离了实用器的这个原则，定窑就不是定窑了。古时候的定窑雕塑是和当时人们的生活相关的，是不脱节的。你如果恢复了定窑的雕塑，做出来的东西变成了摆设也是不对的，这个努力的方向肯定是错的。定窑雕塑的发展方向，必须要和现代人的生活方式、生活习惯、审美习惯结合起来，和这个时代结合起来。

庞：所有的陶瓷，尤其是定窑在每一个时代都是为生活服务的。这是规律，你符合规律的时候，就会兴极一时，反之就会倒闭。像定窑一样，在北宋的时候那么发达，跟当时的士人文化融入得那么好，到元代的时候还是被淘汰了。大家都说是因为原料的枯竭所致，我觉得这种说法不是特别准确。

陈： 是的，主要是因为文化主体发生了变化。因为北宋的时候咱们曲阳这一带是宋辽、宋金交界的前沿，属于边境地带，朝廷派了韩琦、沈括、苏东坡等这些文化巨子来做定州这个地方的军政长官，可见朝廷对这个地方的重视，所以定窑的文化才在宋代发展到一个高峰。定窑文化的发展，和这些人绝对有关系，和他们的指导、他们的影响绝对有关系。

庞： 抛开瓷雕的造型不谈，就谈它的颜色、釉色的变化，就能够印证你刚才说的这一点。在古代，做白瓷比做什么瓷都难，因为它需要对瓷土有一个认知。因为我们用来种地的普通土，含有大量的铁。还有一个，是科技的认知。就是我怎么让它不含铁，通过什么样的手段去加工？所以说做陶瓷的白度是一个科技水平的体现。在晚唐五代的时候，定瓷做得最白，但到了北宋的时候反而不白了，反而有一个色彩倾向。其中，有一种色彩感，是白里闪黄的色彩感，白瓷产品更温润、更像玉。这时候对色彩的追求，我估计是一种文人倾向，文人参与进来以后用他们的审美眼光、用文化的眼光为它定位。文人从他们的感官、审美去指导一个产业的发展，让定瓷的花纹、装饰的图案变得更加丰富。

陈： 这个东西，我还没有去研究，还没有时间去仔细研究沈括的《梦溪笔谈》。沈括曾在河北这一带做过河北西路察访使，他是个大科学家，他可能对定窑的贡献是较大的。定瓷进入元代以后，为什么会断代了，会消亡了呢？实际上是金灭了辽以后，又灭了北宋，北宋辖下的这一片土地完全归了金国。金国是一个马上的民族，他们只知道使用，他们不知道把这个传统延续下去，而是把所有的工匠掠走，甚至是把瓷土都拉走，拉到黑龙江去了，拉到北京去了。这个地方的制瓷传统怎么能够延续下来？所以这个传统一下子就断了。进入元代以后，更惨。元比金更，可以说，那个时代被破坏的不仅仅是定窑。

2005 年的定窑遗址

庞： 整个元代对传统文化的摧残，也造就了之后明代的开放。中国文化的高峰期在宋代，但是明代的文化是最开放的。

陈： 是有这种关系。因为过去的传统没有了，就需要再造一个传统。那么，再造传统怎么造啊？那就是要跟其他的民族学习。从明代的中后期，中国人就开始跟西方人接触，开始接受西方的文化。当时，中国的皇帝觉得西方的文化也很好啊，也很先进，就开始跟那边做各种交流，包括郑和下西洋这么大规模的活动。

杨： 为了重新构建新的文化，才会以更包容的姿态去吸收各种文明，中华文明一向有这种包容的胸怀和吸纳的能力。

庞： 你看"南海一号"沉船里边几乎都是原汁原味的中国的东西，是中国文化的输出。到了明代就不一样了，出口的东西好多，是什么啊？是带有西方文化色彩的东西。那些产品，是用我们的技术为西方人服务。

杨： 从那个时候就在做对外贸易。

陈： 对外贸易不是从那个时候，而是很早就开始了。

庞： 这跟明代的开放思想有关系。如果你思想不开放的话，就接受不了新鲜东西，也发展不起来。现在定窑瓷雕这一块，确实它的传统足够优秀，就是我们还没有深入挖掘。

陈： 它的基因足够优秀了，关键是能不能把这个基因激活。

杨： 曲阳的雕塑人才不缺，我们的传统也够深厚。现在，我们最迫切的是解决瓷塑怎么跟当代的生活结合的问题，这是必须要考虑的。

陈： 这需要很大的设计成本。

三

杨：和当代的生活、和当代的文化结合是努力的方向。如果咱们只是简单地复制"孩儿枕"就没有必要了，你再复制也没有意义。必须探求一个新的路子，适合当代人的审美需求和生活需求。

陈：我本来的意思，也是要延续定瓷的创造精神，要弘扬的是它的设计理念，而不仅仅是它的艺术样式。

杨：要恢复的是定窑精神和文化基因。

庞：曲阳有这么多年的雕塑积淀，怎么把石雕的语言转化成陶瓷语言是一个难题。毕竟定窑瓷塑也断代了几百年，不单单是解决型的问题，需要大量地引进外面专门设计瓷塑的技术人员。

陈：要根据定瓷的特性来设计作品，而不是简单的雕刻塑造。如果是做完雕塑之后，再把它直接转换成定瓷的材料生产，那显然不行。

庞：瓷塑跟雕塑是不一样的。第一，我们首先要考虑瓷塑做出来是干嘛用的，这是一个市场发展的前提。第二，就是我这个东西做出来以后要卖给什么人。

杨：一个是文化定位，一个是市场定位，两个定位都要搞清楚。

庞：在这个前提下，我们才能涉及陶瓷的工艺，设计的东西既符合审美，还利于成型，还符合陶瓷的烧成规律。这样的话，就有可能像陈老师说的那样，在将来慢慢地形成定瓷的分支，真正地形成一个气象。

陈：所以，我对你们这个瓷雕研究所非常期待。特别是夏和兴先生来做这个所长，来跟曲阳的朋友们一起恢复定窑的陶瓷雕塑，我对这个事更加有信心了。

庞：实际上，这个意思在好几年以前跃武兄也提过，好多人也都想跟定瓷合作，但我始终没有迈出这一步。为什么啊？因为我知道要做成功没那么简单。

陈：定瓷雕塑不是普通的工艺品，它是高端的文化产品，必须定位到这个层面你才能做。

庞：它还要以造型的表现力加上设计，加上实用的功能。

陈：据你的了解，定窑最早出现雕塑作品是在哪个时期？

庞：在晚唐的时候吧。实际上，定窑的一些小的雕塑始终都有。估计是作为一种小玩具来生产，因为，装窑的时候会有很多空间，都会放一些小东西附带烧造，包括一些棋子啊，一些小的人物、侍女头像等。

陈：那就是说，定窑的雕塑最早是从晚唐就开始出现的。

庞：我对那些小玩具关注过一段时间。我还思考过这个问题，曲阳的雕塑做得太严谨，太看重工艺性，把严谨的东西当成了雕塑的目的。但是，定窑的瓷塑恰恰不是这样，而是做得很随意。

陈：宋代时期开始真正让写意艺术达到了高峰。曾做过定州太守的大文豪苏东坡就提倡士人画，士人画其实就是文人画。

夏和兴（以下简称"夏"）：我有一只瓷塑的"小狗"是在景德镇淘来的。在景德镇那个老陶院的门口夜市上，我发现了这只"小狗"，这么小的，一丁点儿。当时，我的眼睛一下子就亮了。我就买了它。我看那只"小狗"，他随意几下就捏成了。后来，我就以那"小狗"为蓝本，拿它做了个作品出来。但是其实不行，没有得到要领。他这么随意地一捏，其实是最不简单的。

庞：那会儿，拿个泥捏个玩具，他们想法很简单，就是想做自己的想法、自己的理解，想做自己看到的东西，他们就想捏一个动态出来。你把这些东西表现出来以后就够了，其他的东西不重要。

夏：其实，他在做这个东西的时候是无意识的，他就随便地信手拈来，补充窑位，以免窑火都浪费了。他没有当作一件好作品来做，但偏偏就做了一件好作品，以小见大。

陈：为什么说是"写意"，完全是一种精神状态的表现，它不是刻意地去表现什么东西，而是非常随意地有感而发，就捏那么两下，搁那儿就行了。

夏：苏东坡的诗词里边有提到过定窑吗？

庞：提到过，比如"定州花瓷琢红玉"。这是他的诗。因为他在定州做知府嘛，定窑在他的管理范围之内。定窑是官窑，我推测，官并不是代表皇宫。官是一种官府的意思，就是公家。官窑生产，就说你不是老百姓自己的行为了，而是官府的行为了，是各级官府给你设定的，就是这么一个规定性的行为。

陈：你说的对着呢。这里面有几个层面：一个是官府官办，官办就是官方出资、官方开窑口、官方派人管理、官方生产；一个是民间资本，官方来督造。像这个定窑就是这样，是民窑生产但是官方来管理，官方从这里面来选。挑出好的东西供应到皇宫去，其他的东西才允许你往外卖。真正的官办窑口生产的东西，皇宫挑完了之后全部砸碎了，根本不可能流到民间去。

庞：我估计，就应该是当时的政府征集好的工匠一起来做。因为在我们的遗址、现在我们的保护棚周围什么样的瓷片都能发现，好的、赖的什么都有。但是在河边，那儿的瓷质普遍特别好。不管大的小的，都有大量的凤纹、龙纹残片。当时那一块挨着水木槽，就是位置最好的地方，应该出现过官府督办的窑场。

夏：定瓷《孩儿枕》在陶瓷史上最早出现，应该没比它再早的了。

陈：应该还有比它还早的，唐五代的时候定瓷雕塑就已经出现了。

庞：都是一些小的雕塑，在五代就出现过，有的是方底足上面有个小孩儿，然后上面拖一个东西。"孩儿枕"是一个代表，在五代就有。《孩儿枕》达到了瓷雕的一个顶峰，地位没办法动摇。

四

陈：个人认为在宋代，文化发展到了一个顶峰。中国社会几千年的历史，宋代的文化超过了任何一个朝代。宋代的瓷器窑口很多，但是只有定窑产品符合皇家的气象，和王朝的气质是吻合的，代表的是皇家的典雅，代表皇家的气象。它跟唐三彩的代表性质是一样的，是当时的一个文化符号。我尊敬陈文增大师，因为他的坚守，才保住了定窑的高贵品质，没有让定窑自由发展，泛滥成灾，像如今的曲阳石雕一样沦为附加值极低的产品。定瓷，本来就不是普通老百姓要做的、要享用的东西。定窑不能大规模地发展，要走高端路线，要保持高贵的品质。这需要点勇气，也需要霸气，这是我最佩服他的地方。

杨： 还从来没有人从这样的角度评价过陈文增大师。陈大师保住了定瓷的高贵血统，没有趋于流俗，没有流入民间，这个评价视角很独特。

庞： 陈文增老师去世之前的时候跟我说过，评价一个企业成功不成功，效益只是其中的一方面。它对一个社会产生的影响力，才是真正的价值。

杨： 企业的效益，除了经济效益还有社会效益，并且社会效益要放在第一位。

陈： 我不希望曲阳一下子出现那么多定瓷企业，有三五家就行了，更不能形成大规模的产业，形成像石雕产业那样大的群体。

庞： 尤其是定窑不能大规模地产业化、机械化生产。如果这样做，会影响定窑的学术地位和文化品位。

夏： 可是，定瓷雕塑在现阶段就是民间的，是讲究品质性，还是讲究市场性，二者并不矛盾，对定窑要有全面的认识。

陈： 这并不矛盾。我给定瓷的定位，就是高品位、高品质的高端市场。定瓷就不是给普通老百姓玩儿的。

庞： 邱耿玉老师说过定瓷的定位。他说：定瓷，甚至其他的瓷器都应该走高端路线，发展奢侈品。不是说价格有多么贵，目的是想让大家珍惜定瓷。定瓷的文化定位及市场定位，就得是高端。

夏： 但是雕塑一类的东西，凡是用模具生产的东西都不值钱。

杨： 那是肯定的。但是如果你要上量的话还是要用模具。

夏： 如果谈到量，这个就是它致命的弱点，你是不可限制的。人们对这个没有信心，也就在这里。

杨： 但是只是靠陶艺家做那么几件手工的作品是挣不了钱的。

夏： 国外是这样：保持量的平衡，量多了是要处理的。物多了是不稀罕的，物以稀为贵。我同意培一的观点。到了哪一天，曲阳定瓷普及了，曲阳大量的人都生产定瓷了，也是灾难降临了。我现在也在思考，定瓷雕塑起个头都没问题，这对做雕塑的、做造型的来说也不是个问题。但是，如果说弄成了，别人一看不错，他们都会来弄，真的到了那一天，就很难控制了。

庞： 这是经济发展的必然规律。

夏： 到了那时候，这个高贵的品质怎么能够保证呢？

陈： 你刚才说了一个非常好的话题。如果定瓷雕塑变成工艺美术家或者大师作品的延伸，定瓷就完全从天上掉到地下了。这个高端的品质就无论如何也保证不了。我觉得，还是像陈文增大师那样，定瓷人自己要坚守高端。

杨：我觉得这不是一件坏事，我跟你们的观点不一样。定瓷发展成为产业，就是让更多的雕塑家或工艺美术大师参与进来，这不一定是坏事。

夏：如果大家都起来了，会很快得到传播和复制。作为一个行业，曲阳只有这样发展，才能成为一个真正的定瓷小镇。这不见得是一件坏事。

杨：我说一下我的观点。定瓷之所以在宋代发展到那么一个文化高度，成为宋代的一个文化符号，就是因为它当时在民间、在曲阳这一块做到了足够大的量，一溜十八坡都是定瓷。基于这一基础上，会上升到一个文化的高度，而不是靠一两家企业。因为，产业大了，规模大了，基础大了，从业人数大了，量也上去了，里面会出现一些优秀的东西，你才能从里面抽离出这个时代的文化符号，才能代表这个时代。就定瓷雕塑来说，定瓷后来没有延伸下来，是没有足够的量，没有足够的人员参与，才会断代，在当代的定瓷产品中才会缺失。把这个弥补上，最有效的方法就是把曲阳雕塑从业人员和定瓷工艺结合起来，但是又得不要让它冲击到定瓷这种高贵的文化血统，这得靠我们去引领，但是不要拒绝、不要扼杀、不要限制。

陈：我的观点不是拒绝它，不是没有胸怀。因为，过去的一溜十八坡，燕山村、涧磁村、灵山镇那一带都是定窑，很是热闹繁荣。但是，有一个背景是要知道的。当时官方的追惩问责制度是很严格的，手段是很严厉的，民间行会的各种行为约定也是很有效的。工匠们是很单纯的，他们不是追求利益的最大化，而是认真地把产品做好。再说，那个时候的市场是规范的，不存在相互压价的恶性竞争。现在是市场经济，市场是极其自由的，当然也是不规范的，行业规范对人们的行为约束力不大，相关的法规也是不健全的，是滞后的。总而言之，就是现在的业态已经不是一千年前的业态。

杨：所以说才需要咱们引领。

陈：目前来看，引领不了。

杨：目前的业态不大。

陈：一旦业态做大了以后，灵山镇真的变成了定瓷小镇以后，也就意味着这个定瓷产业垮了。产业做起来以后，品质就下来了，整体也就垮了。

杨：有没有这种可能，就是我们把定瓷这个业态还恢复到一千年以前那种面貌，一溜十八坡都是定窑，定瓷产业和石雕产业一样有上千家。那这里面，就有很多有责任、有担当、有格局、有胸怀、有文化的定瓷艺术家脱颖而出，而不是现在就仅仅几个大师，那会出来许多有文化、有素质的艺术家。然后就会恢复到咱们想要的定瓷那种高贵的血统，是不是有这可能？避免石雕产业走过的弯路。

陈：断无此可能。因为时过境迁，现在的社会环境也不是千年之前的环境，即使恢复发展到千年之前的生产规模，也很难出现千年之前的业态。石雕产业发展到如今，殷鉴不远，甚至殷鉴犹在，就是一个很有说服力的反面例子。我真的希望曲阳的定瓷产业，不要重蹈石雕产业之覆辙。

庞：跃武说的定瓷达到上千家，我也认为这个可能性不大。我一直也在思考这个问题：小镇形成以后，它应该是一个什么样的业态。我的概念就是定瓷的厂家不一定特别多，在这个小镇里边定瓷一定是一个主体，但是它不一定非要像景德镇那么大的规模。在新的形势下，我们可以让它产生一个新的利益点，跟交易结合、跟旅游结合、跟私人定制结合，最重要的一点是跟创意结合。我们的利益点就放在定瓷产业的外延上，把这个作为发展文化产业的一个机制，然后通过它的辐射去获取大量的经济效益。和陈老师不一样，我对定瓷的发展充满了足够的信心。

陈：我不是没有信心，而是充满了担心。

第七场

2017 年 8 月 1 日、河北曲阳京川工作室

陈培一（左）、杨京川（右）

〔**编者按**〕曲阳的雕刻艺术，发展到了元代，实现了一个华丽的转身，不仅是曲阳人参与了蒙古王国、大元帝国的上都、大都的帝都宫城建设，还参与了诸多著名皇家寺院的建设。以杨琼为代表的曲阳工匠，打破了长期以来的"匠籍"制度，凭着手工技艺而进入了文人士大夫组成的官僚队伍，显赫一时。虽然，自商周以来，就有设置管理百工的官吏，但是这官吏的出身却是不明确的。当然，在原始部落氏族时期，首领往往是某种器物或者是技术的发明

者，成为了后来的官吏，如"车正""陶正"。但是，这都是渺不可考的神话。虽然，杨琼在世时身居高位，受到朝廷的重视和百官的尊重，死后也获得哀荣，按照汉族官员的制度修建了墓园，宋朝宗室、大元魏国公、书画大家赵孟頫亲自为他的神道碑书丹，但是他的工匠身份还是遭到了历史的歧视。因为代之而起的明王朝在修《元史》之时，有意或者无意地漏掉了这个工艺卓著的建筑大师、雕刻大师。然而，这并没有影响后世对杨琼的尊崇，也没有影响他的伟大。现如今，虽然杨琼已经故去六七百年，但是他的嫡系子孙仍旧在故乡——曲阳羊平一带繁衍生息，而且枝繁叶茂，名家辈出，成为曲阳雕刻文化艺术的重要传承者，成为曲阳雕刻产业的重要力量。杨京川、杨二川兄弟是这个家族具有代表性的重要人物。我多次在杨春的带领下，走进京川的工作室，与他交谈。

对话人： 陈培一（中国工艺美术学会雕塑专业委员会第三届秘书长）

杨京川（元代哲匠杨琼第二十三代孙，雕刻艺术大师）

杨春（元代哲匠杨琼第二十二代孙，河北省工艺美术大师）

地　点： 河北省曲阳县羊平镇杨京川工作室

时　间： 2017年8月1日

录　音： 张敏

一

陈培一（以下简称"陈"）：上次聊完了以后，我感觉你老兄说的确实是经典。有些事，必须要广而告之，要传播出去。因为，我上次也说这个杨家的文化遗产，绝对不能是你们自己家的。这个不是一家一户的私产，而是全民族共同的石艺文化，是全民族的遗产。不能在你们这儿让它消亡了，那是不行的。所以，还要把它挖掘、整理出来。一方面，作为家族的独家遗产，你们可以有所保留地公开，但是能公开的尽量公开。另一方面，你们家族自己要做好这个工作，不能断了代。因为，这可以会集更多的人来研究这个杨家的祖先们所创造的这些东西，才可以发挥它更大的价值。

杨京川（以下简称"杨"）：这个，恐怕也没有这么容易。

陈：对，肯定不容易。那也不要紧。我想，咱们不着急，就慢慢来，简单点。与杨琼有关的东西，能丢的、该丢的，都丢了，也没有办法找回来。不该丢的都在，都在曲阳北岳庙里好好地放着。这个羊平村里的那些老东西呢，也都在这里，也都在各人家里，只要看好不再丢失就行了。咱们慢慢地研究吧。

今天，你就从杨春元那里开始往下说吧。他是怎么搞的仿古雕刻，怎么重新把中断的传统给弄起来。主要是曲阳在清末民国初这段时间是没有佛像雕刻的。他不仅把传统雕刻和佛造像恢复了，而且开始发明了、创造了这个仿古雕刻。关于杨春元之后的这一段历史，众说纷纭，可以说乱七八糟，成了近乎荒唐的戏说了。我认为，我写的东西一定都要加以证实，不能写戏言，否则就对不住自己。所以，这个曲阳的雕刻艺术，杨家是根源，是正根。所以呢，还得正本清源，还得从你这里来。

杨： 这个从哪儿开始说啊？

陈： 那你就从杨春元开始说吧。

杨： 本来我也说不上，那书上都有了。你再说，就该遭打遭骂了。

陈： 不，不，不。那些东西，先放在一边，我就想听你老兄说的。

杨： 羊平村早年有座石牌坊，"文革"期间被拆除了，大家谁看着有用，谁就拿回家了。

陈： 等于是砸碎牌坊，分石头了。这座牌坊，我见到过图片和文献资料。

杨： 对。现在仔细找找，还可能有些残件在村子里，还可以看出点模样。其他的老东西，就基本上找不见了。我家里还有些早年的老账本、契约等东西，只不过这些东西的原件都在一个作家手里，与人签约了，不能给你，只能在手机上让你看一看。

陈： 好。这个我理解。

杨： 我现在也是两头都为难。

陈： 那不要紧，这个我理解，我理解。你现在和人签了合同了，这个没办法。

杨： 信誉比金钱什么都重要。

陈： 对，这个为人在世，就是一个信誉。

杨春（以下简称"春"）：就刚才，我和陈老师到你们那个旧家老院子看了一眼，也到你经常说的那个大门那里看了看（*杨家街西头"迎润门"*）。

杨： 从那个大门开始，能推知出来许多的人名。这就是曲阳石雕艺术的起源文化。你们看这个来着？

陈： 那个地方，我以前也专门去看过了。

杨： 那个石碑上面刻都是过去，最早的时候羊平那些老艺人的名讳。其中，有个杨洛溪，他是我老爷（*即曾祖父*），就是杨春元。

陈： 我回去了就把我拍的东西整理出来，把这个文字整理出来。

二

陈： 那个石牌坊，就是那时候大家捐钱的一个功德碑，镶嵌在了寨门上。是羊平村的那些个老人，修了哪条街或者其他的公共设施，做了哪件功德事业的时候，大家捐钱的记录。出工的呢，不一定出钱，也有的只出了钱，还有可能有的既出了钱也出了工。

春： 行，就从那儿说起吧。

杨： 这里面，就有杨春元的几个徒弟。他的这几个弟子吧，第一个弟子是高五彦，第二个弟子是董黑翠，然后董黑翠收的董新华。"文革"期间，有的人自称门派，无证无据，后传为笑谈。

春：我听说，他有些东西是独创的？

杨：唉，对。他是独创了一些东西，他没师父。那么，后来他再到我们那个门的时候，我们就不认他了。他这个到底是怎么回事呢？他跟着我老爷爷当学徒的时候，他还跟着我二老爷学，他叫梁冬元。梁冬元后来和我们成了亲戚，我们就不再认他做师门里人了，高五彦、董黑翠、石星海、石星卫、刘凤吉、刘庆吉、杨立祥、刘润芳、刘作兰、刘作梅等，这是当时收的徒弟。后来，还有"长徒八子"，就是说那时候还有 8 个大徒弟，大徒弟过去叫"长徒"；还有"次子十三"，就是次徒弟有 13 个。这一共是二十几个徒弟，让这二十几个徒弟发扬光大，越传越多，就是这么传承下来的。

杨春元他们家祖上都是以石艺文化传承，历代都是做石头雕刻的。到了他爷爷那一代叫杨景珠。杨景珠又当官了，他们兄弟俩一个是在南院，一个是在北院。杨景珠下边有五子：彦德、彦坤、彦礼、彦让、彦琴。这是他们老弟兄五个。杨春元他父亲叫彦德。那个时候是清末，战乱不断，弄得人把手艺都丢了。后来，杨春元又把祖先的文化重新拾起来。

陈：这个拾起来的时候，是在民国初年吧？

杨：不是，是在清末的时候拾起来的。其实，他家里边就是祖传文化。实际上，说白了就是这种文化是从骨子里边产生的，是打娘胎里带的。现在看来，这种传承具有一定的戏剧性。

陈：有人说他原来是炸油条的。看来这是瞎说！他这个雕刻和炸油条有什么关系啊？

杨： 那是瞎说。他那个是仿古做旧的办法，用油锅把那个石头油炸了以后，把石头风化的那个黄颜色弄了弄。那是仿造古董的时候一个做旧的手段。然后，再用夏天泡萝卜干的水，泡它一下，让水的那个酸性物质腐蚀一下。这么腐蚀一下，新的就变成"旧的"了。但是交货的时候，让他进了局子。那意思就是说，他是偷的。你看，他都仿得那么像。后来再验证，果然是他仿的。后来，有个叫赵三的，是个中间商，给他介绍买家。当时，给了他一个8块钱的高价，做那种20厘米高的人像。后来，就说还要雇佣他，不许给别人做，就是专门给他做。后来呢，做了可能不到一年，就是乡里边谁知道了。然后，就开始求艺拜师，大家开始跟他学。

陈： 这个古董商是哪儿的？是定州的，还是哪儿的？

杨： 赵三就是曲阳赵庄的。他这个中间商，那时候信息传播不像现在这么快。因为他是专业倒卖古玩的，就这么着他发现了杨春元。以后他给北京琉璃厂倒卖了不到两年，人家直接就往曲阳找来了。

陈： 哦，人家直接就找过来了？

杨： 对。人家直接找过来，把赵三给撇开了。杨春元的手艺和名声，就这样一传十，十传百，传开了。说白了，也就是在他的二三十个弟子中一代一代地传承。

陈： 就那时开办的那个永春发工艺社，是吧？

杨： 是的。另还有家工艺社是那谁家开的。

陈： 是不是刘作梅他们家开的？我还不太清楚。

杨：不是，他们家后来还不是干那个的。他家还有一个叫刘作兰、一个叫刘作中。刘作中是西安建筑学院的教授，都是从学艺那批走出去的。

陈：等于这个永春发工艺社，像一个培训班一样，收了好多好多的徒弟了，就带出不少人来。

杨：对。说他是个卖油条的是不对的，用炸油条的老油弄石头是他想出来的一个做旧的办法。

陈：是啊，这才对。

三

陈：这个五台山龙泉寺的东西是杨春元领着做的？

杨：那时是他的作头。过去的时候，这个作坊没有像现在的工厂啊有什么经理的，就没有那个东西。过去行业里边那叫作坊，就是大小都是作坊。作坊里边的老板叫作头，他是这个作坊的头。作头下面呢，是他的大徒弟叫"长作"，大徒弟下边叫"把式"，把式下边叫"二把刀"。这个就是刚入门学的，叫"二把刀"。这是这个行业的排行。

陈：嗯。这等于这个作坊的职称一样。

杨：唉，对。这就是这个职称系列。

陈：我看到有一些古碑上写到这个。比如说，你们的祖先杨玉，称"作头杨玉"等。这些一看，他就是大作头。

杨：对。作头说白了就是现在的厂长。叫"长作"的是什么？就是一个大徒弟。师门里边，它够了四代就可以立个师门了，技术就是独创的，是人家祖传下来的。你跟人学，那就是你的师门。但是，你要说我刚一学会，那么我就立个师门，我就是师父了，说我是门里出身，那还不行！过去叫"门里"。这门里就是人家祖先都是做这个的，有历史，传承够四代才允许你自立山头。那时候，也是用行规相对控制着，不是说我想怎么着就怎么着。

陈：对，对。

杨：因为你出去了以后，你要用师门招牌。人家的盘子也支上了，人家不认你是吧，你就等于"零"。所以说，你要是想立师门，你就得有四代传承。

陈：这个龙泉寺的雕刻，确凿无疑的是咱们曲阳做的。但是，南山寺我去看了，感觉质量有点不高。他们有的人说南山寺也是咱们曲阳人做的，我看着不像。

杨：那个龙泉寺的东西做完以后，他们都去哪儿啦？他们去了行唐，是修了故郡村的一个什么东西，好像是一座庙，叫故郡坛。

陈：这个故郡，我知道，是秦始皇当年所设巨鹿郡的郡治所在。

杨：就是。行唐的庙在过去历史上也是挺大的。他们就是修的那个。

陈：这个地方我没有去过，不知怎样。我为什么说南山寺不是曲阳的工程啊，南山寺那个工艺太差了。

杨：它跟这个不是一回事儿。

陈：对啊，不能说那个龙泉寺做完了以后，又把南山寺那个也做了。不能毫无根据地捕风捉影。基本的风格也不对，可以说整个都不对路，和龙泉寺的东西差得太多。在元代的时候，这个南山寺是国家工程，那确实是曲阳人做的。那是谁做的？是曲阳邸士亨督造、验收的，是曲阳王道做的。这个有一句记载叫作"工道出曲阳"。很多人不理解这个"工道"是什么意思。这个"工"是指施工的工匠，"道"是指曲阳工匠王道。

杨：《曲阳县志》里边也有记载，王道、王浩那是哥儿俩。

陈：对，对，对。

杨：那是杨琼他奶奶的娘家侄儿。

陈：对，他们都有联姻关系！

杨：王家就在那个曲阳燕家嘴的北边。杨琼他爷爷为什么娶王氏，就是那个杨琼的奶奶？就是王氏吧，他家也是掌握着军权的。他要想有个好前程，还要借助石艺的力量，还要借助军方的力量。为什么王家立那么大功啊？据说杨琼的奶奶在其中起到了一定的作用。你看那不是还提到了王浩。后来，王浩替代杨琼的职位。这个历史记载上有。他们还和董家有一种关系，董家叫备武的。

春：是不是有个故郡小区？

杨：那个就不清楚了。

春：故郡是故郡村，还有个故郡岗，这是两个村。

陈：哦，故郡那儿原来是个神庙吧？

杨：对，这个庙还特别大。所以，这个在北方也是特别大。故郡归行唐那边管，行唐归正定管。其实，在清朝的时候，咱曲阳归定州，定州归河间府。其实，定州就管着深县和曲阳两个县。

陈：那这儿离深县远了，中间隔好几个县呢。

杨：对，定州就管这么俩县。

陈：全国解放之后，好像还有这种隶属关系。

春：它隔这么老远，这就奇怪了。

杨：你看见故郡那个塔了，就相当于看见五台山那个金刚塔了，那个就是一模一样的。

陈：这可以说就是最好的证据吧。

杨：现在没了，"文化大革命"的时候毁了，在行唐那边应该有档案。

陈：我过一段时间到石家庄，去查它的县志看看。

杨：他们修完了故郡坛以后就上了山东。为什么说是在临沂啊？临沂的革命烈士纪念塔就是杨立祥他们这一帮师兄弟过去干的。

杨：他们修了那儿以后，回来就跟着上北京了。杨立祥带他们进了北京，后来，杨立祥进了一个国家机关。杨立祥是杨春元的第四个徒弟。要是按辈数，他应该是排在史青海的下边。头一个是高五彦，第二是董黑翠，第三是史青海，第四就是杨立祥，第五个是刘占宗，第六个是刘作兰，第七是刘作梅。刘作梅就是刘庆吉。还有刘印昌就是刘润芳。那时候，不叫润芳叫印昌。

陈：这个我知道。那这个刘润芳就是做那个毛主席纪念堂毛主席雕像的。这个毛主席雕像，跟着叶毓山先生做的。

春：他在村里，我们不叫他那个名字，叫印昌。在北京改成"润芳"。

杨：和我爷一样，我爷在村里边叫"德福"。到了 1956 年以后呢，在北京改成"杨志卿"。

陈：杨志卿？

杨：唉，杨志卿。去北京那边，那时去了 32 个人，说白了都是杨春元的弟子。

四

陈：白求恩先生牺牲了以后，晋察冀边区在唐县给白求恩修墓，搞了一座雕像。据当时的这座纪功石碑记载，搞这座雕像的叫"刘廷芳"。这个白求恩雕像，东羊平的刘东元可能也参加了。你说的这个刘印昌就是刘润芳是刘廷芳的堂弟。

关于曲阳的石匠能够参加人民英雄纪念碑的雕刻工程，有好多说法。我认为是这样：主要是因为在晋察冀边区做白求恩雕像，有了重要的基础。当时，边区还立了一座很高的抗战烈士纪念塔，还做了八路军战士的雕像，那就是高五彦做的。有可能是后来材料整合的时候，用的是"高玉彦"而不是"高五彦"，把"五"字误认为"玉"字，这两个字的字形很像。这个材料来回地转，转得有错误。

因为修这座抗战烈士纪念碑和白求恩雕像，还有曲阳的荣臻渠啊，这个晋察冀边区的人，最高军政首长聂荣臻司令员啊，还有别人，包括辛莽什么的，都是这帮人，他们都明白曲阳的雕刻技术实力。北平解放后，聂荣臻将军兼任平津卫戍区司令，随后又兼任北平市市长、军事管制委员会主任。而辛莽则直接参加了人民英雄纪念碑的画稿设计。他们对曲阳的工匠和雕刻技术太了解了。所以，我认为这些人的意见，是曲阳工匠能够参加纪念碑雕刻的关键因素。

还有啊，当然这个说法有很多。有的说是，冉景文跑到刘开渠先生家里去主动请缨，还有的说是谁谁介绍。这个冉景文是个重要人物。为什么？因为当时彦涵先生也参与了画稿，他的工作笔记里边有冉景文的名字。刘开渠先生的回忆录里面也提到了冉景文这个人。我觉得，他有可能起了一定的作用或者是怎么着。

杨： 这座人民英雄纪念碑还有个典故。这个故事，就是毛主席写的那个"人民英雄永垂不朽"碑心石，20厘米厚，80厘米宽，六七米高，那怎么立起来的啊？那时候，还没有这个雕塑工厂。后来，这是一个伙夫给出的主意，最后才立起来装上去的。

陈： 高手在民间，在当时谁也没有经验，借助民间智慧是很有可能的。那个赵州桥维修了几次啊？当时你爷爷他们都参加了吧？

杨： 嗯，当时我爷爷他们参加了。我爷爷他们当时主要靠技术吃饭。当时他和曾竹韶这些都在一起，央美的这些老师都对他很尊重。他的人品好。第一，在师门里他是大师兄，在家门里他是长子。第二呢，我爷爷他们弟兄三个和睦相处，没有闹过矛盾。分家的时候，有个《麻姑献寿》，那真是个好东西。现在，这个东西在不在就不知道了。那真是一手的好资料，可以拍点那个方面的东西。

陈： 那个，请杨春什么时候帮我拍一下。

杨： 还有，那个两米多高的《释迦牟尼佛》，分给振京了，后来他卖了，卖了5万元。后来，人家又倒卖，卖到雄县了，卖了25万元。

春： 这没准儿也是好事，卖出去了，上面都给保护起来了。

陈： 不，不，那也不一定。

杨： 那玩意儿没准儿早到国外去了。

五

陈： 那么，你知道这个杨琼的墓碑还在不在？神道碑，我知道在北岳庙。他的这个墓有一定的级别，墓前呢可能有石兽、华表，这些东西应该有。

杨： 有啊，都有。就是都被人偷了。

陈： 北岳庙里面有没有他墓前面的这个石兽啊？

杨： 没有了。墓里边还有一对羊，一对虎，一对象，还有一对什么忘了。还有，那一对老虎被弄到荣臻渠去了，两边刻了一道槽，做出了水闸，叫作"老虎闸"。那个老虎闸，在前年让人偷了。

陈： 那个老虎闸没在北岳庙，让人偷走了？

杨： 老虎闸后来在那个学校的门口来着，搬到学校去了。让人给发现了，想买，没有卖给他，就给偷走了。

陈： 京川也好，杨春也好，你们这个家族应该想着把他的墓碑立起来，因为这个墓前面没有墓碑就不会引起别人的重视。你们都不用找别人，自己就干了，还不给立起碑来，再修个墓园？

杨： 现在的问题是地，你怎么弄啊？村里不支持你，说你占用耕地。

陈： 那你跟县里提议啊，县里出面来做这个事情。这不是你们一个家族的事情。他是在历史上那么重要一个人物。这都有五六百年的历史了。

北岳庙存《杨琼神道碑》

杨： 这两年，才发现了关于杨琼的两块碑，杨琼一块，他孙子一块。

陈： 这个碑在北岳庙吧？

杨： 嗯，在北岳庙。

陈： 噢，那我这两天要去看一下，杨春你陪着我一块儿去看看。你应该什么时候把这事呼吁一下，你给县里领导说话应该是有分量的，你还不说？

杨： 我是去找政府要过这块碑，政府也说给，但是人家又说："你这碑让人偷了怎么办？"

陈： 哈，哈。对，对，对。你又不能老在那儿看着。把这个墓地建了以后，你把墓前面的那个石人、石马、石羊啊，复制一个放在那儿就行了。这个，应该做得到吧？

杨： 还有神道。

陈： 噢，对。先把神道给它恢复了，在那个地方把墓园给它恢复了。

春： 那个地方，现在都成石料厂了。

陈： 如果县里说话，让它退出来，它还能不退？

杨： 这个墓址的穴位非常好，是"头枕无影山，脚踩玉河水"。它那个位置是斜着的。

陈： 噢，它是个东北西南走向。

杨： 对。

陈： 那，杨春，这么多政协委员都呼吁一下吧！看看怎么弄这个事，这个事我觉得是应该做的。你建这个雕刻小镇，这个石雕的源头在杨琼这儿。你不正本清源，不把这个源头给它保护好，你哪来的什么雕刻小镇！

杨： 他们有的还在弄那个刘秀的狗。

陈： 刘秀的狗，那就是个传说。

杨： 后来说，他们要建新的狗塔坡。

陈： 这个老的狗塔坡离这儿远吗？就在这个尧山附近吗？

杨： 离这儿也就五公里。

陈： 我看，要呼吁写个建议，看能不能把杨琼这个墓园给恢复了。

杨： 它是给后人的一种教育，对艺术是一种传承。

春： 千年小镇要是不把这些给完善起来，也没什么看头。

陈： 就是啊，你这不把根给弄好了，那哪行啊！你做文化得从源头做起啊。

杨： 这么着，比如说你想卖什么，比如说你要想你的菜刀出名，没有王麻子做的，它跟哪儿出名啊？是那么回事吧？那是个品牌文化。就像曲阳有杨琼一样的，没有他哪来的曲阳雕刻文化啊？哪有大都的建筑文化啊？这个啊，你也没法儿弄。

陈： 那个杨琼的墓地，在你们杨家人手里吗？你们杨家家族出地，你们几个有实力的人出钱，把墓园建起来是不是可以？那个石人、石马啥的，你们自己都会做，是不是？问题不就简单了。

杨： 关键是修建墓园得占用耕地。

陈： 你就按它原来的规制，给它1∶1复建一个。原来墓园的规制，都是有记载的。这个是非常好的一个事情。我找个机会给曲阳县委书记或者县长他们说说，看能不能行。

杨： 好吧，但愿能成。

六

陈： 这个呢，我跟咱们曲阳打交道20年了，和大家伙建立了很深的友谊。你弟弟二川，是第一个到我家里造访的曲阳人。他生前和我处得很好，也给我说过好多关于你们这个门派之间的事情。我一直都知道这个传承关系不好弄。现在，可以说太乱了，乱套了，怎么说的都有。

杨：其实，这个谱系就像家谱一样严肃，是哪一辈就是哪一辈，哪能乱说？现在，有的人为了利益，为了名声，拼命往上爬辈儿，太可笑了！

陈：对，这样不好，有点欺师灭祖的嫌疑。

杨：我之前也找人写了本书，这些资料都在那个作家手里，也给你说过。这些资料，都是有价值的东西。但是，承诺人家，不能再外传。书出不来，材料也退不回来。这个里边都是写我老爷他如何教徒有方，如何做雕塑的。

陈：这些个真正有价值的东西，都是你们口耳相传的东西。你把这么有价值的东西，放在那个里边真是可惜了。

杨：这个里边有一句，特别重要："宁舍一两金，不舍半两艺"。这句话，虽然听着"土"，但真是金科玉律，是最重要的两句话。是历代石艺先祖对艺人的约束，也是作为艺人的崇高品质。

陈：唉呀，我希望你早点解套把材料退回来也好，把这个书出版也好，能够把这些资料、把这些宝贵的经验传播出去，大家都能受益。

杨：这些事也是没有办法再鼓捣，也有点可惜。

七

陈：你自己开工厂，是什么时候？

杨：就是 1982 年。

陈：你什么时候进的工厂啊？你进了"二雕"还是进了"一雕"啊？

杨： 我打小就在北京，一直跟着我爷爷在"北雕厂"干。

陈： 你是一九几几年回来的？

杨： 1979 年吧，是 1979 年回来的。

陈： 嗯，1977 年，毛主席纪念堂竣工。北京基本上就没有什么大工程了。

杨： 我这儿也没什么好说的。其实，你该写写卢进桥他们这些老人的东西，还是有分量。

陈： 呃，我要更全面地、多方面了解一下。

杨： 咱们家里边，有一个针对男人的规矩。就是，有家传的一个东西，叫作"隔代传颂"。这句话，它的含义就是说：我不能歌颂我父亲，我儿子可以说他爷如何，但是不能歌颂我。这就是"隔代传颂"。看看吧，你先准备着，等过年咱们把所有的东西都收拾一下，看到时能否让你看看。

陈： 好的，谢谢。我希望到时候能解了套吧。

杨： 等过完年，我实龄就整 60 岁了。那么可以求名、求利了，干什么都行了。因为，我们的家训就是这样，不到 60 岁，是不容许求名求利的。

陈： 行吧，尊重你的意见。

杨： 现在这东西，主要是在哪儿呢？主要是在于祖先们这种行业的传说。故事也好，语言也好，这才是真正的那时候中国传承下来的民族绝活。就那个豪言壮语，真没有多少用。是这么个道理吧？

陈： 所以，上次听你说了以后，我就一直记在心里。

杨： 你看那些个书上，把人的名字都弄错了，你说丢人不丢人啊？我跟他们提出来，你别用这个字，这个字不对，你们不懂呢。羊平几千年的石艺文化，到你们手里就败光了。我说：你们把那家的大人给写上了，这每家都有后人，你给人祖先的名字写错了，那人家能饶了你吗？再就是：传血缘记名讳，传石艺记名号。你们得记住祖师爷的名号。

陈： 传承，传承啊，就是说要把这个过去的脉络搞清晰。

杨： 过去的时候，名号这个东西，那可了不得，是大家对你的认可。有雅号，就是给你送一个比较文雅的别称；还有诨号。

陈： 就像《水浒传》里面的诨号。

杨： 哎，对对。我给你讲，比如说咱们村里的，有的连他爷的名字都不知道，那样的人多了。更别说村里的历史。

陈： 那就有点可怜了。

杨： 比如说，杨春元，号洛溪。他的那个名片上写的是"保定市曲阳县西羊平村，杨府春元，号洛溪"。"洛溪"这个名号，象征着艺术文化源远流长，像河流一样永流不断。他这个"洛"代表什么意思呢？就是人到了花甲之年以后，就像太阳一样，这一代要落山了，下一代人将从东方升起来，是那么一个寓意。写历史、搞文化，不能写错了。否则，那我非要给你提出非议来。像咱们家的历史比较长，我祖爷也好，我爷也好，在教你的时候，就会教你那个字怎么写，有什么含义，还有老人的名字与名号是什么意思。

陈：那么，你们家的《家谱》应该还在你手上。

杨：《家谱》还有一部分。我大妹给丢了一点，我三叔家那个孩子也丢了一部分。

陈：太可惜了。

八

陈：我看你的作品，镂空的比较多，看起来比较悬。你是怎么包装运输的？在物流运输方面，好东西损坏得太多了。

杨：唉，那么好的东西在他们手里都给弄成破烂了。

春：物流给你拉东西，拉坏了白拉，人家一点不负责任。

陈：他们给你拉坏了，应该是按这个材料费赔偿给你。那一年，我们在上海组织了一个全国性的展览，咱们县里王耀永副县长带着马若特也去参加了。有一件获全国大奖的陶艺作品，从上海运到北京来，就稀里哗啦地成了一堆碎瓷片。找他们没用，他说们按陶瓷的价格赔你钱。他们的合同就这样。你再贵，你保价，他让你保，超过一定的保额，他就不给你运了。

杨：工艺品也包括在内了，高了投保不了，他不给你保价。

春： 有次，物流给拉坏了，他说让我修去。后来，我说你拉回来吧，咱们在厂子里给你修修，修好了你再拉回去。

陈： 这个事情就这样。这个就是行规，这个行业就这样。另外，工艺品都是不给保价，因为工艺品它没价。你说十万、二十万，他赔不起。

杨： 物流公司说：在这个箱子里面摔了是你的，我不管。

陈： 运东西到你家，你先签字再给你开箱。你签完字了，开箱碎了，就还是你的。你不签字，他不让你看。所有的东西都是这样。

杨： 我定包装，就得多一方面的经验。你看，咱们都是往外运，还有的运到福建去了。运到那里，这个老板说了一句话："这个活儿，别说做，就说能运到这儿，这都是奇迹。"

陈： 对啊，我上次来看你的东西，心里就想："你怎么运走啊？"你这些东西，交给物流公司，还不得吓死他们了。

杨： 这都是凭一个——有经验。这个东西不能配货发送，得找个专车发送。不要拣这个便宜的物流公司，拣那个便宜的那可了不得。物流公司给你中途倒几次手，你怎么办啊，是吧！

陈： 这个完全有可能。

杨： 还有要用叉车给你铲，那没有叉车的就找人工给你搬。有可能就给你拉倒了。

陈：我从北京往安徽黄山我的艺术馆运东西的时候，我坐在卡车里的驾驶室里，跟着他跑了一天多。我就怕他给我倒手，给我摔了，我就直接跟着车。我说："走吧，路上我管饭。"一路上，我就跟着走。

九

杨：我打石头，和别人不一样，是打一下歇两下。

陈：对啊，打一下歇两下，你这是怎么打的？这个打石头不就是一鼓作气吗？该打的时候一点都不能含糊。

杨：这个东西呢，它怎么弄啊，就是个人的意识和习惯。把想要表现的东西、画面记着，记住以后，再通过你的脑子进行再加工，一会儿出来，又是一个新东西，就是说你不要死搬硬套，死搬硬套一个字不错全部记下来也就没有多少意思了。我爷在讲课的时候，就讲了这么一句话，他说："做活不要留资料。"比方说那个照片什么的，你什么时候看着都好。那么，好吧，你就没有什么长进了。

陈：就是打好后送走，就完了。

杨：包括对别人的作品也是一样，你欣赏的时候要靠你的记忆。记忆当中，似有似无，跟梦中的一样。这个梦里边的东西，我怎么做个模型呢？是似像又不像的。它是要那个境界。这时候，你的创意就出来了。你知道大概的意思了，但是这个词语是单种语言，还是多种语言，你可以这么变也可以那么变。

陈：可以有多种解释，多种说法。现在，就看你怎么领悟，从哪个角度领会。

杨：对，所以这个词语出来就是新词。比如我，我出师以来没有做过重样的东西，从来不重复。

陈：对。不重复自己，更不重复别人。

杨：你看这一行，有老人说过这么一句话："人不会说话，手会说话。"

陈：对，对，对。

杨：你做出好产品来，它都替你说话。好的作品会说话，要靠作品说话。就这么简单。

陈：你这个话，说得很对。你看我去参加评奖活动，我从来不看作品下面的说明牌。那个作品的说明写得越大，写得越多，我就越不看，也从来对这些作品不看好。那个呢，就是说明你没有自信，你对你的作品不自信，你才用很多文字来表达、来阐述你的东西。你唯恐别人看不懂自己的作品，那坏了。

杨：那天，我去参加一个展览。我的工作人员说："要写简介，咱怎么写啊？"我说："什么也不写。"他说："什么也不写？好歹是一个简介啊，怎么也要写几个字啊。"接着，我说："你要写，就写八个字：'言在口上，艺在手上。'"就给他写这么几个字，那人一看，就来了劲了。

陈：你这个很高啊，很高！

杨：这几个字又"土"，人还感兴趣。

春：听明白了，这八个字够高。

杨：你说就是靠嘴吧，我的手艺在我的手上能体现出来。

陈：艺不能用口来表现，要用手来表现。

杨：语言只能用口来表达，艺只能在手上。

陈：你这是至理名言。这个老北京啊，在民国期间，商业街上流行这么一句话："人唤人千声不语，货唤人百叫百应。"商场的服务员说："我这儿的东西好，快来买吧。"可是，人家就是不来。你这儿的东西好，一看，不用你叫直接就过来了。这跟你刚才说的是一个道理。

杨：艺在手上。我这就是在手上体现出来的。有人问这个应当怎么讲？就是说，你不要自吹自擂，就把作品摆出来任别人去说吧。我跟着我爷去上海参加展览，那时候弄个大皮箱子提着。那个展览馆管事的说："你这是什么？去，去，拿到一边儿去。"根本没看上。结果，打开箱子一看，他傻眼了。像这个东西，有的是明吹，有的是暗吹。你越不提名，人家就会越感兴趣。你越提名，写得越清楚，人们可能就不感兴趣了。你看看我的这些作品，参展时的说明，就是越简单越好。

陈：东西才好，才有说服力啊。

杨：临沂纪念碑的照片要呗？

陈：这个没有，加微信你发给我吧。

杨：行，发给你。这些照片可是最珍贵的。这些照片可都是宝贵资料啊。

陈：这个是你最早的一件作品，是吧？

杨：对。那是从北京回来以后，在"二雕"做的。

陈：在那个卢大师那里吧？

杨：嗯。

陈：你这后边是谁?

杨：是我姑姑啊。

十

陈：你这种作品的空间结构，一般人是弄不出来的，也没有多少人能弄出来这样的东西。

杨：过去的这个手艺人，传统的手艺人讲的是"镂空""透空""悬空"。"三空"而合，则视为大作之出。你要具备这三种透空方法了，是吧，它这个活儿的本身价值就高了。

陈：大家都在讲"镂空""雕空"或者"抠空"，没有人讲"悬空"。在雕刻技法上，没有"悬空"这个概念，只是把它当作结构来看。

杨：不是没有"悬空"这个概念，是"悬空"不好做，而没有人做。"三空"并存，那就是大作。我的这个作品还不行，就和打分一样，都只能打60分。

陈：你这何止60分啊?

杨：以前有一个公式，是怎么说的? 叫作："独木好移，林木难伐。"就比如说，

杨京川作品《骑兽观音》群像

单纯雕一个人和雕一群人，它就不一样。单个人怎么也好说，但像群雕，每个人的结构形态你都得给他相互联系上，得互相有个照应，一旦连接不上，你这个活儿也就完了。

陈：其实，说实在的，在杨春没带我来之前，我也没想到你会做得这么好。全国的雕刻行业、工艺美术产业基地我基本上都跑遍了，没有你这么特殊、出格的作品。

杨：这个可以说句过头的话。第一，他们没有哪个家族有几百年的传承。第二，他们没有那个造诣，没下那么多的功夫。我这都多少年啦？这个东西可不是谁都能搞的。那天，我写的东西发在网上，简单发了几句，就是说："要想做一个好的，要想有一件好的上乘大作出现，必须得有千年的不绝传承，百年的历史交汇，需要一生的执着坚守，甲子之后必有大作问世。这是大作出现的基础，你具备了这三个方面，你也得经得起社会的诱惑，心胸宽阔。吹牛吹出去了，你得把它实现了啊。过去吧，老人们讲这个话，就是没有好和坏，都是一个上乘、下乘的标准。"

陈：这个上、下乘的标准，比好坏更贴切。

杨：我们老家常说："五十知天命，甲子入艺道。"甲子是60年，就是到了60岁，你会感觉到个人学的东西太少太少了。还有"耄耋之寿，难为巧"，就是说到了80岁你会感觉还不行，还有所欠缺。这就是文化传承，一代一代地传承下来的东西。

陈：能活到80岁的人也不多。

杨：它就是这么一个概念。

陈：我觉得一般的艺术大家都能过80岁。通过和他们的交往，我感觉到了你说的这些东西。

　　杨：咱们是手艺，他们是文化。

　　陈：不对，这都一样。

第八场

2017 年 8 月 2 日、河北曲阳陈培一工作室

冉增国（左一）、刘现民（左二）、冉增强（右二）、陈培一（右一）

〔**编者按**〕《重修曲阳县志》（光绪版）："黄山自古出白石，环山诸村多石工。"羊平黄山是曲阳雕刻产业的发祥地，是曲阳雕刻文化的发源地，是曲阳现代雕刻产业的摇篮，是中国北派雕刻艺术的传播中心，也是以汉白玉为代表的曲阳雕刻艺术流派的诞生地。自古以来，这里就是大师云集、名家辈出的地方，元代的杨琼，近代的杨春元、石青海、冉中印、高生元、曹邦玉、刘青田、石生水、刘作梅、刘东元、刘东魁、刘润芳、王二生、杨志卿等，当

代的卢进桥，都是出生在这一带的人。生活在这一带的人，
因为石雕技艺而结识、而结缘、而结亲，因此形成了诸多
的雕刻家族，诸如杨家、刘家、高家、董家、冉家等。在
几百年的岁月中，大家一路走来，相互帮衬，相互扶持，
相互砥砺，共同劳动，共同生活，共同创造了这个雕刻艺
术的传奇与神话。在这个庞大的产业链之中，开矿采石的
矿主，搞雕刻的工匠，拎包跑外的业务员，办厂子和公司
的企业家，还有围绕着这个产业提供各种服务的，都是这
个链条中不可缺少的重要环节。在这片土地上，既有血脉
的传承、技艺的传承，还有对过往岁月的回忆，对曾经历
程的记忆，还有那些津津乐道、纠缠不清的是是非非和恩
恩怨怨。一天，我委托冉增强先生出面，把羊平的几个有
资历的人物请到了工作室，与他们促膝长谈。可石锦彪到
北京去了，没有在，暂时缺席。后来，又与石锦彪相约，
终于得以一聚。石锦彪对此稿做了重要补充与订正。

对话人：陈培一（中国工艺美术学会雕塑专业委员会第三
　　　　届秘书长）

　　　　石锦彪（中华传统工艺名师，民间工艺美术家，
　　　　原曲阳县雕刻学校副校长）

　　　　冉增强（曲阳屹召雕刻有限公司董事长）

　　　　冉增周（原铁道部石雕厂业务主管）

　　　　刘现民（雕刻艺人）

　　　　座谈其他人员，一位姓董，另几位姓名不详

地　点：河北曲阳羊平镇艺术家部落陈培一工作室

石锦彪（左）和陈培一（右）在工作室座谈

时　间：2017 年 8 月 2 日

录　音：张敏

一

　　陈培一（以下简称"陈"）：我知道大家都很忙，今天耽误大家一点时间，托增强请大家到来我这里来坐一坐，聊一聊咱们羊平这一带雕刻产业发展的情况。

　　石锦彪（以下简称"石"）：曲阳的雕刻是从西羊平开始的。西羊平是曲阳雕刻的发祥地。雕刻是祖祖辈辈糊口的生计，是靠山吃山而逐步发展起来的。

　　董姓座谈人员（以下简称"董"）：羊平这一块都没离开过市场。它是什么呢？开始是个人在外边搞业务，到后来呢就是个人家里办公司也好，办工厂也好，这么着不就起步了。你看，搞什么的都有，有开矿采石的，有搞企业的，有搞销售的，有搞加工的，有搞雕刻的。这时，咱们开始不管是从经营也好，销售也好，从开始一直到后来也是没离开过市场。不管是雕刻也好，石材也好，它是这么个过程。陈老师，我想着，把羊平这一块的什么石头也好，雕刻也好，整体地给宣传一下，写成文字的东西。

陈：我现在正在做这件事。

冉增强（以下简称"强"）：这个曲阳石雕的发展，它离不开开矿，离不开开厂子，也离不开这个跑外的。

董：就是说，不管是开矿也好，搞经营也好，是吧，来回都是围着这个石头转，就是这么一个过程。

陈：因为这个，要研究咱们曲阳的这个石雕产业，不能只单纯地谈论雕刻制作本身，也不能光研究这些个工艺美术大师们。他们只是中间的一个环节，你开厂子的、开矿的是上游，拎包出去跑外的是下游。只有这上、中、下游的三个环节都连起来，才是一个产业的整体。你单说工艺美术大师、省大师或者国大师，那个没用。

石：整个雕刻产业链，包括开山、开料、运输、制作、销售等。而市场需求也是很重要的。没有市场的需求，则一切都无从谈起。

董：那个就是说它整个是怎么形成的。

姓名不详：还要看这个工艺美术大师，他是怎么演变出来的。

刘现民（以下简称"刘"）：你看搞雕刻的这一块，过去是从信仰上搞起来的。传统留下来的这些作品，都是一个信仰问题，都是按着这个意思制作的。

董： 陈老师搞咱们这个雕塑的学术研究，像推进也好，宣扬也好，就是为咱们做贡献来了。曲阳或者羊平，从它们开始开山开料，到经营厂子，到拎包出门销售，就是整个的一个流程。从咱们这个改革开放以后吧，就把这个历史综合一下，写一些文字的东西，是这么个意思吧，陈老师？

陈： 是的。那就看在座的谁先讲。最早不是有个羊平开发区嘛？

姓名不详： 不是，那个就晚了。

陈： 开发区是一九九几年成立的？像我们这儿的产业起步，最早可到什么时候？

姓名不详： 1992年8月成立的羊平开发区。但实际上，应该说在当时那个十一届三中全会的时候，应该是1978年的时候，咱们这儿就开放了。

姓名不详： 是1978年以前，可能比这还早。开始用那个小车送东西，后来才改成汽车了。开始那会儿不是有啊？1974年那会儿有小筐，刚开始时一家家都有那个小筐，那么一小点儿！那会儿哪有这个汽车啊？那会儿我们还在学校里呢，是吧？

姓名不详： 从那时候开始呢，实际上就是1974年、1975年的时候，开始用拖拉机、汽车的了。在毛主席逝世之前。

董： 改革开放前，咱们对外销售，就是拎着包出门。你想想这个，你们开厂子那是80年代了吧？

冉增周（以下简称"冉"）：实际上，我们开厂子是

1985 年。可能 1984 年那会儿就已经开始办厂子了。

董：当时说他的这个公司搞得比较大。在当时也算是和铁道部合作合资的这么一个企业。

冉：1984 年那会儿，正好赶上这个全国性的第三产业艺术高峰。

董：倒是占秋比你们早点儿。

冉：迟了一年。

二

陈：还有，咱们最早使用电动切割机是什么时候？

姓名不详：1985 年，第一批是从浙江过来的。1986 年是一个国产的小切割机。

董：应该是在 1986 年左右。为什么？可能是铁林他们在道西那个厂子，用的那个大圆盘锯，贵州产的这个圆盘锯。就是说干活用这个切割机你们几个都赶上了。

姓名不详：是。包括浙江出的记不清楚的那种小机子。那是 1985 年第一批过来的，1986 年才有了浙江出来的轿厢小机子，挺好使的。

陈：那当时是给外贸干还是给谁干？

强：80 年代，那时都给个人干了。

陈：都干什么？搞建筑？搞城市雕塑？给人搞加工？

姓名不详：雕塑也是从那儿开始的。

陈：应该是 1982 年或者 1983 年才开始。1982 年，刘开渠先生给中央写信提建议。1982 年，正式成立了全国城市雕塑规划组。1984 年、1985 年，城市雕塑建设就开始了。

董：真正说城市雕塑是 1982 年以后，看全国它都触及了。我们这儿做的这个雕塑，以前做的那个真正说不是属于城雕。属于什么？不管是庙宇也好，做一些烈士像、纪念碑也好，以前都是这个业务。就是 1982 年开了那个"城市雕塑展"以后，那个时候咱们拿着这个画册照着干。现在，这还有没有这个画册？那时候的照相机呢，就是 120 元那个相机，那些照片都是黑白的。在那个时候，拿着一本"城市雕塑展"的画册，都是大师们的作品。我们这一带，都是从一线起，从一开始就见证了改革开放以来的计划经济、市场经济的变化，是吧？

姓名不详：其实在 1978 年或者 1979 年的时候，有一部分产品就开始往外推出了，就是做仿古建筑这一块的。1980 年以后，国内的工程就跟上来了。主要还是考虑外贸出口的一些东西。当时的外贸业务不是一个村一个店，量很大。

陈：1984 年，盛杨先生在八角游乐园那边搞了个石景山雕塑公园，是中国第一个雕塑公园。搞了一大堆石刻，都是中央美院的老师们设计的，都不大。这就是咱们曲阳人雕的，卢大师雕了两头牛。盛杨先生说是他跑到曲阳来，选了一家企业，叫王宝庆的，就让他组织人去干。这个石景山雕塑公园就在八角村那个地方，我前几天和英坡还一起去了。

姓名不详：差不多是 1984 年吧，那时候整个放开了。

你看，我们大队搞工程是 1979 年进的北京。

刘：潭柘寺啊！ 1979 年进北京，修潭柘寺去。

姓名不详：对，维修潭柘寺是 1979 年。

三

陈：你们说的这个"臭儿"，大名叫什么？

董：杨献平，现在过世了。他是这个开发区的创始人，是在他倡导下建立的开发区。

陈：开发区是在 1992 年成立的。但是，之前是怎样的一个情况？

姓名不详：当时，它是从 1989 年开始运作的吧。

董：不是，不是，因为当时那个时间很短。当时就是说 1980 年 8 月 26 日，深圳经济特区成立，就是说南方可以搞开发区了。我们在 1992 年也就搞了开发区，我们也算是搞开发区的元老了，是最早的一批开发区。搞了开发区，一上来碰上的第一个大项目就是珠海的圆明新园。听说了这个项目，我跟杨献平就坐飞机飞过去了。那时候，到了一看，看到了什么？看到珠海也好，深圳也好，到处都是花园，到处都是高楼大厦。那时候，发展速度啊、发展节奏相当快。就平时那么走着，南方人就不像咱们北方人都是慢慢悠悠的，没那种感觉，走路都是跑着的，高节奏、高收入、高消费。当时的印象是什么？你别说是地级市，有的甚至是县级这个行政单位，在那儿都有办事处。那个时候，好多的这个地方都上那儿投资去。为什么高收入、高消费呢？我那个还是属于旅游局的项目，就说第一天刚住下，就吓了一跳。我以前在北京那块住，一般一间标准房，你像这个新大都那个饭店就在 200 块钱左右。到南方那去了，你找 200 块的标准房没有，最少都是五六百块钱，四五百块钱。围绕着一条商业街，两边都是星级宾馆，最后转了一家叫步步高的酒店。它是一层一层的，从下到上是越来越小，那是梯形的，最后一晚上是 388 块。在那里是最便宜的，但到北京也没这么高的标准。去的时间长了，才知道人家就是工资待遇高。像平常咱们那个时候不就挣一百多块钱，到那边的就是七八千块或者上万块。以前咱们吃个饭，来北京这一块吃涮羊肉这个小馆子，花个一百二百也够了。咱们那个时候去一趟的差旅费，我们两个人拿了一万块钱，就说了不起了，兜里还有钱，觉得不少了，够了。但是呢，包括来回的飞机票、宾馆饭店住宿再加上吃喝消费，那一万块钱根本不够花。去了以后，人家请我们吃个饭，一位先生到财务那儿先拿 2 万块钱搁那儿，就我们几个人，三四个人。南方人是吃了、喝了之后还喜欢过这个夜生活，就是上歌厅啊什么的，消遣娱乐是吧？所以，我就说人家那一块儿费用那么高，咱们适应不了。

　　咱们这个开发区，这一年的产值 1000 万也到不了。咱们跟人吹着点，就说年产值 2000 多万。原来觉得 2000 多万这个数字不少了。可人家那个局长就说了："这个产值太低了，太少了，太小了。"人家那个钱来得比较易，是吧？当时人家的那种消费理念也好，工作效率也好，都跟咱们这边确实差距太大了。为这个事，还丢过一次人呢。

开发区组织企业可能是 11 个还是 12 个，都是开发区名下的企业，去了几辆车，跟着那个旅游局的一帮人一起考察，参观考察到了承德避暑山庄。到那儿去，他们去了四辆车，人家来了一帮人，一辆车拉了三四个人。住哪儿呢？人家说，你把房间给我订一下。当时，我让人家给订了四个房间。订房间要交押金。交押金，行！可押金一要就要两万块，我们这一群人也没带够两万块钱呀！但是这个面子得撑着啊。后来不行，问这儿有曲阳的老乡呗，咱们借钱去。后来，人家客人一看，说："得了，算了吧，少住一天吧。"原先得住三个晚上，我就先交了一个晚上的，凑了几千块钱给人家把押金交上。第二天，人家就开始记账了。因为，人家那个时候的信用卡就已经流行了。然后，他说："我们把卡放在这儿就行，不用你们管了。"

陈：咱们开发区，最早成立的是哪个企业？

石：1992 年，以国营雕刻厂为基础，先后成立了"双洋""石木""万明""金艺""珍艺""深艺""轻荣"等企业，还有"占明""万达立谦""斗尔""建本"这些名字记得不太确切的企业。

董：曲阳县当时的雕刻厂，反正"一雕""二雕""三雕"都有名，还有"墨玉雕刻厂"，就这么几个雕刻厂。还有国营雕刻厂，还有个大理石雕刻厂。后来不是还有美术瓷厂。当时还有同正石木雕刻厂。开发区以前就是国营雕刻厂，就叫国营雕刻厂的杨献平当了那个开发区区长。后来，可以说以开发区为核心，当时成立了一个大理石管理局。大理石管理局下边是它们这些企业，大理石管理局副局长就是杨献平，局长是安荣杰。一个国营雕刻厂，一个石木雕刻厂，还有一个雕刻厂，就是这三个企业垫底成立了这个开发区。开发区成立之后，就在羊平公路西边5号院那儿办公，那是一溜儿北房。

石： 安荣杰建厂，是在1995年买了县供销社的24亩场地之后。这个地方，就是现在刘同保开发的小区位置。开发区的成立是政府行为，不存在三个企业垫底的事。

陈： 开发区成立的那个老照片还能找到吗？

董： 那个都有，开张那时的好像是有。你要搜集开发区的原始资料，包括以前的那个画册的，也能找到一些。

姓名不详： 不光是要说那个开发区的事，应该还有二轻局，包括那些外资企业啊什么的，那都很重要。

董： 曲阳县有个叫刘向阳的，是一个专职摄影师，政府有什么事都让他跟着。他的那个洗相技术也比较好。可以说所有咱们曲阳的资料，他那儿都能找来。那个时候是胶卷拍的。他现在有一些东西可能遗失不少，但很多都能找到。

姓名不详： 当时成立了一个什么个体公司，那公章都是椭圆形的，扁的。我爸爸说他们也是改革开放之后的第一批，他有了公章以后，跟这个山西文物局合作。山西文物局有个文保所，就是文物保护管理所。在那儿认识了一个文物专家，他们负责修缮。不管是修庙宇的一些石材建筑构件，包括一些修复文物标志碑，都是交给我们来做。所以，他们经常有合作关系。后来，又经这个文物局给介绍到园林局。园林局就都是城市雕塑了。那个时候，为什么要学加工？当时是京川做雕刻做得最好的时候，出了名了。在那个时候，家里老是说："你是怎么着？你是跟着我们这么跑外搞推销，还是说给你找个好的师傅跟着学？"我说："你做出东西也得往外销售，跟着跑吧。"实际上，我是不愿意干活。

陈：你是属于最早跑出去的那一批？

冉：算不上。

陈：最早一批跑出去的都是谁？

冉：跑雕刻的？

陈：跑雕刻业务。

冉：那个时代，正式跑开了的这一些人还真不多呢。

四

石：1972 年 9 月，中日建交之后，曲阳羊平又重新成立了雕刻班。

刘：一九七几年整个都是一个集体的，一个村就形成了一个点。那些跟村里领导有一些关系的，才能加入雕刻班，当个学徒工。

陈：这个雕刻班是哪里办的，县里吗？

姓名不详：不是，是村里办的。

董：都是以一个村为单位办的。

陈：都是谁来给大家上课？

董：它都是师徒传承，都是师傅带徒弟。我将来我再给你找两个人问一下，问谁啊？献民、献忠、占领他们。
这个占领，是刘耀辉他伯伯，他是最早一个在羊平村开办
雕刻厂的。雕刻班也好，雕刻点也好，都在他们家里边。
所以，他能把曲阳这个雕刻厂的发展史说清。那一年最早
的厂子、公司，最早的雕刻班，是做外贸的业务。就说那
个时候天津外贸来收货的这个代表吧，是谁？叫王世生。
到后来，他还成了大理石管理局书记。开发区的前身是国
营雕刻厂，他是书记，臭儿（指杨献平）当厂长。这个开
发区成立以后，还是他们负责。他们好像是国家公职人员，
而我们就是个干活的。

石：当时办雕刻班的，有刘世纯、刘学生他们。

姓名不详：还不算合同工。

董：不是合同工，就是一般工人。

刘：后来，从大队搬到乡镇，在乡里成立了这个点，
大队里的点就取消了。到乡里以后，又集中到曲阳县城的
一个地方，走了几个过程。

石：1971 年，羊平公社成立了雕刻厂。高学信任厂长，
石生水任副厂长，主管技术。但是公社的雕刻厂与县雕刻
厂没有人事与生产的上下级关系。大队的点也没有撤销，
与公社的点同时发展。

陈：当时的用工制度，还有个流行说法叫"亦工
亦农"。

董：我们还不是亦工亦农。现在怎么说，我们就是
"工"啊。这个公职人员，原来是吃这个国家集体的商品供
应粮的。这个"农"呢，他家里有地，在地里能干活，就

是一个种庄稼的。

石：当时国家的政策是农民以农业生产为主，其他营生都为副业。石活雕刻是羊平的主要副业。社员上工时偷懒，攒着劲收工后打石活搞雕刻。当时生产队流传着一句顺口溜："混天工分儿，不如打对门墩儿。"还有大人们告诉孩子说："打个石人儿，换个媳妇儿。"

姓名不详：过去呢，公职人员都是什么正规公司挣月薪的，这叫公职人员。老百姓连种地带做这个雕刻。除去种地之外，他们都干这个。

总而言之，就是开始往外跑业务。咱们羊平村开始还是以跑石子为主，是从卖石子起步的。

占领是公职人员，一直在企业上，从大理石厂一直跟下来的，从雕刻班那会儿发展起来的。

董：占领是什么？从家里开始，从羊平村里的那个雕刻班开始，一直到那个厂子的成立、发展、延续这个历史，他都清楚。要是真正说这个雕刻的话，实际上刚才说刘占领知道，还可以把刘献忠找上，把刘地平也找上。这个历史，从那个年代怎么办理这个雕刻班，工厂是怎么来的，"一雕"是怎么成立的，"二雕"是怎么成立的，"三雕"是怎么成立的，包括大理石管理局怎么成立的，开发区是在什么前提下建立的，这就完了。这开发区成立以后，我这都能说清了，而开发区之前那一段，人家都是一直跟下来的。他们说得比较透。

姓名不详：地平也说清了。

董：地平这个人，他也是跟着雕刻班一直下来的。

姓名不详：这个地平，没有进过雕刻班。本身是锦彪他爸爸石生水老辈子拉进去的，一直跟着老辈子干。老辈子他那会儿是曲阳县工艺美术师。

姓名不详：还早吧。

姓名不详：那个时代，石生水老辈子就在家里给个人做那个活儿。就是说小集体那会儿，生水他打从北京回来就在家里干这个了。

董：这个石生水老辈子原来是干什么的啊？他是这个北京市设计院那儿的高级工程师，高工，那是知识分子。

五

董：现在北京的一些石结构，包括石牌坊，或是亭子，包括圆明园里边那个万花阵的石亭，那都是石生水老辈子设计的，都是手绘的图，都是手绘出来的稿子。包括这个柱子，这个梁、这个房啊，都是。他的儿子石锦彪大哥也是绘图的高手。那个时候好多专家都说现在已经不时兴这个手绘图了，你还用手绘啊？因为前几年不兴这个电脑，还不太精通的时候，人们都是靠手绘稿。锦彪这个人吧，教过书，当过雕刻学校的副校长，在乡里边当过乡长，在家里边呢搞设计就是兼职，算是副业吧！搞些技术方面的创作，石结构的创作，相当了不起！现在咱们这儿影响比较大的高敬池，高总，拜他为师。包括我们县的政协副主席万树勋也拜他为师。就是说，整个石材建筑结构行业里边，因为他有知识，他学历也高，知道的也多。就像经多见广一样，实践经验相当丰富。

像他干石材结构安装这一块儿，起码有15年了。天津大学百年校庆的时候，有一批这个石材结构，一个大门口摆放的这个结构相当复杂。让咱们正常人一说，图纸有尺寸，你就按着尺寸安装就行了。但是，他给的那个图纸，你两眼一抹黑，你什么都不知道，你不知道断块怎么断，怎么弄成这个缝。在那个时候，人家在结构这一块儿搞得确实不错。这个是一九七几年那会儿，我们那时还小呢，都是十三四岁那会儿，现在都40年了。

改革开放以前，我们家从咱们这儿往山西发这个水刷石，也叫大理石，就是这个石头的建筑材料。，用咱们曲阳汽车运输公司老胡他们的车。

姓名不详： 那会儿运输公司也就两三辆车。

董： 那时候，司机们都可吃香呢。到家里来了以后，还得请人家吃个饭。当时请人吃饭连肉都没有，有个焖子加豆腐丝就不错了。我有个哥哥，家里就让我们哥儿俩看着那车，怕有人捣乱偷汽油。我们哥儿俩跟车前面睡着了。走的时候，把这车子发动着了，我们俩人找不着了，一看都在车底下呢。太吓人了。这个都是一九七几年的事，都40多年了。

陈： 咱们黄山这个矿中间，开采停过没有？

姓名不详： 一直不停的，这个始终都没停过。从我们记事起就不干别的，实力大点的开发石料，北京那边过来收。其他的，一般的照顾生活弄点这个槽儿。过去没有像现在这么大规模地开采。

石：入社之前是私人开采，入社之后是生产小队和生产大队开采。

董：但是，真正这个雪花白是什么时候开采的？

石：是 50 年代。

姓名不详：我们小时候那会儿那个就早已经形成了。

董：你说咱们羊平这个山为什么是个宝山？什么料都有，出八九种石料。咱们南山头那边出豆玉，是吧？就咱们雕刻班的时候做那个佛头，都是用豆玉。

姓名不详：豆玉是相当地好。

董：那个石头是相当地细腻，跟现在丹东绿差不多，但是密度比它大，硬度也比较高。再往北就是咱们现在说的这个路边上放的这石头，再往这边是豆青、豆白、雪花白，还有桃红，还有草绿，还有什么？还有虎皮黄。

姓名不详：实际上，这个地方除了虎皮黄，还有青石。咱们这儿古代的老传统的那个青石板子、青石条子，都是这个花岗岩的石头。

董：所以说各种颜色的都有，就这么一座山，可以搞这么十几个品种的石头。

姓名不详：十几个品种没问题。

陈：这个尧山上的石头不如黄山上的石头，是吧？

董：尧山上没有石料，没有，可以说没有成材的石头。

姓名不详：就是黄山有料，宝山就是说黄山。过去这儿修铁路，那个撑枕木的小撑子石条打了多少啊？那个车站在这儿的那段时间，装走了多少石料啊。

陈：我前一段时间在安徽连着开了几个会，待了很长时间。中间看了几个私人博物馆，里面就有咱们曲阳的东西。有一个汉阙的阙顶，确定就是用的曲阳石头。我跟曲阳打交道二十年了，不会认错。还有明代的两座石牌坊的横梁。那横梁是人家当地的工匠刻的，非常细，就是人家徽州的那个流派风格，非常精致。但是，你看这石头的时候，它里边泛着像瓜子一样的银色白点，那个是什么？是不是叫老鸹银？

董：对，老鸹银。

陈：就是那个石头是从咱们这儿运出去的。实际上，咱们曲阳的石头外运，古代就有，而且史书上都有记载。咱们原来就不仅仅是打好了活往外卖，而且有好多石头也运到全国各地去了。这两座石牌坊，是在安徽芜湖的周边发现的。而我们这个地方就已经没有这些东西了。

姓名不详：从记事以来，南青出过一次大料。过去挖出来的是一条条的，那大料现在来两米多长。那时候料都提不上来，你说有多大了。

陈：那个骨头石，是不是也是黄山出的？

董：陈老师说的那个骨头石，真正出的地方说在你们开矿的那个单位西边，上面溜光的那个是吧？这正是改革开放以后才开挖的西边的石头。

姓名不详：那边的属于南青还是北青？那个手头（意为手感）是一层一层的，但那一层石头的体量不大。

董：我八岁时，我们家盖了这边的房子。再盖了房后来十来岁的时候，就有"一雕"了，还没有"二雕""三雕"。在那个时候围砌个什么，盖个房子，就到那个乱山坡的沟里去采。开多了就放在家里。当时沟里边裸露着那个白色的石头，把这个石头劈开，一看里边白光儿，就说这做雕刻能用不？当时有个厂子，我跟人家说了，来人一看这石头不错，行，能用。这石头搁家里也没用，这么着人家就给收了。从那以后，当时就组织喜刚他父亲叫冉东科，还有杨儿，还有咱们几家，来开矿。后来，一看这地方，大家伙挣钱了是吧？国家也开始在这儿设矿区了。这个矿区的级别挺高，在当时可以说高过这个曲阳县政府这一级政府，那在全国也是相当大的。这么着，回收企业，才有了我们现在这个矿区。就现在老房子那儿，包括现在我们家那个猪圈下边，都是这种石头，真正的纯汉白玉。几年以后，石质就差了。我不知道陈老师你上那个杨京川那儿去过了没有？

陈：去过了，昨天还去了。

董：我知道他那儿有几个佛头，真正是咱们曲阳的汉白玉，真正是达到了那个玲珑剔透的效果。灯光一照，就穿透过去了。这个石头是有一道一杠的，青的、白的中间夹着那条道，硬度又大，密度又高，那是真正的曲阳汉白玉。把两头那个青的去了，剩下的那个近似于骨头石，密度相当高。因为京川他以前做过几个佛头，他那个灯光一照确实漂亮。他这个人啊，那是雕刻界的奇才。可以这么说，他现在做东西别人还是比不了，都在他脑子里面、心里面装着。

陈：那是真正的大师了。

董：真正的大师！你随便给他一块石头，不说先方后圆，绝对不是按这个规矩来的。他一看这个石头，随便就做个整体造型，边上多出一块，再做个什么典故，加个什么内容，把整体的造型、把作品丰富了，效果就好了。 所以说，照着这个杯子做，那能做出来很多，但你没有超常之处，你做得再好也是个杯子。比方说红花绿叶这么一点缀，这里边就还有其他内容。在咱们曲阳这个雕刻界，现在可以说还能动手做这个的，绝对是第一。

陈：不仅在曲阳，在全国的其他地方，他作品的难度和高度估计没有几个人可以做得到。

董：人家做的时候，就说有个菊花吧，都是从下往上打，就能把握得那么准。你看他啊从学徒开始，从转型开始出口的这两项，一个是传统的佛像，再一个就是西洋雕塑，到改革开放以后做这个园林雕塑的时候，都是一个风格。别人干活的时候，都是这么把笔一放一画，都是一层一层地往下做，是吧？他不是，他是一步到位。一般人没有那个眼力，也不敢那么做。他做一个作品用十天，别人可能要半个月，他做得快，而且神态做得好。

六

陈：黄山的这个石矿一直都是国有的，是吧？

董：有的是村里的地皮，有的是政府征用着的。在1989 年，可能是大理石管理局成立的时候，整个石料的摆放都有界桩的。后来转型以后，也是通过勘测以后，这个界桩上边都有标号。标上那个号，整个的一圈，那个时候是属于政府的。原先最早是保定市的，大理石厂属于保定地区。

姓名不详：那也是属于大理石管理局。一个企业划出来这么两片，具体范围老百姓都不知道。再早的时候，老百姓是乱开采，哪儿有点活儿就随便弄一个坑。

董：在咱保定地区管矿的时候，人家有那个坐标，但当时的开采能力有限。到后来 1989 年有了大理石管理局，这个矿就归咱们曲阳县政府了，县政府以大理石管理局牵头，又重新定位坐标。这个事我都清楚了，因为啥？到 2003 年转制，我们买下的时候，人家的那图，圆形、点的各种图都有，还有其他图纸。但是大理石管理局重新测过界桩以后，还和村里发生过纠纷。

姓名不详：实际上，这个事多了。这个村有一个划界，那会儿是大理石企业了。1973 年，三大队划分地的时候，调整的时候，包括黄山一起调整的。这三大队都划了界线了。那会儿村里不管这些事，就是划在你这个范围之内了，就属于你这个村了，是以村为集体。

董：这边北村里的，包括你们拿的那一块地。

姓名不详：为什么说豆青、豆白，别的掺和不上啊？因为都是我们队的了。实际上，那会儿三大队调整了以后，大队又划分到小队里，每一个小队都有一片，都是这么着的。

姓名不详：有点副业了。

姓名不详：就是开展这个副业，在新建的时候这个搞了就有一段了。

董：你看当时老百姓不清楚矿产资源归国家所有，人们的这个境界也没那么高。包括武昌、庆铃、庄儿他们院里，跟他们协调了好多次，找人说和。为什么说这座山在后来给崔进弄得费那么大劲？世信他爹的那个脾气挺倔，想法儿把别的人都赶走。因为以前那个大理石厂是我们北边的，这个山我们村里就想挤下来，人家不让挤，这个就经常发生摩擦。

七

董：这个下来啊，陈老师你看看有做这个摩崖石刻的没有？包括做这个传统的艺术历史文化也好，曲阳的石雕文化也好，找这么一个规划师，给推荐一下，把咱们这个矿山给整体规划一下。因为前两天，县领导跟我探讨说是这个矿不能再开了，预计得和羊平小镇结合到一块儿，要做景观风貌。昨天来了一个主管县长，一块儿又聊了会儿，说到底这个开矿跟这个羊平小镇有没有影响。我们现在已经跟股东们谈好了，现在山体不能再动了，不能再破坏植被了。要在现有的山体岩壁上做点摩崖石刻。但是，这个摩崖石刻必须得有局限，就是石雕文化。羊平的这个雕刻品，再一个要有故事在里面。没有故事，一般人看不出来，他也留不下很深的印象。

陈：四川宝兴那边的矿也没有了，他们也想搞。把矿山重新利用起来。前一段时间他们托人找过我，山东有个地方也找过我。

董：这个也是产业转型。

陈：是。这个下来咱们抽时间单独说这个事情。

董：为了有利于今后的发展，不管是子孙后代也好，还是这个地域的经济发展也好，这个地方的环境能保护多少就保护多少，不能说今天把明天的饭都吃了，是吧？

陈：说要打造一个雕刻小镇，你们应该呼吁一下，传统的建筑应该恢复起来。羊平是个整体，同时你只搞雕刻不行，还要把羊平的这个历史文脉给搞清楚。你没有这个石雕的老祖先，你不给他摆到一个应有的位置，就说杨琼的墓在哪儿？不知道。到哪儿看？不知道。这是非常丢人的一件事情！比如说，你们呼吁以后，现在不是有企业在占着那杨琼墓地吗？那现在政府出面把这个地给退出来，恢复墓园的建设，集资来建就没有多少钱要花。

石：应该确定羊平小镇的风格。根据传说和文献记载，黄石公、汉武帝、刘秀和羊平都有关，所以羊平的建筑应该以汉代风韵为主。传统的建筑按照相应的朝代恢复，要唤醒沉睡的文化，丰富文化的内涵，合理规划雕刻小镇。要按照规划法召开镇人大会，拿出近、中、远期的规划，以此来确定《雕刻小镇规划》，让人民群众知道家乡的未来情景，做到心中有数。有法可依，自觉支持家乡的建设。要根据规划图做出雕刻小镇的沙盘，循序渐进，有序建设，避免地面、地下、空间设施产生冲突，造成不必要的麻烦。

董：大哥说得对！说实话，陈老师你刚才说企业占着杨琼那个墓地，那个没有，都是小厂子占着呢。

陈：那就更好办了。

董：这里边有几个说法，一个是政府这一块拿不出更多的资金来。

陈：不用政府出钱，把地退出来就行，建设让他们杨家自己集资吧。

姓名不详：京川他过去要到北岳庙弄那个王八驮石碑去，不是有这一回子事儿吧？

董：有这回子事儿。

陈：他是不是杨琼传下来的那一支？

姓名不详：杨琼是不是他家的根，这个都很难说。他们那会儿不都属于南队，也没人跟他抢这个根去。京川也好，包括他这个上一辈也好，在这个雕刻传承这一块，他们做得比较好，所以说也没人跟他抢这个根。

姓名不详：这么说吧，从这个历史文化来说，人家搞得就是好。京川他二伯，再一个就是他姑父，都做得好。他姑父是"北雕"的。人家那会儿是销售什么的，反正一步一步地起来的。

陈：他姑父叫什么名字？

姓名不详：左燕增。

董：现在要做这个事，说这个小镇单独做一座墓，那个都是很小的事。关键是什么？现在这个羊平小镇，以后的着手点、起步点，现在这个规划相当重要。为什么现在规划还没有做好？真正说这个事接触比较多的，现在一个是高敬池，我，还有高英坡。就是每一次不管谁来了，关于羊平小镇的这些规划，我们都参与，我参与的比他们多。因为高英坡太忙，高敬池不在家。到现在北京的一个什么规划设计院的博士来做，也是这样，我也接触了好多次。

石：规划一定要接地气，要有地域文化的特点，着眼于文、产、展、旅、贸，规模和内容要适当结合。

陈：在这个产业联盟成立的时候，他不是也拿出规划方案让我们大家来看，当时很不成熟，没有人投赞成票。

董：现在是什么？关键是他都没有真正地融入羊平，这是其一。其二呢，羊平最突出的是什么文化？特色文化就是石雕，他没有把这个元素给融进去。他就等于造了一个新城。把这个城在这儿一放，在那儿一放，北京也可以放，往上海也可以放。所以说，他那个是失败的。当时，有个评论家就说，你这个小镇的核心内容是什么？人们来了以后，有哪些看点？你的核心在什么位置？核心是什么？建这个小镇，干什么？为什么？将来以后说发展旅游文化，来这里旅游，看文化在什么位置？他都没有突出出来。

陈：对。他没有抓住羊平最根本的文化艺术特征。

董：昨天来了几个人，国土局长，电力局长，有五六个局长，还有个县长，一块儿过来，一块儿聊。后来，让我说实话。我说：按说咱们现在的书记，一腔热血为打造羊平呕心沥血。这个可以说，思路是好的，想法是对的。但是，羊平小镇怎么打造？人来了就是吃、喝、住、行、娱、购、买等一条龙的服务。到了羊平来，说你吃什么？喝什么？玩什么？住什么？你到这儿来了，看什么？内容是什么？你来这儿旅游，旅游的看点在哪儿？有哪些看点？你让我体验，体验的空间在什么位置？光现在你要盖个房子，开发区那都是小镇的内容之一。2019 年的旅发大会，这个核心你怎么利用，跟北京鸟巢一样，维护费用你能维护住不？不是说你盖几个房子，你就是小镇了，没有核心的内容不行。

陈：对。不懂得怎么正确思考，这个事就比较麻烦。

董：这个事吧，真说不上究竟怎么回子事。

陈：现在，县里的领导也很真诚地跟我说，让我帮着出点主意。出主意可以，但肯定跟他们现在的规划是不对路子的，出了也白出。

董：不管怎么说啊，陈老师，那主意该出还是得出啊，让领导们做决定吧。

八

陈：咱们羊平有个石牌坊，你们都知道吧？

姓名不详："文化大革命"刚一开始，给拆了。那个时候没有机动车，拆牌坊都是用骡子拉倒的。

陈：拆走的石头呢，干嘛了？

姓名不详：那属于我们队，分到各个小组去了。过去那个时候有马棚，弄到马棚当了拴马桩。就说"文革"过去之后，留这个遗物的还挺多的，杨作霖收回去了一部分。没收回去的这一部分，在路北那个小房里，后来盖厕所的时候当墙，这个遗留下来了。老东西原来还不少。比方说，咱们过去吃水的井上，都有井神爷什么的，过去南队那边学校那儿有一对老虎闸，现在都没了。

陈：那个老虎闸是怎么回事？

姓名不详：老虎闸是过去的一个渠道，修那个闸口的时候，在那儿放了一对老虎。

九

陈：咱们羊平本地的企业，从最早开始，哪家做得最好？

姓名不详：这个私人企业的雕刻这一块一块起来，先不说好坏，是吧？那时候应该是臭儿（指杨献平）属于最早的，紧接着他们下来这边小摊就起来了。开始，京川他们在家里做"人头"，就是那个小片，一巴掌那么大的小片。他这个是一九七几年的时候，别人没弄呢，他在炕头上就做了。那个时代，那个"小人头"也就这么大、这么长，然后拿到北京这个工艺品店去销售。后来，"二雕厂"一过来，京川就成了名匠了。日本一个什么石窟啊，打了五百罗汉，都是京川那时候搞的。

陈：我看资料，说这个赵州桥的维修，是"北雕厂"接的单。但是，有人说活儿却是羊平人干的。那是怎么着的？

姓名不详：这个赵州桥的维修可能是运杰做的。

姓名不详：不是他，是杨运良。

陈：最早到羊平来开厂子的外乡镇的外乡人是谁啊？

姓名不详：好像没有什么人。卢进桥属于二轻局，他是养马的。外乡人来，就是开发区成立以后了，再早没有了。总体来说，羊平这个摊就是大理石企业。这边是上铁路的石子，南山那边是汉白玉石雕，再早也是开雪花料。雪花料的开发，是为了加工石子。雪花料的销售量低啊，每年就等北京的来收一次，别的销不出去。

有个大理石厂，前身是北京来的一个老师成立的雕刻车间，后来就成了雕刻厂。可能是这么回事儿，羊平就是这么一步一步地发展起来的。雕刻厂起来以后，别村的小孩就开始学设计啊，搞什么乱七八糟的，就慢慢起来了。

陈： 原来最早是人民公社，后来公社变成了乡镇。公社的时候，政府管不管这个雕刻生产？

姓名不详： 这个生产方面，也安排了一部分人来管。

陈： 有没有专门管理石雕的办公室？

姓名不详： 没有，这个没有。总体来说，它有这个企业，有这么个点。当时只是雕刻班干活，天津外贸来收货。

姓名不详： 可以这么说，当时成立这个雕刻厂，雕刻并不是曲阳的支柱产业。开始是搞石子加工，雕刻后来才慢慢发展起来。

姓名不详： 那个时候的雕刻也没有说订货，没有那一项。

陈： 哪一任的羊平公社书记或者是镇长，在任的时候对这个产业做过较大的贡献？

姓名不详： 追溯到以前，应该是刘东元。

董： 不是，倒是陈九峰他们。为什么说是陈九峰啊？在那个时候再到后来，占领他们那一代都是亲戚关系，相互拉扯起来。包括后来陈建忠他们，在国税局当分局长的那个，那时候他们亲戚之间，红白喜事来回走动着。

陈：那他当书记的时候是一九几几年？

董：是一九五几年，还是一九六几年啊。

十

陈：当时北京的那个"十大建筑"，人民大会堂等，羊平的这些老人们都参加做了吧？

姓名不详：他们都参与来着。

陈：石生水老爷子是做这个模型的吧？

董：对，对，他是模型组组长。

陈：天安门前面的历史博物馆（现为中国国家博物馆）用的材料，那个石材是咱们曲阳的，你们知道吗？因为我看过一个资料，说建人民英雄纪念碑的时候，是从咱们黄山拉的料，有点软。就是中央的领导觉得好像不够硬，不够硬就容易风化嘛！于是，就从青岛崂山拉的石头，就把曲阳的这个石头用到历史博物馆去了。历史博物馆的大柱子可能都是曲阳的石头。

姓名不详：人民大会堂的那个模型做起来以后，门有点小，后来重新调整了设计的方案。我好像听锦彪说过这个事。

陈：我也听过这个事儿。就是这些建筑设计做好模型以后，周总理很认真，经常去视察，几乎每天都去。后来，周总理看着人民大会堂的模型说："这个门这么高，一下做起来做那么高，这个门框能不能吃得住？安全不安全？也不好看。"他就指示在上面做个亮窗，把这个门的高度降低了。这都是周总理的智慧。

姓名不详： 具体怎么着啊，咱说不清楚。

董： 说这么多，你看咱们搜集了好多事儿，就想着存世。等着老人们都过世了，他们下一代对这个历史就无从可查了，就不知道了。

陈： 我觉得存世，最重要的是什么？最重要的是要把曲阳石雕的传承、把发展脉络搞清楚，现在太乱了。

董： 现在这个事，谁都站在对个人有利的这个角度上来说。就说咱们曲阳的"俩半石匠"，现在就有几个版本。你刚才说的这个历史传承问题，有意思。上一回，杨京川跟石锦彪在大楼上吃饭的时候，说到排辈了，说到谁是谁的徒弟，两个就跟那儿抬起杠来了。他们现在写东西，也是想着把这些内容，就是说回忆也好，记忆也好，包括重点建筑也好，像这个人民英雄纪念碑还有好多个博物馆，谁在哪里任哪个部门的负责人也好，制作的哪一个项目也好，有什么典故，都整理出来。都是当时的一些真人真事，内容很丰富。

陈： 这个比较搞得清楚，为什么呢？当时是大画家的彦涵，有做笔记的习惯。他在笔记中写了谁参加了纪念碑哪个浮雕的雕刻，都很清楚。我这儿有好多资料，都可以证明。

董： 谁参加哪个制作了，曲阳这一块都有谁，有明账。"北雕"的前身，就是修了人民英雄纪念碑的那些曲阳老人。

陈：纪念碑落成之后，周总理不让这些人回去务农，就批准在那儿建了"北雕"，是 1958 年的事。

董：留在那儿搞这个古建筑，归市房管局管。

姓名不详：他们那会儿北京五棵松的大理石厂是全面发展的，板材也搞，还有水磨石。

陈：北京那个大理石厂，也有咱们曲阳的工人，是吧？

姓名不详：有，好多呢。刘玉忠那会儿就是雕车工。

十一

陈：这里有个地方叫涞水，是吧？那里有个清代的王爷陵墓，很大。我去看了，那个料是房山的青白石。那个工是谁干的？还没找到是咱们曲阳人干的证据。离得这么近，应该是咱们曲阳人干的。你们有没有听说过这个事？十三爷允祥的陵墓，就在涞水。

董：这一块吧，没有这个做石雕的匠人，没有这个艺工，可能是咱们曲阳人干的。所以说，包括山东的工匠，不可能上咱们河北这一块来干活吧。再说，山东当时发展得也慢。

陈：你们就没有听老人说过这个事？这个墓的规模很大，石牌楼建得非常好。不比清代的皇帝陵差，那规格也很高。

董：真没听说。以后待着没事儿的时候，可以找高英坡把人们组织起来，像石锦彪、刘地平、刘占领、刘献忠也可以叫过来，聊一聊。因为什么，因为他搞这个文化搜集这一块。他听说得多，也善于记录，能记录下来。

姓名不详： 要说全面一点，我感觉占领比谁说得都全面。

董： 现在占领应该是 78 岁了吧？他都不愿意跟你交流这一块，必须得说："不行，这是政治任务，你必须过来！"这么着，才行呢。羊平雕刻、曲阳雕刻的发展史，他一路都跟下来了，一直跟到开发区。

陈： 好，找机会去拜访这位老先生。

第九场

2017 年 8 月 3 日、河北曲阳艺华雕塑有限公司

陈培一（左）、王树昌（右）

〔**编者按**〕我对中国工艺美术大师王树昌先生的尊重，是基于他对传统手工技艺数十年如一日的坚持，是基于他对雕刻艺术的尊重与执迷，是基于他对虚心求学的谦逊态度。我每次到曲阳来授课，他都来捧场。虽然他已年过七旬，依然好学不倦，而且精力旺盛，记忆力极强，且思路清晰。因此，我便约他一晤，在他的工作室进行了促膝畅谈，漫无天际地神侃了一通。从而对曲阳的雕刻产业有了另一个层面的了解。在此之后，王大师又通过回忆，整理

了一些重要信息提供给我，给予了我很大的帮助。

对话人：陈培一（中国工艺美术学会雕塑专业委员会第三
　　　　届秘书长）

王树昌（中国工艺美术大师）

杨跃武（河北省工艺美术协会雕塑艺术指导委员
会副会长兼秘书长）

王勇（河北省工艺美术大师，王树昌弟子）

地　点：河北省曲阳县艺华雕塑有限公司

时　间：2017年8月3日

录　音：杨跃武　张敏

一

陈培一（以下简称"陈"）：王大师，今天想和您聊聊曲阳一些老厂的建厂情况，还有卢大师的情况和您学艺的情况，以及您自己的创作情况。很简单，就是随便聊。

王树昌（以下简称"王"）：这些事情，经历过，我清楚。

陈：那你们家祖上有做雕刻的吗？

王：家里没有干这个的。1965年，我高中毕业后，因为有商品粮户口，正赶上雕刻厂招学徒工，我就去了。我选择了这个行当，一干就是五十多年。

陈：那个时候学徒有多少，都在二轻局吧？

王：原来二轻局（时称手工联社）下面有一个厂子，

叫"曲阳雕刻厂"，是1965年5月1号成立的。当时，其他的还有铁业社、木业社、建筑社、砖瓦社、被服社、印刷社、染布坊、自行车门市等单位。成立县雕刻厂，是联社经理田树法抓的，是经县政府批准的。田树法曾当过工业局局长。这个事由卢进桥师父负责。他召集了西羊平南队的刘老忠，东羊平的刘占法、曹献忠、刘占科，南故张的王同锁、王玉峰、刘国献，北养马的卢国朝，岸下的马宗占，独古庄的张文有，西邸村的张双勋。后来，从县岗北瓷厂调入了王长兴、杨铁周、张国周，从县大理石厂调入了刘增兼、冉英照、王振强。这两个单位是国营厂，福利不一样，工人们不乐意来。因此，刘增兼、冉英照和王振强三个人，到了1966年夏天才报到。

我是1965年9月份进的厂。之后，来的有王台北的王长聚，南东古的刘国振，西羊平的刘志学、刘占领，北养马的卢京民。厂长是磁村的焦墨科，会计是葛保敏。

陈：当时的厂址在哪里？

王：在旧县城南门外的路东，县邮电局的对过。原是木业社的一个经销农具的门市部，是西房，临着大街。雕刻厂占用后用作工人宿舍。院子里有北房六间，东边是牙雕车间，西边是木雕车间。

陈：当时，干木雕的都是谁？

王：有刘老忠、刘占法、刘占科，后来调入了刘增兼、冉英照、王振强三人，也是做木雕的师傅。木雕做好后，要上彩，做旧，比如仿古的观音。其他的人，都从事牙雕生产。

陈：做牙雕，比做木雕早吗？

王：在正式成立工厂之前，卢进桥师父到天津特艺社学习了三个月的牙雕，回厂后就组织工厂生产。从天津外贸买来整根的象牙，用手锯锯开，根据牙料的厚薄来安排生产。4英寸到12英寸高的，做仕女。矮一点的安排造型简单的，高一点的安排复杂的。卢师父负责买料、安排生产、交货。

杨跃武（以下简称"杨"）：牙雕都是什么工序？

王：牙雕分四道工序：一是凿活，也就是定型。二是铲活，调顺衣纹和飘带，还包括丝发。三是开脸，关键的一环由卢师父亲自完成。四是擦光，上亮。用莝草擦光，用亮光叶蘸水擦亮。丝发，就是用方刀把头发刻出来。这些工序我一起都学完了。

初学牙雕时，卢进桥师父对我们要求很严。最初去了，就是学习收拾工具，整理工具。卢师父亲自给我们做示范，怎么掌握平衡，光工具就磨了二十多天。我开始学铲活，给的是一个小的，担心铲坏了。

杨：当时你们几个人一起学的？

王：我们三个人，有彭江坡，他后来当了会计。另一个是石桂玲，是山西的，后来回到了原籍。

陈：你干牙雕干了多长时间？

王：一年的光景。

陈：一年后就直接转到石雕上了？

王：牙雕不生产了，根据工厂自身的能力，转成了石雕，生产一些兽类的东西。中间还学习过木雕。

陈：原来的工具都是什么样的？

王：石雕工具，除了锤子、凿子、钎子等定型工具之外，还有扁刀，是用钢棍碾拍成的，放在洪炉中蘸水锻打。当时没有电动风机，用手拉风箱。拉风箱的都是徒弟，一拉就是四个小时，我们都拉过。

1970 年，用上了合金钢，工效大大提高了。1985 年，用上了角向切割机。随后几年，用上了 180 大切割机，以及各种各样的金刚磨头，工效有了成倍的提高，活做得也比以前灵巧多了。再后来，有了 3D 打印机、雕刻机，可以成批生产同样的产品。

杨：您讲一讲，当年跟着卢大师学徒的事情。您是几几年跟他学徒的？

王：1965 年。最开始，是他在天津学了牙雕回来之后我跟他学。有一回在宿舍，卢大师就跟我说："你这进步不小，我给你讲讲吧。"后来，就跟着他学木刻，人体结构啊什么都讲，讲得很仔细。

杨：他打雕刻从来不画线，直接从某一个部位，头或者脚入手，就能把整体剥出来。

王：是的，他的速度特别快，一天能凿一个，别人得凿几天。他弄的比例也比较准确。他给我讲人体结构，手指间的关系，人体之间的线，脑门、肚脐、脚尖连成一线，是重心等。我记得最清楚的是，在做木雕时他给我讲了很多东西，并且亲手做示范。

杨：他讲的这些，是老祖宗传下来的吗？

王：我感觉是老祖宗传下来的。这个手掌这一节跟另一节不一样，但从另一个角度来看，它们又都是相同的。
（一边说一边比画）

陈：他有没有什么口诀啊，或者诀窍什么的？

王：不知道。不过，我听他们私底下说：人体对不对，按截数来。这脑袋、眼睛到胸部是一截，到肚脐又是一截。大腿到膝盖分两头，膝盖到脚分两头。卢师父讲做人体，要七个半头高，手臂平举的长度约等于身高，一手相当于一脸长。还有，三庭五眼，男无项女无肩，男的肩宽，女的胯宽，女的腰一头宽，项半个头宽，腰上和腰下是两个对着的梯形，等等，很多。卢大师虽然一个字也不认识，但是他学过的东西很多，学了就忘不了。

陈：有点像西方的简化规则。

杨：再结合西方的一些人物特征。但是，那个时候这些东西不是他从西方学来的吧？

王：我感觉师父应该会一点西方的东西，师父也有传承。

杨：那也就是说，他是无意之中想通的？

王：仕女之类的女性形象，腰是一头宽。他平时也会注意长得好看的女性脸型，所以脸就做得挺好。基本上，是仕女做得挺好。他说脸有四平，脸蛋、额头下巴处在一个平面上才好看。演戏的演员就是模特，弯腰、举手投足都变化多端，一点都不死板、僵硬。对于衣褶的处理，卢师父说要分虚实，迎风的面衣褶要浅，背风的衣褶要深，衣褶要有变化，切忌像搓衣板式的衣纹，还要以横破纵。

1972年，卢师父做的180厘米高的彩绘仿旧《三大仕》

木雕，在广交会上被许多外商争相抢购，成交额20多万美元。

杨：你们之间的故事有没有？

王：我们之间的故事相当多。1978年秋天，新任的会计对账目不熟，需要整理。1966年，我当过伙食管理员。这个时候，我帮着整理账目，直到深夜。那天晚上，我很激动，不能入睡。隔了一天，就头晕住院了。10月25号住院，我记得很清楚。当时，医院里没有病房，就在大厅的一个角落住着，条件十分不好，灰尘很多，偶尔会洒水。就这样，我在那里待了十几天。每天晚上，卢师父都会看我去，聊聊天什么的。卢师父管事之后，他会叫我帮他计数。因为我这个人比较老实，他才比较重用我，才教我。

卢师父不止对我一个人好。1965年冬天，伙房的贾师傅煤气中毒，昏迷不醒，是卢师父和刘占领两个人不怕脏，又擦又洗，照顾到痊愈。

二

陈：对你的这个师承关系，您清楚吗？

王：我的师父是卢进桥，卢进桥的师父是刘东元，刘东元的师父是曹老帮，曹老帮的师父是谁就不知道了。

杨：那曹老帮还有后人不？后人从事哪行？

王：他孙子当书记呢。曹老帮的儿子叫小路，在北京工作。曹老帮有三个孙子，其中有一个是二炮的师长。在北京西山给国务院干的活，就是他们找的厂家，厂家又找的我，我跟着去的时候，见到的那个是师长。在村里当书记的，是老三。

陈：曹老帮的师父是不是杨春元？

王：这个我不清楚。

三

陈：当时的生产是怎样一个情况？

王：1971年，我们就可以打"观音"了，用的是青石。后来，1971年底，开始用大理石。因为当时县里有个生产库，它认为雕刻厂需要石头，大理石厂那儿需要石头，就建了这么个库。刘增杰是羊平的，也打过"三大仕"。其他的石刻，石头的人、动物都有，当时还有"飞天"的浮雕任务。浮雕怎么弄？都是边干边学。刘增杰他整得比较全面，他还会画泥壁画。他造了个锯，来回一拐就把石头解开成板，便于做浮雕。

陈：那是几几年？

王：那是1972年。转眼就到了1973年。后来，把厂子分开了，上级重视给了30万钱。旧址在天地嘉园那个地方，你知道吗？

陈：知道。

王：1971年底，曲阳雕刻厂与县大理石厂合并，由南关搬到县大理石厂。1973年分家，就搬到了北关天地嘉园那个地方。

陈：是分出来以后，还是"一雕"在原来的基础上实行的计件工资？

王：还是在"一雕"，按产值算账，可以抽点奖金。

陈：这个"一雕"，就是 1965 年你进去的那个厂子吗？

王：就是这个厂子。有了大理石厂以后又分出来，国家又拿了 30 万钱重新盖的楼。

陈：还是叫"一雕"？

王：对。1979 年底，卢师父才建的"二雕"。"二雕"在东羊平大庙，在三霄圣母殿那儿住着，在西院生产，也是用人工。这"二雕"成立了不到两年的时间，就搬家了。

陈：最早，刘同保、安荣杰他们是在"二雕"吗？

王：他们去"一雕"了，1978 年的时候就去了。那时候招了二十多个人，都是通过考试去的。

陈：您去得比他们早？

王：我是 1965 年去的。

杨：甄彦苍大师也是那个时候去的？

王：甄大师也是那个时候招过去的。

杨：您比他们三个都早。

王：对，我是 1965 年进的厂。

陈：您在"二雕"是副厂长？

王：我在"二雕"还不是副厂长，让我管发货。

四

杨：卢大师接过、干过一些国家的重点工程。在当时，跟他手艺差不多的老艺人还有哪些？怎么他会脱颖而出？

王：别人没有那个本事。毛泽东主席逝世后，中央决定建设毛主席纪念堂，给了曲阳加工汉白玉栏板的石雕任务。县领导非常重视，安排卢师父负责技术工作。他怀着对毛主席的无比敬爱，在百忙之中，利用休息时间，用了七个夜晚加班雕制了一块高质量的栏板。由于他工作积极，认真负责，受到了各级领导的表扬，省、地的电台报纸对他进行了大量的报道。

杨：那就是说当时他的手艺最高？

陈：当时在曲阳应该数他手艺最高。

王：他应该是个典型。

杨：还有就是卢大师被国家当作国宝收藏起来的这几件作品，真是他自己打的吗？

王：这真是他打的，一点都不假。

陈：卢大师怎么当上全国人大代表的？

王：1977年下半年，他被评选为河北省人大代表。省里要选代表出席全国人大会，保定市要选十五个，第一名就提他。1978年春天，他被选为全国人大代表。

杨：肯定还有好多事，您想想，跟我们讲讲。

陈：1976年，毛主席逝世。1977年，毛主席纪念堂落成。1978年，实行改革开放。这中间发生了好多事，可能成就了他。

王：是的。

五

陈： 1984 年的时候，盛杨老师在北京石景山创办了个雕塑公园。昨天，老田（田顺儒）说卢大师打了里边的两头牛，你知道这件事吗？

王： 不知道。我 1983 年的时候就离开了。

陈： 那你跟安大师合作了几年？

王： 也没有几年。安荣杰领着给日本做了"力士像"，出名了，就去县里当大理石局局长去了。这个"力士像"，是甄彦苍买料，买的樟木料，让我做的人头像，1∶1 的那种。

杨： 哪里来的模型？

王： 原型就是日本的那个木雕"哼哈二将"。让我做那个人头像，然后再生产大的。小的模型是 1∶10 的。

杨： 那个当时有多少人参与创作？主创是谁？

王： 主雕人员是武士卿跟刘同保，别的人都是辅助。

杨： 嗯，主雕是他俩。

王： 主抓的是我。

陈： 大家都是做这个"哼哈二将"出名的？

王： 对。

杨： 然后你就当厂长了？

王： 不，我是技术副厂长。

杨： 谁是厂长？

王： 安荣杰。我，还有占法、甄彦苍，我们仨是副厂长。

杨：那他当了局长还兼着厂长？

王：不，后来占法是厂长了。

陈：这件作品还是蛮有影响的。

王：是啊，当时几个名家都来看，曾竹韶、钱绍武先生也来了。

陈：还有黄苗子和吴劳先生，是请了这一帮大家来做艺术鉴定的。这个情况我知道。

杨：十几个大家。

陈：没有那么多，七八个。

王：接他们，送他们，我都参与来着。我到曾竹韶先生家里去来着。他是在故宫北门沙滩东边的一个胡同里，住在路西边。

陈：对，这个地方在东皇城根遗址公园附近。

王：他在北屋住着。他的工作室在西屋。到了晚年，他还不休息，还在搞创作。

六

王：后来，二轻局的局长让我租赁美术瓷厂。

杨：哦！你们又分家了？

王："三雕"开始做《哼哈二将》的时候，先在"一雕"做了一半，后来又搬到美术瓷厂来干。这个时候，"三雕"才要了美术瓷厂一半的人。

杨：要的美术瓷厂一半的人，然后成立的这个厂子？

王："三雕"是两方面占地。那边要的中佐55亩地，在道西。还有，就是占的这里。

杨： 后来给了你？

王： 后来这里他们不要了。也不是他们给的我，是局里安排租给我的。

陈： 那就是你自己开始单干了吧？

王： 没单干，有合伙人。

杨： 也没有说是几厂？

王： 叫"艺华雕刻厂"。

杨： 嗯，那个时候就有自己的名号了？

王： 想给厂子起个名字，陈庆田局长说叫"华艺"吧！但是，后来去注册，发现有叫华艺的企业，当时就改了名字叫"艺华"。哈哈哈。

王勇（以下简称"勇"）：大理石厂就是"三雕"？

王： 大理石厂的北边是"三雕"。大理石厂是 1958 年成立的。

七

杨： 你知道最早办雕刻班这回事吗？

王： 那段历史我也听说了。1958 年，县大理石厂有一段时间归保定地区管。有两种育人方法：一是师傅带徒弟。师傅有卢进桥、高洛夺、刘老忠、刘占祥、王长聚、刘老津、范考尔、刘老宽、高同镇、冉伍、冉英照等三十多人。知道的徒弟有刘占法、卢国朝、马宗占、刘占科、曹献忠、高学信、杨宗亮、张文有，还有大平乐村一个女的，有很多人。二是有两个雕刻班。文化教师有张蓉（又作张荣，女）、刘成会。再早一点是宋雪照。雕刻教师有刘士纯（厂领导成员）、刘增兼。雕刻班的学生有刘占领、刘国振、刘国献、王振强、高占京、肖灵霄、王丙勋、张双勋、郭英科、李铁乱、王长兴、张国周、杨铁周、张增勋等200多人。

当时的羊平公社也办有雕刻班。刘志学就是这个班的学员。那也是1958年的事，当时的羊平可热闹啦。村里有个小影壁，那个雕刻班就在那里。当时是一个师傅带着徒弟还有学生，可能有两个班级的人。

陈： 都是雕刻班吗？

王： 都是。有上课的学生，有学徒的，一个师傅带两边的人。有几个师傅却不知道。像高洛夺就带着王长兴他们。王长兴就是个学生。

陈： 高洛夺是不是高英坡的爷爷？你知不知道？

王： 那是他老爷爷。

陈： 西羊平有个董新华，是谁，你知道吗？

王： 我知道。董新华是跟董黑翠学的手艺。

杨： 董新华不是中央电视台的那个吗？他也会雕刻？

王： 嗯，他会雕刻。他是当时那个雕刻厂的工人。在1977年之前，在1973年、1974年、1975年的这几年，雕刻发展得特别快，尤其是东羊平。就是那个时候打下了基础，大部分做的是"观音"。那时候，大队里有一个服务点，通过大队交到雕刻厂，雕刻厂的东西叫天津外贸收购。也不是家家户户都打，那规模也不小了。你传我，我传你，偷偷地打。

杨： 也就是说那个点是分散的，家里打了交到服务点，然后交给雕刻厂。

王：董新华是羊平中队管事的。起初，我也做了三件佛像，就是跟他要的活儿。

八

杨：你说的那个时候是什么年代？主要就是佛教雕刻？

王：1973 年开始做。改革开放以后，发展得就快了。就是 1973 年那个时候，有销路，感觉就挣钱。

杨：那个时候，还是传统佛教。

王：对，尤其是东羊平，传播得快。

杨：那做好了，最终卖给谁？

陈：就是走外贸。

杨：佛像大概有多大？

王：有小的，也有一米多的。

杨：那个时候，都走国外的？

王：都走国外的。那个要通过天津外贸往外走。那时候就是国内不要，外贸要才能生产，才能有销路。

杨：还没有改革开放？

陈：1978 年才搞改革开放。

王：从 1971 年开始做佛像，进行销售，到 1973 年，规模就不小了。

杨：你客观地分析一下，当时的作品跟现在的作品有什么区别？水平怎么样？

王：跟现在比的话，那时候也有做得不错的。

陈：这个话题啊！不太好比。

杨：现在的工具先进了。

王：以前的时候，都是手工雕刻。

陈：不光有这些原因，再有一个就是当时的审美观念跟现在的审美观念不同，这些都不能比。我看了一下卢大师去世以前雕的木雕跟模型，不是没有好东西而是有大量的好东西。

九

陈：你说说包泡在曲阳办班的事吧。

王：我没有亲眼见过，就只是听说有这事，是在全国范围招收的学生。

杨：谁跟着他学过啊？

王：我不知道。现在他在哪里？

陈：他早退休了，七十多岁了，可能比你大。

王：那会儿知道有人跟着他学习，但是不知道是谁。

陈：包泡办的这个班，叫什么曲阳环境艺术学校，应该是曲阳雕刻学校的前身。

王：原先雕刻学校是属于"二雕厂"里，是合着办的。

陈：雕刻学校是几几年开始办的？

王：一九八几年吧。

勇：1984 年。我们是第十届，1994 年的。

杨：当时是卢大师投了一部分资啊？

王：是县里投资，卢师父是技术方面的投资。

杨：他是技术副校长。

勇：雕刻学校第一个校长是谁啊？

王：我说不清，可能是王国贞。

杨：我是 1982 年从燕南中学毕的业。那个时候，王国贞还在燕南当体育老师呢。1984 年，可能在雕刻学校提成校长了。

王：王会敏是书记。他也是个体育老师，和学生关系挺好。

杨：也是个体育老师。县里调了两个体育老师到雕刻学校，一个校长，一个书记。

陈：所以，雕刻学校成立时基础就不大好，没有懂专业的领导。王月明说雕刻学校的第一堂课是他上的，上的是美术课。

勇：王老师在部队上就会画画。

杨：雕刻学校还有我们的一个数学老师，叫李增军，让他也去雕刻学校教学了。

勇：他教的实习课。

王：王会敏教学有一套，教打石雕，教实习。男的跟男的一拨，女的跟女的一拨。

勇：王老师那会儿管得特别严格。晚上，拿着三节电池的手电筒查搞对象的。

杨：马若特那个时候是不是最调皮的啊？

勇：不是，他们班的志刚更调皮。

十

杨：陈老师，你上卢大师的车间去看了一下后觉得有意思吗？

陈：我去了。太有意思了！

杨：前两年，卢青找过我。你去过卢青那里吗？

陈：还没有。

王：你见过木刻吗？木刻都是卢师父打的吗？

杨：我没有见，就是看见那一屋子石雕。但是有几件有意思的。比方说，两米高的一个人像，是一个半成品。可以把它收了，可以了解一下当时打雕刻的过程。

陈：我跟老田说了，所有的石头一块都不能动，所有的不能动，一块木头也不能动。

杨：他做不了主，他只能管自己。

勇：那些东西，都是那个时代的产物。

王：那些木雕是他自己做的。以前我去过。他这个木雕啊，是他八十岁时才开始做的。

陈：朱镕基、胡耀邦同志参观的是哪个小院？

杨：可能是北边那个院子。

陈：我看了一下，卢大师去世之前雕的东西都很好，虽然没凿完。

勇：以前的那些《小狮子》，是他做的吗？

王：给东北做

同游北岳庙。左起：王勇、王树昌、陈培一

的《小狮子》最好!

勇：以前厂里放的《小狮子》，是谁做的？

王：你见过？那个早就打发人了。

勇：那也是他做的？

王：我也见过他用红木做的一个《三大仕》，不高。

陈：那，那些两米多高的木雕是什么时候做的？

王：他以前做石雕。这些木雕是他晚年做的。

杨：石雕都是当时在厂子里，师傅指导工人们做的。

陈：老田说要建一个卢大师的艺术馆、建一个卢大师的纪念馆。我跟老田这样说的：要保持原生态，基本不动，稍微地修一修就行。在后院设立纪念馆，加一个艺术研究传习所，前面盖上艺术馆。

王：这个恐怕要靠政府说话，没政府的支持不行。

第十场

2017 年 9 月 3 日、河北曲阳县雕刻行业管理办公室

王士雄（左一）、郭强（左二）、陈培一（右一）

〔**编者按**〕对传统工艺美术行业的管理，是一个新的研究课题，但却是一个老话题。数千年以来，历代王朝对工艺美术行业都基本上实行"工商食官"的管理制度，对工匠编以低贱的"匠籍"，剥夺了工匠的人身自由。中华人民共和国成立之后，对这个传统的手工艺行业进行了多种形式的管理。先是，将工艺美术行业划入二轻系统。后来，二轻系统解体，工艺美术行业则由行业协会负责管理。具体而言，河北省曲阳县的传统雕刻行业，可以说是中国各

种管理体制与形式的见证。既有国家政治体制下设置的各种管理机构，如二轻局、大理石管理局、羊平开发区、雕刻行业管理办公室、雕塑文化产业园区管委会等部门的管理，也有民间行业协会的自律与自治。由于工作的原因，我和历任曲阳县雕刻办领导，如孙跃如、郭强、井锁龙、王士雄，园区管委会的王平主任都挺熟，我的工作也相继得到了他们的大力支持。

对话人： 陈培一（中国工艺美术学会雕塑专业委员会第三届秘书长）

郭强（曲阳县雕刻行业管理办公室主任）

王士雄（曲阳县雕刻行业管理办公室副主任）

地　点： 河北曲阳县雕刻行业管理办公室

时　间： 2017年9月3日

录　音： 张敏

一

陈培一（以下简称"陈"）：今天呢，我主要是想跟郭主任、王主任交流一下，想了解一下面对咱们曲阳的雕刻产业，政府部门如何管理这个方面的一些信息。比如说，企业原来都是自由式发展的，政府是什么时候开始进行管理的？从最初的管理机构到现在是怎么一个演变过程？这个雕刻产业结构，原来最早肯定是加工企业、制作企业，后来这个专做市场的中介企业是什么时候产生的？包括雕刻工具的改革，是什么时候出现了电动工具？包括现在的电脑雕刻机是何时引进的？这个呢，你们可能不了解过细的东西，大概有个粗线条给我就可以。

嗯，就单从管理方面来说，是怎样的一个管理模式？比如说最初的二轻局，后来的大理石管理局，后来的羊平开发区，到咱们雕刻办，再到后来的这个产业园区，就把这个脉络给我梳理一下，就可以。

郭强（以下简称"郭"）：曲阳这个历史咱就不说了，就从这个改革开放以后说起吧。改革开放以后，从"一雕"分出"二雕""三雕"。另外，还有那个大理石雕刻厂，这些企业都是县二轻局的下属企业后来，市场搞活以后，除了这几家企业还有不少民营企业，在20世纪80年代中期开始发展起来，尤其是羊平这一块的一些民营企业，包括一些个体户、个体经营的企业，发展挺快，产业规模越来越大。

面对这个雕刻产业，需要一个专门的机构进行管理。于是，就成立了这个大理石管理局。有了大理石管理局对雕刻行业进行经营管理，就好多了。市场规模越来越大，零散的、分散的经营也形成了规模，形成这个专业性的市场。在这个大的市场竞争的过程当中，曲阳的产品和企业单兵作战的市场竞争力差，在与外边其他对手的竞争中处于弱势，羊平是曲阳雕刻产业的核心区，企业多，从业人员多，县政府顺应企业发展的需求，就在羊平镇成立了羊平开发区，组建了一批大型的、成规模的企业。

王士雄（以下简称"王"）：在当时怎么说呢，这个杨献平领着搞的这个开发区。是 1991 年还是 1992 年啊，他们从这个大理石厂分出去的。

陈： 杨献平他们家祖上也是搞雕刻的吧？

王： 应该是。

郭： 他是羊平人，对这个雕刻行业都非常熟悉。这个开发区成立以后，对曲阳雕刻的产业发展可以说一个非常大的促进，以大的企业为龙头，带动了个体经营户，也开始办企业，进一步促进了曲阳雕刻产业的发展。

在这个过程当中，甄彦苍从"三雕"分出去以后，转型开始做"西洋人"雕刻。以甄彦苍为起点，西洋雕刻发展得特别快。从一开始，曲阳西洋雕刻的企业大部分集中在党城乡。位置比较偏僻，无论是交通条件、地理位置、企业发展，都受一定的影响。于是，一些大点的企业开始外迁，大部分迁到了县城附近。

羊平的传统雕刻在开发区的引导下，产业的规模大，还有一个是产生了辐射效应，带动了晓林、路庄子这一块儿的雕刻产业发展起来，它的规模也是越做越大。在开发区这个区域容纳不下以后，企业开始往外迁，从南到北，从县城到羊平这 10 公里，沿公路两侧就逐渐形成了雕刻产业带。羊平开发区在一九九几年，1996 年或者 1997 年吧，区内的一些企业，有些是镇办企业，或是国营企业，都面临着一个改制问题。改制以后，这些集体企业就变成一些个人的股份制企业，开发区的管理职能逐步消失，于是县里就把开发区撤销了。

陈： 当时这个开发区是作为一个管理机构出现的，从它的行政级别上来说，是乡一级的，还是县一级的？

郭：乡一级的。

王：当时杨献平是党委书记，开发区区长。

陈：那他就等于和羊平镇的镇长是平级的。

郭：对，平级。这个羊平开发区，虽然在羊平镇，但它是独立运行的。它是县政府下属的一个独立单位，是作为一个行政单位来管理这个区域的企业。在当时那个条件下，对曲阳雕刻产业的发展起到了一个很大的促进作用。

二

郭：改制以后，开发区撤销，在 2003 年县里考虑整个的曲阳雕塑产业，还得需要一个部门来进行宏观的管理服务和指导。当时，这个产业，年产值达到几十亿了，从业人员五六万人。在这种情况下，成立的雕刻行业管理办公室，对全县整个雕刻产业进行宏观的服务、指导，提供一些政策指导服务。在 2003 年，正式成立了"雕刻办"。

陈：那当时"雕刻办"第一届领导，都是从各局、各乡镇里面抽上来的干部吗？

王：不是。像有两个老同志，臭儿（指杨献平）、张晓雯都是原来开发区的。开发区撤了以后，有一部分是干部身份的就留用了。1996 年这个乡镇改制，有的不是学校毕业的，有一些工人身份的好多留在羊平镇，后来这些是干部身份的才到了政府办公室。政府办公室代管了这么将近一年的时间，这就是刚才郭主任说的，中间一个小插曲，差了这么一年多，这才成立雕刻办公室。他们这些老人，像臭儿、晓雯他们就跟着过来了。

郭：第一任雕刻办主任黄二忠，他是从政协过来的。然后，下一任是杨永国。永国以后，是王耀永副县长代管了将近一年吧。

王：2009年6月份，孙跃如主任过来的。

郭：再说说咱们雕塑文化产业园区。当时，咱们这个雕刻产业在这一块，从县城到羊平这边已经形成规模。借文化部对文化产业发展的东风，曲阳就成立了这个雕塑文化产业园区。

王：当时是这个齐永锋，他以前在国家发改委的司长，他对这个比较了解，带领着专门机构帮咱们谋划的这个规划。一申报，这个"园区"就批下来了，应该是2011年2月28日批的。

郭：2011年，"园区"成立以后，一直按这个规划在进行落实，一步一步地推进。从当时的年产值30多个亿，到去年咱们是达到了70个亿。整个行业，有10万的从业人员，包括这个大、小企业，个体工商户、经营摊点，包括一些在家里单干的。

三

陈：就你们两位知道的，最早的相当于中介公司的这种企业是哪一家？

王：哪个中介公司就不好说了。

陈：比如说我自己不打，我自己不生产，我就是搞销售，专门做营销的。

王：这个老早就有。

陈：这是一个中间的环节，销售的一个中间环节。

郭：就是说承揽工程业务的吧？应该是随着改革开放，雕塑市场放开以后，曲阳一些搞中介服务的、搞市场营销的人员应运而生了，这些和生产是并存的，是顺应市场需求的行业内的自然分工。一些人做雕刻，还有一部分人做营销，承揽工程业务，相互促进，相互支撑。

王：对，有些能说会道的，会跑的，有门路的，（市场营销人员和生产）是同时产生的。

陈：所有的社会分工，都是随着社会的需要而产生的。

郭：再就是，这些个中介，当时最开始的时候没有成立公司的概念，就是出去到各个企业单位去推销，定下来以后回来找人加工。那时候，也没说注册公司，没这个概念，所以说最早的是哪一家这个不好说。

陈：曲阳雕刻产业的发展，包括河北这一带的，包括新乐那边延伸出去和定州这边延伸出去的企业，跑活的这帮人是有功劳的，也可以说是功不可没，不能把他们忘了。没有这些人，产品走不出去，就没有市场。这个雕刻市场，就是他们做起来的。

郭：这个不能这么说。当时在特殊情况下，就形成了这么一个特殊的现象。但是，现在好多企业又开始迁回来了。所以经营环境、政策环境要不断地改变，不断地优化。现在，定州的那些企业基本上生产规模越来越小了。

王：雕刻作为一个区域特色产业，有两个特点：首先是垄断性。在一个特定区域内，它是垄断的，形成一个区域性的垄断，尤其是传统产业。因为历史、人文和地理的原因，便形成了自然的市场。其次，准入的不公平性。就是在这个区域之内的进入这个产业是一个低门槛，区域之外的进入是一个高门槛。因为，外部进入是高门槛，对这个产业的发展从长远来看有制约的，对市场不利。但是呢，区域产业内的低门槛对产业发展、对传统技术传承都是有好处的，所以好多人愿意从事这个行业。因为它门槛低，而且收入能解决吃饭问题，他愿意做。所以，就产生这样一个独特的产业现象。雕刻还有其他的行业，包括其他传统产业也都是这种现象。

陈：只要你上手很快，不管你做得好不好，做得了，你只要把它抛出来，抛出来就有人要，就能赚钱。

王：但是，外边的做这个行业就不能形成市场，他就只能是来到这儿干。来到这儿干了，他技术上又不行，他自己打不进这个圈子。特色产业，既是优势，也是劣势。对于产业的扩大、扩大规模之后"走出去"，产生了一定的负面影响。但是，它能解决当地的就业问题。

陈：因为这个入门的门槛低，容易上手，所以产业发展就快，形成规模也很容易。再就是说，技术难度不大，生产成本也低。

郭：但是对这个区域之外的来说，他要进这个圈，他进不来，太难。没有这样的环境，他如果打造这样一个产业，他也打造不出来。这个跟工业化生产还不一样。我这儿放一个汽车厂，然后配套企业迅速就起来了。在这儿你放几个大型雕刻企业，然后我这个产业就起来了吗？不行，他就做不起来。所以说，有些企业，不管是外企也好，还是到其他地方做的本土企业也好，最终还得回归到这块土地上。

陈：就是说，也不能排斥企业外迁。比如说红立他的那个合作伙伴，包括原来给我加工作品的一个朋友，都跑到北京开厂子，也很好。因为什么？他便于和老师们交流，能够提高技术，提高眼界。到了北京以后，到了外地其他地方以后，也扩大了你的影响。这个场子是曲阳人开的，卖的是曲阳石雕，是曲阳石雕的加工基地。这也是一个好现象，我觉得很好。

王：他出去办厂，但是他用的工人啊、还是曲阳的。

陈：既然还是曲阳的工人，那你加工的活儿，承揽的什么工程，还是给曲阳在不断地扩大影响。

王：你说在当地，在北京，厂子能有几个北京工人？可以说，除了管理这一块，或者后勤这一块，真正的一线工人还是曲阳的。

陈：是的。我看北京恐怕也得有十几家二十几家曲阳企业。就是房山那边，我们家旁边也有曲阳开厂子的。现在，就是要把这些企业什么时候离开曲阳的、这样的企业有多少、有多少从业人员调查一下，这个很有意义。

王：这个情况不好掌握。

陈：不好掌握，能掌握个大概就行，我希望你们二位能够做一下这个事情。我知道西宁也有曲阳的工匠。因为西宁一个老艺术家叫孙舒咏，我和这个老先生也挺好，有一些曲阳人长期跟着他，做石雕几十年了。

郭：咱们提的这个营销企业、中介公司，严格意义上来说并不多。

王：可以说没有，都是跑活儿的。

郭：你刚才说的这个营销企业，承揽生意的吧，是这么个情况：它既是一个中介企业，同时它又是一个生产企业。有了大工程，能做的，它自己就做了；他自己做不了的，就回来以后联合一些企业一块儿做。它既搞生产，也搞营销，它就是双重身份。

四

陈：除了中介公司，还应有一个设计公司的出现。我不做工程，我专门给哪个企业做设计。这样的公司应该是有，专门做设计的人也应该不少。

王：这个有。

陈：能否找哪一家目前比较大的、做得最早的公司？像这样的数据，我想你们给我提供一下。因为到时候梳理这个雕刻行业发展的时候，它有意义。

郭：搞设计的和雕刻应该也是伴生起来的，开始都是外请的。

王：这都是美院做的样子带出来的。那会儿，有人看那个收益高，看到了商机，尤其是电脑的 3D 技术传入以后，咱们县有这么几个小伙子就开始涉足这一块。

郭： 改革开放以后，随着城市景观雕塑和一些大型的雕塑业务的增加，对这些企业提出了更高的质量需求。企业不可能都找美院的专家教授们去设计，这样成本太高了。对一些中、低端的需求，企业就自己想着找人设计，设计公司也就产生了。

王： 最早的这个设计，同英应该是比较早的，比他早的可能还有。那就是手画这边，像老孟还有杨伯军他们，都是手画稿。

陈： 这个和连朝和王京会他们最早也是给别人画稿。他们不是企业，是学校的老师。他们不算设计公司，只是个人搞设计。

郭： 开始都是义务帮忙。就是过去了，画一画，弄两瓶酒或者吃顿饭，后来市场越来越大，业务多了就开始收取一定的费用了。

王： 再后来，就是王建庄他们第一批考了"城市雕塑资格证"，学了点设计。

陈： 王建庄是第一批？第一批有几个？

王： 应该是 17 个。

郭： 他们做泥塑的这些人，也兼职做设计。

陈： 就是说，雕刻产业发展到一定阶段以后，跟院校的老师合作多了以后，需要做泥塑，延伸了泥塑的行业。泥塑行业是雕刻行业的衍生品，是一个过渡带。最早做泥塑的是谁？

王： 应该是黄志国。在农业公司那边一个小破房子里。当时做泥塑，谁都不会。黄志国他们都会一点，在学校当老师。后来，学生们就开始学了，雕刻学校才有了泥塑课。

陈： 他们也是边教边学。

王： 他们自己也不会，就是稍微好点儿。曲阳人的这个整体造型能力稍微差点。

陈： 最早，据刘红立跟我讲，县里选了十几个人，县里出钱把他们送到中央工艺美术学院去进修，红立、武士卿他们应该是最早的一批。

王： 他们应该是比较早的，因为从政府组织这块来看应该是他们。后来，高英坡他们都是自费去学。再后来，还有人去旁听。

郭： 英坡晚一点，刘同保他们比较早。

陈： 同保比较早，还是红立比较早？

王： 应该是同保比他们还早。因为他们评大师，同保比他们还早一批，红立他们是第二批。同保他们这一批直接评的省一级，后来才分的一、二级。

五

郭： 曲阳的传统产业这块，非遗产业发展得比较长。

陈： 咱们关上门说，他们有人老是说县里领导不作为，我感觉说得不对。有一些情况，我比你们曲阳本地人了解得还清楚。因为，这个二十几年来历届政府领导吧，不管多少吧，一直在推动这个事情，一直想办法在做这个事情。有可能是方法不对，有可能思路不对，这个是难免的，一直在做这个事情，这就非常不容易。

郭：对，是这样。县委、县政府都十分重视雕塑产业的发展，出台了很多指导措施，支持雕塑产业的发展。就说现在，县委、县政府先后出台了《曲阳县工艺美术大师奖励试行办法》《加快雕塑产业创新发展的意见》，还制定了建设世界雕塑艺术之都的战略目标，启动了羊平雕刻小镇建设，举办了"第七届国际雕塑艺术节"，对雕塑产业发展支持的力度非常大。曲阳雕塑产业的每一次转型发展，都离不开县委、县政府的扶植与支持。

陈：像咱们中国最早的雕塑创作营，就是咱们曲阳先做起来的，就是县里领导创意、策划的。有个国家级的研究课题，就是雕塑创作营的这个研究课题，我是专家之一。写这个东西的时候，所有我参与、主持的雕塑创作营的东西我都梳理了一遍，包括福建惠安的、河北曲阳的、山东蓬莱的、广东深圳的、浙江东阳的，这好几个地方的雕塑创作营，我都是组织者之一，我非常清楚它们是怎么来的。最早的创作营，就是咱们县里办的。你们不知道吧？

王：这个还真不知道。

陈：1990 年，最早是咱们曲阳办了全国第一届雕塑创作营，1993 年，又办了一次，是第二届。第一届是曲阳人自娱自乐，就是县里领导组织曲阳人自己做的。第二届是我们中国工艺美术学会雕塑研究会（就是今天的雕塑艺术专业委员会）介入，请了全国各地的知名专家到曲阳来点评这些作品，评这一届的创作大赛。雕塑艺术专业委员会已经成立二十几年了，成立以后就办了这个事。第三届就是雕刻广场的这次，刘宝玲书记临走之前找我们组织的，这是 2005 年的事。宝玲书记调走了，就委托李自贤书记，赵泽琼书记两个人协调这事。当时，有六个局长都住老宾馆里边，六个局长听我指挥，每天跟着我，就是指挥这场大赛。这是曲阳活动最成功的一次。实际上，我自己也认为这是我半辈子组织的雕刻大赛最为成功的一次。为什么？领导定调子，指挥有方，几个局长他们几个协调得比较好。所以，这次活动非常成功，在全国的影响也比较大。而且，把"中国雕塑论坛"也拉到曲阳来开，把全国各地的专家都请过来。有好多人都是第一次到曲阳来，因为经济的原因及其他方面的原因，当时大家都对曲阳的感觉不是太好。

2005 年之前吧，曲阳的整体形象不是太好，大家都不认可。包括从曲阳走出去的老师们，也不敢承认自己是曲阳人，丢人啊！说："我不是曲阳人，我是保定的。"哈哈哈，是吧？

王： 有些情况，很尴尬。这个雕刻的质量有问题，产品水平参差不齐，包括经济等各个方面的原因，影响了曲阳的整体形象。

陈： 通过这个论坛，更多人到了曲阳之后，发现那一部分不讲信誉的人只是害群之马，大部分的曲阳人是很善良、很质朴、很规矩的。通过那一次活动，大家真正认识了曲阳。在那次大赛中，好多艺术家就是分到各个厂、各个企业去做，雕刻学校啊，红立那儿啊，大概有二十几家吧。把艺术家派到他那儿去，一个企业承接两三个，既接待艺术家，帮艺术家做，又都交了朋友，好多人到现在一直都保持联系。所以，这是我们自己非常自豪的事儿，起了一个桥梁作用。

当时写这个课题的时候，我重点写的曲阳，就把这个作为经典案例来用。当然，福建惠安的、广东深圳的，这都是比较好的案例。后来，县里组织活动，我们不再主办了，只是作为合作方来参与。开始办了几届艺术节，就是商贸洽谈会这一类的，请大家来做生意一样，把艺术节的内涵又扩大了，变成了博览会。第四届开始，又变了。在这中间，为什么惠安发展得那么快，那么稳？和它持续地发展有关系。它每两年搞一次国际性的大赛，间隔一年它自己再搞一次传统性的大赛。它为什么自己搞一次，意思是为了下一次国际大赛练兵。它这样持续不断地搞了十几年，这一下就和曲阳拉开了差距。

郭： 曲阳失去了一些发展的机会，很是遗憾。

陈： 如果曲阳从 1990 年或者 1993 年开始，政府组织的大赛搞到现在，那么任何哪个地方也比不上了。惠安之所以发展得这么好，因为它有个非常好的书记，叫郑文伟。这个人，做起事来踏踏实实，而且具有很强的执行力。后来调到泉州去当教育局局长了。从他走了以后，惠安的发展也开始往下落了。看来，一个地方能否发展得好，和这个地方的领导有关系。

郭： 一个产业的发展，领导重视是一个方面。领导关注得多，可能发展得就快一些。领导的关注度不够高，可能发展得就会慢一些。但这不是一个产业发展的决定因素。一个产业的发展和当时的国家背景、市场需求和投资环境有密切的关系。

王：总体来说，曲阳从业人员十几万，这么大的产业规模，总体上还是在往上走。现在政策的支持力度在不同时期也不同，或多或少吧。

陈：我是看到了这点。如果没有县里领导的支持、政府部门的支持，曲阳的企业不会发展到现在，也不会是这样。

郭：对。任何一个产业的发展，都离不开政府的引导和支持。

六

郭：全国都弄开发区时，曲阳也弄了一个开发区。开发区做了几年以后，经济效益没有和市场接轨，政府办开发区、政府办企业的模式，时间长了以后，其经济体制所存在的问题就凸显出来了。最后，只能是一个转型、改制的出路。放开市场以后，应该还是做得不错的。原先对于雕塑产业，政府这一块投入的资金可能不多，主要是其他方面的扶持，一个是政策上，还有一个是土地上。但是，由于国家产业政策的调整，特别是环保政策的落实，一些中小型生产企业越来越困难。但是，这同时也是一件好事。通过实施严格的环保政策，可以保障雕刻生产企业的转型升级。从长远来看，有利于这个产业又快又好地发展。

陈：我听说，现在不仅是雕刻企业，还有铸造企业，河北的铸造企业全停了。

郭： 不符合环保政策要求的都停业整顿了。

陈： 所以，我有一批小活，英坡给介绍到唐县去了，到现在一件都没给我做出来。我在考虑是不是不铸铜了，改烧陶瓷吧。这个关停限产，看起来比较麻烦。但是它有可能是咱们这个石雕产业转型的一个重大机遇。如果环境不能得到根本性的治理，如果雕刻产业不转型，雕刻生产条件的各方面不治理的话，也很难保持长久了。

郭： 现在这个企业在按照环保政策的要求进行整改，不达标就不能生产了。

陈： 硬卡，就是不让开工。环境治理是必须的，已经到了不得不治的地步。环境污染是多方面的，一个是对自然环境的污染，一个是对雕刻工人身体的伤害，也是非常大的。

郭： 这个"真空期"必须得过去。谁能挺过去这关，谁下一步发展就会越来越好。因为挺不过去，就代表这个产业在当地的消失、取缔。这个污染必须得降下来。像一些企业开始大规模地使用数控雕刻机，手工雕刻清洁生产也必须到位，清洁化生产基本就出现了。

陈： 他这一边雕刻，一边喷水降尘，可能会好一点。

王： 经过沉淀以后，水也可以重复利用。

陈： 我十几年前见过惠安的现代化企业。那时候，惠安那个车间就基本上没有什么污染，到处都是用水冲洗，地上都是水，还有一些排风设备啊什么的。

王： 惠安他们那儿板材多，我们这儿是大块石头。

陈： 对，他们那儿板材多。

郭：那个也没什么污染。

陈：但是，他们那儿雕刻也有，也很好。各个方面来说，人家做得也比咱们这边好。

郭：现在，那边的压力也比较大。

陈：随着时代的发展，科学技术的发展，一些高科技的雕刻设备也大量产生，不运用是不对的，一定要运用。一个工人每天四五百元的工钱，你两天抛一个光，得多少钱？使用那个电动工具，一两个小时就把它抛出来了。

郭：前期的大型制作交给机器，后边的精修用人工就行了。你不能故步自封，新时代给了你这个条件了，你不利用，那不是一种倒退吗？科学技术的发展就是为人民服务的。现代科技要使用，传统的东西不能丢，一些传统艺人便成立了传统工艺研究所。它的意义就是要把这个传统留下来。如果这一代不干了，恐怕五年、十年以后人们就不会了。

陈：这个必须保留下来。

王：像现在一个 Z 软件技术（软件名称），比 3D 打印还高级。给个照片，马上就能做出圆雕来，输入电脑数控机就能雕。

郭：创意、设计这一块，也很重要。每个人自己可能都是一个设计师，都可以搞创意和设计，然后到制作这一块，我给厂家发过去，都是机械化生产，数控生产，第二天出来了，比 3D 打印的效果还好。以后这个是发展趋势，传统的要保留，走高端艺术品，工艺品批量生产的、大众化的也要有。

陈：机器雕刻的圆雕可以做成 3 米的，整块 3 米的，很了不得。

郭：这是大趋势。但是，在这个趋势之下，传统要保留，一些现代化的东西也要吸收。既不能让老手艺就失传了，又必须引进一些现代化的东西。大众化的东西还谁都能接受。如果只做高端，我就是瞄准高端人群，高端毕竟是有限的，老百姓享受不到，买不起用不起，以后就没市场了。

王：我发现一个问题。这个作品呢，基本上一模一样，但它价格不一样。他说："这是手工的，不是机械的。"我说："你这说的是什么样的机械？"他说："电动工具，这就是机械。"我说："不对，你这电动工具谁操作的？"他说："也是咱啊。"我说："你是采用了不同的工具，是你把它完成的，这也叫手工。"

陈：你这个观点非常有道理。

王：我说他："你这也是手工。"后来，他们把价格就改了。改了价格，他卖得快了，也就做得快了。他平时 5 天做 1 件，现在 3 天做一件，他照样卖 100 块钱一件。道理一样。后来，陆陆续续有了数控雕刻机。现在，你才知道什么叫机械，什么叫数控了。现在，数控雕刻机雕刻的东西能达到八九不离十了。

陈：最早的数控雕刻机进曲阳是什么时候？

王：应该是 2009 年，是李海峰他们。开始，李海峰他还没弄起来，但是后来是李海峰搞得好。张玉强、李金英他们几个较早些。现在，李金英雕刻机用得挺好。这几个小伙子自己弄 3D 图，修了以后，直接上去打。现在他们做起了代理，代理雕刻机的销售业务。刚开始进来的时候，应该是 2009 年。他最初的目标只是想做浮雕，别的做不了，后来才做圆雕。

陈：机器做圆雕的时间不是太长，我记得是在羊平还是南故张看到的，应该是 2011 年，我还拍了照片。那时，只能打这么大的，七八十厘米的，一次能放三五个，那是最早的。

王：最初过来的是浮雕机，它不承重。再后来，也就是 2015 年，张玉强开始做机械销售。我说："张玉强，你这快出问题了！随着科技的发展，时代在进步，你不做售后服务，出了问题怎么办？你赶紧想法儿自己做，这下做起来了，一年就能卖一百多台机子。"现在，他做得还挺好。

陈：人家惠安人自己设计雕刻机，是很早的事。他们是在 2002 年或者 2003 年就开始做了。当时，我们发现他们有这个木雕机，它最早就是木雕机。北京有一个艺术家买回去了以后不会用，当时他们设计得也不好，到最后只是当锯使了。只有锯的功能，雕刻的功能没有了。最初的那个雕刻的功能，它设计得不是很好，因为还是初级阶段嘛。想得很好，有些东西没有完善。现在，他们已经做得很好了。

王：包括这次贵州安顺的大赛现场制作这事，就是这样。说起电动工具，福建惠安用电动工具最早，是人家自己设计的，这一看呢，果然高手就是高手！但是，也有咱

们曲阳的人，用得比他们好多了，他们停下手上的活围着
看。应该是后来这些年，咱们赶上来了。虽然是他们发明
的，但是他们没法儿，他用得不如咱顺手。

<h1 style="text-align:center">七</h1>

陈：目前，全国的雕刻产业都在快速发展。

郭：可以说是齐头并进。也可以这么说，最终还是有
些良莠不齐，还得淘汰一部分。

陈：淘汰是必然的。惠安发展得不错，咱们曲阳陆陆
续续地发展也不错。就是山东的几个地方还不行，有些落
后。安徽的规模虽然小，但是人家把石雕产业做成了精品。
人家的规模不大，但是人家的价格高，就是用文化把它的
品位提起来，和徽州的文化嫁接得非常好，人家做的是高
端。我们家就在山东离嘉祥那里不远的地方。嘉祥我也去
过很多次，和县里领导也很熟，有一任书记还是我的兄弟。
我也经常参加他们的会，给他们出主意。结果，就是没有
发展起来。有时候，我还有几分自责，没有为家乡尽到
责任。

王：为什么？

陈：不知道。我一直在想这个事儿，可能是政策方面
的问题。这有好多方面。政府的想法是好的，目的也是正
确的。但是它做起来、操作起来就是不到位，操作方式可
能有问题。这个现象，是非常普遍的。

郭：设计得挺好，执行起来、落实的时候，可能和这

个具体情况就有出入，这个期望值可能有差异。

陈：就是说，可以把这个雕刻产业的管理模式概括一下。一种呢，就是"家长制"，管得严，管得死。一种呢，基本上是民主集中制，就是让大家自由发展。我给你个主线，只要按照这条路走，什么方式都可以，就是说管理比较粗放。

郭：各有利弊。管得严，可能不能发展起来，一旦发展起来就可能非常规范；管得松，政策各方面比较宽松，可能发展得要慢些。但是，不能在发展中一点点规范，最终都要走规范化发展的路子。

第十一场

2017 年 9 月 3 日、河北曲阳王同锁寓所

陈培一（左一）、王同锁（左二）、刘红立（右一）

〔**编者按**〕师徒相传，父子相传，叔侄相传，翁婿相传，兄弟相传，是中国民间艺术传承的主要方式。而中国的传统文化艺术，就是通过这些方式代代相传，传袭至今，薪火相传的。河北省工艺美术大师王同锁先生也是这样，他跟着叔父王二生学艺，又把手艺传给了儿子、女儿、徒弟。有的徒弟后来还成为了女婿。王同锁是一个极为低调的人，低调做事，更低调做人，从来不张扬。但是，他却把自己的宝贝女儿嫁给了一个张扬的人，培养了一个张扬

的徒弟。这个人就是刘红立。没有王同锁，就没有刘红立的今天。然而，没有今天的刘红立，王同锁也就没有今日之荣光。一说是刘红立的老丈人，大家自然会多几分敬重。年过七旬的王同锁，如今由于血栓腿脚不太利索，记忆力不是太好，但是思路还算清晰。由大女儿照顾日常的起居生活。与他的聊天，获取了很多重要信息。

对话人： 陈培一（中国工艺美术学会雕塑专业委员会第三
　　　　　届秘书长）

　　　　　王同锁（河北省工艺美术大师）

　　　　　刘红立（王同锁二女婿，中国工艺美术大师，河
　　　　　北省工艺美术协会雕塑艺术指导委员会会长）

　　　　　王毅敏（王同锁长女）

　　　　　杨跃武（河北省工艺美术协会雕塑艺术指导委员
　　　　　会副会长兼秘书长）

地　点： 河北曲阳王同锁寓所

时　间： 2017 年 9 月 3 日

录　音： 张敏

一

陈培一（以下简称"陈"）：王大师，您什么时候开始学的雕刻手艺？

王同锁（以下简称"王"）：1958 年，上北京学的。

陈： 跟着王二生先生？

王：是的，他是我叔叔。那是 1958 年开始去的，完小（完小即"完全小学"，指从一年级到五年级都完备的小学。在新中国成立初期，小学普遍年级不全。）那会儿，还没毕业。

陈：那个时候，您多大啊？

王：14 岁上，实际上是从学校里走的。

陈：直接去的"北雕厂"（北京建筑艺术雕塑工厂）吧？

王：对。从完小去了之后，厂子就接收了，反正岁数不太大。就在那儿学了三年。我们在那儿学习，学习画画。我们这一批算二建毕业。人民大会堂是 1958 年那会儿建的，那个大柱子的雕刻我参加来着。

王毅敏（以下简称"敏"）：您学了三年以后，就是正式地进"北雕"工作了？

王：对，户口都去了。学了三年以后，过年回家来了。回来以后就不去了，我父亲不让去了，就在家吧。我哥也在北京，不能都走了，是吧？

陈：您哥哥叫什么名字？

王：叫王鸿儒。

陈：中央美院的那个？

王：对，中央美院的，在中国雕塑工厂做事。我就不去了，正好我们村有个雕刻班。

陈：那个班是谁办的？

王：一个老师傅，当时是刘宗义。

陈：那是羊平的，还是咱们南故张的？

王： 南故张的，办了一个班。有三个老艺人吧，一个叫刘双锁，一个叫刘桂芝，还有一个，他们仨都参加这个班。我也参加了，还有刘国献、刘国艺，我们几个都在那儿学习。

陈： 不是，你已经在北京学习三年，你可以当师傅了？

王： 嗯，对，浮雕什么的我都能做了。这么着，在南故张干了三年还是四年，有四年。1964 年，曲阳县二轻局又组织建厂，又找的我。

陈： 成立"一雕"以后？

王： 对，成立"一雕"以后。当时，我 20 岁。你看我在北京待了三年，南故张待了三年，14 岁走的，前后六年，正好 20 岁。那时，学习讲成本，上天津学习去，花了不少钱。我们去了五个人，有国艺、国献、梦冉、宜丰，还有我。

敏： 都姓刘？

王： 宜丰姓王。我们上天津学习去，学习了三个月。

陈： 到天津美院，还是天津什么地方？

王： 是天津特种工艺雕刻厂。

敏： 王树昌去的也是那个厂子吧？

陈： 进了"一雕"之后去学习的吧？

王： 不是，当时还没成立"一雕"呢。是 1965 年成立的"一雕"，我们 1964 年去的天津。

敏： 学习完了，回来以后成立的"一雕"？

王： 这是田树法安排的，他是二轻局的书记。

陈：也都是组织民间艺人去的吗？

敏：就你们五个吧？去了天津在三奶奶他们那儿住着，学了三个月。

刘红立（以下简称"刘"）：当时，我三爷爷也是他们区里一个小领导。

王：学画白石膏像。后来就直接画到雕像的材料上边，刻就按这个印儿刻。我跟着张德利老师学，他就是那么刻的。

陈：老师叫什么？

王：张德利，他后来上的中央工艺美术学院，是那儿的教授。

陈：是李德利吧？后来当过系主任，叫李德利。

敏：不是，不是那个人，是张德利。

陈：男的女的？

王：男的，那又是另外一个人。

陈：我还真不知道有张德利这个人。

王：是雕刻工，当时他是车间的助理吧，就算是吧。学了三年，画了一大卷稿子，有100多张吧。

陈：那些东西还有吗，那些画？

王：没了。回来以后就过年了，就是1965年了。

二

王：过了年，大队就通知我了，让到县里报到，当时成立"一雕"了。这是1965年的3月5号，正月里吧。

刘： 那会儿，二轻局先是刻象牙。

王： 对。先是象牙，不做石雕、木雕，跟天津联系的。二轻局那儿只有料，没人加工。

杨跃武（以下简称"杨"）：二轻局那儿有谁啊，你们五个都去了吗？

王： 没有，我先去的。后来找的宜丰去了，我这个兄弟来了。

杨： 宜丰是谁？

敏： 堂兄弟。

陈： 当时给天津做一个象牙的小人多少钱一个？

王： 忘了。

陈： 估计那个时候多少钱？大概最多也不会超过10块钱。

王： 多，那个时候象牙贵。

陈： 我就是说手工费多少钱，我觉得不会给10块钱。

王： 47块一个月，一个月工资。

陈： 就是说，做一件活儿给不了10块钱。

敏： 实际上，就是二轻局揽活儿，揽了活儿我们干。

陈： 等于是开工资吧。

刘： 当时一个给多少钱，他们不一定知道。

陈： 不，我觉得最高不会超过10块钱，那工资标准在那儿放着。

王： 刚进二轻局那会儿，还有卢国朝。

刘： 卢国朝哪儿的？

王： 进桥他家的兄弟。

陈： 王树昌去了吗？

王： 没有。

杨： 王树昌是在"三雕"的时候，你们才在一起的？

陈： 他说他一九六几年就去"一雕"了，前几天我跟王大师也聊过。

王： 反正是 1965 年那时他没到呢。

陈： 他肯定比你去得晚？

刘： 去得晚一点，反正是评级那会儿还没他们呢，他们还是学徒工呢。

杨： 评级的时候，在哪儿评的？

敏： 在雕刻厂那儿。

王： 那时候刘志忠也来了，还有王成玉，进桥他兄弟，一共 15 个人，15 个雕刻工人吧。

杨： 这 15 个里头，有王月明他们兄弟吗？

王： 那会儿没有。

陈： 那不可能啊，岁数在这儿放着呢。今年王月明他刚 60 岁。

刘： 那个时候，还没有成立"一雕"呢。

杨： "一雕"开始在雕刻厂来着，那会儿谁是厂长啊？

王： 记不清了。

刘： 意思是卢进桥跟你们那会儿都是工人？

王： 卢进桥是主任，我是副主任。

陈： 卢大师比你大几岁啊？

王： 大得多，大个十几岁吧。那会儿，修脸，管画稿，还连刻。

杨： 那个流程，那会儿是一个人干到底？

王： 评级啊那会儿，本组不评本组。卢进桥是八级，我是八级，刘志忠也是八级。到了二轻局了，不行。我没有胡子，年轻，才 20 岁。实际情况他不了解，咱在北京学了三年，南故张三年，这就是六年。他们不了解，咱技术到那儿了，可岁数不行啊。闹了三回，我成五级了，国朝成五级了。最后，我成四级了。

陈： 怎么又从五级降到四级了？

王： 就说是学徒工呢，也降一级。卢进桥也降了，成六级了。人家在"北雕厂"的就定得高。

三

陈： 那个"北雕厂"的人，都管曲阳的这帮人叫"老八级"。

王： 我三舅、二舅都是八级。

陈： 你二舅、三舅叫什么名字？

王： 一个叫刘作梅，一个叫刘作兰。还有一个舅舅叫刘作中，这三人。

陈： 这是你亲舅舅吧？

王： 对，还有我三个表哥，都是"北京雕刻厂"的，一个叫刘智慧，一个刘增生，一个叫梦考。

陈： 有个叫刘润芳的你认识吗？

王： 知道，羊平的刘师傅。

刘： 刚才说的这一部分人中就有他，最后都留在北京了。

陈： 刚才说的这帮人，是不是都在"北雕厂"？

王： 都在"北雕厂"呢。

杨： 后来，刘作梅、刘作兰是不是去的中央美院？

王： 是刘作中，我四舅他不是上的雕刻厂，直接上的中央美院，那会儿也是师傅带徒弟。

陈： 您四舅叫什么？

王： 刘作中。

陈： 他把您哥哥带到中央美院去的？

王： 对，还有我表哥，叫刘国璋。后来，他们调到西安去了，我四舅是教授了。

陈： 他们调到西安美院去了，还是哪里?

王： 西安冶金学院。

杨： 最后中央美院留下谁了？

王： 没有留下谁，把我哥留那儿了，最后是在中央美院雕塑创作室。

陈： 就是那个雕塑研究所的前身。

王： 中央美院雕塑创作室就我哥自己是工人，他是翻模组的组长。别人都是学院毕业的，我哥他没有文化，但他翻模技术最高。

敏： 包括那些国家领导人的像也翻了好几个。

王： 毛主席那个是我哥翻的。

杨： 还有一个外国的，是总统是什么来着。

敏： 也是去世了之后去给他翻的。

四

杨：他们说这个曲阳县第一个"西洋人"，说是你和另外一个人打的。

陈：慢慢说。打完了象牙以后，什么时候打的石头？

王：后来天津的象牙进口不了了，象牙是从泰国、越南进口的。我们做的都交了。

陈：没有象牙，就开始打石头了？

王：也是在这个"一雕"厂这儿吧，好像是1992年。有些人就没有参加象牙雕刻，直接打的石头。

陈：您打过木头吗？

王：在这个雕刻厂，没有打木雕。搬家到衙门前之后，我们也上木雕来着。

陈：木雕主要是用什么木头啊？

王：主要是杨木。

陈：杨木那么粗，怎么打？

王：锯了呗。

敏：杨木不裂。

王：对。杨木不裂，橡木不行，还有椿木也行。

陈：都没有什么好木头，是吧？

王：都是不朽的。朽木不可雕也。

杨：成立了"一雕"了？

王："一雕"的前身是曲阳县建筑艺术雕刻厂。

陈：它为什么叫"一雕"，分出来以后才有的"一雕""二雕""三雕"的？

王：对，对，对，那年是在衙门前。

杨：那是一九八几年了。

陈：一九八几年，那就是改革开放之后的事了。

刘：80 年代改革开放之后，卢进桥出来开的"二雕"。

陈：那个打石头的"西洋人"，是什么时候开始的？有人说是从你这儿开始的。

王：我这儿应该算是第一家。

敏：在"一雕"的时候，在一个小屋里，你们俩。

王：我怎么想不起来是跟谁来着。

敏：羊平的杨京川？

王：不是，不是，他那会儿就没参加雕刻厂。

敏：他是没参加雕刻厂。那会儿，你打了一个"西洋人"，他打了一个"西洋人"。

陈：不是甄彦苍先打的？

敏：不是，还早。他的那个"西洋人"和这个不一样。王旭亮跟彭英会他们那时也在"一雕"来着，他们看见来着。有你，还有一个人打的，就是杨京川。

刘：不是杨京川。杨京川没在"一雕"待过，他上"二雕"来着。

敏：他是没待过，但是他打来着。

杨：不是说那会儿搞研究呢，在小屋共同打了一个？

王：不是。当时打那个不用俩人打，我自己就打了。

陈：你自己打的，打的男的女的？

王：是一个背着手的女的。

敏：对，是这个样式的。（说着，比画着摆了个动作）

陈：是给哪个单位打的，天津外贸？

王：那不是定的活儿，就是自己开发新产品。那会儿，是做什么就销什么，以后才是定销定产。

陈：你从哪儿看到有这么一个东西，才开始打的？

王：有一个模型。

陈：模型哪儿来的，"北雕"的？

王：不是"北雕"的。

陈：是不是外贸公司给你的？

王：也不是外贸，想不起来了。

陈：甄彦苍说他是 1986 年打的第一件"西洋人"。你的这个，比他的早吗？

王：当然是。

杨：王旭亮说他是第一个。

刘：那时候，彦苍他们还没盖厂子呢。

王：那会儿，他还跟卢师傅那儿盖厂子呢，在"三雕"来着。

杨：彦苍他们打"西洋人"那会儿，是一九八几年啊？

刘：1986 年。我岳父他这个应该是 1982 年或者 1983 年，早个三两年。

陈：刚才大姐摆的这个姿势，可能是一个圣母像。

敏：那个不是圣母，是一个年轻的妇女，不是圣母。

陈：圣母也是年轻的，也不会打扮成老太太。

敏：圣母戴着头饰、头巾，那个没有头巾。我记得可清楚了，在我们家里做的。

杨：哪一年的事？

敏：我也记不清了，十五六岁时。

刘：你想吧，她十五六岁时，也是"二雕"刚开始那会儿。

五

王："后来，"一雕"石生水又成了厂长了，张彦民成书记了，他们在那儿待了几年。县里看这不好弄了，这么着，选厂长吧，选到谁算谁，就选中我和曹献忠两个。我管技术，他办业务。

陈：这个，卢师傅走了以后，你还在"一雕"当了副厂长了？

王：对。刘长水是厂长，他不懂啊。不行就跑业务吧，连钱都没有。没钱，跟工人借钱跑业务。后来，又缓过来了。那批货人家外贸说不好，就把脸全修了一个遍，算是交了。

陈：那王大师，您知道维修赵州桥的事吗？

王：不知道。

杨：你们那个时候干过什么国内重要的工程吗？

王：第一个是天津的大黑汀水库那个，是他们雕的，那个大。

刘：源头一个，天津一个，这是两个雕塑，九米多高吧。

王：那个雕像是个花岗岩的。

刘： 那会儿是两个。"一雕"干那个早点儿，"二雕"干那个晚点儿。

陈： 大黑汀那个雕塑能找得到照片吗？

敏： 有，有照片。

刘： 还有唐县的，还是石家庄的白求恩像，也是他们打的。

王： 唐县的是我们打的。

陈： 唐县那个白求恩像是你打的吗？

王： 那个，我去参加来着。

杨： 你们共同打的。

王： 有王长继，我们五个，去的人不少，还有董新华。

陈： 石家庄那个华北烈士陵园里边那个白求恩像是谁打的？

王： 那个，是我们一起去的。

陈： 都谁去了？

王： 有周杰，还有卢师傅，还有董新华，我们五个。还做石膏来着。

陈： 那个华北烈士陵园的这个白求恩像，是司徒杰先生创作的。你们打的时候，这个司徒杰老师在吗？中央美院的司徒杰，您见过这个老师吗？

王： 忘了。

陈： 白求恩医院那个像，您知道吗？医院那个像是做得最好的一个。记得是谁做的吗？

王： 我记得就是做的石家庄那个，做的就是一个模型，不是石头的。对，那个是水泥的，水泥筑的。唐县那个是石头的。

陈： 那跟白求恩对着的那个柯棣华像，是谁做的，也是你们吗？

王： 忘了。

陈： 就是跟白求恩像对着的那个，一个向西，一个向东，不是一块儿做的吗？

王： 记不清了，反正是听说过。那个白求恩模型是我们做的。

陈： 刚才大姐说给日本做了一个牌楼。

王： 对对，那会儿我也在"一雕"来着。

陈： 那是几几年的事？

敏： 那是 1985 年或者 1986 年吧，我也记不清了。我参加做那个牌楼，我也是刚学，我做的浮雕。

王： 我主张着做的，那会儿是石生水当家，他设计的。

六

陈： 您想想，讲一讲您二叔的事，王二生先生的事，您记得多少？

王： 他就是做了刘少奇像，那个像是他做的。

陈： 王二生是参加过人民英雄纪念碑雕刻的，刘润芳是组长，他是副组长，两个曲阳人负责。

敏： 那时候，我小的时候上北京去见过他。他那边住平房。他在自家院里，还做木雕。

王： 他到过斯里兰卡。他是助理，公司给那边做的那个像，他过去安装。

敏："北雕厂"解散了以后，还有一批活。他说当时这是怎么了？要100万还是要60万来着，我爸他那会儿没钱，没有办下来。那会儿要是办下来，这会儿就都成了暴利了。我二爷他们那个，全是高技术活儿。那活儿做得真细，纯手工的。

陈：这个，您叔叔是跟谁学的？

王：他是在我姥爷家学的。

杨：你姥爷家是哪个村的？

王：西羊平的。

陈：姓什么？

王：姓刘，叫刘增杰。

敏：那会儿，他们都在北京开店。家里有个水磨，加工石板，弄到北京卖去。

陈：大姐，你是老几啊？

敏：老大。红立家的是老二，姐儿俩。

王：那时候，北京那里也截石板，你不记得？就在院里支上锯，截石板。

杨：你姥爷跟谁学的？

王：我姥爷不会，他是医生。我舅他们都会。

杨：他们是跟谁学的？

陈：是跟杨家学的吗？

刘：不是杨家就是刘家。

七

敏：改革开放之前，曲阳做的雕像，就是卖给北京工艺，北京工艺过来收来着。

陈：天津早还是北京早？

刘：北京早。后来就是卖给日本人，通过外贸公司卖，大部分都是卖给日本人。刘文正他们过来收货，您还记得吗？

陈：这个刘文正是哪里的？

刘：北京外贸公司的。开始是在"北雕"定活儿。北京外贸公司有本书，这本书出自"北雕"，作品后边都是写着"北雕"，是"北雕"通过外贸公司卖给日本人的。后来，北京那儿有了仓库。为什么成立仓库？"北雕"卖得少了。曲阳也有这个东西，外贸公司就上曲阳买来了，买了之后再送到北京工艺仓库里去。仓库在双桥那边，高碑店那边。我跟我三叔送货去，就送到北京那个仓库里。之后就是到曲阳来收，就不在"北雕"买了。

陈：对，这样他收便宜啊。

刘："北雕"的活儿那个时候都卖给日本人。一实行改革开放，曲阳县就成立了中外合资企业。新华那个厂子，原先是刘要民的，是国有企业。这个日本人为什么在曲阳开厂子？那个日本人是中国通，会中国话，他来了在这里买，回去了之后做生意，知道是哪儿产的了，是曲阳县产的，就来成立了厂子。那会儿，就做五百罗汉，他还做狮子和佛像、墓碑等，就生产这个。为什么生产这个啊？那个日本人当过兵，打过仗。实际是"二战"之后，日本的经济恢复以后，建大批的公墓。日本人跟中国人一样崇尚墓地，墓地修得非常好，修公墓就需要这些墓碑、狮子，五百罗汉全是摆在公墓里。

当时为什么还做"西洋人"？日本人他也有信耶稣的，信基督教的，我们就开始做耶稣像了。

八

敏： 我是 17 岁上学的。家里的厂子也好，摊子也好，已经成立了。"二雕"那会儿也是最兴旺的时候。那会儿活多，卢进桥他们也不开厂子，在家里就弄摊儿了。卢进桥开厂子，也是改革开放之后。1979 年改革开放分的地。

陈： 你爸他是"三雕"出来的吗？允许私人经营，是什么时候才开始的？

杨： 允许私人经营那是改革开放之后的事。

陈： 当然，具体应该是 1985 年以后。

刘： 1985 年以后，才让开厂子的。岳父他们也是在家里干。

王： 在这前几年，卢进桥成了第五届全国人大代表，还和那个栏板一块儿照的相。

杨： 毛主席纪念堂那块栏板？

陈： 打毛主席纪念堂的那个栏板，曲阳用了多少人，北京去的多吧？

王： 去了不少。

陈： 有一两百人吗？

王： 没有那么多。

杨： 在曲阳打的，还是在北京？

王： 曲阳打的，拉着走的，跟着到那儿安装。

杨： 一块栏板做几个月啊？

王： 做不了几个月。

陈： 打纪念堂那个毛主席坐像的时候，您二叔王二生先生参加了没？

王： 后来没上北京去，没注意。

陈： 只知道是刘润芳主持做的，他是组长，领着好几个人，究竟是谁，就搞不清楚了。

敏： 这个问我二爷他们，他们应该知道。

九

刘： 刘大伟也好，刘润芳也好，他二爷也好，教的徒弟很多。那会儿，这一个车间，跟着车间主任在那儿学，见人就叫师傅，它不是现在的师徒那么个情分。分车间，一车间，二车间，谁是车间主任，谁是师傅。

陈： 年轻人管老一点的都叫师傅。

敏： 他们那会儿拿工资，不要求数量，只要求质量。所以都是手工的，做得比较好。

刘： 你看毛主席纪念堂那些栏板，多规矩啊，全手工做的，那会儿掉个小角都不行。

王： 做北京那个毛主席像的时候，占祥，我们村里的，在"北雕"呢，毛主席像的袖子打掉了一块，就做了一篇检讨。又不是故意的，石头的活儿，打起来也不容易。

陈：我听说，毛主席像打了三个，毛主席纪念堂里坐着的这是第三个。打了前两个以后，这个石头在外面看不出来，打到里面脸上出花了，又赶快换。在那么短的时间内，几个月之内打了三个，那么大的工作量，真的很不容易。

杨：那些未完成的作品在哪儿呢？

陈：估计都在毛主席纪念堂的仓库里放着。1961年的时候，叶毓山先生在军事博物馆做那个毛主席站像，那个也是咱们曲阳人打的吗？您知道吗？

王：我参加来着啊，我做了一个脚。

陈：那就行了，那就找到主了。

敏：他没有做毛主席像那个脚。他说的是军事博物馆门口的"工农兵"，他做的工农兵的脚。

陈：不是那个大厅里站着的那个毛主席像？

王：那个记不清是谁做的了。

陈：你们做的那个"工农兵"，那是中国雕塑工厂设计的。这个工厂在北京东大桥。原来是石头雕的，现在换成铜铸的了，我前两天刚去看了。

刘：石头的弄里边去了呗。

陈：不知道。

刘：刚才说的那个石雕，"工农兵"的那个，他做了一个脚。

陈：做"工农兵"的时间和"毛主席像"的那个时间，

先后都差不多。打石头的肯定是曲阳人，但具体是谁都找不着了。

刘：是曲阳人，具体是谁真不好找了，那会儿做石雕的 90% 都是曲阳人。

陈：因为什么？这个 1961 年是"北雕厂"刚成立不久的时候。1958 年人民英雄纪念碑完工，完工以后成立了"北雕厂"。到 1961 年，或者 1960 年时就开始打这个毛主席像，打了一年多吧。肯定是"北雕厂"的人，"北雕厂"肯定以曲阳人为主啊。

刘：人民英雄纪念碑那个石头，花岗岩的主体是苏州产的。采石头那会儿，苏州有个人参加过人民英雄纪念碑的雕刻。

陈：那个浮雕的石头呢？

刘：不是浮雕，浮雕是汉白玉的，主体是花岗岩的。

陈：碑心石，我记得是山东崂山的石头。

刘：那会儿上江苏去，一个石工讲，说："人民英雄纪念碑那个石头，是我们这儿的。"

陈：有部分是。

敏："北雕"的时候，还有徐水的一个人。

陈：有徐水的，有没有易县那边的？

王：易水砚也有雕刻。

陈：不是说易水砚，就是易县打雕刻的人，就跟你这样的师傅，这样这个行业的人，有没有？

王：没有。

陈：因为什么？这样的话，易县如果没有石雕工人，易县清西陵的那些东西啊，也都是找曲阳人做的。皇上的圣旨说不用曲阳的石头，写得明明白白的，是唐山那边的，遵化清东陵那边的石头。

刘： 遵化那边的石头也不太好。

陈： 百分百的，这圣旨是不会错的。

刘： 选曲阳工人做的。

陈： 对，工人应该是曲阳的。我为什么问王大师易县那边有没有石匠。只要没有石匠，它就没有这个传承。

十

刘： 我们给呼伦贝尔做过一个工程，那个地方的市委书记来了，就讲："为什么选你们曲阳人来做，因为我们历史上跟曲阳有渊源。"为什么有渊源？当时那个关于拓跋鲜卑族的史书上记着，北魏的时候第一次南迁定都，也选择了曲阳，在曲阳县东南的一个地方，叫什么村来着？对，叫北洪德。

陈： 那个不在那儿，就在王台北一带。跃武，就过了你们家往南。

杨： 对对，过了我们家南洪德那边还有一个庙，那个庙出土了很多佛像。

刘： 那个人讲的，关于拓跋鲜卑族的史书上记着先选的曲阳，那为什么当时没有定曲阳？而定在大同呢？

陈： 曲阳在太行山的南侧，面对中原，军事上不安全。

杨： 拓跋鲜卑族是游牧民族啊，大同跟内蒙古那儿接壤。

　　陈：他说跑就跑了，这儿跑不过去，五百里的太行山，来回跑不容易。

　　刘：当时那个拓跋鲜卑族，还有蒙古族，几个民族统一了之后，就准备在这儿定都。

　　陈：我前几天刚把这个《二十五史》看完，从里面找出了许多线索。这个拓跋鲜卑，他们历代的帝王都在这一带驻扎过，就是巡幸中山时，驻定州。有好多记载，我都抄下来了，有几十次之多。我就说，这个巡幸时究竟住在哪儿，要考证一下。我估计啊，就在曲阳这一带。

　　刘：在北魏的时候，还没有曲阳吧？

　　陈：有，曲阳县建制也很早。有"曲阳"这个名字也不晚，春秋战国的时候就有"上曲阳"这个名字。就说北魏的时候，那个时候可能不叫曲阳，我现在忘了叫什么了。

　　王：恒阳。

　　陈：恒阳、恒州、石邑这几个名字都叫过。石邑只存在了几年的时间，不长。叫石邑，就是石头城。北魏的时候也有过，隋朝的时候也有过。

　　刘：那个市委书记讲，是曲阳县县城东南。

　　陈：对嘛，我估计的也是这一带，以王台北为中心。

　　刘：这个人就说我们有渊源，雕刻活儿就交给我们。他说，那个时候曲阳县三里五乡都是庙。

　　陈：不对，而是每一个村里都有好几座庙。县志就是这样说的，每个村里都有好几座庙。你们南故张村里，就有五六座庙，佛教的、道教的，还有财神庙、关帝庙和土地庙。关帝庙必须得有，每个村里都必须有关帝庙，都必须有财神庙，必须有孔庙。再加上其他的，每个村至少有五六座庙。

刘： 这个曲阳县有的是遗址，我们村里还有老庙。再一个，曲阳县出土了田庄大墓，还有钓鱼台呢。

陈： 钓鱼台在晓林那边吧?

刘： 对，对。根据你讲的这些，可想而知那个时期曲阳县是一个非常鼎盛的地方。

陈： 当然。因为什么鼎盛? 因为中山古国。我在一次讲课的时候讲了，白狄中山国定都，一个在唐县，一个是在定州，一个是在平山，都离得不远，围着曲阳这一圈定的都。可见，曲阳是个风水宝地。中山国的国都一个在北边，一个在东边，一个在南边，都在这一圈。

刘： 你看嘛，有山有水，定州没山。

陈： 定州很大，包括曲阳县这一带。

刘： 历史上，曲阳县这水多啊! 现在这定州哪有水啊? 解放以后，修那个王快水库。以前没修水库的时候，那曲阳县一下雨这个水就很大，孟良河的那个水每天都在流。

王： 一修水库，现在这水不流了。

十一

陈： 王大师，你们家从家庭作坊开始干，挂过公司牌子吗?

敏： 他原先胆小，不敢挂，就是能做多少做多少。白天骑着车子到厂子里上班，晚上下班在家干活。就是后来跟着红立干公司，也没有多长时间。

刘： 对。那会儿要是挂牌，后来就都做大了。当时，京川就做那么大，京川的产量不亚于卢进桥，那会儿多少人给京川干活啊！会成接的谁的摊儿啊？就是京川的。

当时，北京工艺进来就是给"一雕"做业务，当时曲阳就有"一雕""二雕"。后来，就发展成天津工艺了。天津工艺起来之后，才有了"三雕"。河北工艺的仓库原先在"一雕"。就是这三个工艺公司做曲阳雕刻的外贸业务。后来，河北五矿也进来了。

他当时雇的人在家干活，天天上班。晚上回去了，他还要在院里自己干。

陈： 你们村里做仿古的佛像什么时候发展起来的？

王： 1991 年啊，还是 1992 年。

刘： 我们村里有大庙，都在庙里干活。

陈： 那个时候，自己干自己的，是吧？

敏： 那是大队组织的，挣工分儿。

王： 那时大队交外贸。

刘： 那会儿，那个三爷是村里的书记啊还是村主任啊，二爷在"北雕厂"呢。那会儿来的那个活，是三爷他们从"北雕厂"揽出来的。我记得是刘润芳来着，一米二三的观音像，仿着做，用刘润芳给的点线仪。

陈： 那个时候就用点线仪了？

刘： 对。把活揽回来，拿样品当模型了。实际上，那会儿不是从"北雕厂"就是从北京工艺揽活儿。"北雕厂"打个石头模型，要几个，拉到这儿照着干。

杨： 是仿古的吗？

刘： 不是，是现代的，干完也不擦，不用抛光，纯手工的，刀子砍完了就行。

王： 那会儿，是东祥他爹在那儿租了一间房子。

陈： 那就是说，这个仿古的活儿也是慢慢地、一点一点地延伸出来的吗？

刘： 仿古的是近几年才有的。

敏： 是1991年，1990年以后就有了。

刘： 不是，是2000年以后。

敏： 1991年那会儿，就开始有人收了，陆陆续续就开始了。

王： 做了，就有人上村里来收了。

陈： 他们买了这个活儿，拿到哪里去卖？

王： 雄县的买走了，自己去做旧。后来做旧的手艺就传到我们村了。

敏： 他们那会儿在北京，潘家园就有人卖。

刘： 有人有这个渠道。

敏： 那会儿有的人还弄到广州去。

刘： 那会儿就开始跑广州了。一九九几年，像建新、建州他们几个不都是跑广州吗？跑广州那批人，都发财了。为什么说发财了？姐，那会儿你不是还去那个广州叫什么的地方，做过砖雕吗？

陈： 这做砖雕是哪年？

敏： 1996 年还是 1997 年啊。那会儿，我还去来着，干了三个月，一个月 5000 块。

陈： 那不得了。

刘： 为什么去广东做砖雕啊？那会儿，广州有个古玩市场，香港的人都去那儿买古董去。

敏： 香港老板开的古董店很多，说是香港的，也是内地的多。其实那会儿，哪有那么多老古董啊，都是复制出来的。

刘： 那会儿曲阳的都是做几件活儿，背着就去广州了，做旧当老的卖。其中有一个人，弄了这个之后就发财了。当时，一件活儿卖了几十万块，不得了了，做得非常好。买了之后，人家回去找人一看是假的，后来找过来，又退了一半钱。那会儿就是做古董，讲究以假乱真，仿古能仿到那个程度。后来，咱们村里开始家家户户弄那个硫酸池子，做旧吧，一说做旧能发财就都弄。正常一个活儿做旧后能卖一两万块钱，不做旧只卖几百块。

陈： 昨天下午开完会，我领着鲁美的系主任，还有广美的系主任，跟他们去你们村里转了转。发现现在卖得很贵，弄一个七八十厘米高的要十几万。

敏： 卖那么贵啊？

刘： 不是，只有"老虎"的这么高的才能卖十几万。

敏： "老虎"的那个形态可以了，但是那个神态达不到，跟我二爷那会儿差得远了。

陈： 那肯定是，现在的活儿，跟以前老人们的那些东西没法儿比。

第十二场

2017 年 10 月 6 日、河北曲阳长丰石业

卢旭辉（左一）、甄敬哲（左二）、武士卿（左三）、杨跃武（左四）
陈培一（右四）、卢进香（右三）、甄顺杰（右二）、武士明（右一）

〔编者按〕河北省曲阳县党城乡，位于曲阳县城的西北方向，是阜平到曲阳沿线的一个重镇，是抗战期间著名的"狼牙山五壮士"之一的葛振林同志的故乡。这个原本以农业为主的乡镇，由于甄彦苍先生的归来创业，迅速成为了一个雕刻产业的重镇，成为了仿刻西方经典雕刻作品——"西方人"的重要基地，成为了一度享有盛誉的"雕刻之乡"。它既延续了曲阳数千年的雕刻文化传统，又开创了新

的艺术传统，成为了曲阳经济发展的一大支柱型产业。一天，我和武士卿、杨跃武、高英坡、闫玉伟、葛要林等结伴同行，去曲阳王快水库探访战国时期的中山国古长城遗址，归来途中又到党城探访汉代名将马成修建的边城遗址。之后，又委托武士卿先生召集了此地几位雕刻从业者，在他弟弟的家里，就党城乡雕刻产业的发展进行了对话。

对话人：陈培一（中国工艺美术学会雕塑专业委员会第三届秘书长）

杨跃武（河北省工艺美术协会雕塑艺术指导委员会副会长兼秘书长）

武士卿（中国工艺美术行业大师，甄彦苍大弟子，曲阳飞天雕刻有限公司董事长）

武士明（曲阳县长丰石业有限公司总经理）

卢进香（曲阳县飞煌雕刻有限公司总经理）

甄顺杰（曲阳县飞龙建筑艺术雕刻厂厂长）

甄登河（曲阳县艺峰雕刻有限公司总经理）

甄敬哲（曲阳县永鑫雕刻有限公司经理）

卢旭辉（曲阳县丰福雕塑有限公司总经理）

地　点：河北省曲阳县党城乡长丰石业

时　间：2017 年 10 月 6 日

录　音：杨跃武

一

武士卿（以下简称"武"）：这是甄顺杰，他来得挺早。这是陈老师，这是杨总，他们来的目的就是想了解一下最初咱们党城的雕刻是如何发展起来的。

陈培一（以下简称"陈"）：你们这里干雕刻业务也有二十几年了吧？跃武和我之前来过党城几次。这次，我和老武、跃武一起从王快水库那边下来，直接到你们这里坐会儿，想和大家一起聊一聊，想了解一下咱们党城的雕刻产业是什么时候发展起来的，是在什么条件下发展起来的。各位老大哥，谁先说说？

杨跃武（以下简称"杨"）：对，我们就是想知道你们这一带雕刻发展的历史。

卢进香（以下简称"卢"）：这都是甄师父回来以后，把大家带起来的。

武士明（以下简称"明"）：甄彦苍大师是 1986 年从曲阳回到党城的。他在"三雕""一雕"都干过。他从"三雕"一回来，就在咱们村建立了一个雕刻厂，是在咱们村的河滩上建的。他是在这里建立雕刻厂的第一人。那时候的人们，学习也比较专注，打雕刻的人员很紧张。我哥帮着甄彦苍一起干。那时候，会打雕刻的人不多，除了我哥哥，还有小娜、志杰，边干边学地就学会打雕刻了。经常是一个人带着几十个徒弟干。当时，村子里那些没考上大学的上过高中的青年，这样的人很多，开始跟着一点一点地学。没有机子，都是传统样式的工具，用烧红的、焊接的钳子和钢丝，手工打，也得自己动手打一个人像。快的打一个月，慢则两三个月，就可以完成了。那时候，没有叉车吊装这些，都是人工，用杈子把石雕什么的给支起来，很大的石头就动不了。那时候，大多数都是跟甄彦苍大师学习的，他是技术员。

武：谁都是他（甄彦苍）带出来的，甄丛达、甄小娜、我，后来我们带的这一批二百多号人都会干雕刻了。

陈：甄大师是个源头。

武：对。这些事，那些上岁数的人应该知道。但是上岁数的人不多，我们村子里有的去了曲阳县城，有的不干雕刻了，有的上外地了，有的外出旅游去了。

甄顺杰（以下简称"甄"）：甄彦苍师父回来以后，武士卿当技术人员，培养了一拨人，现在都是厂长、经理了。

武：那一拨差不多的，可以说百分之九十的已经成了老板。

陈：嗯，当初自己学个两三年，出来自己开厂子，就成经理了。

武：那时候，差不多的想出来就让他们出来了，因为那时候学徒的人也多。

卢旭辉（以下简称"辉"）：那时候，学习打雕刻基础比较扎实的，还会看书来学习人体结构。现在的人，没有心思学这个了。

陈：甄彦苍大师第一批带出来的徒弟有多少个？

武：不多，就我和丛达、小娜、志杰四个人。

卢：现在是这四个人又带徒弟，徒弟又带徒弟，都好几代了。

武： 1986 年从曲阳搬回来，厂子里那时候没有一百人也有几十个人。除了不能干的，怎么着也有五六十人吧。第一年，我觉得人少一些，有四十多个人，第二年就有五六十个。

二

陈： 甄彦苍师父厂子的产品，主要供哪家外贸往外走啊？

姓名不详： 河北工艺，走欧洲。

武： 1986 年以前是外贸业务，做一点收一点，没有说做得不好给剩下的。1986 年以后，到第二年就不行了。

甄登河（以下简称"河"）：卖货物的人民币直接换成美元，国家缺美元，就换成外汇。

陈： 那些产品怎么收费的，一件给多少报酬啊？是按件还是按工？

武： 最早是当时在"二雕"制定了一个政策，承包了。"二雕"是这样的：成品卖 10000 块钱，加工费是 30% ~ 35%，原材料以及场地、销售等这一块，为 30% ~ 35%。有时候多，有时候少。这个作品不怎么样就少点，就便宜一点。基本上延续这个政策，基本上是按着这个套路出牌的，都是承包机制。包括"二雕"以后的"三雕"也是这样。在"三雕"，我也干了两三年。当时，一个坐佛，高 100 多厘米，卖了 3000 多块钱。那时候，做得快的话，十来天就做完了。那时候，没有电磨，全都是手工，开始坑坑洼洼，先削平，削平以后面儿就软了、酥了，然后再把那层铲平了。那时候，从天津走货，送到日本。日本一个大佛寺，就需要几千尊佛像，都是一排一排的。那时候，卖得便宜，1000 多块钱就下来了。现在不行了，价格也相对高了。那时候 1000 多块，现在 3000 多块、5000 多块也买不回来。那时候，干活的每天人均 20 块钱。那时候，老百姓的月收入就是几十块钱。大概是 30 多天结一回工资。我记得，我那时候月工资最高，是 43 块钱。县委书记一年才挣个三四百块钱，我那时候的年工资得顶他三倍还多。

陈： 这是哪一年？

武： 1986 年。我是 1980 年进的"二雕"，在"二雕"干了一年，后来又歇了一段时间。大概是 1985 年、1986 年，跟着甄彦苍大师回来了。回来之后，两年后就在外面弄了个小厂子。弄得不好，又回来了。那时候国内穷，没有销路，外贸不好找。1989 年之后，我又出去办厂。实际上，这会儿的徒弟，都是 1986 年、1987 年那时候带的徒弟，两三年就培养出来了。

陈： 那最初做的还是"西洋人"？

武： 最初做的是佛头，是传统活儿。"西洋人"是 1986 年开始的。1987 年以后，就都是"西洋人"了。

甄： 那时，他才研究维纳斯什么的。

杨： 您说的是谁啊？

明： 甄彦苍甄大师。他之前也是做传统风格的活儿，后来才研究"西洋人"系列。我记得他是先从研究维纳斯开始的。

武： 最早的"裸体人"，不是"西洋人"。1983年、1984年，我们在"一雕"的时候，是长春那边的客户定做的一件活儿。

杨： 那是谁做的？

武： 不知道是长春的哪位大师做的，是东北的工程。

杨： 那是你们谁打的这个活儿啊？

武： 除了我，还有一个人，共两个人。

陈： 丛达的那个车间里，还摆着一件甄大师最早的裸体作品，我问他为什么没有卖掉，他说是石料不好，因为是阜平的石头。

武： 那个石头的颗粒比较粗糙，还不白。

杨： 那个时候，甄大师怎么研究起"西洋人"来了呢？

武： 外贸上说什么好卖，就做什么呗。

杨： 他是通过外贸得到的信息。

三

武： 他是先做了几件作品，看到外贸挺好销出去，卖的价格也高，一套壁炉卖到欧洲就是一万美元，成本又低。于是，大家就都跟着做。后来，价格就低了，降到几千美元，再后来是几百美元。那时候，做出成品来放着，等客户来了，没准儿一下子把这一屋子的货物都买走。那时候说咱们不讲信用，包装什么的弄得不好，货物运到国外，路途遥远，会损坏。所以，后来有些客户就被别人撬走了。

辉：咱们做的当时看着挺好看，拉回去安装的时候却不是很规矩，货品质量也就打了折扣了。后来通过线切的这些，弄得也不正规。曲阳雕刻做得有深度、高度，雕得花哨，外国做的没有咱们的好看。看书上的样式都简单，中间有个盆，正正规规的。咱们的雕得高，花挺灵，挺有立体感，这是曲阳雕刻的一大特色。按着正规的线条，瓶子不如外边的做得好，南方做得就比咱们曲阳好。

陈：咱们的市场滑下来，跟咱们自身有关系吗？

武：这个市场委靡啊，就跟经济危机有关。实际上，在 2007 年就已经感受到了这一点。经济危机以后，外国人的思想发生了转变，这个东西可买可不买，就不买了。

陈：那咱们这个产业红火了多少年？从甄彦苍大师 1986 年回来以后开始算。

武：从 1986 年到 2006 年，整二十年。但是，一开始不是太火。

陈：这个形势，就是持续往上升吧？

武：当时"西洋人"红火的时候，国内的传统题材的雕刻生意并不好，羊平那时候有好几千个干雕刻的人，只有几个有名的大师才有点活儿。同保他们那时候也没有活儿干，后来他也想通过外贸揽点活儿干。那时候，国内的活儿真少。城市雕塑是在 2002 年以后，伴随着国内综合实力的上升，才慢慢兴盛起来。

陈： 前段时间，我跟丛达聊天来着。他说他从来不干城市雕塑的加工，不给别人做，他不做别人设计的活儿。

武： 一般别人也不找他（甄丛达），因为他那里价格高。像客户找到我们，我们看着价格差不多就接下了。他那儿可不是。

四

陈： 当时，国家的相关管理体制也滞后，他们也不知道怎么管理。

杨： 审美水平那时候也不高。

武： 有的曲阳人做的雕刻，说是给拆了，就是因为做得不好给拆了。如果现在去做，肯定不会被拆，现在肯定做得有模有样了。那时候的技术也受限制，就用切割机切切弄弄就行了。

甄敬哲（以下简称"哲"）：以前干活儿也细致，但是整体结构做得不好，比现在这个做得还细。其实，这也是一步一步不断精进的。

武： 后来，人们通过做模型，把活做得准一点，好多了。

陈： 做模型，在咱们党城这一片谁先做的？

武： 最开始，就是我们先做的啊。

陈： 是谁最先做的工作室啊？

武： 我这儿最早。

陈： 那时候，产品的价格高不高？

武：不高。你见过我那一套《四季神》吗？原来很便宜就卖了，现在你去买，四万块钱也买不回来，是那么回事不？而且还有底座。

甄：跟超市里卖货似的，客户是哪个便宜买哪个。价格也好，好在哪儿，会买的不如会卖的。

河：几句话，就把他哄得买了。

明：比方说这件活儿是咱做的，它的标价多少咱知道啊。他（客户）也看不出来，你要不跟他说，他不懂。便宜没好货，好货不便宜。他们都是外行，不懂，有时候掏钱了也买不上好东西。

武：那时候，人们做了件好活儿，又没有个检测仪，再过十年也没事。

姓名不详：去北京也是那么个价格。

武：原来的外汇牌价是 8.26 元，北京奥运会以后一下子就跌到了 6.1 元。主要是受这个经济的影响，外国不如中国用得多，中国的活就多起来。那时候，能卖到南美洲、印度、东南亚，也不完全是价格低。一开始，我在欧洲卖，在欧洲卖得多，大部分是在欧洲转手再卖给别人，欧洲客户自己不要。东欧包括匈牙利、乌克兰、俄罗斯要得不少，再就是拉美国家，比方说巴西、墨西哥这些国家要，因为咱这里便宜他们那儿贵。

五

陈：这个城市雕塑的加工，咱们党城这一带是比较少，是弱项，做得最多的可能就是士卿做的多吧。

武：相对来说，就是搞城市雕塑加工，党城这边很少，没做多少。我做的国内的活儿也有数，包括做的房地产的项目也有数。因为什么？当时和老师们没有联系着。当时，雕刻这一块就挺火，他们来了也就认识认识。

卢：他们有时候来了，纸上画画能画上。让他实际给指点一下，他也指点不了。

武：我有时候也做点，有时候熟人来了，碰对了也做点。他们做模型，不熟的时候找不着他们。像英坡他们，找天津美院的老师，找不到党城咱们这儿来。北京那儿有个老师，他们不做这个。你知道赵萌，赵萌就不做活儿。

陈：你进修的时候，张锠是系主任吧？

武：嗯，张锠是系主任。张锠是和同保他们一起做过城市雕塑。

陈：张锠做的城市雕塑也少。

武：赵萌做的城市雕塑也少。好像我给他在哪儿做过一对狮子。

陈：赵萌做的活儿很少。

武：海南的黄金海岸饭店，也做了这对狮子。那狮子做得挺贵，做得挺豪放的，挺现代的，狮子毛发做得卷卷的。那个底座设计得像棺材一样。那个板是哪儿的，就咱们这个嘉山的花岗岩材料截了截。那时候，哪有像现在这么方便。

陈：那这个活儿是你做的？

武：嗯，我们做的。

卢： 那时候，弄了山东的一块 365 的料。弄不了那么大块的料，不好弄。

武： 那时候，真没有这么大块的料，一块就弄出来了。

卢： 那时候，还没有设备，年份早了，是一九九几年的事了。

六

陈： 咱们这儿使用的电动工具，大概是从什么时候开始的？

武： 电动工具的使用，要从一九八几年开始说。开头，找了一块砂轮，打成磨头，再安上去。用电磨头是最早的，在 1983 年、1984 年就有了，但都是小电动工具。切割机得到九几年了。1992 年以后，才有了切割机，打磨棒早些。手提切割机大概就是 1992 年以后。我记得厂子在粮站那时候还没有。大电磨 180 是 2000 年以后才有的。大电磨这东西太快。这要是给卡住了，能把人打坏。可是，大电磨的污染也大。没有办法，就缝一个布袋，让尘土往那里边冒。要有一群人干活，就离得远远的，小的电动工具弄得尘土趄不到那么远。

辉： 现在人们都插上水了，在轴那里插上管，粉尘就小了。

杨： 现在不是说大概有百八十个厂子吗？像今年上半年，环保部门查之前都在生产着呢吗？

河： 大部分厂子都干着呢，就是工人少吧。

杨：是做"西洋人"还是做什么啊？

河："西洋人"少，做园林工程的多。

武：南方的厂子都来咱们这里招工人。如果哪里有活儿，就把工人招到哪里干。

杨：你们这一片，去外地干活的大约有多少人？

甄：至少有三分之一。

武：一半也多。

陈：那从业人员的人口总量是多少？

武：人多的那时候，有上万人。

陈：党城最红火的时候是哪一年？

武：2000 年左右。

陈：那时候有多少厂家？

武：三四十家。

陈：平均干雕刻的有多少人？

武：保守说有三千人。那时候的大厂子达到二百多人，小厂子也得百十个人，再小点的也有四五十人。加上擦活儿的，也得四五千人。

杨：从最开始到现在的这二十年发展当中，你们一直是跟着外贸的市场走吗？这期间，你们有没有自发地组织过一些事啊，搞过一些活动啊？

卢：参加过展销会，广州出口交易会。

杨：每年都参加吗？参加展销会也是跟着外贸走吗？

明：在外贸那边也是单干，挂着外贸的名号。

陈：最早的时候，市场慢慢起来的时候，拎包出去跑业务的应该也有。

武： 比较少。

陈： 自己跑业务跑不成？

武： 自己跑成了，到最后就被同行撬走了。跑不成的原因，就是那时不认皮包公司认工厂。跟现在不一样，现在是只认公司不认工厂。现在，只要你那套手续齐全，投标就可以。那时候的事情做得比较实在，如果要弄工程，得去承包的工厂考察一下，看是否有这个工厂。

杨： 主要是接外贸的订单。

武： 后来就是自营出口。

陈： 你个人有这个自营出口权是什么时候？

武： 2000 年以后，出口就是在商务局办一个出口手续就可以，然后你可以上报五矿商会，是五矿商会的会员了，到时候它会给你在广交会安排展位，推销产品。那时候，国外价格高，国内价格低，外商买 10 件货，卖出 1 件就够本了，剩下的都是赚的，卖一点就挣一点。所以，有一部分订单，他（客户）要是买就买一个集装箱。总的来说，当时外国人有钱，买一个集装箱花两万美元。从集装箱里拿出两件来再卖，他（客户）的钱就挣回来了，剩下的产品他放在公园里。一卖就挣钱了，下一回他还来。

七

陈： 党城这里，你算是在中央工艺美术学院进修最早的，你和红立去"工艺"进修应该是最早的一批了。除了你，以后党城还有谁进修过？

武： 甄丛蛟。后来，我的两个兄弟，三弟武麟、四弟
向东也到北京学习去了。

杨： 后来的年轻人，就没有了吗？

陈： 现在咱们的孩子，有谁家的孩子在学这个东西？
我是说没在自己家学，到美院里面考上大学，或者进修学
习的，有吗？

卢： 有的。但毕业了以后就不干这个了，在保定工
作了。

陈： 那他考的哪个学校？

卢： 湖北工业大学，艺术系。

陈： 有进到八大美术院校的吗？

辉： 我们这里没有。但听说别人家有的考上清华美
院的。

杨： 父辈们干了二十年，通过这个成就了自己。其实，
这个艺术的种子在你们这里扎了根是不？

武： 怎么说呢？留下的就扎了根了，没有留下的就扎
不了根吧。

陈： 你女儿不是在法国留学吗？学的什么？

武： 她也是学的艺术。

陈： 学的当代艺术还是什么？

武： 算当代艺术吧。

杨： 可以说，他们多多少少还是受到了父辈的影响。

陈： 这等于说，你还是有很大的成就的，把女儿培养
出去了。

武： 一般出去了的这些人，嫌弃咱们这里条件艰苦，

没有保障，就不愿意回来。国外的或者说市里的条件，比咱们这里要好。

杨：但是，他们还是通过你们这个产业影响、培养的。

陈：对。咱们自己的孩子还是会受到这个影响的。现在不是讲传承嘛，你们从甄彦苍大师那里学到东西，传承到现在，再往下传下去很重要。

八

武：这以后行业的发展肯定也受环境上的影响。

明：这也是个好事。在管理上啊，活儿质量上啊，都是个促进。

武：只要你认真地进行管理，这一段做不成，以后也能做成。

陈：还有个最关键的问题就是，老大哥你想啊，这粉尘污染不仅是污染了环境，而且咱们自己、咱们的工人也受到了损害。这个矽肺病，早早晚晚会爆发出来。咱们这里干得早的，有得过这样病的吗？

武：目前还没有。大理石肯定比花岗岩这些要轻一点。

杨：再一个，有了电动工具以后这才有了大量的污染，这才十几年的时间。

陈：这些使用电动工具的人还没有老，到了咱们这个岁数，六十岁左右的时候还不要紧。到了七十岁左右，就能发现这个病的苗头。我前一段跟刘同保聊天，他爹占法老爷子就是二级矽肺病。他现在七八十岁了，病状就显现出来了。年轻的时候不显，年老了就显出来了。

杨：跟气管炎似的。

武：石粉进入到了肺里，不出来。

陈：这个老天爷啊，眷顾咱们曲阳人。咱们这个汉白玉也好，大理石也好，这些石头的石粉，是好多食品、药物的添加剂，都用这个做糖、做药，毒性小，危害小，相对就安全多了。如果咱们雕刻采用的是花岗岩、是青石，那危害就大了。前些年，惠安那儿的工人干活时几乎什么都不戴，穿着拖鞋，光着脚丫，他们不讲究那个。

武：全副武装以后，没有办法干活。戴上防毒面罩什么的，不好出气，就只能带个口罩。戴口罩解决不了大问题。

陈：人家惠安那边现在弄得很好。企业车间里就是用水冲的，上面是大锯用水冲的，流下来的是泥浆，泥浆沉淀以后再挖出来做别的用，再卖掉可以换钱，这个水也可以循环利用。今后，咱们也要走这一步。

武：怎么走这一步，是一家一户地整改呢，还是以园区为主啊？

陈：人家是一家一户都这样，人家的企业规模也大，二十多年前人家就已经这样了。还有个问题，他们那边靠海，风一吹，粉尘都吹到海里去了。

杨：他们那边的空气也湿润。

陈：他们有环境的净化条件。

武：我们去参观过。他们打磨的时候，不是干磨是水磨，墓碑什么的都是水磨。他们在墙根挖一个洞，打磨的时候冲着墙根磨，灰尘都冲到海里去了。屋里到处都是水，干活儿比较规范，地板上都是橡胶做的脚垫。人家做的活儿棱角鲜明，不像咱们这里的楞都碰没了。

陈： 就目前来看，咱们曲阳党城、羊平，整体来说在生产硬件上跟人家惠安那边相比，感觉有很大差距。咱们至少要赶上惠安以前的水平，把它改造好了以后，咱们还能生产一阵子。如果不改造咱们的整个环境，不从硬件上提高，以后就没法生存。

武： 咱们想法儿让政府牵头开个座谈会，到底厂子怎么整改，要以什么标准整改。

陈： 你们跟乡里反映，乡里启动起来，给县里反映。你们几个当中不是有政协委员吗？让他们写提案。老武，你可以提请政协委员们写提案。

武： 我年纪大了，干不了这事儿了。

陈： 那就让年轻人去干，让高英坡、刘红立他们来干。你是这个行业选出来的政协委员，你就要替这个行业说话嘛。

武： 已经不让我干政协委员了，从去年开始就不让干了。

杨： 我与和连朝、老武我们三个一块儿下来的。

武： 这个人说那样改，那个人说这样改，意见不统一，弄不成事儿。必须由政府出个红头文件，必须得出个标准才能行。

第十三场

2017 年 10 月 7 日、河北曲阳玉雕协会

陈培一（左）、田树民（右）

〔**编者按**〕河北曲阳，是中国著名的石雕之乡，以汉白玉石雕而闻名中外。但是，数十年来，曲阳的工匠们一直在拓展曲阳雕刻的媒材，不断尝试使用其他材料。并且，在使用其他材料的时候，把其他材料的技法嫁接到了石雕上，从而丰富了石雕的艺术语言和表现方法。卢进桥大师以前也做过玉雕，做过象牙，晚年做过木雕。后来，甄彦苍大师也引进了寿山石、和田玉、砗磲等其他雕刻材料，进行了大量的艺术实践。尽管曲阳工匠也做了一些玉雕，

但是，相对而言，玉雕包括木雕都不是曲阳雕刻的主体，不是主流艺术形式。然而，曲阳县雕刻产业的转型，使这个局面有所改变，玉雕逐渐发展成为曲阳雕刻的一个重要艺术流派。

对话人： 陈培一（中国工艺美术学会雕塑专业委员会第三届秘书长）

田树民（曲阳县玉雕协会常务副会长兼秘书长）

冉建辉（刘同保弟子，河北省工艺美术大师）

地　点： 河北曲阳县玉雕协会

时　间： 2017 年 10 月 7 日

记　录： 王红娜

一

陈培一（以下简称"陈"）：曲阳的雕刻艺术，是因为北岳的祭祀而发展起来的。国之大事，在祀与戎。祭祀是国家的祭祀，历朝历代都对祭祀非常重视。对于这个北岳的国家祭祀，要不是皇帝亲临祭祀，要不就是皇帝派人来代祀。作为祭祀的这些个贡献，这些用品里面必须要有玉器。这个玉器是不是有可能在曲阳做的？是曲阳人做的？还是从别的地方做完了，带到曲阳来的呢？这个，就没法考证了。应该是说，有这种可能。这一带呢，咱们的汉白玉也好，彩石也好，其他的材料也好，附近存在丰富的资源。在历史上，应该存在这种玉雕产生的可能。

田树民（以下简称"田"）：对，有这种可能。曲阳石雕，我很早就知道，天安门前的石狮子、金水桥的桥栏杆和人民英雄纪念碑，多是大型的建筑构件，对曲阳石雕的认知只停留在这一层面上。2012 年，我第一次来曲阳才有了一些初步的了解。曲阳石雕，不但历史悠久、题材广泛、材质多样，而且工艺既有传统派又有现代派，有的作品雕刻得十分到位，水平很高，只是因对外宣传不够少有人知道而已。曲阳的玉雕，就更是鲜为人知了。

陈：前一段时间，我和卢大师的女婿田顺儒聊天的时候，他说卢进桥大师以前也做过玉雕。当时呢，他做玉雕、做象牙的量很小。相比之下象牙的量大些，当时主要靠出口。后来，甄彦苍大师也引进了寿山石、和田玉等其他材料，也做了一些玉雕。但是，相对而言，玉雕包括木雕都不是曲阳雕刻的主体，不是主流。这个曲阳雕刻有了玉雕，并发展成为一个重要的支流，还是从你老兄来曲阳以后，把这个雕塑协会成立起来，这才把曲阳雕刻这个门类给补齐了，是吧？

田：对，应该是这个意思。就像你刚才说的，谁见了咱们这个曲阳的汉白玉雕刻啊，都是竖大拇指的，没有说不好的。但是呢，每个人都说有点可惜了，要换换材料就太好了，那附加值就高得太多了。

冉建辉（以下简称"冉"）：干石雕，太脏太累了，也挣不上什么钱，现在的年轻人不太想干。玉雕，可能是一条出路。

田：你看我们带石雕成品出去参展，每次都可拿到多个大奖。但你知道它是有个比例的，是吧？只有百分之几的金奖。相应的，在我们曲阳自己的石雕与玉雕的比例，又是多少呀？玉雕协会成立以后，我们就往石雕那边拓展，在石雕的基础上发展玉雕，怎么都要往这个方向拓展一下。现在是这个市场说了算，石雕实在不景气。就是市场好的时候，其实咱们石雕的价格也不好，是不是？市场好，价格也不好，是吧？市场不好了，价格就更不行了，所以说产品的附加值非常低。现在，可以这样对你说，最起码我们占领了部分玉雕市场，我们可以拿着玉雕赚的钱，来补贴到石雕方面，来支持石雕，是吧？这样，咱们就能做出更好的东西，是吧？你看做石雕，刚才那个小冉说了，现在的年轻人都不愿意干。为什么年轻人他现在不干？说白了就是挣不着钱，不能养家，是吧？做这个石雕，是又脏又累又养不了家，所以就后继无人了。这样，你就知道我们是怎么想的了吧？这个行业，流传了 2000 多年了，不能在咱们这一代给断了，是吧？到咱们这一代没人继承，没人干了，这怎么能行？这么说吧，怎么也得给它发扬光大，最起码得继承下来，对吧？

二

田：现在，我们正在筹备这么一件事，为什么请陈老师您过来，就是说我要征求您的意见，请您给我们出出主意。

陈：好，我洗耳恭听。

田：这个北京工美集团，您了解是吧？

陈：对，我以前和他们的上层很熟。

田：现在，我也跟他们接触挺多次了，跟他们老总啊和他们的经理啊，也请他们来过曲阳，请他们跟我们一块儿合作，想着怎么把这个汉白玉给推出去。实际上，汉白玉的雕刻艺术作品，怎么没有价值呢，是不是？人们可能就是不认可这个材料，也不是都很认可曲阳的雕工。

北京工美集团，是国家礼品的制作供应商，也是北京奥运会的合作商。你看那个青海的昆仑玉，通过这个2008年奥运会的"金镶玉"奖牌，一下子就推到顶峰去了，推到与新疆的和田玉同等的地位。北京的冬奥会，还有几年就在北京召开，是吧？咱们跟北京工美合作一下，看能不能干点什么。怎么能够利用这个冬奥会的机遇，我们结合这个汉白玉能够做点事情。肯定奖牌是不行了，是吧？旅游产品可以，还有它的吉祥物、小礼品，是吧？我们沟通一下，可能会打开市场。因为，实际上西方人推崇这个汉白玉。西方雕塑用得最多的就是白色大理石。汉白玉也是大理石的一种，只是名称不同而已。西方人他们根本就不懂和田玉啊！

人家没有认为雕刻材料有什么贵贱之分，只有说你做得好不好。咱们县跟工美集团签了一个战略协议。在这期间，咱们要在北京工美集团旗下的工艺美术馆，就在鸟巢那儿吧。咱们办展览，有点照片，有点实物，文献要多一点。关于曲阳石雕的故事，有很多，慢慢地我才了解了。当然，历史上的事，有些说不清，也有不少争论，是吧？

有争论呢，是件好事。你说北岳庙这个吴道子的画吧，有说假的，有说是真迹的。要想辨真假，就弄得大家都到曲阳来考察了，看看到底是真的还是假的。越争论，这个事就越大，曲阳的影响就越大，是不是这个理儿？我的目的就是要把曲阳"炒"起来，把这曲阳的故事怎么给讲好了。

陈：你这个想法很好，和我的初衷是一样的。确实这里面有好多故事。北岳庙你也没少去了吧？那个吴道子壁画前面的木围栏，你知道怎么回事吧？那个木围栏和毛主席有关。过去，北岳庙的维修，都是国家出钱，拨经费。到了北岳祭祀由曲阳改到山西浑源之后，曲阳北岳庙逐渐荒废了，没有人管理了。破败了，当地的乡绅们就砍伐庙里的树，卖了换钱，再修北岳庙。"清风店战役"的时候，朱老总从西柏坡到前线指挥，路经曲阳北岳庙参观，当场制止了砍树的行为。后来，他把这个事告诉了毛主席。1949 年 3 月初，毛主席从西柏坡到北平去，也到了北岳庙参观。那个时候，毛主席看了说要保护好这个老祖宗的遗产，这个太好了，还批给 3 万斤小米当那个维修经费，做了那么个木围栏。这样的故事很多啊，老百姓就爱听故事，是不是？就说修德寺出土的那些个石雕佛像，毛主席也看过，是吧？老百姓最关心、最喜欢听的故事，就是关于领导人的故事。

其实，光讲故事还不行，形式还可以再丰富一点。讲故事是给别人听的。为了讲好故事，还要把曲阳的雕塑创作搞上去，那才行。我觉得还是要从价值取向上、从价值观上对曲阳工匠予以引导。当然，这个讲故事、讲传承也是引导的一个方面。咱们要考虑的是更有价值的东西。咱们说的这个创作题材里边，要想着把这些有价值的东西怎么给串起来，使作品更有说服力和感染力。

田： 对。如何讲好曲阳的故事，能够吸引游客来曲阳观光。你说，这个事咱们应该怎么做？现在你看，空气污染越来越严重，那么政府治理环境的力度会越来越大，这一时半会儿的企业生产是上不去的。我想，这个职工的生活肯定大受影响了，靠石雕过不了日子了，是吧？咱们怎么来把这个难关给渡过去？咱们得想点别的招儿。可能省里、县里边也在往这边想，说什么观光啊，什么体验啊，这些项目的开发呢，咱们也得助把力，往这边拉啊！

我想，办个综合性的展览，可能有十天的时间。北京的展览馆那儿呢，还有地铁 5 号线和 8 号线都有大屏幕，咱们曲阳原来也拍过旅游观光片，在那儿一个劲儿地放就行。

陈： 好啊！再配合点产品文化甚至曲阳雕刻的企业文化。这个曲阳的地方文化，其实挺深的。要做，就做得踏实一点。从字面上来说，什么叫文化？文化是用文明来教化，还是用来教化人的，劝人行善的，让人往美好方面去的，是不是？然而，最终这个文化，还是要靠编故事流传下来。但是，编故事还是要有价值标准的，要有含金量，不能乱编，是不是？

包括建设博物馆，也是弘扬、传播文化的一个重要方面。当然，办博物馆的目的，是人来参观。但是，其最终目的可真不是让你参观这个古代缸炉烧饼是怎么做的，人们在怎样拉风箱烧火，而是让你学习古人的智慧，受到某种启迪，提高自己的智慧和能力，对吧？不是看热闹，而是传承古人的精神。要不，你学历史干什么？你参观完出来之后，你还会回到古代社会吗？是不是这样？鉴古知今，学习古人的目的，应该是我们如何在古人、在现在的这个基础上，能够有所推进，能够有所改善，能够如何再创造出更好、更辉煌的这个未来，是吧？

田：对，我也是这个意思。

三

陈：你说的这个事啊，是件好事，但是得好好地策划一下，让这个事情起到事半功倍的效果。首先，我同意也支持这个事。我觉得这也是曲阳雕刻产业转型的一个很好的机遇。下面，就是要看你跟这个县里领导如何沟通，他们决定怎么做吧。

田：我呢，总体的就是这么一个想法。因为，我以前跟石志新县长先沟通完了，跟工美集团也沟通了，他们都同意合作。我想写个东西。我跟您讲，我就想听听您的意见，这个东西怎么写，怎么来打这个报告。

陈：我认为，首先要把我们干这个事想要达到的目的搞清楚，是吧？这个事情能够起到什么作用，是吧？还有，这些展品啊，内容啊要有所选择。还有，咱们曲阳在这个活动上，可能要去哪些人搞清楚。有哪些人对这个展览感兴趣也要搞清楚。要考虑受众的问题。

田： 对。咱们最后的目的，就是要把大家吸引到曲阳来。但是，大家到曲阳来了，那不见得都愿意看你现在的这些东西，有的人会不喜欢是吧？咱们要从各个方面来看这个问题。人到曲阳来了，你光是有石雕也不行，光是有瓷器也不行，还要有其他的东西才行。还要给人提供更多的东西，没准儿我这儿也有其他好玩的东西，好玩的地儿，做些试点，他就可能更愿意来了，是吧？

我为什么老说要怎么把吴道子这个壁画"炒"起来的原因，就是最起码爱画画的人，喜欢艺术的人，他就愿意来看看。还有，北岳庙里那么多的石碑，那些喜欢石碑、喜欢碑帖的人、喜欢写字的人，他也愿意来看，是吧？然后，咱们再顺便弄点这个体验啊那个体验的，比如说，咱们可以弄个小的体验拉坯的陶瓷作坊，还有其他的什么。这事以后咱们再筹划怎么弄。这个东西呢，也符合曲阳战略发展。咱们做这些事情，就是要把旅游结合进去。

我这儿已经落实了一大部分的经费，到时候就多请媒体，让他们多做宣传，多帮着咱们曲阳鼓吹一下。这个事啊，要弄，就要往大了弄。咱们的内功已经很不错了，今后还得让外国人都知道曲阳的三大文化。

陈： 嗯。那你这就是要办一个综合性的展会。现在，就是把曲阳的这几个大块都体现出来。

田： 是啊，争取都体现出来。我在想，是以县政府的名义办最好，这样，宣传力度会更大。协会的力量还是不够的。场地我都给弄好了。到时候，我想办法再把媒体这一块的费用给弄出来。

陈：还有一笔钱，就是开幕式的费用。开幕的时候，你是不是还得请领导什么的，住宿啊，招待啊，什么的。

田：对，确实是一笔不小的费用。大概有个数，到时再跟县里沟通一下。

陈：你现在的这个想法很好。前一段时间，我和杨跃武还有刘红立他们也商量过，怎么把曲阳的雕塑组织起来，去办展览，也准备到鸟巢那里去办个展览。正好，你这个展览是在鸟巢的旁边。这个想法，半年前就有了。一两个月之前，也说过这个事情。后来，有其他的事情就岔开了，没有做。你这次活动，如果政府能做主导，就是非常好的事情。如果政府不能主导，你自己来做也没有什么问题。现在，曲阳有八九家民间组织，到时候可以联合起来一起做。到时候，你组织这个曲阳的几家协会哪天吃个饭，把事一说，取得大家的支持，把展厅一分就行了。还有，前几年马誉峰市长在曲阳成立了一个雕刻产业联盟，聘请了好多专家，我也是马市长请的专家之一。杨跃武你熟悉吧？他是这个联盟的秘书长，具体负责的是董少杰。董少杰在曲阳的威望非常高。这个展览由联盟来出面也可以，曲阳的各个"山头"就都会来参加。县长、书记如果有难度的话，就让联盟来办这个事情也行。

田：这个话，我明白，少杰出面办这个事情没有任何问题，哪一家协会、哪个"山头"都会参加。但是，这些协会的作品怎么选啊？

陈：要保证展品的质量，这是对的。这也好办，比如说成立一个专家委员会，所有的参展作品选一道就行了。

选上谁的，就是谁的。杨跃武他这个人头也比较熟，各方面关系都比较好，各个方面的事都能做，那就让他给你出出方案、出出主意吧。在大的关口，在关键的情况下，我也可以来帮忙，出出主意。

四

陈：那么，咱现在就说说你的这个玉雕协会，那你是什么机缘之下到曲阳来的？

田：哈哈哈，你说那个呀。我跟王永超，我们两个是朋友。王永超是什么人？你认识吧？

陈：他，我太熟了。十几年前，我在曲阳主持那次国际性的雕塑大赛，有六个局长做助手。王永超就是其中之一。

田：哦，是吗？那时候，我正在跟一个北京的朋友在一起搞雕刻。结果，永超呢是我这个朋友的朋友，就这样我们就认识了，就熟了。正好，永超到新疆去了。就刚才说这个朋友弄到了不少玉料，将近七八十吨，花了将近百万元。

后来，这朋友就找到我那儿去了，说让我来曲阳，可是我不可能到这儿来啊，你说是不是？后来，这个人三番两次去找了我好几次。问我："你说说咱们怎么合作？"我说："我做不了的。因为我在北京生活，我跟这儿的朋友合作，我怎么到曲阳跟你合作？"后来，我说："你不是喜欢我的作品嘛，我在你那儿挑几块石头，我给你白刻两件活儿送你行了吧？咱这些人都是朋友，这算个什么呢？"再后来，这事就过去了。就是这栋楼，永超他盖完了说开张，可开张这个没有东西啊，咱们怎么开啊？就说："把你的东西拿去吧，你给我撑个门面，行吗？咱也算是给你办一个个展，怎么样？"我说："这也是好事，是吧？"就答应了。因为，我也有私心，你给我免费办一个展览还不是好事吗？就这样，在这里叮叮咣咣地就放炮了，开张了。那是什么时候？差不多是 2013 年的冬天吧。

陈：等于是王永超连唬带蒙地给你请到曲阳来了。难得他一片苦心，否则曲阳的玉雕事业还发展不到今天这个程度。

五

田：因为在曲阳职业教育中心教授玉雕课程，所以我的工作室也搬到了曲阳。到了曲阳之后，就渐渐认识了许多曲阳搞石雕的朋友，总是拿一两块玉石来让我来鉴别，他们非常渴望了解玉石、玉雕更多的知识。那不如我们就成立一个玉雕协会吧，把曲阳喜欢玉的朋友都拉到协会里来，大家共同学习，共同提高。本来这个协会的会长由王永超来担任。2015 年，中央文件规定凡公务员不得兼任社会团体任何职务，所以只能赶鸭子上架，让我来管了。

陈：你管更好，更专业一些。玉雕协会成立之后，做了不少有益的工作。

田：自 2015 年玉雕协会成立以后，共组织曲阳的工艺美术家们参加了"百花奖""天工奖""百工奖""中华龙奖""汉风杯""中国当代工艺美术双年展"等评选活动。曲阳雕刻的每次亮相，都得到专家评委的好评。工艺没得说，特别是人物的开脸更是美观漂亮，堪称一绝，功夫了得，大家对曲阳石雕评价极高。所以，曲阳石雕多次荣获特别大奖和金奖及最佳工艺奖。

给我印象深刻的，就是去年协会选送了20件曲阳汉白玉雕刻作品，参加"2017中国（北京）国际珠宝展"，这也是曲阳石雕第一次参加珠宝展。有几位参观者在曲阳石雕展台前来回看了很多遍，还一直在争论："这不是石雕展吗，怎么还有瓷塑啊"？当告诉他们是汉白玉石雕时，都无不感到惊讶。汉白玉还能雕得如此精细光亮，也难怪他们认不出。过去的汉白玉很少抛光，特别是用四川汉白玉雕的作品，抛完光后真的很像白瓷。总的来说，人们还是接触汉白玉的机会不多，了解得少。只要曲阳石雕多参加这样的展览，多对外展示，人们一旦真正了解了曲阳石雕，一定会喜欢上它。到那时，汉白玉石雕的真正价值才会体现出来。

陈：确实如此。

田：不过，多次听看过曲阳石雕的玉雕大师不止一次地跟我讲："曲阳的工艺真的好！但在石头上用这么好的工实在划不来，如改用到玉上那价值不知要翻多少倍。"朋友们说的也是实话，成立玉雕协会也是有这方面的考虑。

陈：这种考虑是对的。但是，玉雕和石雕虽然可以笼统地看作是石雕，但是二者之间有很大的区别，语言、形式和技法都有很大的不同。

田： 就像您说的这样，曲阳石雕在如何向玉雕方向的延伸拓展方面，遇到了很大的困难。这两年的市场，也不是很好，做完了也不一定马上能卖出去。玉料的价值相对较高，而且绺裂瑕疵又多，虽然我能帮着看一下，长长眼，可也不敢打保票。不是有这么一句话嘛，叫作"神仙难断寸玉"。不过，还是有几位在做玉雕，小冉就是其中一位，并且雕得还不错，还有王芳尔、卢改凡、程浩等几位。

陈： 田大师，您是出于什么考虑，要促成曲阳和北京工美集团的合作？

田： 对啊，我为什么要牵线和北京工美集团合作？因为有一个特别好的机遇，就是 2022 年的北京冬奥会。汉白玉的白色，跟冬奥会的冰天雪地特别契合，适合开发冬奥会的旅游产品。因为北京工美集团运作过一个特别成功的案例，就是通过 2008 年北京奥运会的"金镶玉"奖牌，一下将昆仑玉推到了等同和田玉的行列。记得 2007 年我在北京潘家园古玩市场地摊买过一只青海的白玉手镯，小贩用一根绳子串着一大串，根本不用包装盒，随便挑，40 块钱一个。如果是现在，同样成色的手镯也要几千块了。

想通过冬奥会把曲阳的汉白玉石雕推出去，就提升了曲阳汉白玉雕刻市场的价值。当然，我们还有许多工作要做。首先，要设计出对路的产品，还不能太大、太重，要便于人们旅游时携带。一但被选入冬奥会礼品或旅游产品清单，那数量就会相当可观，一两家加工企业是完成不了的，就要由多家企业来承担加工任务，如何协调各方，如何保质、保量、保工期地完成前期加工，如何做好包装、运输、结款等后期工作，都要考虑。到时候，最好由县政府牵头成立一家为曲阳各雕刻企业服务的公司统一来管理。

陈： 古语说"他山之石，可以攻玉"，今天我要说"他山之玉，足以攻石"。我衷心地希望您老兄能够在玉雕领域给曲阳雕刻带来新的发展机遇。

后　记

　　这部形式别样的田野调查报告就要出版了。不过，并不仅仅是我个人的一些心血，而是所有参与者的奉献结果。大家拿出宝贵的时间，开车陪着我到处转，陪吃、陪喝、陪住，破废无计。虽然情义无价，不能用金钱来衡量。但是，每次出行都是花的大家的真金白银，真要统计下来，算一笔账下来也不是个小数目。所以，要在此分别感谢。

　　首先，要衷心地感谢河北省工艺美术协会雕塑艺术指导委员会副会长兼秘书长杨跃武同志对我的帮助。不仅抽出时间陪我出行，一同考察，还帮助安排了多场座谈、对话，而且做了初步的录音整理工作，可谓劳苦功高。这枚军功章，绝对有他的一半。

　　其次，要衷心地感谢河北省工艺美术大师、河北翰鼎集团董事长高英坡同志。他在工作极其繁忙的情况下，多次与我一起出行考察，而且为我在曲阳的工作、生活提供了非常便利的条件，进行了尽可能周到的安排。不仅如此，还派工作人员协助我做了大量的调研、收集资料等基础工作。尤其是帮助我把这些笔记和对话录编辑成册，能够以一个整体的面貌公之于众。

　　再次，要衷心地感谢多次与我同行之人，如深圳雕塑院副院长夏和兴，中国工美行业大师武士卿，河北省工艺美术大师王月明、王京会、杨春、闫玉伟、马腾原、和海龙、王昭辉和年轻的工艺美术家刘宝雷、葛要林等朋友。

　　还要感谢王平、杨跃武、高英坡、和海龙、李孟阳等朋友积极提供图片资料，以壮此书之形色。

还要衷心地感谢在考察过程中，提供各种方便、做相应安排的朋友。

又次，要衷心地感谢接受我的访谈，与我对话的各界人士。如：马志国、马若特；刘红立；王京会、和连朝、袁毅；刘占法、安荣杰、杜民保、刘同保、刘晓博；甄丛达；庞永辉；杨京川、杨春；石锦彪、冉增周、刘现民、冉增强；王树昌、王勇；郭强、王士雄；王同锁、王毅敏；武士卿、武士明、甄顺杰、卢进香、甄登河、卢旭辉、甄敬哲；田树民、冉建辉；等等。

还要衷心地感谢曲阳县委、县政府的领导同志在各方面给予的关怀与帮助。

还要衷心地感谢中国国家画院雕塑院执行院长陈云岗先生提供机会，使我多次搭便车出行考察，开拓了眼界。

最后，要衷心地感谢中国文联出版社的领导和责任编辑胡笋同志，给予了这些有些私人化口语化的文字一个公开披露的机会。

这部田野考察文稿，虽然是以调查曲阳雕刻艺术为线索而展开的，涉及了北方地区多个省区市，涉及了方方面面的人或者物，所面对的是以曲阳雕刻为代表的北方雕塑文化遗产和以曲阳雕塑为代表的北派雕塑艺术集群，所以并不是仅仅写给曲阳人看的，而是呈现给所有关心曲阳、关注曲阳雕塑，关注中国传统文化和民族工艺发展，关注北方雕塑艺术的朋友，所面对的是一个庞大的群体。

我衷心地希望我在调研考察时所看到的这些珍贵的历史

文化遗存能够永远保持今天的模样，不损坏，不丢失，不被盗，希望当地的各级政府加大保护力度，当地的百姓们能够自觉地承担起一份保护的责任，且尽心尽责，大家共同行动一起来保护好这些历史遗产；希望有幸看到这些遗存的人们只把脚印留下，只把照片和崇敬之心带走，为这些遗存的保护也尽一份力量。

由于择录的笔记和对话录音基本上是原貌呈现，由于对话者多是口语表述，所以文稿可能有些文法不合逻辑，不合章法，不够通顺，或者存在其他方面的错误，敬请读者朋友们不必苛求，原谅海涵。

陈培一于京西古燕都黄金台下之辍耕草堂

2018 年 4 月 28 日初稿

2019 年 11 月 22 日再稿